Walter T. Rix

Agnes Miegel – Wort und Mythos

Agnes Miegel etwa 1911/12, Radierung von Prof. Dr. Heinrich Wolff
(Exemplar im Agnes-Miegel-Archiv, Bad Nenndorf)

WALTER T. RIX

Agnes Miegel

WORT UND MYTHOS

Wege zum Verständnis des Werkes

Inhalt

Zitierweise

Alle Werkzitate beziehen sich auf die in den Jahren 1952–1965 in sieben Bänden erschienene »Neue Gesamtausgabe« des Eugen Diederichs Verlages, Düsseldorf/Köln.

I. *Gesammelte Gedichte,* Düsseldorf: Eugen Diederichs, 1952.

II. *Gesammelte Balladen.* Düsseldorf: Eugen Diederichs, 1953.

III. *Stimme des Schicksals.* Eugen Diederichs, 1954.

IV. *Seltsamen Geschichten.* Düsseldorf, Köln: Eugen Diederichs, 1955, 2. Aufl. 1965.

V. *Aus der Heimat. Geschichten und Bilder.* Düsseldorf, Köln: Eugen Diederichs, 1954, 2. Auf. 1959.

VI. *Märchen und Spiele.* Düsseldorf, Köln: Eugen Diederichs, 1955.

VII. *Mein Weihnachtsbuch. Truso. Heimkehr.* Düsseldorf, Köln: Eugen Diederichs, 1965.

Im Rahmen der Textanalyse werden die Seiten, auf die Bezug genommen wird, direkt nach dem Zitat durch eine römische Ziffer (Band) und eine arabische Ziffer (Seite) in Klammern ausgewiesen. Um eine Anhäufung dieser Angaben bei einer detaillierten Textanalyse zu vermeiden, werden wiederholt nur die Seiten der betreffenden Erzählung angegeben. Dies empfiehlt sich, da die Erzählungen oft sehr kurz und damit die angesprochenen Textstellen leicht zu ermitteln sind.

Sofern nicht aus der »Neuen Gesamtausgabe« zitiert wird, werden die bibliographischen Daten in den Anmerkungen genannt.

I. Agnes Miegel, die Leser und die Kritiker

Dieses Buch ist den Texten des dichterischen Werkes von Agnes Miegel gewidmet. Sein Untertitel lautet daher: »Wege zum Verständnis des Werkes«. Es füllt damit eine bestehende Lücke, denn die bisherige Beschäftigung mit der Dichterin vermochte nicht, ihrem Werk gerecht zu werden. Entweder beurteilte man sie ausschließlich von ihrer zeitbezogenen Biographie her oder man verteidigte sie von einem Bekenntnisstandpunkt aus. In beiden Fällen blieb der Textbezug auf der Strecke. Erstaunlich ist, wie sehr die Textkenntnis selbst bei ihren Befürwortern eingeschränkt ist. Auch ist die sich ausschließlich in Richtung ›Heimatdichterin‹ bewegende Sicht nicht geneigt, die weite Spanne des Werkes mit den darin enthaltenen Aussagen wahrzunehmen. Insgesamt hat Agnes Miegel weniger als die Hälfte ihres Werkes Ostpreußen gewidmet. Erstaunlich ist auch, daß sowohl Wertschätzung als auch ablehnende Kritik bisher nur einem Teil des Gesamtwerkes Beachtung geschenkt haben. Heimat und das eigene Schicksal im Werk gespiegelt zu sehen, wie es vielfach von zustimmender Seite aus geschieht, reichen nicht aus, um das Wesen der Dichtung zu erfassen. Aber auch eine Literaturbetrachtung, die sich mit engem Blick darauf konzentriert, die Denkansätze eines bestimmten Werkes daraufhin zu überprüfen, ob diese den Positionen und den Vorstellungen der nachgeborenen Generation entsprechen, geht einen eigenartigen Weg. Die vorliegende Arbeit bemüht sich demgegenüber um einen umfassenden Blick, der das geistige Spektrum, das der literarischen Gestaltung zugrunde liegt, weitgehend erfaßt und diesem gerechter wird.

Die 1988 erschienene Arbeit von Marianne Kopp *Agnes Miegel. Untersuchungen zur dichterischen Wirklichkeit in ihrem Werk* (München: Phil. Diss., 1988), die das Gesamtwerk erstmals systematisch unter dem Aspekt der Wirklichkeitsdarstellung erforscht, war der entscheidende Schritt zu einem grundsätzlichen Verständnis der Dichterin. Die Ergebnisse dieser Arbeit ermöglichten eine übergeordnete Perspektive und öffneten den Blick für das Wesen der Dichtung Agnes Miegels. Das vorliegende Buch nimmt diese Ansätze auf. Es fragt nach dem Weltbild, das in der literarischen Gestaltung zum Ausdruck kommt, wenn die Dichterin hinter die alltägliche Wirklichkeit blickt. Unter engem Textbezug wird daher analysiert, mit welchen Sinnbildern Agnes Miegel ihre Welt beschreibt. Diese Sinnbilder wachsen über die Eigenschaften von Symbolen hinaus und verdichten sich zu einem aussagestarken Verbund. Im Zentrum dieses Verbundes steht ein spezieller Mythos. Die verschiedenen Sinnbilder wirken daher als Mytheme, Teile des zentralen Mythos, die in ihrem Zusammenspiel die Beziehung zwischen der vom Menschen erlebten Welt und einer unsichtbaren, jedoch höheren Welt herstellen. Dieses dichterische Anliegen zu erschließen, bemüht sich das vorliegende Buch.

II. Der dunkle Strom der Kunst

In der Erzählung »Das Lied des Nöck« (1930) blickt Agnes Miegel zurück auf ein Erlebnis ihrer Kindheit und vermerkt dazu: »Wenn es jemand an der Wiege nicht vorgesungen wurde, daß er unter die Dichter gehen würde, dann war ich es« (V, 77). Tatsächlich wies auf den ersten Blick nichts darauf hin, daß den Eltern eine angehende Dichterin in die Wiege gelegt worden war. Wie sollte auch die landwirtschaftliche Herkunft der Mutter und der kaufmännische Beruf des Vaters sowie das bürgerlich behäbige Leben in Königsberg darauf hinweisen, daß sich aus dem kleinen Wesen in der Wiege eine bedeutende Dichterin entwickeln sollte? Und doch waren die Umstände so, daß bei einer Laune des Schicksals oder durch höhere Fügung diese Entwicklung einsetzen sollte.

Die Mutter, »süddeutsch, weltoffen und volksglaubenbunt« (V, 162) vermittelte dem Kind neben ihrem Erzähltalent auch ein tiefes Naturverständnis. Der Vater, angesehener und geachteter Kaufmann in Königsberg, verkörperte demgegenüber die sachliche Seite der Ehe. Mit seinem umfangreichen historischen Wissen und seiner gedanklichen Ausrichtung weckte er das historische Interesse des Kindes. Förderlich für die Entwicklung erwies sich, daß der Buchbestand des Hauses weit über das für einen bürgerlichen Haushalt damals Übliche nicht nur hinausging, sondern innerhalb der Familie auch lebhaft erörtert wurde. Das sollte sich dahingehend auswirken, daß das Kind schon früh in die klassische Literatur eintauchte und bereits nach kurzer Zeit seinen Gesichtskreis durch die Beschäftigung vor allem mit der englischen Literatur erweiterte.

Damit wurde eine Grundlage für eine erzählerische Technik gelegt, die sich später wiederholt in ihrem Werk findet: Der »verborgene« Einschluß von Texten anderer Autoren und nicht zuletzt der Bibel in die eigene Aussage, der sogenannte Subtext, um die eigene Aussage durch eine zusätzliche Dimension weiterzuführen.

Entscheidend war jedoch die geistige und psychische Konstitution. Einerseits war das heranwachsende Kind still und in sich gekehrt, andererseits wandte es sich mit großer Aufnahmebereitschaft den Vorgängen seiner Umgebung zu. Was nicht an kindlichem Bewegungsdrang nach außen gerichtet war, entwickelte sich als seelische Energie nach innen. Welche Kräfte in ihr angelegt waren und nur darauf warteten, geweckt zu werden, geht aus einer Schilderung hervor, die sie rückblickend im Alter von 51 Jahren über ihren ersten Konzertbesuch mit ihren Eltern in der Königsberger Börse gibt. Diesen erlebte sie wie einen Rausch, der einer Initiation gleichkam: »Da versank auf einmal alles, was mir bis dahin wert und wichtig gewesen war [...] Aus Tiefen, von denen ich nichts gewußt, stieg es wie ein dunkler Strom und kam und überflutete alles um mich her und schwemmte den Alltag weg und löschte das satte und vergnügliche Behagen meines Kinderlebens aus wie ein Lichtchen und wirbelte mich davon. Wohin? Ja, hier war kein Ziel zu sehen. Aber ich fühlte und wußte: die Stimme rief, und ich mußte ihr folgen. Alles war fort, und nur sie blieb und würde immer da sein« (V, 79f.). Der durch die Kunst an sie ergangene Ruf versetzt sie in eine andere Existenz, die nichts mehr mit dem Alltag gemeinsam hatte: »Der Alltag war da, alles war wie immer. Nur ich selbst war anders« (V, 80). Ihren weiteren Weg geht sie wie unter dem Einfluß einer höheren Macht: diese ist unerbittlich und kompromißlos. Die unkontrollierbare Reaktion auf die Begegnung mit der Kunst war das unumkehrbare Überschreiten der Schwelle zwischen bürgerlichem Leben und künstlerischer Existenz, der unwiderstehliche Eintritt in eine Sphäre, die mit Anderssein und damit einhergehenden Schmerzen, aber auch mit Erkenntnissen verbunden ist, die jenseits der für andere gültigen Horizonte liegen. Spricht sie davon, daß dieses überwältigende Drängen ein »dunkler Strom« ist, so bezieht sich diese Bemerkung nicht nur darauf, daß sich der Wandel zum Künstlerischen im Unbewußten abspielt und sich der Rationalität entzieht, sondern der Begriff »dunkler Strom« schließt auch ein Phänomen ein, das zu einem entscheidenden Gestaltungskriterium ihrer Literatur wird: die Schöpfung aus dem Unbewußten. Bewegt sie sich in einer anderen Wirklichkeit, so muß sie nach einer Form suchen, die das Geschaute mitteilungsmöglich macht. Der Weg, das Unsagbare sagbar zu machen, das Unbewußte zu kommunizieren, ist der Mythos. Dieser Mythos als Zentrum ihrer Dichtung verästelt sich sowohl in den Erzählungen als auch in den Gedichten in Gestalt von sinntragenden Bildern, den Mythemen.

Doch der Weg war lang und streckenweise auch qualvoll, zumal es am Anfang sogar entmutigende Zeichen gab. »Eine lange Weile dauerte es, bis ich mit einem Satz im Innern fertig war, jedes neue Wort war noch dem Schulkind ein Hindernis« (V, 156), bekennt sie 1933 in der Erzählung »Die Mutter«. Dagegen tauchen bereits während der Schulzeit überraschend Zeugnisse von solch eindrucksvoller Erzählkraft auf, daß die Lehrerin und sogar die Mutter der Überzeugung sind, diese seien irgendwoher entlehnt worden. Ein wahrhafter Entwicklungsschub setzte während des Besuches eines Mädchenpensionates in Weimar in den Jahren 1894 bis 1896 ein. Hier wurde sie durch einen pädagogisch verständnisvollen Unterricht an den klassischen Literaturkanon herangeführt und mit dessen Werken vertraut gemacht. Das vermittelte Wissen nahm sie in dieser Zeit nicht nur begierig in sich auf, sondern sie ließ auch die Atmosphäre der »Dichterstadt Weimar« sowie das dortige Bildungsangebot auf sich wirken. Im Ergebnis wuchs ein tiefgehendes Verständnis für Literatur heran, das verbunden war mit der Schärfung ihrer Sinne für Stil, Form und Gehalt. Neben den bereits in Königsberg empfangenen Einflüssen führte die Weimarer Zeit dazu, im Metier der Literatur zuhause zu sein und hier, wie eigene literarische Arbeiten bezeugen, auch selbst aktiv zu sein. Weimar war ein tiefgreifendes Bildungserlebnis und zugleich eine beflügelnde Inspiration. Über ihre Gedichte während der Weimarer Pensionszeit sowie über das Fluidum der Stadt urteilt sie rückblickend: »Nie wären sie [Gedichte] entstanden ohne Weimar. Zum erstenmal begegnete mir dort eine ganz andere Welt als die, in der ich aufgewachsen war. Wenn auch das Weimar jener Jahre viel mehr in der Erinnerung an Liszt lebte als an Goethe, so war es doch die Luft dieser einzigen Stadt, ihre Kunstbegeisterung, ihre Theaterfreude, die so ganz anders waren, als ich sie aus meiner doch gewiß auch musik- und theaterfrohen Stadt kannte«.[1]

An dieser Stelle kommt man nicht umhin, sich mit dem Verhältnis von Agnes Miegel zu Börries von Münchhausen auseinanderzusetzen. Wiederholt haben Kritiker in diesem Zusammenhang falsche Schlußfolgerungen gezogen oder auch abwegige Spekulationen angestellt. Tatsächlich liegen Anhaltspunkte vor, die auf den ersten Blick eine enge und fortdauernde Bindung der Dichterin an Münchhausen vermuten lassen. So schreibt sie am 30. Januar 1901 an ihre Freundin Lulu von Strauß und Torney: »Ich bin Börries Geliebte gewesen beinahe vom ersten Tage an, wo ich ihn kannte. [...] denn ich bin in allem, in allem sein Geschöpf. Wie er mich fand, war ich eine begabte Dilettantin. Jetzt bin ich eine große Künstlerin. Ich war trotz meiner Altklugheit und meiner 19 Jahre ein unendlich thörichter Backfisch mit sehr verworrenen Anschauungen und Gedanken. Er hat mich sehr gut erzogen – in allem«.[2] Diese unter dem Druck zwar abebbender, jedoch kurz nach dem Geschehen immer noch anbrandender Gefühle gemachte Aussage bedarf der Einordnung in einen größeren Rahmen, soll das Verhältnis zu Münchhausen angemessen beurteilt werden.

1896 zeichnet sich ab, daß die ersten tastenden Schritte im Bereich der Lyrik Aufmerksamkeit finden, denn sie erhält ihr erstes Honorar für das Gedicht »Elfkönig«. Die Kunde, daß im fernen Königsberg eine junge Frau eindrucksvolle Gedichte schreibt, dringt auch bis Berlin vor und erreicht den damals für seine Balladendichtung hochgeschätzten Börries von Münchhausen. Es entspann sich eine Korrespondenz, und es kam zu drei persönlichen Treffen: Ein Treffen erfolgte im August 1898 anläßlich einer Kunstausstellung in Berlin, ein weiteres im April 1899 als sie nach Paris reiste und in Berlin für drei Tage Station machte und schließlich ein drittes Treffen in Köln Mitte August 1899, als sie Paris etwas früher als geplant verließ, da sie die Nachricht erhalten hatte, daß ihre Mutter in die Psychiatrie eingeliefert werden mußte. Die Umstände der Begegnungen zu rekonstruieren, ist nicht einfach, da Agnes Miegel ihre gesamte Korrespondenz vernichtet und Münchhausen seinen Nachlaß sorgfältig von nicht genehmem Material gesäubert hat. Für ein Verständnis des Werdeganges von Agnes Miegel sind diese Treffen und deren Auswirkungen jedoch nicht unwesentlich, denn in der biographischen Literatur werden in diesem Zusammenhang vielfach Verbindungen hergestellt, die den Fakten nicht entsprechen. So wird die Ansicht vertreten, Münchhausen habe als erfolgreicher Literat die Dichterin derart geprägt, daß sie fortan in seinen Fußstapfen wandelte.

Diese Ansicht findet sich z.B. bei dem Literaturkritiker Jürgen Manthey, der in Bezug auf Agnes Miegel im Rahmen seiner Darstellung *Königsberg. Geschichte einer Weltbürgerrepublik* (2015) folgendes ausführt: »Münchhausen nahm sie ins Schlepptau, er wird sie bis ganz zuletzt (er wählt 1945 beim Einmarsch der Amerikaner den Freitod) nicht aus seinen Fängen lassen. [...] Agnes Miegel geriet früh, gleich mit den ersten Talentproben, unter den Einfluß dieses Brauchtumsideologen und reaktionären Strategen, dazu brachte sie eine Disposition mit, sich Autoritäten zu beugen. [...] Dann kam der ideologische Einfluß Münchhausens hinzu, sein Stadt- und Zivilisationshaß«.[3] Abgesehen davon, daß polemische Begriffe wie »Brauchtumsideologe« oder »reaktionäre Stratege« wenig geeignet sind für eine sachliche Darlegung, enthalten diese Zeilen auch eine unzutreffende Psychologisierung, die der Dichterin einen Hang zur Unterwürfigkeit unterstellt. Hieraus leitet sich, in nicht weniger polemischer Sprache, die folgende Formel ab, in die auch Agnes Miegel hineingepreßt wird, um ihr Werk zu desavouieren und von einer weiteren Literaturbetrachtung auszuschließen. Um seine Sicht der Literatur durchzusetzen, bemüht sich Münchhausen nach Jürgen Manthey auch um die Unterstützung des Reichskanzlers von Papen. Auf diese Weise gerät auch Agnes Miegel geistig unter den Einfluß des heraufziehenden Unheils: »Von Papen und Münchhausen verband der gleiche politische Geist. Beiden ging es um das Zusammenführen der nationalen Kräfte mit dem Ziel einer autoritären Staatsführung. Beide verkuppelten – jeder auf seinem Gebiet

– die nationalkonservativen Kräfte mit der Naziführung«.[4] Der Balladendichter und die aufstrebende junge Dichterin formen also eine Art Allianz, wobei Agnes Miegel ein Geschöpf aus der Hand von Münchhausen ist. Ihr prägt er seinen »völkischen« Stempel auf, der als Makel ihr weiteres Schaffen bestimmt und sie in die falsche Richtung gehen läßt. Jürgen Manthey bemüht sich dann auch, das Werk in extrem selektiver Weise zu betrachten und auf diese Weise die Richtigkeit der betreffenden Formel zu veranschaulichen. Dieser befangene Blickwinkel blendet das aus, was das Werk eigentlich ausmacht, und geht damit an seinem Wesen vorbei.

Ähnlich wie anhand dieses Beispiels deutlich wird, konstruiert auch Henning Gans in seiner umfangreichen Biographie von Münchhausen mit dem etwas ungewöhnlichen Titel *›Ich lass hier alles gehen und stehn …‹. Börries von Münchhausen, ein Psychopath unter drei Lobbyismokratien* (2017) eine enge und fortlaufende Beziehung zwischen Münchhausen und Agnes Miegel. Zunächst unterstellt er Agnes Miegel einen Entwicklungsgang, der weit von den wirklichen Verhältnissen entfernt ist, denn nach ihm ist sie »ziemlich isoliert mit Kiosk-Romanen aufgewachsen«.[5] Über den dreitägigen Aufenthalt in Berlin im April 1899 und dem Treffen mit Münchhausen heißt es: »Miegel hatte in den wenigen Stunden endlich alles so erlebt bzw. nacherlebt, wie sie es aus den Drei-Groschen-Romanen vom Königsberger Zeitungskiosk her kannte und ersehnt hatte, und sie war überglücklich«.[6] Auch Henning Gans konstruiert eine lebenslange Zweierbeziehung, deren Bindekraft jedoch primär nicht im geistigen Einfluß auf Agnes Miegel liegt, vielmehr war er ein Ansprechpartner, wenn diese finanzielle Mittel benötigte, um ihre Existenz zu bestreiten. Da sie ihn wiederholt darum nachsuchte, bezeichnet Gans sie als »Schatten« von ihm. So heißt es »Agnes Miegel, deren Schatten sich bald über Münchhausens Leben legen sollte« oder »als unerwünschter Schatten« oder »Münchhausen wurde diesen Schatten namens Agnes Miegel nicht los« oder »sie verfolgte ihn wie ein Schatten bis zu seinem Tode!«.[7] Diese Beziehung hat nach Gans ihre weltanschauliche Grundlage, die rückwärtsgewandt und völkisch ist. Damit münden beide in den ideologisch definierten Kulturbetrieb des Dritten Reiches, den sie nutznießend bejahen.

Es ist fraglos so, daß Münchhausen für den literarischen Werdegang Agnes Miegels eine nicht unwesentliche Rolle gespielt hat. Aber sein Einfluß bei aller anfänglichen wechselseitigen Wertschätzung erstreckte sich mehr auf den äußeren Bereich. Er sorgte für einen wachsenden Bekanntheitsgrad, indem er ihre Gedichte in die Ausgaben 1901 und 1905 des *Göttinger Musenalmanachs* aufnahm. Er ebnete ihr die Wege zu Verlagen und beriet sie bei Vertragsabschlüssen. Aber weiter reichte seine Hilfestellung nicht. Bereits bei der ersten Begegnung traf er auf eine angehende Dichterin, die die Linien ihrer Dichtung bereits festgelegt hatte, die ihrem »dunklen Strom der Kunst« fast wie in Trance folgte. Daran ändert auch nicht, daß sie sich kurz nach der ersten Begegnung als »sein Geschöpf« empfindet.

Ein Dichter vom Status eines Münchhausens vermochte ein Mädchen von kaum 19 Jahren durchaus zu beeindrucken. Aber Agnes Miegel erkannte, wenn auch unter großen Schmerzen, die schwankende Persönlichkeit hinter dem glanzvollen Auftreten. Es war eine einschneidende Lebenserfahrung in einem bisher weitgehend behüteten Leben, die sie ihr ganzes Leben hindurch begleiten sollte. Kurz darauf folgte als Schmerzverstärkung noch die Einweisung der Mutter in die Psychiatrie und die einsetzende Erblindung des Vaters. Münchhausen selbst machte während dieser Zeit in Berlin den Versuch, sein Jurastudium abzuschließen, durchkreuzte diesen Vorsatz jedoch dadurch, daß er sich in der Rolle des Bohemien gefiel: »Doch ehe es soweit war [Examen] stürzte er sich in ein – nach seinen eigenen Worten – ›ausbordendes Kunstzigeunertum‹, wurde Sozialdemokrat, trat aus der Hannoverschen Landeskirche aus und trug ›in frechester Herausforderung einen Rosenkranz als Pfeifenschnur‹. Nächte hindurch saß er in den Kriminellenkellern im Norden Berlins mit üblem Volk zusammen, in der Hoffnung, ›bei ihnen Güte und Edelsinn …, Selbstlosigkeit und Hingabe an irgendeinen Gedanken‹ zu finden«.[8]

Es ließen sich noch weitere Torheiten hinzufügen. Beim ersten Treffen hatte Münchhausen gleichzeitig zwei andere amouröse Beziehungen. Eine Balance der Sterne konnte sich daher nicht einstellen. Bei Agnes Miegel war es eher der Aufschlag eines Sternes.

Trotz aller Gefühlshingabe erkannte sie sehr schnell, daß sie weder kongeniale Anerkennung noch schloßherrliche Annahme erwarten durfte. Noch schwerer wog die wachsende Einsicht, daß sie ihm intellektuell weit überlegen war. Die Grenzen seiner Kunst wurden für sie immer deutlicher. So bewirkte dieses Treffen kein schöpferisches Miteinander, wie Münchhausen es später in seiner Autobiographie *Das Buch des Lebendigen und des Toten* dargestellt hat, sondern löste in Agnes Miegel den verstärkten Entschluß aus, den eigenen Weg weiterzugehen und den eigenen Vorstellungen eine spezifische literarische Form zu geben. Hierin war sie alles andere als geneigt, sich ihre Schritte vorschreiben zu lassen. Sie hielt an ihrer geistigen Souveränität fest und war entschlossen, die Welt auch mit deren Hintergründigkeit in ihrer Kunst so zu gestalten, wie sie diese sah.

Vergleicht man die Balladen Münchhausens mit der Dichtung Agnes Miegels, so wird der Unterschied unübersehbar. Bei aller Hinwendung zur Antike und zum Mittelalter, bei aller Beschwörung von ritterlicher Kühnheit und höfischer Liebe bleibt Münchhausen formelhaft an der Oberfläche. Die Intensität der schwungvoll vorgetragenen Gefühle verfehlt nicht ihre Wirkung beim Zuhörer, aber die Botschaft der dargestellten Figuren bleibt auf diese bezogen und vermag den dahinter liegenden Raum nicht zu öffnen. Letztlich beschwört Münchhausen Werte des ausgehenden 19. Jahrhunderts, die bereits im Ausklingen begriffen waren. Trotz anfänglich erfolgreicher Bemühungen zeigte sich nach dem Ersten Weltkrieg besonders deutlich, daß die von ihm gepriesene aristokratische Erhabenheit untergegangen war. Nicht ohne Grund wurden seine Balladen in den 20er Jahren so häufig persifliert. Bezeichnend ist, daß er in der Gratulationsschrift zu Agnes Miegels 60. Geburtstag in seinem Beitrag kaum auf die Dichterin eingeht, sondern seine eigne Literatur verteidigt. Dort, wo Agnes Miegel in Bezug auf die Zeitdarstellung, den Raum der Psychologie, die Frage der Identität und die Auffassung von Wirklichkeit neue Bereiche erschließt, sucht man bei Münchhausen vergeblich. Während dieser das Heroische in der menschlichen Begegnung mit dem Schicksal herausstellt, ist Agnes Miegel bei aller historischen Detailgenauigkeit weitaus stärker an der Innenwelt ihrer Figuren interessiert und fragt zugleich nach den Lebensgesetzen, die hinter den Ereignissen stehen. Nicht allein die Bewährung angesichts des Todes, sondern die Unergründlichkeit des steten Wechsels von Tod und Leben, das Rätsel der menschlichen Existenz und das Verhältnis zu den ewigen Gesetzen zeichnen sich als ihr dichterisches Anliegen ab.

Es dauerte daher nicht lange, bis Agnes Miegel sich auch innerlich von Münchhausen abwendete. In einem Brief vom 3. September 1915 an die Freundin Lulu von Strauß und Torney zieht sie einen Schlußstrich: »Denn es ist sonderbar, er ist für mich in diesem Jahr gestorben und ist ganz aus meinen Gedanken geglitten, mir vollkommen fremd und gleichgültig geworden …«. Und kurz darauf fügt sie als abschließende Wertung etwas maliziös hinzu: »Eitelkeit ist doch eine fatale Intelligenzbremse«.[9]

Auch sieht sie sehr klar, wie sehr die konservative Wertsetzung der Dichtung Münchhausens an die Werte der Wilhelminischen Zeit gebunden ist. Mit dem Ende der Monarchie wird seinen Balladen die Grundlage entzogen. Am Ende des Ersten Weltkrieges stellt Agnes Miegel daher fest, nicht ohne Seitenbemerkung über seine Frau Anna von Breitenbuch: »Für ihn stürzte ja damit auch seine Welt als Dichter zusammen. Er war so ausgesprochen, so bewußt der Dichter jenes ancien régime, war auch äußerlich von seiner Frau so ganz dazu stilisiert, daß ich eigentlich immer das Gefühl hatte, er mußte mit jenem Untergang [der Monarchie] auch untergehen«.[10]

Die anfänglich so betörende Figur Münchhausens schrumpft zu einem Wesen, für das Agnes Miegel in der Korrespondenz mit Lulu von Strauß und Torney die distanzierend ironische Bezeichnung »Our mutual Friend«[11] wählt. Sie spielt damit auf den Titel des Romans *Our Mutual Friend* von Charles Dickens an, in dem die Handlung um Liebe und Standesschranken kreist. Jetzt erkennt sie, daß er zur Selbstkritik nicht fähig ist[12] und ärgert sich über seinen »Stich ins Knallprotzige«.[13] Münchhausen hatte als literarischer Mentor völlig versagt, weil er sich einer jungen Frau gegenüber eines schweren Vergehens schuldig gemacht hatte, indem er gegen einen Grundsatz der Ethik verstieß. Eine junge Dichterin hatte ihn in ihrer Empfindsamkeit der ersten Schritte um sein Urteil gebeten und er hatte sie in seiner uneingeschränkten Position zu seinem Vorteil genutzt. Was er ihr dafür bot, kostete ihn kein Opfer und war für ihn bei seinem Status wohlfeil. Ein wirklicher literarischer Mentor war dagegen der Berliner Literaturkritiker und freie Schriftsteller Carl Busse, Mitherausgeber des *Deutschen Wochenblattes* und von *Velhagen & Klasings Monatsheften*, den die Dichterin noch vor Münchhausen in Berlin traf. Bezeichnenderweise lag es nicht im Sinne von Münchhausen, daß Agnes Miegel und Carl Busse überhaupt zusammenkamen. Dabei war Busse der erste, der Agnes Miegel bewußt wahrnahm und mit Münchhausen bekanntmachte. Während der Balladendichter die Ostpreußin zwar zunächst emotional, jedoch nicht in Bezug auf die literarische Entwicklung zu beeinflussen vermochte, nahm Carl Busse seine Aufgabe sehr ernst und machte die junge Dichterin mit den Gesetzen der literarischen Welt und den Prinzipien des Schreibens vertraut. Er war daher derjenige, der sie auf ihrem Weg aus sachlichem Interesse weiterführte. Agnes Miegel behielt damit trotz Münchhausen ihre geistige Souveränität.

Löste die Begegnung mit Münchhausen kontrollierte Bitterkeit aus, führte jedoch nicht zu einem künstlerischen Einfluß, so griff ein anderes Ereignis tiefer und für die künstlerische Entwicklung formender in ihr Leben ein. Ihr Leben lief nicht in ruhigen Bahnen ab. Im Oktober 1906 erhielt sie in Geiselgasteig bei München, wo sie als Hauswirtschafterin für den ländlichen Bereich ausgebildet werden sollte, ein Telegramm des Vaters, das sie nach Königsberg zurückrief. Dort angekommen, fand sie den Vater zusammengebrochen und die Wohnung aufgelöst. Die Mutter hatte die Wohnung unter der Einwirkung einer schweren Depression bereits seit einiger Zeit verlassen. Fernab der geistigen Sphären einer Dichterin mußte sich die junge Frau jetzt der bedrückenden Realität des Lebens stellen. Dazu zählte auch die Entmündigung der Mutter und deren unumgängliche Einweisung in eine Pflegeanstalt, wo sie noch mehrere Jahre dahinsiechte. Die materiellen Verhältnisse mußten geordnet werden, aber die finanzielle Verarmung war unaufhaltsam. Zusätzlich mußte auch eine neue Wohnung gesucht werden, die sich schließlich am Großen Domplatz fand.

Der sich laufend verschlechternde Gesundheitszustand des Vaters band sie immer mehr an die Wohnung. Zuletzt beschränkte sich der Aufenthalt durch die Pflege des Vaters auf ein Zimmer. Im März 1915 klagte sie: »Meine ganze Zeit ist mit Vaters Aufwartung ausgefüllt. Fast erblindet (dabei sehn seine Augen heute noch klar und beinah gesund aus) sehr schwerhörig, beinah nicht mehr fähig, richtig zu gehen, er geht langsam und unbeholfen wie ein Kind, braucht er mich fast zu jeder Handreichung«.[14] Zehn Jahre lang bis zum Tod des Vaters 1917, der 79jährig stirbt am 13. September 1917, »alt und des Lebens satt«, pflegt sie ihn aufopfernd: »Er ist auch immer heiter und nett, aber sein ganz naiver altmodischer Patriarchendespotismus ist mächtig wie immer, oder noch mächtiger. Ich wollte gerne umziehen, suchte lange, fand aber nur so entsetzliche Proletenwohnungen für einen mir erreichbaren Preis und auch die nur weit draußen oder in Gegenden noch viel übler als unsre«.[15] Nur kurzfristig grollt sie dem Schicksal. Ihre Liebe zum Vater läßt sie ihre Pflicht grundsätzlich nicht in Frage stellen. Aber die Zeitspanne zwischen 1906 und 1917, die sie der Pflege ihres Vaters opfert, gehören gewöhnlich zu den schöpferischten Jahren im Leben eines Menschen, und es ist zu fragen, wie sich dieser opferungsvolle Einsatz auf ihren Entwicklungsgang auswirkte. Als Antwort ergibt sich, daß ihr schöpferischer Geist auch in dieser Form der Klausur nicht ruhen konnte. Da ihm aber die Möglichkeiten fehlten, ihn gestaltend nach außen zu richten, wirkte er nach innen umso lebhafter. Was sie daher in den zehn Jahren in sich aufnahm, was sich in dieser Zeit anstaute, findet in den Folgejahren in dichterischer Form seinen Ausdruck.

Ihre gesamte Existenz war auf den Vater bezogen und sie konnte das Krankenzimmer nur selten und dann lediglich für kurze Zeit verlassen. Die großen, welterschütternden Ereignisse des Ersten Weltkrieges z.B. erreichten sie daher nur in Ausschnitten durch Anschläge und Plakate, in aufgefangenen Gesprächen und Gerüchten, durch Zeitungsmeldungen und amtliche Verlautbarungen. Diese Wahrnehmungen trug sie in das Krankenzimmer, wo sie diese mit ihrem Vater erörterte. Da er über ein umfangreiches historisches Wissen und reichhaltige Lebenserfahrung verfügte, setzten sich die einzelnen Teile zu einem bedeutungsvollen Gesamtbild zusammen. Auf diese Weise erwuchs in der abgeschiedenen Konzentration aus den unterschiedlichen Ereignissen der Oberfläche ein Bild mit Tiefendimension. Dieses Verhältnis von Außenwelt und Bedeutung der Innensphäre verstärkt lediglich ein Merkmal, das in der Dichtung von Agnes Miegel von Anbeginn angelegt ist. Die Außenwelt ist das Sichtbarwerden einer Innenwelt, die die eigentliche Bedeutung des Wahrnehmbaren verrät. Aufgabe der Dichtung ist es daher, durch ihre Mittel die Innenwelt zu erschließen. In den Gesprächen von Tochter und Vater bildet sich damit unbeabsichtigt dieses Muster ab. Im Grunde wiederholt sich in dieser Situation ein Zustand, wie er für Agnes Miegel bis etwa 1900 bestand: Ihre Stube in der elterlichen Mietwohnung war nicht etwa ein geräumiges helles Zimmer, sondern ein dunkler Vorraum, den man durchqueren mußte, wenn man zur Badekammer wollte. Auch hier wurden die Eindrücke der Außenwelt in der Abgeschiedenheit des Raumes in ihrer eigentlichen Bedeutung ergründet. Bereits in der frühen Zeit gingen Bewußtes und Unbewußtes ineinander über. Ein besonders eindrucksvolles Zeugnis des Eintauchens in die Innenwelt bietet »Das Lied der Toten« (1920; I, 66f.), das die Außenwelt verläßt und sich in die Psyche der bereits Verstorbenen hineinbegibt.

Es ist bezeichnend, daß Agnes Miegel am 15. November 1903 in der Zeit der Krankenpflege an Lulu von Strauß und Torney den bedeutungsschweren Satz schreibt: »Denn Dichten ist Gnade und nicht Handwerk«.[16] Es handelt sich dabei nicht etwa um einen flüchtig hingeworfenen Satz, der in eine Reihe von Alltagsbemerkungen eingeschoben wurde. Vielmehr versteht er sich als grundsätzliches Bekenntnis gegenüber einer verwandten Seele, ausgesprochen von einer Dichterin, die sich im Zuge eines lebhaften Entwicklungsprozesses in einem Stadium befindet, in dem sie fast schmerzhaft darum ringt, ihre eigene Form der Aussage zu finden. Sie formuliert ihr Verständnis von Dichtung und definiert damit gleichzeitig ihre Position. Von Bedeutung ist, daß der besagte Satz den religiösen Begriff der ›Gnade‹ enthält. Entweder ist die Gnade Voraussetzung für den dichterischen Prozeß oder durch das Dichten wird man der Gnade teilhaftig. Eine Antwort auf diese Frage muß sich daher der religiösen Dimension zuwenden. Agnes Miegel war sich dieser Gnade bewußt und sieht auch in der religiösen Bedeutung ihres Namens Agnes einer Vorherbedeutung. Sucht man nach Einflüssen, die beim Heranreifen der gestalterischen Kräfte eine prägende Rolle gespielt haben, so zeichnet sich unverkennbar die vom Elternhaus vermittelte Religiosität ab, die einen kalvinistischen Akzent trägt. Durch die Einflüsse der frühen Jahre entwickelt sie jedoch eine ganz besondere und ihr eigene Form von Religiosität. Dieses Bewußtsein gewinnt in Folge sowohl ihrer Sozialisation als auch durch ihre Charaktereigenschaften seine eigene Ausprägung. Das bedeutet, daß sie aus bestimmten Konventionen und Denkmustern heraustritt und damit, wie noch zu zeigen sein wird, eine Dichtung schafft, die nicht so ohne weiteres in den Erwartungshorizont der Literaturkritik einzuordnen ist. Ihre Kunst bewegt sich im Numinosen und sie verläßt die kanonischen Bahnen, weil sie einen Horizont hat, der jenseits des Alltäglichen liegt.

Nach dem Tod des Vaters denkt Agnes Miegel über ihre Situation nach: »Wie ich auch nachdenke – für mich sind alle Türen zugeschlagen und die meisten durch eigene Schuld«.[17] Sie fühlt sich überflüssig in dieser Welt und klagt: »Ich suche in mir selber den Grund, aber ich finde ihn nicht. Ich war häuslich, ich habe 20 Jahre, die besten meines Lebens, das Leben einer Magd geführt, jedes 10 Pfennigstück gedreht, damit meine Eltern ein ruhiges Ende hatten, ich habe etliche anständige Verse geschrieben, ich schrieb gute Feuilletons – und nirgends ist ein Platz für mich und nirgends bin ich notwendig …«.[18] Andererseits ist »der dunkle Strom der Kunst« so stark, daß sie nicht bereit ist, sich in das bürgerliche Leben einzuordnen. Ihre Absage ist in dieser Hinsicht äußerst deutlich, wenn sie 1921 zum Ausdruck bringt, wie unwürdig es für sie ist, sich der Bürgerlichkeit zu unterwerfen:: »Das fürchterliche Opfer der Bürgerlichkeit, das ich meinem Vater brachte, ist jetzt, wo ich in den letzten zwei Jahren innerlich ganz selbständig wurde, zu einer Farce geworden, die ich täglich mehr als unwürdig empfinde, und daß ich sie aus der gemeinsten Rücksicht auf Geld und schlechte Zeitverhältnisse bringe, bringen *muß* einfach um zu leben, ist mir täglich abscheulicher«.[19]

Die Bemühungen, durch die Ausbildung als Kinderschwester, Lehrerin oder in der Hauswirtschaftslehre den Gleichschritt der bürgerlichen Gesellschaft zu gewinnen, führten nicht zum Ziel. Hinsichtlich der materiellen Existenz steht Agnes Miegel nach dem Tod des Vaters mit leeren Händen da. Wie ein Geschenk des Himmels tut sich im Journalismus die Rettung auf, die es ihr erlaubt, künstlerische Neigung und materielle Existenz in Einklang zu bringen.

Wie eine Wesensbeschreibung ihrer Dichtung legt Agnes Miegel 1955 nach Erscheinen von Band VI der »Neuen Gesamtausgabe«, rückblickend ein Bekenntnis ab, das auf den ersten Blick überrascht, sogar irritiert, aber bei näherer Betrachtung seinen aufklärenden Sinn erhält. Unter dem auf Rückblick verweisenden Titel »Nachklang« (VI, 207–211) gibt sie preis, daß die bereits früh bei ihr einsetzende »Lust zu fabulieren« zugleich ein beunruhigendes Ahnen auslöste. Wie konnte man auch bei einer »Enkelin von Landwirten, Beamten und Bürgern der preußischen Grenzprovinz« erwarten, daß diese auf poetischen Pfaden wandelt? Die bei ihr bereits in der Jugend deutlich werdenden literarischen Neigungen erfüllten sie anfänglich sogar mit »Grauen« und »Abneigung«: »Die eigene Gabe erfüllte mich mit leisem Grauen und der Abneigung, die der Seßhafte vor allem fahrenden Volk fühlt«. Dieser scheinbar mit leichter Hand und einer Portion Selbstironie geschriebene Satz deckt jedoch nicht nur die Gefühle eines geistigen Menschen auf, der sich dessen bewußt ist, daß er aus der normativen Allgemeinheit heraustritt, sondern er ist auch der Auftakt zu Ausführungen, die ein bezeichnendes Licht auf das Selbstverständnis der Dichterin und das Konzept ihrer Dichtung werfen, denn sie fährt fort: »Denn immer bleiben Schauspieler und Dichter – es seien denn längst in den Olymp der Klassiker entrückte – eine Art Gaukler, die sich plötzlich in andere Wesen verwandeln, mit deren Worten sie reden, und in ihrem dämonischen Rausch Hörer oder Leser zwingen, sich dieser Magie für eine Weile zu unterwerfen und mit den beschworenen Gestalten zu leben«. Diese Worte sind geradezu ein Schlüssel für das Verständnis der Dichterin und ihres Werkes. Die hier anklingende Selbstironie schwingt auch in den weiterführenden

Dieses Foto stellte Agnes Miegel mit Autograph für die 1907 von der Malerin und Bildhauerin Julia Virginia Scheuermann besorgte Anthologie »Frauenlyrik unserer Zeit« zur Verfügung. Die Anthologie machte unverkennbar deutlich, daß die Lyrik kein männliches Vorrecht war.
Julia Virginia Scheuermann hatte bereits vorher eine umfangreiche Sammlung eigener Gedichte vorgelegt: »Sturm und Stern. Gedichte«, Berlin: Schuster und Loeffler, 1905.
(Bild: Archiv der deutschen Frauenbewegung, Kassel)

Ausführungen mit, aber sie ist Ausdruck tiefsten Ernstes und macht das sagbar, was ansonsten nur schwer zu vermitteln ist. Der Künstler, von dem es seit der Antike heißt, daß er vom Nektar des Himmels getrunken hat, fällt nicht nur aus der Normalität des Alltags heraus, sondern zeichnet sich mehr noch durch seine besondere geistige Verfassung aus. Agnes Miegel sieht hierin den Ausgangspunkt ihrer künstlerischen Existenz. Wenn sie zum Bild des Gauklers greift, so zielt sie damit sowohl auf die örtliche Ungebundenheit, die durch den Geist evozierte Schwerelosigkeit sowie auf die geistige Konstitution der traditionellen Gauklerfigur ab, so wie sie sich seit dem Mittelalter entwickelt hat. Sie legt damit offen, daß sie sich bei aller Verwurzelung in Ostpreußen auf einer geistigen Ebene bewegt, die ein unbegrenztes Schweifen ermöglicht. Daraus erklärt sich, daß Heimat und Welt für sie keine Gegensätze sind.

Die sich im Gaukler vollziehende Wesensverwandlung, die Metamorphose eines gewöhnlichen Menschen in ein anderes Wesen, nimmt auch sie mit ihren Träumen und Visionen in Anspruch. Die in diesem Zustand des »dämonischen Rausches« erworbene Sprache stellt eine weitere Gemeinsamkeit dar. Wie der Gaukler sein Publikum in den Bann schlägt, so schafft auch Agnes Miegel mit Hilfe des Mythos einen magischen Raum, dessen Einfluß sie auf den Leser wirken läßt. Trägt die Bezugnahme auf die Figur des Gauklers fast die Züge einer Karikatur der dichterischen Existenz, so spricht sie doch die wesentlichen Eigenschaften an. Bereits 1920 hat sie diese sogar in dem Schauspiel »Der Gaukler« (VI, 61–79) für die Bühne bearbeitet.

Am Ende der Rückbesinnung auf die eigene Dichtung steht dann bezeichnenderweise das ausdrückliche Bekenntnis zu dem in ihrem Sinne verstandenen »Gauklertum«. Auch dabei geht sie auf die Ungebundenheit des Geistes und die Verpflichtungen des realen Lebens ein, ein Spannungsfeld, zu dem auch die Beziehung von Heimat und Welt zählt: »Denn wenn ich nun auch mich zu dem leichten Volk der Gaukler bekenne, meinen letzten Wanderjahren nach sogar zu den Fahrenden zählen muß, – so blieb ich doch soweit das Kind der Seßhaften, daß ich mein Haus – oder richtiger meine Bücher – gerne geordnet lassen will, wenn ich von der Welt, die mir täglich noch so lockend und des Erlebens wert scheint wie als Kind, in die unzerstörbare Heimat gehen werde«.

Agnes Miegel war ein freier Geist und wußte, diesem Geist in der Literatur Gestalt zu verleihen.

III. Poetischer Journalismus

1. Königsberg und sein Zeitungswesen

Um die Bedeutung des Königsberger Zeitungswesens im Geistesleben der Stadt und damit auch die journalistische Rolle Agnes Miegels in dem kulturellen Getriebe zu verstehen, muß man sich die damalige Situation vergegenwärtigen. Von der übrigen Welt durch den Versailler Vertrag abgeschnitten und durch die politischen Begehrlichkeiten Polens und Litauens bedroht sowie durch das Vorrücken der Roten Armee nach dem Krieg im Baltikum gefährdet, versank die Hauptstadt Ostpreußens nicht etwa in Lethargie und geistige Lähmung. Das Gegenteil war der Fall. Trotz ihrer prekären Lage wurde die Provinz, wohl auch infolge der energischen Gegenmaßnahmen, nicht auf einen isolierten Status abgedrängt, der zunächst zu befürchten war. Verkehrsmäßig, wirtschaftlich und vor allem im Kulturbereich stellte sich eine überraschende Belebung ein. Trotz drückender sozialer Nöte pulsierte das Leben. Der Flughafen Devau, der erste Zivilflughafen Deutschlands, entwickelte sich zu einem auch politisch wichtigen Luftverkehrskreuz zwischen Ost und West. Von hier aus flog z.B. Ernst Thälmann regelmäßig nach Moskau, um sich dort seine Instruktionen abzuholen. Die bereits 1920 gegründete Ostmesse wurde zu einem vielbesuchten Wirtschaftsforum für West- und Osteuropa. Der Wohnungsbau erfuhr, häufig im Bauhausstil, eine nie gekannte Aufwärtsentwicklung. Königsbergs Theater spielten die modernsten Stücke und verpflichteten die bekanntesten Regisseure. Die Universität konnte sich bekannter Wissenschaftler rühmen, und die staatlich geförderten Ostsemester sorgten für den Zustrom von Studenten aus dem Reich. Mit Stolz konnte Gräfe und Unzer, eine bereits 1722 gegründete Buchhandlung, darauf verweisen, das größte und modernste Unternehmen dieser Art in Europa zu sein.

In dieser Situation waren insbesondere drei Zeitungen wie Nervenstränge: die *Ostpreussische Zeitung*, die *Königsberger Allgemeine Zeitung* und die *Hartungsche Zeitung*. Letztere existierte bis 1933, als sie ihr Erscheinen infolge eines rapiden Abonnentenschwundes einstellen mußte. Sie wurde jedoch durch eine Neugründung, dem weniger anspruchsvollen *Königsberger Tageblatt*, aufgefangen, das seine Auflage im Laufe der Zeit auf 32.000 steigern und bis zum britischen Flächenbombardement im August 1944 erscheinen konnte. Zwar war die *Ostpreussische Zeitung*, deren Redaktion sich in der Tragheimer Pulverstraße befand, mit ihrem Leserstamm im gehobenen Bürgertum und der traditionsbewußten Landbevölkerung die konservativste unter den drei Blättern und sie hatte am wenigsten das Flair einer urbanen Gazette, aber alle drei Publikationen waren weit von einer provinziellen Ausrichtung entfernt. Allein die Notwendigkeit, über die Ereignisse im Reich zu berichten, schloß eine umfangreiche politische und kulturelle Berichterstattung ein. Dazu kam der für Ostpreußen notwendige Blick nach Osten mit der entsprechenden Sensibilität. Zu dem Königsberger Zeitungsspektrum zählte auch seit 1901 die *Königsberger Volkszeitung*, deren Gründung auf eine Initiative des damaligen ostpreußischen SPD-Vorsitzenden und späteren preußischen Ministerpräsidenten Otto Braun zurückging. Dieses Blatt mußte nach der Machtergreifung der Nationalsozialisten sein Erscheinen einstellen.

Herausgeber der *Königsberger Allgemeinen Zeitung* und zugleich ihr maßgeblicher Redakteur war Dr. Alexander Wyneken, der eine nationalliberale Richtung vertrat und Begründer der Deutschen Volkspartei (DVP) in Ostpreußen war. Insbesondere die Beiträge in dieser Zeitung, deren Redaktion sich im Pressehaus in der Theaterstraße befand, dürfte wesentlich dazu beigetragen haben, zumal sie zu den wichtigsten periodischen Publikationsorganen Ostdeutschlands zählte, daß Agnes Miegel als Autorin immer mehr

Beachtung fand. In den mit großer Leidenschaft und heftigen Worten geführten Fehden der Zwischenkriegszeit verfolgte die Zeitung einen ausgleichenden Kurs der Mitte und hielt diesen trotz aller bedrohlichen Anfeindungen auch nach 1933 bis 1945 durch, selbst dann noch, als die Nationalsozialisten versuchten, durch die Gründung eines eigenen Parteiorgans namens *Preußische Zeitung* ab 1932 ihr das Wasser abzugraben.[20]

Die *Allgemeine* verfügte über moderne Rotationsmaschinen, der Personalbestand belief sich beim Eintritt von Agnes Miegel auf 485 Personen, und die Auflage bewegte sich um 60.000 Exemplare. Allein die Berlin-Redaktion umfaßte acht Redakteure. Auch zählten bekannte Literaten zu ihren Mitarbeitern. Der bisweilen gegen Agnes Miegel stichelnde Alfred Kerr, auch hervorgetreten als unversöhnlicher Gegner Hermann Sudermanns, lieferte für die Sonntagsausgabe von 1897–1922 den sogenannten »Berliner Plauderbrief«.[21] Man war also auch in Ostpreußen darüber informiert, was in der Reichshauptstadt vor sich ging. Anläßlich des 50jährigen Bestehens der *Allgemeinen* im Jahr 1925 bestätigte ihr Reichpräsident von Hindenburg, daß die Zeitung »Treu für den Osten gekämpft habe«. Und der Minister des Auswärtigen, Stresemann, stellte fest: »Durch ein halbes Jahrhundert hat die *Königsberger Allgemeine Zeitung* die deutsche Wacht im Osten gehalten«. Die Formulierung dieser Glückwünsche erklärt sich aus dem Geist der Zeit. Arno Holz seinerseits formulierte flott und ungezwungen: »Pinsel, Meißel, Hammer, Stift / über alles siegt die Schrift!«.

2. Von der Lyrik zur Reportage

Es war nicht von ungefähr, daß Agnes Miegel, wahrscheinlich durch Fürsprache von Geschäftsfreunden ihres Vaters, am 24. Januar 1920 den Weg zum Zeitungswesen fand und nach einigen Einübungen mit dem Ressort »Reportagen« betraut wurde. Nach dem Ersten Weltkrieg veränderte sich auch das deutsche Zeitungswesen.[22] Aus den USA kommend, verbreitete sich die Idee des New Journalism, der ein besonderes Gewicht auf die Reportage legte. Reportage wurde in der Folgezeit zu einer Gattung, die die Welt zum Klingen bringen sollte. Darauf stellte sich auch das deutsche Pressewesen ein, so daß die Feuilletons nunmehr von der Reportage beherrscht wurden. Entsprechend wuchs die Nachfrage nach Redakteuren, die mit dem Metier umzugehen wußten.

Strahlender Stern und maßgebliche Leitfigur der Reportage war Erwin Egon Kisch, auch als »rasender Reporter« bekannt. Er entwickelte den Ehrgeiz, aus der faktenbezogenen Reportage ein literarisches Kunstprodukt zu machen. Das hatte zur Folge, daß er das Geschehen nicht so beschrieb, wie es gewesen war, sondern wie es hätte gewesen sein können. Demnach war nicht das eigentliche Ereignis Anliegen des Journalisten, sondern die sich bietende Möglichkeit, daraus einen massenwirksamen Bericht zu gestalten. In der Konsequenz strebte er daher nach die Auflage fördernden Sensation und wurde somit zum »rasenden Reporter«.[23] Diese Form der Berichterstattung ordnete daher die Fakten der angestrebten Wirkung unter. Damit war Anfang der 20er Jahre eine neue Form des Journalismus geboren, die ihre Verführungskunst bis heute nicht verloren hat, denn sie verleitet den Journalisten dazu, sich zum Verbündeten des Zeitgeistes zu machen.

Der Einstieg in den Journalismus war für Agnes Miegel wie ein Rettungsanker: »Sie hatte kein Vermögen, keinen Beruf, kein Einkommen. Sie hatte nur drei Bücher mit Versen aufzuweisen. Agnes Miegel stand in den schweren Jahren nach dem Ersten Weltkrieg vor dem Nichts«.[24] Sie beginnt ihre Arbeit bei der *Ostpreussischen Zeitung* mit einer völlig untergeordneten Tätigkeit, dem Sortieren und Aufkleben von Zeitungsausschnitten. Derartige Lehrlingsarbeiten verrichtete sie mit humorvollem Selbstbewußtsein. Dr. Erich Jenisch, maßgeblicher Redakteur und später Professor für Literaturwissenschaft an der Universität Königsberg sowie nach der Flucht an der Universität Würzburg, erkannte jedoch sehr schnell, daß hier Fähigkeiten vorhanden waren, die man nicht derartig vergeuden durfte. Die Folge war, daß Agnes Miegel fünfeinhalb Jahre Artikel für die *Ostpreussische Zeitung* beisteuerte, die ein ständig wachsendes Leserpublikum fanden. Gleich zu Anfang mußte sie aber auch feststellen, daß die freie Luft der Lyrik im journalistischen Raum durch den Einbruch auch von politischen Realitätsmomenten etwas dünner wurde. Am 26. Januar 1920 schreibt sie an Ina Seidel: »Ich habe mich gestern an unsere Ostpreußische Zeitung, *das* [kursiv!] konservative Blatt jenseits der Weichsel verkauft. Zuerst Frauenbeilage, später wohl mehr. Gehalt für den Osten sehr gut. [...] Aber – es ist ein Rubikon – es wird furchtbar werden mit Tonchen, es wird ein Kampf mit Elisabeth und ich bin Partei«.[25]

Sie befand sich jetzt an einer Schnittstelle zwischen Journalismus und Literatur. Doch die Entwicklung ist positiv. Nachdem sie anfänglich für die »Frauenbeilage« zuständig war, zeichnet sie bereits ein Jahr nach ihrem Eintritt für die Beilage »Wort und Werk« verantwortlich. Allerdings schwebte sie immer noch in Unsicherheit, ob sie aufgrund ihrer wiederholten Krankheiten die Stelle halten konnte. So schreibt sie genau ein Jahr nach Arbeitsbeginn am 10. Januar 1921 an Lulu von Strauß : »Ich habe eine kleine aber die Götter seien gepriesen regelmäßige Beschäftigung an der Ostpreußischen Zeitung, dem größten konservativen Blatt hier und hoffe bloß, mein neuer Chef drückt wie der bisherige ein Auge über meine Kränklichkeit zu und behält mich ...«.[26] Auf die »Frauenbeilage« folgte das Feuilleton »Berichte vom Tage«, in dessen Rahmen sie sich dem Theater, dem Büchermarkt, den Kunstausstellungen und sogar der Mode widmete.

Als im April 1923 ihre Reportage »Frühlingswanderung« besonderen Anklang findet, überträgt man ihr das neue Ressort »Spaziergänge einer Ostpreußin«, das zunächst vierzehntägig und dann sogar wöchentlich erscheint. Es handelt sich dabei um Miszellen ganz besonderer Art. Was in der Kammermusik ein abgerundetes Musikstück ist, das wird unter ihrer schreibenden Hand zu einem durchkomponierten Text. Zuweilen macht sich bei der Abfassung wiederholt der Zeitdruck bemerkbar, unter dem naturgemäß die journalistische Arbeit leidet. Doch bei aller Zeitknappheit sind die Beiträge als Ergebnisse des gedankenvollen Umherschweifens in Königsberg und dem umliegenden Samland, aber auch die Eindrücke von Amsterdam, Venedig, Südtirol und Italien wesentlich mehr als bloße Beobachtungsskizzen oder Reportagen. Sie stellen in der Regel Relationen zwischen Betrachter, auktorialer Reflektion,

Leser und historischem Bezug her. Unverkennbar zeigen sich in ihnen Fermente ihrer Poetologie, und bisweilen weisen sie auch Züge auf, die über den Diskurs zu einem bestimmten Thema hinausgehen hin bis zu einer Art innerem Monolog.

Am 1. Oktober 1926 wechselt Dr. Jenisch zur *Königsberger Allgemeinen Zeitung* und Agnes Miegel folgt ihm hierin. »Pekuniär verbessere ich mich nicht, wohl aber menschlich und künstlerisch! Ich hoffe nur, ich halte über«[27], schreibt sie bedeutungsvoll an ihre Freundin Lulu von Strauß und Torney. Bis zu diesem Zeitpunkt, also von 1920 bis 1926, hatte sie nicht weniger als 284 Zeitungsbeiträge verfaßt. Eine große Zahl demobilisierter Soldaten, die ihr Studium vor dem Krieg bereits aufgenommen hatten, dieses jedoch infolge des Krieges unterbrechen mußten und aus wirtschaftlichen Gründen nach dem Krieg nicht fortsetzen konnten, drängte in die Redaktionsstuben. Agnes Miegel war daher im Grund einem harten Wettbewerb ausgesetzt. Wenn Dr. Jenisch sie auswählte und in die Redaktion berief, so war dies ein Zeichen, daß er ihre literarischen Fähigkeiten zu schätzen und zu nutzen wußte. Die neugewonnene Redakteurin hatte ja bereits bei der *Preussischen Allgemeinen* eindrucksvolle Beweise ihrer Fähigkeiten vorgelegt. Unverkennbar ist schon bei diesen Anfängen, daß ein Bezug zum Gesamtwerk vorliegt.

Auch die Königsberger Zeitungen folgten der neuen Form des Journalismus. Das Feuilleton nahm nunmehr Züge der Reportage auf und erschien vielfach in Gestalt einer Beilage zu Abend- oder Sonntagsausgaben. Für dieses Metier entwickelte Agnes Miegel ihren eigenen Stil. Sie übertrug Gestaltungskriterien ihrer bisherigen Dichtung in das Feuilleton und schuf damit so etwas wie den poetischen Journalismus. Zwar behält sie ihre Eigenständigkeit gegenüber der neuen Form des Journalismus, aber sie bleibt nicht völlig unberührt davon. Setzte man sich vorher im Feuilleton mit dem Objekt auseinander, so spricht man jetzt im neuen Journalismus den Leser und seine Erwartungen an. Auch bei Agnes Miegel ist die Leseransprache zu beobachten, aber sie entwickelt daraus eine eigenständige Aussageform, indem sie den Leser gleichzeitig in ihre übergreifende Perspektive einbezieht. Man könnte diese Art von Darstellung, will man einen technischen Begriff bemühen, als ›transzendierenden Perspektivismus‹ bezeichnen. Perspektivismus, weil die Blickrichtung der Erzählweise von einem festen Standpunkt aus auf eine Folge sich addierender und miteinander in Verbindung stehender Einzelheiten gerichtet ist. Die Abfolge dieser einzelnen Beobachtungen schafft eine ständig wachsende Bedeutungssphäre, die in ihrer Schlußphase in einer vom Dinglichen losgelösten Aussage gipfelt, aber dennoch die knappen Mitteilungen der Detailschilderung nachklingen läßt. In ihrer Gesamtheit erhält die perspektivische Darstellung damit eine weisende Funktion. Die geschilderten Einzelheiten werden dabei nicht enzyklopädisch aneinandergereiht, sondern treten als Wahrnehmung der übergeordneten Perspektive in einen funktionalen Zusammenhang. Auf diese Weise gleichen sie Symbolträgern im Kontext des Erzählens, sie »transzendieren«. Da sich die Perspektive auf ein historisches Gedächtnis gründet und infolge dessen Leben und Tod gegenwärtig werden, zeichnet sich häufig ein zyklisches Grundmuster der dargestellten Welt ab.

Der Bogen der Zeitungsbeiträge ist weit gespannt. Er umfaßt reine Stimmungsdarstellungen, architektonische Beschreibungen, Charakterisierungen von Kunstwerken, philosophische Betrachtungen, Kommentare zu Zeitfragen, Anmerkungen zur Mode, die Charakterisierung bestimmter Personen, die Schilderung der Flora und vor allem Reisereportagen. Von 54 Beiträgen entfallen allein 24 auf Reiseschilderungen, wobei sich andere Themen wiederholt mit einer Reisedarstellung verbinden.

Es will erstaunen, daß der »feuilletonistische« Teil des Oevres bisher so wenig Beachtung gefunden hat. Das mag weitgehend an der Quellenlage liegen, denn der größte Teil des Königsberger Zeitungsbestandes wurde in der Universitätsbibliothek archiviert und fiel dort dem britischen Luftangriff im August 1944 zum Opfer. Die Archivierung im Reich selbst erfolgte nur sporadisch und weist große Lücken auf. Die Biographin Agnes Miegels, Anni Piorreck, konnte auf ihrer Flucht in dem begrenzten Gepäck lediglich 12 Feuilletonbeiträge aus der Zeit von 1921 bis 1926 retten. Diese wurden 1994 unter dem Titel *Aus alten Zeitungen und Schriften* als

Agnes Miegel 1925 als sie noch für die *Ostpreussische Zeitung* arbeitete. Die *Königsberger Allgemeine Zeitung* ihrerseits blickte in diesem Jahr auf ein 50jähriges Bestehen zurück. Von 1920 bis 1926 schrieb Agnes Miegel für das Feuilleton der *Ostpreussischen Zeitung*. In dieser Zeit hat sie nicht weniger als 248 Artikel verfaßt. Am 1. Oktober 1926 wechselte sie zur *Königsberger Allgemeinen Zeitung*, die sie dann 1932 verläßt, um sich ganz der schriftstellerischen Arbeit zu widmen.

kleine Schrift von der Agnes-Miegel-Gesellschaft veröffentlicht. Im Vorwort gibt Hannelore Kanzler bereits eine zutreffende Charakterisierung der journalistischen Arbeit, daß nämlich hinter den Feuilletons die dichterische Intention steht: »Hier in diesen journalistischen Arbeiten Agnes Miegels zeigt sich ihre Vielseitigkeit. Während sie einerseits – wenn auch in der Stille – an ihren dichterischen Werken weiterschreibt, nimmt sie andererseits als kritische Feuilletonistin zu den verschiedenen kulturellen Ereignissen ihrer Zeit Stellung [...] Wenn im begrenzten Raum dieses kleinen Bandes auch nur Kostproben ihrer journalistischen Schriften vorgestellt werden können, so ist doch ihr ganz eigener Stil schon erkennbar, die ihr eigene lebendige Weise, in der sie Bilder entstehen läßt ...«.[28] In keiner Bibliothek deutschsprachiger Länder konnten zunächst Bestände Königsberger Zeitungen gefunden werden. Im Zuge weiterer Ermittlungen wurden jedoch in Danziger und Thorner Archiven Mikrofilme mit Teilbeständen der *Ostpreussischen Zeitung* ausfindig gemacht. Aus dem aufgefundenen Material hat Anni Piorreck 1985 die *Spaziergänge einer Ostpreußin. Feuilletons aus den Zwanziger Jahren* herausgegeben.[29]

Ergiebiger erwies sich die Suche im Falle der Beiträge für die *Königsberger Allgemeine Zeitung.* Helga und Manfred Neumann gelang es in systematischer Sucharbeit, 54 Feuilletonbeiträge (und vier Gedichte) aufzuschließen und im Jahr 2000 in einem Sammelband unter dem Titel *Wie ich zu meiner Heimat stehe. Von Agnes Miegel. Ihre Beiträge in der ›Königsberger Allgemeinen Zeitung‹ (1926–1932)* herauszugeben.[30] Aber leider auch hier weist die Datenbank der Berliner Staatsbibliothek für die Jahre 1926–1932 nur einen sehr lückenhaften Bestand aus.

Im Folgenden werden einige Beispiele der Feuilletonbeiträge untersucht, um die Arbeitsweise der Dichterin auf diesem Feld zu veranschaulichen.[31]

3. Frankfurt an der Oder als empfindsame Reise

Indem Agnes Miegel die Schilderung eines Besuches von Frankfurt an der Oder am 24.03.1928 mit dem Titel »Eine empfindsame Reise« versieht, vermittelt sie einen wichtigen Hinweis, nach welchen Prinzipien sie ihre Reisereportagen gestaltet. Im starken Maße formbildend, auch für die deutsche Reiseliteratur, war der 1768 erschienene Roman *Sentimental Journey* von Laurence Sterne, der noch im gleichen Jahr in der deutschen Übersetzung von Johann Christoph Bode unter dem Titel *Yorricks empfindsame Reise* herauskam. Allein die Tatsache, daß die deutsche Übersetzung im Erscheinungsjahr des englischen Originals verlegt wurde, läßt den durchschlagenden Erfolg des Werkes im deutschen Sprachraum erkennen. Dieser zeigt sich dann auch nicht nur in dem großen Verkaufserfolg, sondern auch in den zahllosen Nachahmungen. Bereits 1769, nur ein Jahr nach dem Erscheinen des englischen Originals, begann Johann Timotheus Hermes mit der Arbeit an seinem Roman *Sophiens Reise von Memel nach Sachsen*, die er 1773 beendete. Dieses Werk wirkte stilbildend und begründete das Genre der empfindsamen Reiseliteratur. Aber auch in der Musik und der Malerei hat das Motiv der empfindsamen Reise bis heute seinen Niederschlag gefunden.[32] Das wesentliche Gestaltungskriterium dieses Genres besteht darin, die Reise zum Medium einer gedanklichen und seelischen freien Empfindungssphäre zu machen. Dabei dienen die Fakten der realen Welt lediglich als Ausgangspunkte für ausgedehnte gedankliche und seelische Reflektionen. Man könnte auch von einer Reise ins Innere sprechen, bei der sich die Reflektionsphasen aneinanderreihen.

Es ist erstaunlich, mit welcher Übereinstimmung Agnes Miegel in ihren Reisereportagen diesem Muster folgt. Sie wählt eine übergeordnete Perspektive, die sich nicht sofort dem Leser erschließt, aber die zahlreichen Einzelheiten periodisch in Sinnabschnitte zusammenführt. Auf diese Weise entwickeln sich im Erzählstrom zyklische Strukturen. Im Grunde dient die Beobachtung der äußeren Wirklichkeit nur als Anstoß, die innere Wirklichkeit des Erzählers zu entwickeln, seine geistig-emotionale Befindlichkeit aufzuzeigen und letztlich auch Bezüge zur übergreifenden Perspektive herzustellen. So erscheinen die Einzelheiten wie Noten in einem thematischen Musikstück, die einem übergeordneten Sinnzusammenhang untergeordnet sind. Ein derartiges Arrangement führt zu scheinbaren Abschweifungen, Digressionen genannt, die jedoch in ihrer Gesamtheit eine Funktion der perspektivischen Aussage bilden. Es ist daher gerechtfertigt, auch im Falle der Reportagen von transzendierendem Perspektivismus zu sprechen.

Diese recht abstrakten Bemerkungen lassen sich anhand der Reisereportagen, aber auch in Bezug auf die anderen journalistischen Beiträge anschaulich exemplifizieren. Unter den zahlreichen Reisen Agnes Miegels besitzt die Reise nach Frankfurt an der Oder im März 1928 eine ganz besondere Bedeutung: »Immer habe ich hier reisen wollen, immer zerschlug es sich. Nun auf einmal fügte alles sich und am Vorabend meines goldenen Lebensjahres [...] wird mir dieser Wunsch auf's freundlichste erfüllt. So wandere ich denn fröhlich und ein bißchen feierlich durch die Stadt«. Sie nennt die Reise im Titel «Empfindsame Reise« und hebt an mit einem Panorama, das in weitem Bogen wie aus der Vogelperspektive die Stadt mit ihrer Umgebung umfaßt. Der Blick zieht sich von den östlich der Oder gelegenen »Hügelkuppen [...] durch deren Wälder die sonnenweiße Rauchfahne eines Zuges schleift« über die »frühlingsdunstigen Flußauen« bis zu den zahlreichen Kirchen der Altstadt.

Die Erzählerin berichtet so, als ob die Einzelheiten der abgeschlossenen Reise vor ihrem geistigen Auge entlangziehen. Bereits mit diesem Ansatz wird deutlich, daß die Darstellung nicht einem zurückgelegten Itinerar folgt. Die während der Reise gemachten Beobachtungen werden vielmehr zu auslösenden Impulsen, so daß sich die Schilderung der Reise von der erfahrenen gegenständlichen Welt löst und die Züge eines periodisch wiederkehrenden Bewußtseinstromes annimmt. Spätestens hier erkennt man, daß die Autorin mit der Bezeichnung »Empfindsame Reise« einen programmatischen Titel gewählt hat. So führt der Anblick der Frankfurter Barfüßerkirche sie gedanklich zu ihren Vorfahren, denn die Kirche »gibt doch noch gut das Bild der Stadt wie es Jahrhunderte lang der Märker sah, wie es die Menschen sehen, deren Namen ich trage.

Denn hier in der Odergegend, wohnten meine Vatersväter«. Von hier aus wandern die Gedanken zu den »Voreltern meiner Mutter«, und es entwickelt sich ein langer Bewußtseinsstrom, der die Vergangenheit und Situaion im damaligen Salzburger Land vergegenwärtigt: »Johannisabend war's, auf allen Bergwiesen flammten die Sonnenwendfeuer, die Radstätter Bauern standen im Schnee, und in den Tälern, die die rasche, blaue Dämmerung füllte, blühten Rosen und Linden. Ueberschwenglich herrlich standen die blassen Schneefelder, die dunkelblaue Kuppelwucht des heiligen Untersbergs überm Tal, und ich verstand, wie trotz aller Bitternis [...] bis zum Tod das Heimweh nach diesem Land in den Herzen der Auswanderer brannte«.

Diese Digression hat nur scheinbar nichts mit Frankfurt zu tun. Sie wird durch die übergreifende Perspektive gesteuert und in den thematischen Zusammenhang gebracht. Durch die Art des Berichtes verschmelzen Erzählerin, Autorin und Biographie. So weist Agnes Miegel ausdrücklich darauf hin, aus welcher Perspektive ihre Darstellung erwächst. Sie betont, daß sie bereits Straßburg und Amsterdam gesehen habe: »Aber nichts hat mich so ergriffen wie diese Wanderung durch die Oderstadt«. Hierin liegt der Schlüssel für den thematischen Zusammenhang. Die ausgelösten Digressionen werden durch das Bekenntnis zu Heimat, Familiengeschichte und zum ewigen Kreislauf von Geburt und Tod zueinander in Beziehung gesetzt. In bezeichnender Weise führt die auf elterliche Herkunft gerichtete Perspektive zu einer längeren Reflektion über die Bedeutung von »Vatersnamen«. Dieser ist alles andere als eine »theoretische Spielerei des Standesamtes«, denn er ist zu werten »Als die schicksalsbestimmte Ergänzung zu seinem Taufnamen [...]. Der ist der Ruf, mit dem Gott ihn einmal zu sich befehlen wird; dieses der, mit dem die Umwelt ihn nennt, die für ihn, wenn er ein rechter Bürger ist, doch Gleichnis und Gewähr des anderen Reiches bedeutet«.

An diesem Punkt stößt man auf den Kern der übergreifenden Perspektive: Die sich im steten Wechsel von Werden und Vergehen kundtuende Ewigkeit, die Einbettung auch des Menschen in die göttliche Ordnung. Begriffe wie »Jugend«, »Leben und Lebenswille«

sowie »Frühlingslied« stehen in einem gewissen Spannungsfeld zum Hinweis auf das »Totentanzbild in der Marienkirche«, »eines der tiefsten und ergreifendsten Totentanzbilder, das ich je antraf«, aber das Spannungsverhältnis löst sich im Licht der übergreifenden Perspektive: Totentanzbild und Frühlingslied thematisieren das Bild einer kosmischen Ordnung. Nicht ohne Grund besucht die Erzählerin gegen Ende nach dem Gang über einen Friedhof eine für die Jugend erbaute Sportstätte.

Die Begegnung mit Frankfurt schließt mit einem Hinweis auf die Schlacht von Kunersdorf (1758). Im Siebenjährigen Krieg war die Armee Gideo von Laudons durch Frankfurt gezogen und hatte Friedrich den Großen bei Kunersdorf geschlagen. Aber auch in diesem Fall werden die historischen Fakten in ein weitreichendes zyklisches Bild eingeordnet: »Wir sahen den Sonnenflug unserer Adler. Aber wir sahen auch ein Abendrot, blutiger als das von Kunersdorf«. Wieder gehen die Zeitabschnitte, Kunersdorf und der Erste Weltkrieg, ineinander über. Danach endet die Reise mit einem Appell, der das vieldeutige Bild des Kranzes evoziert; »O ihr Deutschen, die ihr erblühn [sic], die ihr hier kämpfen werdet um den Kranz – möchte euer der schönste und höchste warten, den das Schicksal bereithält!«. Das Bild vom Totentanz erhält ganz gezielt sein Gegenbild durch einen akzentuierten Hinweis auf die andere Sphäre des Lebenslaufes: »Das schöne Stadion liegt heiter und festlich bereit für eine neue, blühende Jugend. Für die Kinder der alten wiedererwachenden Hansestadt drüben an der Oder«.

Das Ende der Wanderung durch Frankfurt verknüpft sich mit Heinrich von Kleists Drama *Friedrich Prinz von Homburg* (1810). Ein Grund dafür mag auch gewesen sein, daß die Traumhandlung dieses Dramas die Dichterin bei ihrer eigenen Neigung zu Traumgesichten besonders angesprochen hat. Zu Beginn wird bei Kleist der Prinz in den Szenenanweisungen eingeführt mit den Worten: »Der Prinz von Homburg sitzt mit bloßem Haupt und offener Brust, halb wachend halb schlafend, unter einer Eiche und windet sich einen Kranz«.[33] Dieser Kranz wird zu einem zentralen Symbol, das über die persönliche Bedeutung hinausgeht, insbesondere weil auch der Kurfürst seine goldene Kette um den Kranz legt. Durch diese

Geste symbolisiert der Kranz zusätzlich die Beziehung zwischen Individuum und Staat. Zwar stellt der Kurfürst mit Hinweis auf den Kranz fest: »Im Traum erringt man solche Dinge nicht«, aber nach dem Sieg über die Schweden gilt der Satz: »Wir sahen den Sonnenflug unserer Adler«. Und aus dem Mund der Offiziere heißt es: Wir wollen »Aus Sonnen einen Siegeskranz ihm [Prinz] winden«. Lautet der letzte Satz des Dramas: »In den Staub mit allen Feinden Brandenburgs!«, so nimmt Agnes Miegel den Begriff ›Staub‹ wieder auf, verwendet ihn jedoch nicht im Sinne von Triumph über den Feind, sondern als einen Bestandteil von Werden und Vergehen, wenn sie vom »Staub unserer Väter, die der Heimat lebten« spricht. Ihr Beitrag schließt mit einem Appell, der das symbolische Bild des Kranzes wieder aufgreift und dem Geist des Dramas von Heinrich von Kleist zu entstammen scheint: »O ihr Deutschen, die ihr erblühn [sic], die ihr kämpfen werdet um den Kranz – möchte eurer der schönste und höchste warten, den das Schicksal bereithält!«

4. Besuch der Grenzmark[34]

Am 10. Dezember 1932 bringt die *Königsberger Allgemeine* in der Beilage für die Abendausgabe einen mit »Grenzmark-Reise« betitelten Bericht über eine Reise in die Grenzmark, »diese neue aus den Resten von Westpreußen und Posen zusammengeschweißte Provinz«, wie Agnes Miegel sagt. Es muß in diesem Zusammenhang angemerkt werden, daß der nach dem 19. Januar 1920 durch den Vertrag von Versailles eingetretene territoriale Status quo nicht nur bei den preußischen Verwaltungsbehörden keine Zustimmung fand, sondern der dadurch geschaffene Zustand auch allgemein als offene Wunde empfunden wurde. Agnes Miegel begibt sich daher mit dieser Reportage auf ein äußerst brisantes Gebiet.[35] Der Zeitpunkt der Reise wird nicht angegeben, muß aber im Sommer gelegen haben, wie dem Hinweis auf badende Kinder zu entnehmen ist. Die Darstellung setzt ein mit der Schilderung mehrerer ungenannter Gesprächspartner, die den Begriff »Grenzmark« mit Nordschleswig, Eupen-Malmedy oder Südtirol, aber nicht mit Posen-Westpreußen in Verbindung bringen. Dadurch wird die Spannung auf das zu beschreibende Objekt aufgebaut. In der folgenden Darstellung kommt der Leser auf seine Kosten: Die weite Landschaft, die kleinen Städte, die endlosen Wälder und die Menschen mit ihren Gewerken werden detailreich geschildert. Sogar Geräusche und Gerüche werden miteinbezogen. Aber jedes Detail wird durch die Perspektive in einen übergeordneten Zusammenhang eingeordnet und erhält damit einen funktionalen Sinn. Der Tenor dieser Perspektive wird angeschlagen, wenn es in einer Eingangsbemerkung über die Grenzmark heißt: »Unsere Schwesterprovinz auf der anderen Seite des Korridors«. Die Bewohner sind realistisch gezeichnete Personen, aber sie sind gleichzeitig Kinder einer Familie.

Die Schilderung des Streifzuges durch die Grenzmark läßt den Leser durch ihre Authentizität unmittelbar an den Beobachtungen teilhaben. Dieses Einbinden findet sich in zahllosen anderen Beispielen, sei es bei einem Gang durch Königsberg, auf einer Rheinreise, bei einem Besuch Südtirols oder der Betrachtung eines antiken Kunstwerkes. Aber stets geht die auf das Einzelne gerichtete Perspektive über in eine weiterführende Aussage, so auch in diesem Beispiel. Die Grenzmark wird als Schwester Ostpreußens apostrophiert, und das Verhältnis von Erzählerin und erzähltem Objekt wandelt sich durch den Übergang in die Form des Dialogs. Auf die Frage der Erzählerin »O Schwester Grenzmark, was hast Du mir noch gezeigt?«, übernimmt die Angesprochene die Rolle der Erzählerin: »Ich zeigte Dir, was man nur dem Verwandten zeigt, was man nur mit dem beredet, der gleiche Not kennt: Den Jammer meines Herzens!«. Es ist der Schmerz über die vom Versailler Vertrag willkürlich durchgeführte Grenzziehung. Der Kummer der Provinz, personifiziert durch Herzschmerzen, findet seine Entsprechung in dem Kummer derjenigen, die unter der Grenzziehung leiden. Über das reale Panorama hinaus wird die Objektwelt auf diese Weise verlebendigt. So tritt der Leser über die Erzählerin in einen Dialog mit dem geschilderten Gegenstand ein und nimmt im Zuge der Reihung an der sich aufbauenden Erkenntnis teil. Bereits während der Reise hatte sich die Erzählerin im späteren Rückblick aus der Realität entfernt und sich in einen sakralen Raum begeben: »Dann zog ich weiter durch dies Land, erwartungsvoll und scheu und neugierig wie ein Kind, das Sternsingen geht ins Nachbarsgehöft! Und als ich nach Hause kam und mein Säckchen ausschüttete, da sah ich, wie viel Schönes mir die Grenzmark geschenkt hatte!«. Die Grenzmark antwortet mit einer Bitte: »Was gibst Du mir dafür, Sternsingerkind aus Nachbars Hof?«. Die Erzählerin entgegnet mit einem Bild von zentraler Symbolik: »Ich gebe Dir dafür, Grenzmark, einen schönen grünen, immergrünen Adventskranz: den pflückte ich bei Dir, in Deinen Wäldern und Gärten. Daran hängen die roten Herzen Deiner Männer und Frauen [...] Daran hängen die roten Lebensäpfel, die Adams Söhne essen, wenn sie mit Spaten und Pflug den verwunschenen Acker lösen«. Bereits die Bezeichnung »Adams Söhne« trägt eine biblische Konnotation. Bedeutsam und für die Dichterin charakteristisch ist, daß der Acker, ganz ähnlich wie am Ende der »Reise der Sieben Ordensbrüder«, als »verwunschene« Entität erscheint, die im Wechselspiel mit dem Menschen erlöst wird. Im Symbol des Kranzes verbinden sich außerdem die Zeitebenen. Die erzählte Zeit der Reise mündet in die Erzählzeit der Erzählerin, die Zeitschicht der Reise geht über in die reale Gegenwart der Zeit vom Dezember 1932 unmittelbar vor dem Weihnachtsfest. Werden die Zeitschichten derart miteinander verwoben, so wird in dem zugrundeliegenden Bild des Ringes die kalendarische Chronologie aufgehoben. Vergangenheit, Gegenwart und Zukunft verschmelzen und kehren als zyklischer Ablauf immer wieder. Sie weisen damit in die Richtung des Ewigen. Nicht ohne Grund handelt es sich um einen »grünen, immergrünen Adventskranz«. In diesem Sinne spricht auch die Grenzmark zur Erzählerin: »Ich sang Dir das Lied, dessen Weise ewig ist, wie das Rauschen der Linden auf den Friedhöfen überm Grab der Gefallenen«. Auffällig sind die mehrfachen Verweise auf die Friedhöfe und die Verstorbenen, auf »die Lebenden und die Toten, die im Haus und die im Grab!«. Dem steht die deutliche Hervorhebung von Müttern und Kindern gegenüber. Wieder zeichnet sich das Bild des Kreislaufes ab, der Bewegung von der Geburt zum Tod, einer Bewegung, die sich in Generationen in Form des Kreislaufes immer wiederholt.

Symbolisch ist auch das Licht der Kerzen auf dem Adventskranz. Zwar trägt die Darstellung einen realistischen Akzent, wenn es am Ende der Reportage heißt, daß der Kranz der Erzählerin von »Kinderhand« überreicht wurde. Aber das Bild des Kindes evoziert wieder eine Zukunftsperspektive. Zugleich wohnt den letzten Zeilen eine Art Botschaft und Verkündigung inne, wenn es über die Kerzen heißt: »… der Sommer Deiner Wiesen duftet aus ihrem Wachs! Und ihr Schein verkündet Dir und uns, daß eine Zeit naht, in der alle so guten Willens sein werden, wie ich Deine Kinder fand – über das Trennende hinweg die Bruderhand sich reichend …«.

Über die Leseransprache durch das »Dir und uns« hinaus enthält die abschließende Aussage ein verstecktes Bibelzitat und gewinnt damit ein besonderes Gewicht. Das »Und ihr Schein verkündet Dir und uns, daß eine Zeit naht, in der alle so guten Willens sein werden …« ist ein deutlicher Anklang an das Wort in der Weihnachtsgeschichte (Luk. 2, 8–2), in der es heißt: »Ehre sei Gott in der Höhe und Frieden auf Erden bei den Menschen, die eines guten Willens sind«. Durch diese Form der Intertextualität öffnet sich unausgesprochen ein Bedeutungsraum, der weit über den Erzählkorpus hinausgeht. Die Schilderung der »Grenzmark-Reise« wird letztlich eine Reise zum Fluchtpunkt der Perspektive von Agnes Miegel.

Das obige mythologisch eingebundene Beispiel fällt in eine Zeit, in der die Dichterin ihre journalistische Tätigkeit auslaufen läßt. Die Spätphase mag erklären, weshalb das Grundmuster ihrer Feuilletonbeiträge so deutlich hervortritt. Geht man jedoch weitere Beispiele durch, so stößt man immer wieder auf dieses Grundmuster der transzendierenden Perspektivierung, auch wenn die Variationen innerhalb dieses Musters erheblich sind.

5. Fahrt durch Süddeutschland[36]

Das existenzielle Bekenntnis zu Ostpreußen bedeutet keineswegs, daß sich die Dichterin in ihren Reportagen nur innerhalb der Landesgrenzen bewegen muß. Im Gegenteil will es erstaunen, mit welcher Aufgeschlossenheit sie sich der Welt zuwendet. Man darf daher nicht folgern, daß sich mit dem Tenor, wie er sich in der Reportage »Grenzmark« abzeichnet, der Kreis schließt. In den bisher zugänglichen 54 Reportagen entfaltet sich vielmehr ein in jeder Hinsicht weitgespanntes Panorama. Ein Vergleich mit der Reportage »Fahrt durch Süddeutschland« läßt dies erkennen. Auch hier lebt die Darstellung vom transzendierenden Perspektivismus. Zahllose Einzelheiten werden in der Folge minutiös beschrieben, immer stärker mit Bedeutung aufgeladen und schließlich in einer übergreifenden Perspektive zusammengeführt. Auf der realistischen Ebene handelt es sich um eine Zugfahrt durch Baden. Obgleich die Mitfahrenden sehr genau beschrieben werden, löst sich die Darstellung vom konkreten Bezug und geht über in den Bewußtseinsstrom der Erzählerin.[37] Die generische Bezeichnung »Ein Zug rast und rattert durch den glühenden Nachmittag« hebt die konkreten Beobachtungen bereits auf eine allgemeine Ebene. Wie bei der »Grenzmark-Reise« fügen sich anhäufende Beobachtungen von Menschen und Städten, von Farben und Gerüchen in einen übergeordneten Zusammenhang.

Der erste Satz der Reisebeschreibung lautet »Als ich dich zum ersten Male sah, gnadenreiches Süddeutschland, war's in einem Hochsommer wie diesem …«. Gegen Ende des Reiseberichtes schreckt die Erzählerin aus ihrem Bewußtseinsstrom auf und vermittelt eine Aussage, die über den Zeitpunkt des Erfahrens hinausgeht: »Ich schrecke auf. Der Zug rattert über eine Brücke. […] Als ich dich zum erstenmal sah, gnadenvolles Süddeutschland, erstgeborene Tochter meiner schmerzensreichen Mutter Deutschland, war es ein Abend wie dieser, blau und heiß, quellend von Segen, und unbekümmert und froh, wie es Jugend ist«. Zwar wird »Ein Zug« wieder zu »Der Zug«, aber durch die Symmetrie von Anfang und Ende wird ein zyklischer Aufbau der Reisebeschreibung hergestellt, der die Zeitschichten ineinanderfließen läßt und eine über das eigentliche Reiseerlebnis hinausgehende Aussage anstrebt. Deutschland erscheint numinos als Mutter, wenn man »den Segen sieht, den diese warme, blühendsüddeutsche Erde ihren Kindern so überschwenglich beschert …«. Dem Betrachter offenbart sich das Land ebenso »segensreich« wie auch »gnadenreich« und verläßt damit die kalendarische Chronologie. Unterstrichen wird dies durch die wiederholten Hinweise auf »Kinder« und »Jugend«, die mit Vergänglichkeit und Tod kontrastieren. Der über dem Land liegende Segen spiegelt sich in den Gesichtern der Menschen. Aber auch hier gehen Jugend und Abschied vom Leben ineinander über, denn die Erzählerin wird sich des Zeitenstromes beim Anblick spielender Kinder bewußt: »Kinder spielen in den Gäßchen uralte Abzählreime«. Das Erscheinungsbild der Frauen in Baden findet seine Besonderheit in »dem wunderschönen, sanften und edlen Heiligengesicht, das die Frauen dieses deutschen Landes in ihrer Jugend haben«. Aber das gilt nur »einen kurzen Menschenfrühling lang, ehe die glühende Sonne, ehe das überharte Leben des übervölkerten Gebiets es verwelken läßt wie die Sonnenglut die Rosen in ihren Gärtchen«.

Bisweilen wird der Tod in recht indirekter Form beschrieben. Kurz vor Ende der Erzählung stößt man auf eine Beobachtung von hoher symbolischer Bedeutung: »Und nun zur Rechten, unverkennbar vor der strahlenden Helle des im Qualm sinkenden Sonnenballs zeichnen sich Berglinien ab. Eine mächtige Kuppe schiebt sich vor die Sonne und teilt sie. Wie der durchsichtige gekrümmte Leib eines Insekts hängt sie an dem Gebirg, wird rot und röter, als saugte sie sich voll Blut, dort an den Vogesen«. Ob sich die Natur in dieser Weise tatsächlich so dargeboten hat, ist fraglich. Jedenfalls ist das Bild so eingesetzt, daß es den ewigen Zyklus von Geburt und Tod eindringlich zum Ausdruck bringt. Wie sorgfältig die perspektivische Aussage komponiert ist, geht aus einzelnen Bildelementen hervor. Parallel zu Leben und Tod verlaufen die »Flußauen« des Rheines in der Tiefe und als Kontrast erheben sich dagegen die »Berglinien« der Vogesen. Das Bild vom gnadenreichen Süddeutschland stößt sich mit der Vorstellung vom »gekrümmte(n)

Leib eines Insekts« und dem Saugen von »Blut«. Mit der »mächtigen Kuppe«, die sich vor die blutsaugende Sonne schiebt, wird offensichtlich der Hartmannsweilerkopf angesprochen, den der Volksmund bezeichnenderweise »Menschenfresser« oder »Berg des Todes« nennt. Im Ersten Weltkrieg verloren hier in den blutigen und erbitterten Kämpfen um diese strategisch bedeutsame Erhebung an die 30.000 Soldaten ihr Leben.[38]

Eine weitere Bedeutungsschicht, die bereits in der »Grenzmark« zutage trat, erschließt sich hier. Es ist das Spannungsverhältnis von Zivilisation und Technik zu Natur und organischer Ordnung. In der »Grenzmark« war es die Landschaftsdarstellung und die Tätigkeit des Menschen, so wie sich aus den natürlichen Gegebenheiten heraus infolge der menschlichen Tätigkeit das Siedlungswesen, die Manufakturen und schließlich auch die Industrie entwickeln. Der Beobachterin stellte sich jedoch kein Widerspruch entgegen, weil das vom Menschen Erschaffene organisch aus dem Natürlichen erwuchs. Der Süddeutschland durchquerende Zug wird ganz gezielt als Artefakt dargestellt, als ein Technikerzeugnis, das fast wie ein Störfaktor voller Dynamik die Harmonie des »gnadenreichen Süddeutschlands« durchkreuzt: »Ein Zug rast und rattert durch den glühenden Nachmittag. ... Der Zug rattert über eine Brücke«.[39]

Nicht von ungefähr betont die Reporterin das Rasen und Rattern, denn es ist ihre zivilisatorische Perspektive, aus der sie das Panorama wahrnimmt. Aber die schnelle Bewegung im Format der Technik trennt sie nicht von dem Wahrgenommenen. Durch das Verb »rollen« verbindet die Erzählerin Technik und Natur, denn beide werden in ihrer »Bewegung« gleichgesetzt: »Draußen rollt die schönste Landschaft Badens vorbei. Kornblumenblau stehen die Waldberge im Abenddunst«. Von der Dynamik und dem Geräusch der Technik geht hingegen keine Bedrohung aus, denn »Und durch das Rattern und Dröhnen kommt Glockengeläute ...«. Beide Bereiche sind organisch eingebunden und ergänzen sich gegenseitig.

Welche Bedeutung diese Thematik für Agnes Miegel hat, wird an der Erweiterung des Motivs deutlich. Die Beobachterin bemerkt über der »geliebten süddeutschen Kleinstadt« ein Flugzeug: »Ein Flugzeug kreist über Kirchen und Dächern. So tief, man meint, es müßte sich am Münsterturm aufspießen oder in den Reihen der zypressenhohen Pyramidenpappeln am Stadttor verfangen«. Das hier scheinbar zufällig auftauchende Flugzeug ist jedoch eine sorgfältig in die Komposition eingesetzte Metapher. Im Werk der Autorin stößt man wiederholt auf diese Metapher und zwar an zentraler Stelle. Für sie kommt im Flugzeug das technische Vermögen des Menschen am sinnfälligsten zum Ausdruck, weil es ihn sogar durch die Leistung seines Geistes von der Erdgebundenheit befreit. In dem Gedicht »An ein Flugzeug« (VI, 183–185) schwingen Bewunderung, aber auch die Ahnung der gegebenenfalls von ihm ausgehenden zerstörerischen Kraft mit. Es schließt mit den beiden Zeilen: »Der Du oben durch die Mondnacht kreist,/Neuen Zeiten neue Wege weist!«. Das Erscheinen des Flugzeugs hier über der organisch gewachsenen sozialen Ordnung ist, wie auch im Falle des Zuges, ein Aufeinandertreffen von Natur und Technik. Der Flug über die Dächer der Kleinstadt evoziert Gefährdung und Verletzlichkeit zugleich, denn er erfolgt so tief, daß er einerseits dadurch Gebäude in Mitleidenschaft ziehen könnte, andererseits am Kirchturm zerschellen oder in den hohen Pappeln am Stadttor enden kann. Das Flugzeug wird damit zum Ausdruck einer hochentwickelten Technik, die dann zerstörerisch wird, wenn sie sich verabsolutiert und gegen die Naturgegebenheiten wendet. Jedoch wird die aufziehende Gefahr durch ein deutliches Signal in ein harmonisches Gleichgewicht gebracht. Schon gegenüber den mechanischen Geräuschen des Zuges galt: »Und durch das Rattern und Dröhnen kommt Glockengeläute«. Der Klang der Glocke als Ausdruck des Geistig-Spirituellen, der ein Übergewicht des Technisch-Mechanischen ausgleicht und beide Sphären zum Einklang bringt, stellt eine Art Gegengewicht dar. Der gleiche Vorgang vollzieht sich im Falle des Flugzeugs. In das Dröhnen mischt sich Glockengeläut wie ein triumphierender Trommelwirbel: »Und dann kommt ein Wirbel von Glockengeläut, und eine Glocke hallt nach …«. In diesem Augenblick der Wahrnehmung tritt eine »junge Frau im verwaschenen Arbeitskleid, schmal und zart, mit dem wunderschönen, sanften und edlen Heiligengesicht, das die Frauen dieses deutschen Landes in ihrer Jugend haben« aus der Kirchentür. Dieses einer Synästhesie gleichkommende Sinnbild verdeutlicht, daß auch eine vom Menschen geschaffene Welt ihren Sinn durch eine Macht erhält, die über dem Menschen steht.

6. Rheinfahrt[40]

Ein besonders aufschlußreiches Beispiel bietet die Reportage »Rheinfahrt«, die sich in mehreren Punkten mit der späteren Erzählung »Mein Rhein« (V, 202–207) berührt. Sie veranschaulicht, zu welcher Form der aus der Intertextualität erwachsende transzendierende Perspektivismus gelangen kann. Geschildert wird eine Fahrt auf dem Rhein von Köln nach Mainz. Eine Flut von Eindrücken stürzt fast in impressionistischer Weise auf die beobachtende Erzählerin ein. Was jedoch als Schiffsreise beginnt, entwickelt sich zunehmend als Seelenreise. Auffällig ist dabei das durchgehende Spannungsfeld zwischen Bewegung und Ruhe. »Das weiße Schiff rauscht in den strahlenden Morgen«, lautet der erste Satz. An Deck wirbeln die Passgiere durcheinander. Passiert das Schiff eine Aueninsel, so »kommt Kreischen und Lachen aus dem Fluß«. Am Ende der Reise »stößt der Dampfer an, schwankt, die Landungsbrücke fällt schütternd herauf, noch einmal sehe ich das Wasser aufbranden, auffluten«. Die »hastenden Menschen« verlassen das Schiff. Dem gegenüber steht die Ehrfurcht gebietende Erhabenheit der Kulturlandschaft. In diesem Spannungsfeld befindet sich die Erzählerin als ruhende Instanz, die alle Vorgänge, sowohl das Gewimmel der Menschen als auch die Erhabenheit der vorüberziehenden Kulturlandschaft, äußerst feinfühlig registriert.

Die Beschreibung der Passagiere ist von einer milden Ironie geprägt, die bisweilen sogar satirische Akzente trägt. Als Ansammlung auf dem Schiffsdeck gleichen die Passagiere einem Querschnitt durch die damalige Bevölkerung. Sie verlieren sich in alltäglichen Nebensächlichkeiten, ohne überhaupt die eigentliche Bedeutung dessen, was ihnen vor Augen geführt wird, zu erahnen. Das »überlaute Gespräch mehrerer Spießer« ist vorherrschend. Schmerzlich vermerkt die Erzählerin, daß diesen Menschen

Begeisterung und Ergriffenheit angesichts dessen verlorengegangen ist, was sie eigentlich als geistige Wesen formt. »Begeisterung [...] Außer mir und zwei uralten Deutsch-Amerikanerinnen mit schönen sanftäugigen greisen Sektierergesichtern zeigt niemand auf dem Dampfer das Geringste davon«. Vergeblich sucht man nach Anzeichen von Verklärung und Erfüllung: »Aber der Rhein – ich sehe mich vergeblich um nach Ergriffenheit, nach Glück, nach der Verklärung, die der Anblick des Langersehnten gibt«. Das Siebengebirge zieht wie ein Gemälde von Moritz von Schwind vorüber, »aber die drei oder vier Backfische auf dem Vorderdeck zeigen das geringste Interesse am Loreleyfelsen«. Die Passagiere des Schiffes werden zum Abbild des modernen Menschen. Dagegen handeln die beiden Amerikanerinnen aus der tiefen Sehnsucht jener Menschen, die ihre Heimat verloren haben, aber diese unter dem Schmerz des Verlustes wieder suchen und ihr Herz gegenüber dem öffnen, was sie von ihrem Ursprung noch erfahren können. Die Reportage verdeutlicht dies, indem sie eine Gegenüberstellung von Erkennen und Geistlosigkeit arrangiert: »Die alten Amerikanerinnen suchen ihr Gepäck vor. Mit ihren leisen, brüchigen, immer noch irgendwie lieblichen Stimmen erzählen sie ihren Tischgenossen, Mutter und Tochter, wie diese Fahrt nach Deutschland, diese Rheinfahrt ein Wunsch war aus Jugendtagen, der nun Wahrheit wurde. Sie steigen aus. Die Mutter tippt ganz sachte an die Stirn und greift zu einer scheußlichen Perlarbeit. Die Tochter verzieht den Mund und stupft ihr billiges Filzhütchen über den ungepflegten Bubikopf«. In der geschmacklosen »Perlarbeit«, in dem »billigen Filzhütchen« und in dem für die damalige Zeit obligatorischen »Bubikopf«[41] drückt sich der Kulturverlust eines Massenzeitalters aus. Die beiden alten Deutsch-Amerikanerinnen mögen in ihrer Eigenart aus der Gesellschaft herausfallen, aber ihre »Sektierergesichter« erscheinen positiv, denn sie sind es, die, getrieben von ihrer Heimatliebe, ein Verständnis für die geistige Tiefe des Geschauten zeigen. Und sie können mit ihren »immer noch irgendwie lieblichen Stimmen« über ihre seelischen Regungen sprechen. Hierin gleichen sie der Erzählerin, so daß sie wie Projektionsfiguren wirken. Aus dieser Perspektive gewinnt das Geschaute einen numinosen Charakter. Der Rhein gleicht dem »silbervergoldeten Kelch« des Abendmahls und die vorbeiziehende Landschaft wird zu einer »Ewigkeitslandschaft«. Durch die religiöse Erhöhung gewinnt man den Eindruck, daß die Fahrt auf dem Rhein zu einem gottesdienstähnlichen Vorgang wird. Die Reise schließt mit dem Blick auf »die große Kirchenkuppel, die in den ergrauenden Abendhimmel ragt«. Wiederum zeichnet sich das zyklische Muster ab, denn die Reise dauert vom »strahlenden Morgen« bis in den Abend.

In der Erzählung »Mein Rhein« (V, 202–207) stellt sich die Begegnung mit dem Rhein dar als die Erfüllung einer schon lange, insbesondere durch den Vater vermittelten Sehnsucht. Erstaunlicherweise ruft die große Distanz zwischen Ostpreußen und dem Rheinland kein Gefühl der Trennung hervor. Im Gegenteil, die Reise zum Rhein wird auch zu einem »Ahnenerlebnis«, das an die Vorfahren erinnert. Ausgangspunkt und Ziel der Reise wachsen im Bewußtsein zusammen. Die Erzählerin berichtet, wie sehr sie der Anblick des Straßburger Münsters beeindruckt habe, aber noch wesentlich stärker sei der Eindruck des Rheins gewesen. In diesem Gemütszustand gehen die Bilder von der ostpreußischen Sommerwohnung am Strand und vom Rhein ineinander über: »Etwas wachte in mir auf, so deutlich wie die Erinnerung an die Meinen daheim auf der bohnenumblühten Holzveranda [der Strandwohnung]: da war eben dieses Wasser, von hellem Sonnenlicht funkelnd, breit und mächtig hinströmend mit fröhlichem Gegurgel an das Ufer eines alten Gartens ...«. Diese Art von Phantasmagorie wird am Ende der Erzählung noch verstärkt beim Anblick des Rheines aus einem Mansardenzimmer in Köln. Die Welt ordnet sich und alle Fragen finden eine Antwort: Vergangenheit und Gegenwart rücken zusammen, die Entstehung des Ich aus der Ahnenreihe verdeutlicht sich und der Zusammenhang aus Ursprung im Westen und Heimat im Osten zeichnet sich ab: »... wußte ich, daß ich die Meinen gesehen. Blut meines Blutes, dessen Namen erloschen ist in der neuen Heimat im Ostland, das nur noch in mir lebt – und das sich an Geliebtes, nie Vergessenes erinnerte und es suchen ging seit dem Tag, da ich zum erstenmal wieder mit Staunen gewahrte die Fluten des Rheinstroms-«. (V, 207).

Über eine ähnliche Epiphanie während der Rheinfahrt, die nach demselben Muster abläuft, berichtet auch die Reisende in ihrer Reportage im Feuilleton. In einem Augenblick des Halbschlafes schreckt sie auf und vermeint, die Nehrung mit ihren Dünen zu sehen: »Wie ich aus der Benommenheit von Hitze, Dampfergestampfe und Wasserrauschen aufschrecke, meine ich einen Augenblick lang, es sei die Nehrung – aber aus dem weißen Sonnenglast tauchen nicht die löwenhellen Dünen, es kommen golden und grün, blau durchströmt von den Schattenstrichen der Terrassen die Rebgärten, hinaufkletternd bis in leuchtenden Laubwald, es kommen graurötlich mit violetten Schrundentiefen die Ruinen der Burgen, scharfgezackt vor einem enzianblauen Himmel«. Auch in diesem Falle nimmt die Erzählerin wie bei einer Déjà-vu unbewußt ihre aktuelle Umgebung vor dem Hintergrund ihrer Herkunft wahr und läßt in ihrem Unterbewußtsein beide Bereiche ineinander übergehen. Wie in anderen Fällen auch, öffnet sich damit ein weiter Hintergrund, in dem sich das, was getrennt wirkt, zu einer lebensgesetzlichen Einheit fügt. Dazu zählt auch die Einbindung in die Kette der Vorfahren. Fanden sich bereits in der Erzählung »Mein Rhein« die Hinweise auf die Herkunft des Vaters und der Mutter, die »Salzburgerin« und der »Reformierte«, »Erinnern aus Ahnenerlebnis im Herzen« (V, 202), so wird selbst in der obigen Vision die Herkunft der Mutter miteinbezogen. Die Ruinen der Burgen hoch auf den Bergen werden in einer Weise dargestellt, wie es für Agnes Miegels Schilderung der alpinen Herkunft ihrer Mutter typisch ist, denn die gewaltigen Berge der Alpen sind »scharf gezackt vor einem enzianblauen Himmel«. Nicht zuletzt macht die Eigenschaft »enzianblau« deutlich, daß in die Wahrnehmung des Rheins auch die Erinnerung an die alpine Landschaft einfließt.

Ganz im Sinne der Digressionen in anderen Reportagen löst sich die Wahrnehmung vom Gegenständlichen und geht über in die Schilderung seelischer Zustände. Anhand dieses Beispiels wird deutlich, daß die Autorin ihre Kunst zur Vollkommenheit entwickelt hat. Der Umschlagpunkt, »Wie ich aus der Benommenheit ... aufschrecke« markiert den Anfang eines mehrschichtigen Reflektionsprozesses. Dieser breitet sich jedoch nicht wortreich aus, sondern entwickelt sich eigenständig, so daß der Leser aufgerufen ist, ihn zu realisieren. Auf diese Weise sagt das reflektierende Zwischenspiel viel, ohne viel zu sagen.

Besonders deutlich wird diese Kunst des Erzählens am Ende der Reportage. Hier erinnert sich die Erzählerin: »Und eine Stimme, ach, nicht mehr von dieser Welt, vor Ergriffenheit brechend, liest aus einem kleinen, abgegriffenen Buch« und sie zitiert aus dieser Lesung: »Wie begrüßt ich so oft mit Staunen die Flut des Rheinstroms, Immer erschien er mir groß und erhob mir Herz und Gemüte«. In der Erzählung »Mein Rhein« teilt Agnes Miegel mit, daß diese Stelle aus Goethes *Hermann und Dorothea* (1796/97) stammt. Das Werk zählte zu den in der Familie Miegel immer wieder gelesenen Texten, wobei gerade die zitierte Passage, von dem Vater in Ergriffenheit vorgelesen, die Gemüter besonders stark bewegte. Agnes Miegel bekennt: »Jedesmal mußte ich sie [Passage] nachsprechen – ich wußte nicht, wieviel Sehnen da in den Eltern und den anderen [...] bei diesen Versen aufklang« (V, 202). Wenn die Erzählerin am Ende ihrer Rheinreise auf diese Lesungen verweist, dann verbindet sie nicht nur Gegenwart mit Vergangenheit, sondern sie öffnet auch die Tür zu ihrer eigenen geistigen Welt.

Für die Interpretation des Reiseberichtes ist die Wahl der betreffenden Passage von ausschlaggebender Bedeutung. Sie stammt aus dem Ersten Gesang, »Kalliope. Schicksal und Anteil« von Goethes *Hermann und Dorothea*. Kurz nach der französischen Revolution ziehen Flüchtlingsströme über den Rhein. Der »menschliche Wirt« des »Goldenen Löwen«, »der edle verständige Pfarrherr« und der Apotheker sind durch die Ereignisse beunruhigt und machen sich Gedanken. Den Hinweis, daß man auch im Unglück die Zuversicht nicht verlieren darf, läßt den Pfarrer anmerken:

> Haltet am Glauben fest und fest an dieser Gesinnung.
> Denn sie macht im Glücke verständig und sicher, im Unglück
> Reicht sie den schönsten Trost und belebt die herrlichste Hoffnung.

Dieses Bekenntnis leitet die folgenden Ausführungen des Wirtes ein:

> Da versetzte der Wirt mit männlichen, klugen Gedanken:
> »Wie begrüßt ich so oft mit Staunen die Fluten des Rheinstroms,
> Wenn ich, reisend nach meinem Geschäft, ihm wieder mich nahte.
> Immer erschien er mir groß und erhob mir Sinn und Gemüte.
> Aber ich konnte nicht denken, daß bald sein liebliches Ufer
> Sollte werden ein Wall, um abzuwehren den Franken,
> Und sein verbreitetes Bett ein allerverhindender Graben.
> Seht, so schützt die Natur, so schützen die wackeren Deutschen,
> Und so schützt uns der Herr; wer wolle töricht verzagen?
> Müde schon sind die Streiter, und alles deutet auf Frieden.[42]

Befaßt man sich mit dieser durch das Zitat im Reisebericht aufgerufenen Szene, so wird auf intertextuellem Wege deutlich, welche Gedanken die Reisende in ihrem Kopf bewegt hat, ohne diese in ihrem Bericht direkt mitzuteilen: Das Flüchtlingsmotiv läßt sie an die Vertreibung der Salzburger Vorfahren denken. Aber darüber hinaus ergeben sich erstaunliche Korrespondenzen: Der Hinweis auf die vom Kriege ermatteten Parteien findet seine Entsprechung in der Lage unmittelbar nach Versailles. Der Rhein als ein gegen den Feind gerichteter »allverhindernder Graben«, als »ein Wall, um abzuwehren den Franken«, als natürliches Hindernis, »die wackeren Deutschen« zu schützen, alle diese Vorstellungen artikulieren Befürchtungen und Ängste, die zur Zeit der Reise allgemein waren. Es war die Zeit, in der der auf Ernst Moritz Arndt zurückgehende Satz »Der Rhein ist Deutschlands Strom, aber nicht Deutschlands Grenze«[43] sowie die Überzeugung von der »Wacht am Rhein« gängig waren. In der Tiefenschicht des Reiseberichtes treten daher unausgesprochen die Ängste der Zeit auf deutscher Seite hervor: Die Furcht vor der territorialen Begehrlichkeit Frankreichs, die Erbitterung wegen der französischen Besetzung des Rheinlandes, die Abwehr des französischen Anspruchs auf das Rheinland und der Kampf gegen die französische Förderung eines rheinischen

Separatismus. Und so schließt der Reisebericht ganz gezielt mit den im Präsens gehaltenen Worten: »... – ja und dann sehe ich die ersten Franzosen«.

7. Familie und modernes Leben

Daß die Reise Bewegung im Erkenntnisraum ist, wird besonders deutlich, wenn sie die Form der Wanderung annimmt, die Wanderung als Lebensweg, dessen Stationen Erfahrung und Erkenntnis mit sich bringen. Caspar David Friedrich hat diese Vorstellung 1818 in seinem Gemälde »Der Wanderer über dem Nebelmeer« bildlich umgesetzt, eine Darstellung, die die Interpreten bis heute in Bezug auf den Bewußtseinszustand des Wanderers rätseln läßt. Auch Agnes Miegel hat ihren Lebensweg als »Wanderschaft« gesehen, sich jedoch nicht gescheut, die dabei gewonnenen Einsichten deutlich mitzuteilen. Sehr beunruhigt zeigt sie sich gegenüber dem nach dem Ersten Weltkrieg einfließenden amerikanischen Geist. In »Lämmerhupf«[44] nimmt sie den Tanz als Beispiel, um das Verhältnis der Geschlechter zu veranschaulichen. So heißt es hier über die Ehe und Familie: »Kein theoretisches Schreckgespenst amerikanisierter Hirne, auf vierwöchige Kündigung geschlossen, sondern deutschgründlich als ein Vertrag Gleichberechtigter auf lebenslänglich ...«.

Auch in »Die Familie«[45] kommt sie auf dieses Thema zurück und beginnt mit einer Abfuhr der aus den USA kommenden Vorstellungen. Dabei sprechen Autorin und Erzählerin mit einer Stimme: »Immer wieder versichern mir von erschrecklich dicken Büchern überseeischer Einfuhr verstörte Angstgemüter, daß es ›die Familie‹ gar nicht mehr gibt«. In den folgenden Ausführungen ordnet sie diese Auffassung in die bestehende kulturelle Situation mit einer an Karikatur grenzenden Beschreibung ein: »Und wenn ich auf künstlerisch frisierten Riesenschaus die fürchterlich ungemütlichen Zigarrenschachtelkäfige sehe, die schwerbezahlte Architekten nach dem Typenmuster der D-Zug-Küche und des Schlafwagens für diese letzten Wundertiere erdachten, könne man es fast glauben«. Wie auch in anderen Reportagen spielt sie in diesem Falle auf den Bauhausstil an. Aus derartigen Hinweisen spricht ein deutliches Interesse an Architektur und Raumdarstellung, das auch einzelne Aspekte in die Überlegungen miteinbezieht. So verweisen »Riesenschau« und »D-Zug-Küche« auf die 1926 auf der Ausstellung »Neues Frankfurt« gezeigte Musterküche, die im Bauhausstil wie eine Werkstatt das Kücheninventar ergonomisch auf kleinstem Raum zusammenfaßte und als »Küche der Zukunft« propagiert wurde. Sie war das Ergebnis einer Verbindung von Arbeitsoptimierung, industrieller Massenfertigung und normiertem Wohnungsbau.[46] Da sie versprach, der an die Küche gebundenen Frau Freiheit zu verschaffen, löste sie in den damaligen Feuilletons eine ebenso langanhaltende wie kontroverse Diskussion aus. Die Vorstellungen Agnes Miegels gingen hingegen in eine ganz andere Richtung. In »Die da kommen«[47] beschreibt sie ein »modernes Wohnhaus« mit den Worten: »Es ist das erste ganz und gar moderne Wohnhaus, das ich sehe. Kein auf dem Reißbrett des Ausstellers erklügeltes Objekt für eine Propagandaschau – nein, ein mit Liebe erdachtes, für den Bedarf seiner Erbauer errichtetes Heim«. Bei dem Begriff ›Liebe‹ stößt man auf einen zentralen Aspekt im Denken von Agnes Miegel. Bereits sieben Jahre vorher hatte sie in der *Ostpreussischen Zeitung* in einem Artikel über die Natur im Monat Juni geschrieben: »Unsere Herzen sind hart geworden gegen die grüne Welt, weil wir so viel auf gepflasterten Straßen herumlaufen, da wurde sie hart gegen uns. Vielleicht hilft auch da ein bißchen mehr Liebe«.[48]

Was sie bei der Entwicklung der Moderne mit ihren neuen Lebensformen stört, ist die damit einhergehende Entfremdung des Menschen, wobei der Begriff ›Entfremdung‹ von Bertolt Brecht 1926 in Zusammenhang mit dem epischen Theater geprägt wurde. Insgesamt läßt ihre Sicht ein bestimmtes Argumentationsschema erkennen: Hochgezogene Massenquartiere rauben dem Menschen seine Individualität, eine funktionalistische Küche als zentraler Bereich menschlicher Lebensform raubt dem Menschen bei der Nahrungszubereitung ebenfalls die Individualität, so daß im Endeffekt nur noch Fast Food entsteht. Die Übertragung dieser Voraussetzungen auf die soziologischen Kernpunkte Heirat und Familie macht menschliche Bindungen zu einem befristeten und kündbaren Vertragsverhältnis. Dem jedoch widerspricht die Autorin entschieden und vernehmlich: »Aber ich protestiere«, schreibt sie in »Die Familie« und damit man ihre Position nicht als hinterwäldlerisch und erzkonservativ abwerten kann, fügt sie gleich ein Plädoyer hinterher, das sich höchst amüsant liest: »... – da kann man mir antworten, Ostpreußen sei eben Hinterwald und seine Bewohner hinken mit allen Moden hinter Deutschland mehrere Jahre, hinter Europa Dezennien, und hinter dem jetzt als Beispiel so beliebten Nordamerika Aconen nach. Nein – ich ging auf Wanderschaft, und siehe da, wo ich auch hinkam, sie blühte noch am Fels, und sie blühte am Meer: die Familie«. Nach einem kurzen Streifzug in Bezug auf die Familiensituation in Italien und England betont sie: »-ach nein, Lateiner und Engländer beiseite: ich rede nur von unserer Familie! Von unserer deutschen, wie ich sie auf Wanderschaft traf«.

In zwei detailreichen, längeren Szenen schildert die Erzählerin das Verhalten von zwei Familien während einer Bahnfahrt mit jeweils dem Vater oder der Mutter als Bezugszentrum einer Schar von quirligen Kindern. Der Schluß ist äußerst bemerkenswert, weil er, im Vergleich zum gesamten Bericht äußerst knapp, das Muster des Berichtes bzw. der Reportage auf eindrucksvolle Weise verläßt. Es wurde bereits deutlich, daß sich in der Darstellung die biographische Stimme mit der Erzählhaltung von Autorin und Erzählerin vermischen. Nur die Schilderung der beiden Familien während der Bahnfahrt trägt anfänglich noch Züge einer Reportage. In seiner Gesamtheit wirkt der Beitrag allerdings wie ein nicht unparteiischer Diskurs über ein soziologisches Thema. Dieser Diskurs durchquert mehrere Themenfelder und kommt dann zu einer universellen Aussage. Diese ist das Ergebnis eines längeren Erkenntnisprozesses, die Einsicht der »Wanderfahrt«. Die Perspektivierung erlaubt es nun, die vorausgegangenen Beobachtungen und Argumente auf eine übergeordnete Ebene zu führen. Es erfolgt ein deutliches Signal der Erzählerin mit »Nein, nur noch von einem will ich erzählen, das ich sah«. Von diesem Punkt an benutzt die Darstellung zwar realistische Versatzstücke, bewegt sich aber in einer Art Traumwelt von höchster übersinnlicher Eindringlichkeit.

Die Erzählerin sieht sich an »einem dunklen Abend« in einem »stillen Zug [...] in dem keiner sprach, der langsam wie ein Wagen zum Begräbnis, durch die Mondnacht schlich-«. Nach der ausführlichen Schilderung der Familie als Ausdruck der Lebenskraft ist der plötzliche Wechsel in die Sphäre des Todes umso bemerkenswerter. Nunmehr konzentriert sich der Blick auf eine junge Frau, die gleichfalls aussteigt, jedoch wie eine Schlafwandlerin erscheint: »– da ging vor mir her zur Sperre eine junge Frau. Sie ging mit sonderbar steifen Bewegungen, wie eine, die im Schlaf wandelt«. Auf der anderen Seite der Sperre stand ihr Mann: »›Ich warte‹, sagte er. Und dann wurde er kalkweiß. Sie schluchzte einmal auf und taumelte auf ihn zu. Dann sahen sie sich an. Und nun bewegte sie sich wie ein Wacher«. Möglich ist, daß dem Mann im Augenblick des Wiedersehens bewußt wird, einer vom Tode Gezeichneten zu begegnen, die dem Begräbniszug entsteigt. In der surrealen Atmosphäre könnte es aber auch sein, daß ihm eine bereits Verstorbene entgegentritt. Bleibt in dieser Szene auch vieles schwebend, so ist ausschlaggebend, daß im Warten die Zusammengehörigkeit zum Ausdruck kommt, daß die Sperre beide nicht mehr trennt, daß sie sich ansehen und daß der Mann das Leid seiner Frau teilt. Damit ist ein Erwachen aus der Todesstarre verbunden: »Und nun bewegte sie sich wie ein Wacher«. Dabei wird insbesondere die Verbundenheit der beiden betont: »Sie schlangen die Arme umeinander, und so gingen sie fort. ...fest umschlungen. Blick in Blick«. An dieser Stelle gipfelt die vorausgegangene Argumentation im magischen Bild der Zusammengehörigkeit von Mann und Frau als Ursprung der Familie. Dieses Bild erhält eine zusätzliche religiöse Aufladung: »- so wie das erste Menschenpaar unter dem Flammenschein und Schwerterglanz des Todesengels hinschritt in sein Leben!« In dem Zusammentreffen von Todesengel und Leben, dem Fortschreiten des Lebens angesichts des Todesengels zeichnet sich wieder der für das Denken Agnes Miegels typische zyklische Ablauf des Seins ab. Zwar kennt die christliche Ikonographie nicht die Vorstellung vom Todesengel, aber die Darstellung trägt unverkennbar die Züge des Erzengels Michael. Er ist der Gott am nächsten stehende Erzengel, der mit seiner scheinenden Rüstung und dem flammenden Schwert nicht nur gegen das Böse und die Dämonen kämpft, sondern auch die Seele der Verstorbenen in das Himmelreich begleitet. So vollzieht sich auch hier unter seiner Ägide der Weg vom irdischen zum ewigen Leben. Wenn dabei der Hinweis erfolgt, daß dies seit dem ersten Menschenpaar derart verläuft, so ist daraus im generischen Sinn die Gesetzmäßigkeit zu ersehen. Der Gedankengang des Beitrags führt auf diese Weise zu der Erkenntnis, daß Familie und Ehe auf dieser Erde zwar auch dem Tode unterworfen sind, jedoch über jede zeitliche Begrenzung hinaus Bestandteile einer göttlichen Ordnung darstellen. Die abschließende Vision der Darstellung verweist bereits auf das Visionäre des Prosawerkes und deutet an, daß die Übergänge fließend sind. Die Funktion des Tagtraumes, das Verhältnis von Traumwelt und Wachbewußtsein, hat Marianne Kopp überzeugend herausgearbeitet. Sie sieht hierin die Überwindung jener Grenzen von Raum und Zeit, an die das menschliche Wahrnehmungsvermögen gebunden ist: »Nicht nur im Tod, sondern auch im Traum können diese Begrenzungen aufgehoben werden, so daß der Träumer verschlüsselte Bildkomplexe erlebt. [...] Indem der Traum eine Lücke zwischen irdischer Begrenzung und kosmischer Allheit darstellt, steht er zwischen beiden Welten und wird von der Gesetzmäßigkeit beider bestimmt, so daß seine Ausdrucksformen eine verwirrende Mischung aus Verständlichem und Rätselhaftem enthalten« (M. Kopp. Diss., S. 136f.). In ihrer Aussage führt der Feuilletonbeitrag »Familie« wie eine Leseanweisung zum Verständnis der Erzählung »Der Geburtstag. 24. Juni 1810«, die ein Porträt einer Familie und deren Bedeutung über drei Generationen zeichnet.

8. An der Grabstätte Winkelmanns[49]

Eine Todeserfahrung ganz anderer Art, die jedoch mit den bisher angesprochenen Vorstellungen eine Einheit bildet, findet sich in »Venetianische Reisebilder II: Ein Grab« (22.10.1927). Damit soll der Kreis der Feuilletonbetrachtung abgeschlossen werden. Dieses letzte Beispiel weist ein so hohes sprachliches Vermögen auf, daß man es bedauern muß, wenn der Beitrag lediglich in einer Sonntagsbeilage erschien und damit nur begrenzt Aufmerksamkeit finden konnte. Die Darstellung schildert den Gang durch Triest zum Friedhof von San Guisto, auf dem sich die Grabstätte von Johann Joachim Winkelmann befindet. Im Gegensatz zum Bericht »Die Familie« wird die Erzählerin nicht Bestandteil der Sphäre des Todes. Vielmehr führt sie hier den Leser in diese Sphäre und läßt ihn an ihren Reflektionen teilhaben, die durch den Besuch der Grabstätte ausgelöst werden. Dadurch wird der Gang zum Grab zur Allegorie eines Erkenntnisweges.

Gleich zu Beginn spielt die Darstellung mit Zeit und Raum. Im Gegensatz zu dem in den Gassen herrschenden »Gewirr«, »Geschrei« und »Gekribbel« ist die Piazza leer. Der nach Überwindung des Zeitlichen strebende »Triumphbogen« offenbart sich in »bröckelnder Wucht«. Alle Zeugnisse einer großen Zeit auf dem Friedhof, die Sarkophage, Urnen, Kapitelle und Ornamentplatten, nicht weniger »massig« und »protzig« wie der Triumphbogen, »zerbröckeln« aber ebenfalls und sind dem Verfall unterworfen. Über Land und Stadt lastet eine Hitzeglocke: »Triest glüht. Die Nachmittagshitze kriecht von den Hügelketten ...«. Das Lastende der Hitze scheint sich selbst auf die Häuser der Stadt auszudehnen, denn auch sie »kriechen«: »Bis an die Kirche ist die Stadt gekrochen mit Häusern und Mauern ...«. Zusätzlich gleicht der Gang zur Grabstätte einem ständigen Überwinden von »Mauern«. Durch die Stadt ziehen sich Mauern, Kinder spielen hinter Mauern, der Friedhof wird durch Mauern in Terrassen geteilt, Marmortafeln sind in Mauern eingelassen und die Grabstätte Winkelmanns wird von einer Mauer überragt. Der Erzählerin scheint es so, »als störte ich Verwunschenes auf«.

Mit dem Signal »Ich bin allein vor diesem stillen Monument« setzt auf der obersten Terrasse des Friedhofs ein Gedankenstrom ein, der, bildlich gesprochen, aus der Hitzeerstarrung herausführt und alle Mauern überwindet: Es ist die Auseinandersetzung mit dem Verhältnis von Kunst und Zeitlichkeit. Zunächst scheint die Aussage des von Antonio Bosa (1780–1845) geschaffenen Grabmals angesichts des tragischen Todes des Künstlers nur die Oberfläche zu berühren. Auf den ersten Blick gewinnt die Betrachterin fast den Eindruck, daß die Darstellung auf der Platte unterhalb des Sarkophages einen Winkelmann festhält, der mit seinem Streben nach Schönheit und griechischem Ideal in jugendlichem Ungestüm mit innerweltlicher Orientierung vorwärts stürmt: »Hier wandert er, lebensvoll und die Fackel des Lebens schwingend, dem Reigen der Musen voran, die sehr jung, ein bißchen verspielt und unaufmerksam ihm tanzend folgen, in heiterster Gegenwärtigkeit …«. So spricht die Betrachterin einerseits von der »Untiefe dieser Grabtafel«, fragt sich aber gleichzeitig, ob er »unbeschwert [ist] von dem Rätsel der kauernden Sphinxvergänglichkeit«.

Das Bewußtsein von Gegenwärtigkeit und Vergänglichkeit löst nunmehr die Frage aus, was »ihn emportrug über Tausende seinen Namen zu einem Gestirn machte«. Eine Antwort findet sich in einer Grabplatte direkt neben der Grabstelle: Sie zeigt die »psychenhafte Gestalt« eines jungen Mädchens, das in tiefer Trauer und duldender Ergebung niederkniet. In dieser Darstellung erkennt die Betrachterin »ein erstes Tasten nach Jenseitigem, wie das Klopfen weicher Falterflügel an einer ehernen Tür«. Wieder vereinen sich die Stimmen der Autorin Agnes Miegel und der Beobachterin, denn hier stößt man auf eine Bildlichkeit, die sich auch in ihrer frühen Lyrik findet. Gleichzeitig verschmelzen, und auch das ist insbesondere für ihre Erzählliteratur charakteristisch, Realität und Mythos zu einer neuen Einheit. Sehr detailliert wird beschrieben, wie plötzlich eine Eidechse über die Grabplatte läuft: »Ueber die Blütenjugend [des jungen Mädchens] des marmornen Nackens huscht, goldgrün schillernd, eine Eidechse, hält regungslos mit kaum spürbarem Leben inne und starrt mich mit blanken, schwarzen Aeugelchen an. Sonnenflecken huschen spielend über marmorne Haut, über den glitzernden Tierleib, dessen zierliche Schlankheit sich der weichen Linie des Mädchenrückens anschmiegt«.

Die Betrachtung der Grabstelle und der auf die Betrachterin gerichtete Blick der Eidechse korrespondieren miteinander. Mit dem prominenten Bild der Eidechse verwendet die Autorin ein mythologisches Element, das einen Schlüssel für das Verständnis des Grabbesuchers liefert. Allgemein gilt die Eidechse in der Mythologie wegen ihres Winterschlafs und ihrer Regenerationsfähigkeit als Symbol der Wiedergeburt, oft auch als Ausdruck der beständigen Liebe.[50] So hat die Eidechse auch in der Goldschmiedekunst immer wieder ihre Gestaltung als Ausdruck unvergänglicher Liebe gefunden. Die zentrale Begegnung mit der Eidechse nimmt demnach das »Tasten nach Jenseitigem« wieder auf und führt die Darstellung auf eine neue Wirklichkeitsebene. Unterstrichen wird der Augenblick dieses Wechsels durch ein Signal, das sich gleichfalls wiederholt bei Agnes Miegel findet: »Leise sausend fährt der Seewind durch das raschelnde schwarzdunkle Laub der Wipfel …«. Die Sphären haben sich verkehrt. Die ansonsten lebendige Welt ist tot, und nur die Eidechse mit ihrer mythologischen Mission ist lebendig: »Sonst ist es ganz still auf dem verlassenen Friedhof mit den Sarkophagen und Urnen. Einzig lebendig ist dies Eidechschen …«. Die neue Wirklichkeit wird zur Wirklichkeit des Jenseits. Winkelmann wird zum Apostaten, der sich vom Protestantismus und dem Katholizismus losgelöst und sich sein eigenes Heiligtum geschaffen hat: »Nicht die Kondottiere und Künstler der Renaissance – sondern der Schuhmachersohn aus Stendal war der letzte Heide, der letzte große Myste«. In dieser Sphäre des Geistes löst sich der Tod vom Odium des weltlichen Daseins und wandelt sich zum Ausdruck des Ewigen. Und so war es Winkelmann gegönnt »als letzter Triumphator einzuziehen in das Heiligtum des Gottes, dem er gedient – der Tote zu den Toten«. Hier offenbart sich ein Wesenszug der Dichtung Agnes Miegels, den Marianne Kopp in ihrer Untersuchung zur Wirklichkeitsdarstellung treffend herausgearbeitet hat, wenn sie über das Verhältnis von Leben, Traum und Tod sagt: »Es wird also jeweils die andere Seinsform durch den Traum gegenüberstellend hinzugefügt. Tod und Leben bilden eine unauflösliche Einheit, wobei im Leben der Tod allgegenwärtig ist und im Tode das Leben. Der Traum vermittelt zwischen diesen beiden Seinsformen und steht damit in einem Dämmerlicht, das Diesseitiges und Jenseitiges umfaßt. Allein im Traum findet eine Verschmelzung beider Bereiche statt, die es in der äußeren Realität nicht zu geben scheint«.[51]

9. Über den Journalismus hinaus

Obwohl die journalistische Tätigkeit nur eine Zwischenstation der dichterischen Existenz ist, bilden deren Zeugnisse einen gewichtigen Teil des Werkes. Sie sind mehr als nur Fingerübungen. Trotz des im journalistischen Metier herrschenden Zeitdrucks erweisen sie sich als sorgfältige Kompositionen, die die behandelten Themen aus der von der Autorin gewählten Perspektive beleuchten. Im Alter von 76 Jahren schaut sie in dem Essay »Nachklang« zurück und legt (VI, 207–211) dabei Wert auf den Hinweis, daß die journalistischen Arbeiten jener Jahre nicht etwa kurzlebige Tageserzeugnisse waren: »Diese kleinen Arbeiten, die so leicht und heiter hinerzählt scheinen, wurden aber mit demselben Ernst und Verantwortungsgefühl geschrieben, mit dem ich nun auch meine Verse feilte«. Allerdings war sie sich dessen bewußt, daß mit dem Eintritt in die Zeitungswelt ein spürbares Spannungsverhältnis gegenüber der von der schönen Literatur verlangten Freiheit entstand.

Es war sicherlich nicht nur die Blattlinie der Zeitung, die sie eingrenzte, aber Agnes Miegel war in der Lage, eine eigenständige Sprache zu entwickeln, in der sie zwar auf die Forderungen des Feuilletons einging, jedoch ihre dichterische Souveränität fortführen konnte. Diese Sprache leitet sich aus den vorausgegangenen literarischen Zeugnissen ab, entwickelt aber neue Ausdrucksformen, die in die anschließende Zeit der Prosa übertragen werden. Sie besteht aus einer Verbindung des Geschauten und einer kosmologischen Perspektive und gewinnt auf diese Weise eine bedeutungsvermittelnde Tiefenstruktur. Die von ihr schon früh entwickelte Form des transzendierenden Perspektivismus wird auch in den folgenden Arbeiten zu einem wesentlichen Gestaltungskriterium. Häufig integrieren die Feuilletonbeiträge mit unterschiedlicher Deutlichkeit andere Texte, die mit der Perspektive korrespondieren und die bei Auflösung wesentlich zum Verständnis der Aussage beitragen oder diese erweitern. Je besser man diese Sprache versteht, desto weiter wird der Horizont für den Leser. Hierin mag auch eine Erklärung für die damals wachsende Leserzahl liegen.

Offensichtlich war der Drang zur literarischen Eigenständigkeit langfristig jedoch unvereinbar mit den vom Zeitungsrahmen gesetzten Grenzen. Die Zeitung ist eine Textgattung, die, und zumeist auch ihr Feuilleton, ihre Seiten der diesseitigen Welt widmet. Agnes Miegel registriert diese Welt mit scharfem Auge, aber ihre Wahrheit liegt für sie hinter dieser Welt. So verläßt sie die *Königsberger Allgemeine Zeitung* 1932 zwar im Bewußtsein, sich hier weiterentwickelt und eine Existenzgrundlage gefunden zu haben, aber zugleich mit der Einstellung, in ihrer literarischen Entwicklung weiterzugehen und jene Form zu finden, in der sie ihre Welt mitteilen kann. Das kunstvolle Spiel mit den Möglichkeiten der Sprache war für sie der Weg, über die Eingrenzungen des Journalismus hinauszugehen und trotz der Einbindung in das Zeitungswesen den dichterischen Raum zu betreten.

IV. Die Frauen von Nidden

»Fischerfrauen von Nidden und Dorfjugend warten auf die Heimker der Fangboote«. Postkarte etwa aus der Entstehungszeit des Gedichtes »Die Frauen von Nidden« (Bildrechte: Bernd Schimpke, Hamburg)

Die Frauen von Nidden

Die Frauen von Nidden standen am Strand.
Über spähenden Augen die braune Hand
Und die Böte nahten in wilder Hast,
Schwarze Wimpel flogen züngelnd am Mast.

Die Männer banden die Kähne fest
Und schrieen: »Drüben wütet die Pest!
In der Niederung von Heydekrug bis Schaaken
Gehen die Leute in Trauerlaken!«

Da sprachen die Frauen: »Es hat nicht Not,
Vor unserer Türe lauert der Tod,
Jeden Tag den uns Gott gegeben,
Müssen wir ringen um unser Leben.

Die wandernde Düne ist Leides genug,
Gott wird uns verschonen, der uns schlug!« - - -
Doch die Pest ist des Nachts gekommen
Mit den Elchen über das Haff geschwommen.

Drei Tage lang, drei Nächte lang
Wimmernd im Kirchstuhl die Glocke klang,
Am vierten Morgen schrill und jach
Ihre Stimme in Leide brach.

Und in dem Dorfe, aus Kate und Haus,
Sieben Frauen schritten heraus,
Sie schritten barfuß und tiefgebückt
In schwarzen Kleidern buntgestickt.

Sie klommen die steile Düne hinan,
Schuh und Strümpfe legten sie an,
Und sie sprachen: »Düne, wir sieben
Sind allein noch übriggeblieben.

Kein Tischler lebt der den Sarg uns schreint,
Nicht Sohn und nicht Enkel der uns beweint,
Kein Pfarrer mehr, uns den Kelch zu geben,
Nicht Knecht noch Magd ist mehr unten am Leben –

Nun, weiße Düne, gib wohl acht:
Tür und Tor ist dir aufgemacht,
In unsere Stuben wirst du gehen;
Herd und Hof und Schober verwehn.

Gott vergaß uns, er ließ uns verderben.
Sein verödetes Haus sollst du erben,
Kreuz und Bibel zum Spielzeug haben, -
Nur, Mütterchen, komm uns zu begraben!

Schlage uns still ins Leichentuch,
Du unser Segen, einst unser Fluch. –
Sieh, wir liegen und warten ganz mit Ruh« –

Und die Düne kam und deckte sie zu.
(I, 99–100)

1. Nidden und Nehrung als Handlungsraum

»Die Frauen von Nidden«, erstmalig veröffentlicht 1907 in der Sammlung *Balladen und Lieder*, zählt zu den bekanntesten Texten Agnes Miegels. Ähnlich wie auch August Winnigs Erzählung »Gerdauen ist schöner« (1919 und 1933) war das Gedicht bis Mitte der 60er Jahre noch in einigen Schullesebüchern vertreten und stieß allgemein auf reges Interesse. Im Gegensatz zu anderen Texten der Dichterin ist dieses Interesse bisher nicht erloschen. Das hängt auch damit zusammen, daß der Ruf Niddens als Künstlerkolonie und die wachsende Beliebtheit des Ortes als touristisches Ziel das Interesse an dem Gedicht weckt.

Eine gattungsmäßige Einordnung will kaum gelingen, da sich in dem Textkorpus Wesenszüge von Ballade und Gedicht durchkreuzen. Da aber, wie noch zu erörtern sein wird, die Gedichtkriterien überwiegen, soll hier von ›Gedicht‹ die Rede sein. Bisweilen findet sich auch die Bezeichnung ›erzählendes Gedicht‹ oder ›Schicksalsgedicht‹.

Nidden war ein weltabgelegenes Fischerdorf auf der Kurischen Nehrung, die sich als schmale Landzunge in Form von Dünenketten 97 Kilometer vom Samland (Cranz) bis kurz vor Memel hinzieht. Vom Festland wird sie durch das Kurische Haff getrennt. Da die von See kommenden Winde hohe Dünen aufwerfen, entstehen gewaltige und eindrucksvolle Landschaftsformationen. Lange war der Mensch nicht in der Lage, dem Fortschreiten der Dünen, den Wanderdünen, Einhalt zu gebieten, so daß diese im Laufe der Zeit mindestens 14 Dörfer unter sich begruben. Erst ab 1870 gelang es unter der Anleitung des preußischen Düneninspektors Wilhelm Franz Epha, durch Anpflanzungen die Dünen aufzuhalten. Der von dieser gewaltigen Urlandschaft ausgehende Eindruck führte dazu, daß sich nicht nur Geologen, sondern mit dem ausgehenden 19. Jahrhundert in zunehmendem Maße auch Künstler von diesem Landstrich fasziniert zeigten. Ab 1860 finden sich die ersten Gemälde, die die Nehrung und auch Nidden darstellen.

In Nidden selbst bildete sich um die Jahrhundertwende eine für diese Zeit typische Künstlerkolonie, vergleichbar mit der unter ähnlichen Voraussetzungen entstandenen Künstlerkolonie in der hinterpommerschen Dünenlandschaft von Leba. Auch zog Nidden bereits vor der Jahrhundertwende, um den damaligen Begriff zu verwenden, zahlreiche »Sommerfrischler« an, deren Zahl ständig wuchs. 1929 errichtete Thomas Mann mit dem durch die *Buddenbrooks* (1901) erzielten Honorar in Nidden sein Sommerhaus. Noch vor dem Ersten Weltkrieg tauchten die ersten Ansichtskarten mit dem Motiv »Wartende Frauen am Strand von Nidden« auf.[52] Es sind die ersten Anzeichen dafür, daß sich ein touristisches Interesse an Nidden entwickelt und sich in Verbindung mit dem Ort ein bestimmter Ruf aufbaut.

Die in Ostpreußen von 1709 bis 1711 herrschende Große Pest machte auch um die Kurische Nehrung keinen Bogen. Sie raffte im gesamten Ostpreußen etwa 40% der Bevölkerung hin, und Rétablissement sowie Peuplierung unter Friedrich Wilhelm I. liefen nur schleppend an.[53] Eine derartige Katastrophe dürfte auch später noch zur Entstehungszeit des Gedichtes im allgemeinen Bewußtsein vorhanden gewesen sein. In einer kargen Region wie der Kurischen Nehrung, in der die Menschen täglich um das Überleben zu kämpfen hatten, waren die Auswirkungen der Pest natürlich besonders verhängnisvoll. Entsprechend wurden die Folgen in der mündlichen Überlieferung dargestellt. Hinzu kommt, daß die Kurische Nehrung aufgrund ihrer Besonderheit einen großen Schatz an Sagen, Märchen und Mythen hervorgebracht hat. Indem Agnes Miegel das Thema von der Pest in Nidden aufgriff, entschied sie sich ganz im Sinne von Johann Gottfried Herder, die in der mündlichen Tradition des Volkes liegenden Schätze zu heben. Auch mit den korrespondierenden Begriffen wie »Türe – Tod«, »drei Tage – drei Nächte«, »nicht Sohn – nicht Enkel«, »Tür – Tor« und »Herd – Hof« weist das Gedicht einen Wesenszug auf, wie er für mündliches Erzählgut typisch ist. Bereits in dem frühen Gedicht »Kriegskind« (1920) zeigte das Versmaß Anklänge an die Dainos der litauischen Volksgesänge. Gleichzeitig konnte sie mit dieser Wahl sicher sein, das Interesse einer größeren Leserschar zu finden, obgleich das ihre Entscheidung nicht beeinflußt haben dürfte.

Daß die Kurische Nehrung für die Verfasserin des Gedichtes von besonderer Bedeutung war, geht aus einem Bericht über einen Besuch bei ihr hervor, der sich in dem »Beiblatt zur Morgenausgabe« der *Königsberger Allgemeinen* vom 26. Januar 1930 findet: »Über dem Sofa ihres kleinen wohltuend einfachen Heims in der Luisen-Allee hängt ein Bild der Nehrung, altertümlich gemalt, aber dennoch in der Stimmung erfaßt: Dünen, die sacht verklingen ...«.[54]

Die Biographin Anni Piorreck meint sogar, daß das Gedicht im Angesicht der Düne entstanden sei: »›Die Frauen von Nidden‹, geschrieben auf der Kurischen Nehrung im Angesicht der ›Hohen Düne‹, die einen Teil des alten Nehrungsdorfes Nidden vernichtet hat«.[55] Selbst in dem vorgerückten Alter von 73 Jahren hat Nidden mit seiner Düne für Agnes Miegel nichts von der Faszination verloren. In einem Ostpreußen gewidmeten Beitrag in *Westermanns Monatsheften* von 1952 beschreibt sie, wie sich der Fahrgast eines Ausflugsdampfers als empfindsamer Reisender Nidden nähert:

> Aber jetzt, sowie der Dampfer wieder ins offene Haff gleitet, an der langgestreckten grünen Landzunge vorüber, da steigt es auf hinter den Wipfeln des Uferdorfs, erst eine mächtige Kuppe, violett, fast schwarz schimmernd im grellen Licht, hinter ihr, höher, blendend in kaum erträglichem, weißem Glanz – die Düne! Ihr folgt die lange, nie mehr abreißende Kette ihrer Schwestern, der majestätische, meilenlange Zug der Sandberge. Hochgetürmt, drohend, jäh sich im Absturz wölbend, mit scharfem Grat über schattendunklem Zirkusrund sich dem schmalen Ufersaum, dem Wasser zuneigend – nur hier und da über kümmerliche Menschenbehausung in mühseliger Arbeit festgelegt, mit Reisigfaschinen, mit hartem Strandgras und zähen kleinen Kiefern aufgehalten in der windgetriebenen Todeswanderung von der See zum süßen Wasser.[56]

Diese Beschreibung wirkt wie ein Nachklang des Gedichtes, denn sie nimmt dessen zentrale Bestandteile wieder auf: Spricht das Gedicht von der »weißen Düne«, so erscheint sie hier in »weißem Glanz«. Die »steile Düne« findet ihre Entsprechung in der hochaufgetürmten Düne. Begräbt sie in dem Gedicht das Dorf und die letzten Bewohner, so ist in der Reisedarstellung von der »windgetriebenen Todeswanderung« die Rede, abgesehen davon, daß in der »kümmerlichen Menschenbehausung« und in der »mühseligsten Arbeit« die letztlich ohnmächtige Stellung des Menschen gegenüber den Naturgewalten, wie sie auch das Gedicht versinnbildlicht, zum Ausdruck kommt.

Besonders aufschlußreich sind die letzten Zeilen des Berichtes über die Reise nach Nidden, denn hier findet eine Überblendung der geschilderten Wahrnehmung des Erzählers zur aktuellen Situation des Betrachters statt. Für diesen ist das Schauen der Düne ein Eindruck, der ihn für sein gesamtes Leben prägen wird. Auf seiner

Wanderung »wird er am letzten Abend heimkehren, sicher, daß er niemals ganz die Seligkeit dieser Wochen auf der Düne vergessen wird, sollte auch das Schicksal über ihn und diese Welt hinübergehen, wie die Düne über die versunkenen Dörfer, die verdorrten Wipfel, die sie unter sich vergrub«. Der Hinweis auf »Seligkeit« verleiht der Schlußfolgerung des Berichtes einen fast religösen Akzent, der auch dem Gedicht inhärent ist. Ebenso verweist die Wahrnehmung der Düne als schicksalswaltende Macht, die auch über die von uns gesetzte Ordnung hinweggeht, auf das Zentrum des Gedichtes.

Daß die Vorstellung von einer gewaltigen Düne, die wie eine Schicksalsmacht wirkt, im öffentlichen Bewußtsein vorhanden war, beweist ein Bild in der Ausstellung der Königsberger Kunstakademie von 1931. Es war der Kupferstich »Die Wanderdüne« der Graphikerin Getrud Lerbs-Bernecker. Dieser Kupferstich fand eine starke Beachtung in der Öffentlichkeit und wurde durch das Preußische Kulturministerium ausgezeichnet. Der seinerzeit bekannte Königsberger Kunst- und Theaterkritiker Ludwig Goldstein beschrieb die Wirkung des Kupferstiches in einer Rezension für das *Königsberger Tageblatt* am 22. Mai 1932 mit folgenden Worten: »Die Schrecken der ›Wanderdüne‹ versinnbildlicht sie [Graphikerin] durch einen den Sandberg herniederjagenden Frauenkopf, vor dessen unentrinnbarem Gespensterblick sich Baum, Tier und Mensch, gleich wehrlos, gleich demütig, neigen und beugen«. Diese Betrachtung nähert sich dem Gedicht bereits in erstaunlicher Weise.

2. Der weibliche Blick

Bereits der Titel des Gedichtes vermittelt eine Perspektive, die für das Verständnis von entscheidender Bedeutung ist. Der Blick richtet sich ausschließlich auf die Frauen. Es sind »*Die Frauen* von Nidden«, die für sich im Zentrum stehen. Gleich einer Akzentverstärkung wiederholt die erste Zeile des Gedichtes den Titel durch »Die Frauen von Nidden standen am Strand«. Es ist dies die Perspektive, die auch Johannes Bobrowski in seinem Gedicht »Die

Frauen der Nehrungsfischer« wählt. Auch hier verbindet sich der »weibliche Blick« mit Erkenntnis und Einsicht. Bei Agnes Miegel tritt der männliche Teil nur in zwei Zeilen der ersten Strophe in Erscheinung, in denen die »Männer« die Boote festmachen und die Unglücksnachricht überbringen. Während die Männer jedoch, aufgewühlt durch die Ahnung des heraufziehenden Unheils, die Nachricht hinausschreien, antworten die Frauen mit einer Art schicksalsergebener Gelassenheit: »Da sprachen die Frauen: ›Es hat nicht Not …‹«. Diese Haltung ist zugleich die Kunde ihrer Stärke.

Mit dieser Konzentration des Blickes auf den weiblichen Bereich nimmt das Gedicht in seiner Schilderung des Verhältnisses von Mensch und Naturgewalten eine grundlegende Änderung vor. Vergleicht man Nidden mit den Zeugnissen ähnlicher Künstlerkolonien wie Leba oder Skagen, so ist die Darstellung des Menschen, der den Urgewalten der Natur trotzt, männlich bestimmt. Häufig verdichtet sich diese Vorstellung im Bild des Fischers oder Seenotretters, der mit den Gefahren des Meeres ringt.[57] Bei Agnes Miegel tritt dieses Bild des männlichen Mutes völlig in den Hintergrund.[58] Das Ringen mit den Naturgewalten stellt sich nicht männlich dar, sondern es sind die Frauen, überhöht noch durch die magische Zahl Sieben, gleichsam als weibliche Entsprechung der Sieben Ordensbrüder, die dem Schicksal unverzagt die Stirne bieten. Da die Frauen angesichts des in Form der Pest um sich greifenden Todes als letzte übrigbleiben, verkörpern sie auch in einer offensichtlich ausweglosen Situation das weibliche Bekenntnis zum Leben; sie sind Trägerinnen des Lebens bis zur absoluten Grenze. Sie sind es ohne Jammern, Kleinmut oder Klagen. Ihre Schicksalsergebenheit ist letztlich Ausdruck einer beispiellosen Kraft, die es ihnen ermöglicht, sich dem Unausweichlichen ohne Hader zu unterwerfen. Diese Kraft resultiert aus der Erkenntnis, daß der Mensch in eine höhere Ordnung gestellt ist, der er sich fügen muß: »Sieh, wir liegen und warten ganz in Ruh«. Eine derartige Erkenntnis ist kein Einzelfall, sie wiederholt sich z.B. in besonders deutlicher Form, sogar in Gestalt einer Epiphanie, am Ende der Erzählung »Im Morgenrot« (V, 329–333).

3. Aufbau und Aussage

Die Fabel des Gedichtes ist stringent, indem sie einen Vorgang vermittelt, der sich von einer Botschaft bis zum Untergang erstreckt. Allerdings ist der Ablauf des Geschehens in Phasen gegliedert, die in Form von Strophen aufeinander bezogen sind. Diese Phasen lassen sich im Einzelnen wie folgt bezeichnen:

1. Ankunft der Boote
2. Botschaft
3. Reaktion
4. Verhängnis
5. Ohnmacht

---

6. Demut
7. Ansprache an die Düne
8. Vereinsamung
9. Düne als Schicksalsmacht
10. Bekenntnis

---

11. Fluch und Segen

Eine deutliche Zäsur folgt nach der 5. Strophe: Die Pest hat die Dorfbewohner nahezu völlig bis auf eine kleine Gruppe von Frauen ausgelöscht. Das Gedicht wendet sich jetzt diesen Frauen direkt zu, und diese nehmen eine unmittelbare Beziehung zur Düne auf. Die 11. Strophe nimmt eine Sonderstellung ein, nicht ohne Grund ist ihre letzte Zeile abgesetzt und eingezogen.

So wie die Chronik eines Dorfes auf der Nehrung das Geschehen im Schriftbild festschreibt, so sehr ist das Gedicht andererseits bemüht, das Ereignis zu verlebendigen. Über dem ersten Teil des Gedichtes liegt spannungsgeladene Atemlosigkeit. Bereits die ersten beiden Zeilen schaffen eine Atmosphäre der Erwartung und der Spannung. Die Kunde von der Pest auf der anderen Seite des Haffs ist so bedrohlich, daß die Fischer mit ihren Booten Nidden »in wilder Hast« ansteuern. Aber das von den schwarzen Wimpeln ausgehende Signal eilt ihrer Kunde bereits voraus, ehe sie die Boote anlanden und ihre Nachricht mitteilen können. Da der schwarze Wimpel das Pestsignal, das Zeichen des Schwarzen Todes ist und die Wartenden vor der mündlichen Nachricht erreicht, scheint es so, als ob die Seuche in ihrer Ausbreitung schneller ist, als der Mensch sich überhaupt schützen kann. Zudem wehen die Wimpel nicht im Wind, sondern sie fliegen »züngelnd am Mast« und verstärken damit das Bild eines nicht beherrschbaren Unheils, denn mit diesem Bild verbindet sich die Vorstellung einer »züngelnden Schlange« oder eines »züngelnden Feuers«. Wiederum weiten sich die schwarzen Wimpel in der 2. Strophe zu Trauerlaken aus, die in der damaligen Kultur in Weiß getragen wurden und damit bereits auf das »Leichentuch« der letzten Strophe hinweisen. Das Festbinden der Kähne wirkt daher wie ein hilfloser Akt, angesichts der hereinbrechenden Pest Halt zu schaffen. Jedoch haben die Fischer voller Vorahnung der hereinbrechenden Katastrophe bereits ihr Gleichgewicht verloren und »schreien« entsprechend ihre Botschaft hinaus.

Im Gegensatz zur Haltung der Männer steht die unaufgeregte und ausgeglichene Haltung der Frauen. Sie, die im Angesicht der Düne jeden Tag um ihr Leben fürchten müssen, nehmen das Schicksal mit Gleichmut auf sich. Zum ersten Mal nimmt die 3. Strophe Bezug auf Gott. Die Frauen sind gläubig und erkennen, daß jeder Tag, an dem sie um ihr Leben ringen, dennoch ein Geschenk Gottes ist. Daher trägt der Mensch, selbst wenn das Leben aus Prüfungen besteht, auch Verantwortung vor Gott für seine Existenz. Während in der Haltung der Männer weitgehend Angst mitspielt, sind die Frauen nicht bereit, sich angstvoll der drohenden Pest zu unterwerfen, denn sie wissen, daß sie ihre Verantwortung gegenüber der Schöpfung wahrnehmen müssen.

Ihre Bereitschaft, der hereinbrechenden Pest gefaßt entgegenzutreten, entspringt dem von der Kirche vermittelten Glauben an einen gerechten und gütigen Gott. Deshalb hoffen sie darauf, daß Gott ihnen keine weiteren Prüfungen auferlegen und sie angesichts des bereits zugedachten Leids von weiteren Schicksalsschlägen verschonen wird. Das Maß des bisherigen Leids ist so groß, daß das Prinzip der Gerechtigkeit auf eine Verschonung hoffen läßt. An diesem Punkt wird deutlich, daß es sich um ein eminent religiöses Gedicht handelt, das sich weit von der Ballade entfernt. Es bewegt sich fortan auf einer Metaebene, die das reale Geschehen als Reflektionskriterien einsetzt.

Unverkennbar wirft die 4. Strophe die Frage der Theodizee auf: Wie ist es zu erklären, daß ein allmächtiger und gerechter Gott ein solches Ausmaß an Leid zuläßt, obgleich er doch die Möglichkeit hätte, dieses zu verhindern? Diese Fragestellung läßt zugleich auch Rückschlüsse auf die damalige religiöse Befindlichkeit der Autorin zu: Die historistische Herangehensweise an die Bibel und die evolutionäre Herausforderung der Schöpfungsgeschichte haben spätestens mit dem ausgehenden 19. Jahrhundert die christlichen Glaubensgrundsätze erschüttert. So spiegelt diese Strophe die von Zweifeln genährte religiöse Haltung. Ist der Glaube an einen gerechten Gott in den ersten beiden Zeilen der 4. Strophe scheinbar noch unerschütterlich vorhanden, so lassen die beiden folgenden Zeilen, beginnend mit der adversativen »Doch die Pest«, diese Überzeugung wie eine Illusion erscheinen. Über Nacht ist die Pest mit den Elchen auch in diesen Landstrich eingefallen. Anfang und Ende der Strophe stehen in einem antithetischen Verhältnis zueinander und erzeugen auf diese Weise einen geladenen Spannungsmoment.[59]

Hat man das Schreien der Fischer und die Worte der Frauen noch im Ohr, so verlagert sich die Akustik in der 5. Strophe bedeutungsvoll zur Kirche. Die Glocke als Stimme des Glaubens verstummt. Dabei wird die Erlösungsformel des Märchens »Drei Tage lang, drei Nächte lang« umgedreht: Der Klang der Glocke wirkt wie ein letztes und hilfloses Aufbäumen des Glaubens gegen das Geschehen. Fast scheint es so, als ob die Glocke das Leid der Menschen in sich aufnimmt, denn »Ihre Stimme in Leide brach«, mehr noch, sie gleicht einem menschlichen Wesen. Denn sie »wimmert« im Kirchstuhl und ihre schrille Stimme bricht unter der Last des Schicksalsschlages. Faßt man das Geschehen im ersten Teil des Gedichtes zusammen, so wird ein Bild vom Menschen erstellt, der hilflos dem Schicksal ausgesetzt ist und fern von Gott seinem Untergang entgegensieht.

Der zweite Teil des Gedichtes hebt in der 6. Strophe an mit einem Blick auf das Dorf, konzentriert sich jedoch bereits in der zweiten Zeile auf die überlebenden Frauen. Die hastigen Bewegungen des ersten Teils wandeln sich um in ein gemessenes Verhalten und in Reflektion. Zugleich findet sich ein Signal, das das Geschehen auf eine ganz andere Ebene hebt: Es sind sieben Frauen, die heraustreten. Hier ist anzumerken, daß die Zahl Sieben im mythologischen System der Dichterin wie eine Konstante auftritt und eine übersinnliche Sphäre einleitet. Nicht ohne Grund wird die Zahl in der 7. Strophe (!) noch einmal ausdrücklich hervorgehoben, wenn die Frauen in einer Ansprache an die Düne sagen: »Düne, wir sieben/ Sind allein noch übriggeblieben«. Die Düne selbst wird damit zu einer metaphysischen Größe, die eine für den Menschen unerklärliche Macht verkörpert.

Die schwarzen Wimpel und die Trauerlaken finden ihre Fortsetzung in der Kleidung der Frauen. Aber wie ein Symbol der Unbeugsamkeit zeigt sich die Trauerkleidung »buntgestickt«. Der Dichter Ernst Wiechert merkt in Bezug auf die Trachten der Nehrung ausdrücklich an: »Die Trachten der Menschen sind bunt, der Hausrat, das Grabkreuz. Die Farbe schreit, als wollte sie Gewalt gewinnen über das dumpfe Land«.[60] Zwar treten die Frauen wie Büßerinnen auf, »barfuß und tiefgebückt«, aber sie bewahren ihre Haltung und legen sogar Wert auf die Form, denn wie zu einer Beerdigung wollen sie angemessen gekleidet sein, »Schuh und Strümpfe legten sie an«. Auch zögern sie nicht, die Düne direkt anzusprechen, obgleich sie deren Macht hilflos ausgesetzt sind.

Die Strophen 8 und 9 beschreiben die Einsamkeit des Menschen, dem alle Beziehungen, so auch religiöse Bindung, verlorengegangen sind. Die Apostrophe an die Düne in der 9. Strophe erfolgt in der Erkenntnis, daß der Mensch jene Macht annehmen muß, die außerhalb der physischen Welt über ihm steht. Dabei verweist die Anrede mit »weiße Düne« bereits auf das Leichentuch der letzten Strophe. Beginnend mit der Strophe 9 tritt der religiöse Charakter des Gedichtes immer deutlicher hervor, erkenntlich durch Sprache und Bildauswahl. Wenn die Frauen in der 10. Strophe eher feststellen als klagen »Sein verödetes Haus sollst du erben«, so beziehen sie sich nicht auf ihre eigene Wohnstätte, sondern meinen ausdrücklich das Haus Gottes. Dies ist die in der Bibel wiederkehrende Diktion vom ›Haus Gottes‹ oder ›Haus des Herrn‹. Ausdrücklich weist Gott in 1. Moses 28,2 oder 2. Moses 23,19 darauf hin, daß das Haus Gottes Ausdruck des von ihm dem Menschen vermittelten Glaubens ist und dieser verpflichtet ist, sein gesamtes Trachten darauf auszurichten. In Psalm 84.1.4.10 heißt es in einer Ansprache an die Gläubigen unter Bezugnahme auf das Haus Gottes »Glückselig, die da wohnen in deinem Haus! Stets werden sie dich loben …«. In dem verzweifelten Ausspruch der Frauen kommt somit zum Ausdruck, daß sie, um das Bild des Hauses zu gebrauchen, das Fundament des christlichen Glaubens verlassen und ihr Seelenheil einer anderen Macht überantwortet haben.

Das »Gott vergaß uns«[61] am Anfang der 10. Strophe klingt in der Todessituation wie ein Echo von einem der letzten sieben Worte Jesu Christi, der sogenannten Sieben Kreuzesworte: »Mein Gott, mein Gott, warum hast du mich verlassen?« (Mk 15,34/Mt 27,46). Das »Schlage uns still ins Leichentuch« wiederum verweist auf die Grablegung und Auferstehung, so wie sie sich in Matthäus 27,59 und Markus 15,46 findet.[62] Das durch den Subtext der Bibel evozierte Bild der Auferstehung erklärt auch den Wandel der todbringenden Düne zu »Mütterchen«. Wenn die Frauen diesen Wandel ansprechen wie im Gebet und dabei formulieren »Du unser Segen, einst unser Fluch«, so nehmen sie damit den Wortlaut der Ermahnung Gottes auf: »Ich habe Euch Leben und Tod, Segen und Fluch vorgelegt, daß du das Leben erwähltest …« (5. Mo 30,19). Die Lösung des Spannungsverhältnisses zwischen Leben und Tod liegt demnach nicht in der Hingabe an den Tod, sondern in dem Bekenntnis zum Leben. Auf eine Anfrage von 1960 hat Agnes Miegel recht vehement bestritten, daß das Verhalten der Frauen einer Selbsttötung gleichkommt:

> Die Frauen von Nidden sind nach einer alten ostpreußischen Volkssage geschrieben, die aus einer lange zurückliegenden Pestzeit stammt. Die Frauen würden *nie* Selbstmord begehen, oder Gott lästern – sie glauben nur, daß er sie in ihrem Elend

> vergessen hat. – Sie sind von dem furchtbaren Unglück, das ihr einsames Dorf betroffen hat, von dem Sterben der Ihrigen, von Pflege der Kranken und letzter Betreuung ihrer Höfe *voll*kommen erschöpft, sie fühlen, daß ihr Leben zu Ende geht, und legen sich sterbend in den Sand, so, daß die Wanderdüne ihre Leiden zuwehen kann. Ein ›Entfliehen‹ ist für die Schwachen unmöglich. …[63]

Geht man in die Tiefenstruktur des Textes, so stößt man auf das zunächst nicht erwartete Ergebnis, daß die Wende von Fluch zu Segen im Sinne von Grablegung und Auferstehung die Finalität des Todes aufhebt. Die Frauen haben den höchsten Stand der Erkenntnis erreicht und sich bewußt gemacht, daß das irdische Leben, theologisch gesprochen, im Jenseits seine eigentliche Erfüllung findet. Das Gedicht folgt zwar grundsätzliche diesem Gedankengang, bezieht ihn jedoch auf die für Agnes Miegel charakteristische Kosmologie, die gegenüber der christlichen kanonischen Lehre etwas eigenwillig ist: Wie ein unendlicher Strom pulsiert in der Zeit der nicht enden wollende Rhythmus von Werden und Vergehen. Weite, in diesem Fall die unbegrenzte Dünenlandschaft, bedeutet im Werk der Dichterin Aufhebung der Endlichkeit. Als Erkennende treten die Frauen bewußt ein in diesen Strom mit der Gewißheit, daß ihr Vergehen im Zuge des ewigen Kreislaufes zu neuem Werden führt. Diese Gewißheit läßt sie ihr Ende wie ein Ritual zelebrieren: »Sieh, wir liegen und warten ganz mit Ruh«. Hast und Spannung im ersten Teil des Gedichtes finden am Ende ihre Ruhe durch den Einzug einer allgültigen und unumstößlichen Gesetzmäßigkeit. Die Welt ruht in der ihr eigenen Ordnung. Sogar lautlich unterstreicht das Gedicht diesen Umstand, indem die vorherrschenden hellen Vokale in der letzten Strophe in das dunkle »u« übergehen, als wollten sie der Lösung eine besondere Schwere erteilen: »Leichentuch – Fluch – Ruh – zu«. So widersinnig es zunächst scheinen mag: Das Los der Frauen verweist im übertragenen Sinne auf die Entstehung neuen Lebens. Und letztlich bleibt das Verhältnis der Düne zu Gott ungeklärt. Die Frauen mögen sich von Gott verlassen fühlen, aber das bedeutet nicht, daß sich Gott nicht auch in der Düne manifestiert.

4. Textliche Korrespondenzen

Um diesen Befund einleuchtender zu machen, kann man weitere Bausteine aus dem Werk der Dichterin heranziehen und zwar solche, die in Wort und Bild ein affines Verhältnis zur Symbolik »Der Frauen von Nidden« haben. So berichtet die Erzählung »Heimgekehrt« davon, daß der bekannte Chirurg Georg Lebus in Berlin eine telegraphische Nachricht vom bevorstehenden Tod seiner Großmutter erhält und daraufhin unverzüglich nach Königsberg reist, um sie in ihrer Letzten Stunde zu begleiten. Der Abschluß der Erzählung ist vielschichtig und stellt erhebliche Anforderungen an die Interpretation. Dabei muß die Textgeschichte beachtet werden. Es gibt eine erste Fassung der Erzählung in den *Ostdeutschen Monatsheften* von 1929, die mit folgenden Worten schließt:

> Die alte [sterbende] Frau atmete sehr leise.
> Die Uhr auf dem Nachttisch tickte, es duftete nach
> Kölnischem Wasser und Pfefferminz. Und Georg Lebus
> schlief sanft und friedlich über Großmamas Bett geworfen –
> ein kleiner reisemüder Schuljunge.[64]

Offensichtlich hat Agnes Miegel sehr bewußt und sorgfältig die Schlußszene überarbeitet, denn die Fassung von 1931 ist um ungefähr zwei Seiten erweitert. Man kann daher davon ausgehen, daß dem Schluß, ähnlich wie im Falle der »Ordensbrüder«, eine besondere Bedeutung zukommt. Aus dem kleinen Schuljungen wurde ein bekannter Professor der Chirurgie. Bereits hierin liegt eine Steigerung der Thematik. Aber die Veränderung führt viel weiter. Wirklichkeit und Bewußtseinsstrom fließen ineinander. Zunächst scheint es so, als ob Georg Lebus neben seiner Großmutter im Bett liegt, wie in inniger Begleitung der Sterbenden. Dann weitet sich sein Bewußtsein in einer Art Rückblende:

> Hatte er nicht eben gemeint, neben Großmama zu liegen, mit dem Kopf auf ihrem Kissen? [...] Nun lag er in dem weißen Leintuch auf ihrer Schulter, betäubt und zufrieden. [...]

> Er lehnte sich ganz fest an sie. Man mußte den Arm um sie schlingen, sich ganz an sie drücken, wie ein kleines Hundchen. So mühsam schritt sie den Hang hinauf durch den schweren Dünensand. […] Nun war's auf einmal sehr still. Georg fühlte, wie er niedersank. Ganz tief, ganz sanft. Großmamas Arme ließen ihn sacht in den leinenkühlen weißen Sand der windgeborgenen Dünenmulde gleiten, neben den flüsternden Strandhafer. Nun würden sie schlafen! […] Er griff nach ihrer Hand, er faßte sie, wollte sie zärtlich drücken. Wie kalt war der Sand! (III, 313f.)

Diese letzte Szene der Erzählung läßt sich nun zu den abschließenden Zeilen des Gedichtes »Die Frauen von Nidden« in Beziehung setzen. In beiden Fällen erscheint die Düne als sinnbildliche und über dem Menschen stehende Macht. Die »weiße Düne« als »Leichentuch« kehrt in der Erzählung wieder als »leinenkühle(r) weiße(r) Sand« der Düne. Obgleich die Düne eng mit Tod verbunden ist, liegt in ihr zugleich die Schöpfungskraft. Während dies in dem Gedicht durch »Mütterchen« zum Ausdruck kommt, wird diese doppelte Wesenheit in der Erzählung deutlicher dargestellt: Georg Lebus erlebt in den Armen der sterbenden Großmutter eine Art Wiedergeburt, denn sie trägt ihn auf der Düne ins Leben. Was das Gedicht nicht ausdrücklich thematisiert, findet in der Erzählung damit seine Vollendung. Die Düne geht nicht nur todbringend über den Menschen hinweg – auch Georg Lebus liegt »in dem weißen Leinentuch« –, sondern sie schafft auch neues Leben, denn Georg Lebus findet sich neuerstanden wieder in einer »windgeborgenen Dünenmulde« am Fuß der Düne.

Diese der Realität enthobene Eigenschaft der Düne erinnert an die Erzählung »Die See« (V, 23–32), in der die erste Begegnung eines Kindes mit dem Meer beschrieben wird. Im Sand des Strandes am Fuß einer Düne gräbt ein Kind zusammen mit seiner Mutter spielerisch eine kleine Kuhle aus, im Text mit dem ostpreußischen Idiom ›Kaule‹ bezeichnet. Wieder stößt man hier auf eine symbolische Überhöhung der Mutter, auf den weißen Sand und auf das in der Mulde entstehende Leben:

> Und der Sand; rieselnd, gleitend, immer wieder alle Lücken füllend, sonnenheiß oben und knisternd trocken, eiskühl und feucht unten [...] Mutters kleine, feste Hände warfen einen Berg auf, höhlten eine kleine Kaule aus. Immer wieder wollte er weiß und rieselnd zugleiten mit glitzernden Sandwellchen. Immer wieder warf Mutter kleine, graudunkle, gekrümmte, nasse Sandflocken heraus. Ganz dunkel wurde es in der kleinen Kaule, über die wir uns beugten. Es zitterte da unten, es atmete, es glänzte. Ein kleiner Wasserspiegel strahlte mich an. (V, 30).

Der ständig rieselnde, zugleitende, weiße Sand nimmt das Bild der Düne wieder auf. Die widersprüchlichen Eigenschaften von heiß und eiskalt, von trocken und feucht verweisen auf die Polarität der Düne von Leben und Tod. Und so wie bei der Dünengeburt von Georg Lebus in der Dünenmulde Leben entsteht, so entdeckt das Kind unter den Augen der Mutter auf dem Grund der kleinen Sandkuhle Eigenschaften (Zittern, Atmen, Glänzen Strahlen), die Leben versprechen. Das führt direkt zurück zum Ende der Frauen von Nidden, denn deren Begrabenwerden leitet aufgrund der Wesenheit der Düne das Entstehen neuen Lebens ein.

So wie hinter dem Bild der Düne erstreckt sich auch hinter dem Schlüsselbegriff des Gedichtes ›Mutter‹ ein weiter Bezugsraum. Für die Erschließung dieses Raumes erweist sich das Gedicht »Alte Heimat« als besonders geeignet (I, 101–104). In diesem Gedicht wird das Prinzip »Mütterchen«, teilweise als Verstärkung in Verbindung mit »Großmütterchen«, sechsmal direkt angesprochen. In dem Begriff ›Mutter‹ kommt durchaus im religiösen Sinne die ursprüngliche Schöpfungskraft allen Lebens, die sich universell manifestiert und unterschiedliche Formen annehmen kann, zum Ausdruck. So wandelt sie sich in »Die Frauen von Nidden« auch die »weiße Düne« zum »Mütterchen«.

Zu Beginn des Gedichtes »Alte Heimat« (I,101–104) finden sich drei bezeichnende Zeilen:

Nach der Todesqual und nach dem langen
Dumpfen Schlaf in meinem gelben Sarge,
In die alte Heimat werde ich wandern.

Das Gedicht wählt eine Sprechersituation, wie sie sich auch in anderen Gedichten findet, so besonders ausdrucksvoll in »Das Lied der Toten« (I,, 66–67): Es ist die Stimme, die sich in der Transzendenz des Jenseits verortet. Der Ansatz ist durchaus christlich: Das Leben auf dieser Erde gleicht der Wanderung durch ein Jammertal und das irdische Dasein ist nur ein Vorspiel der transzendenten Ewigkeit. Wenn man unter der alten Heimat die Herkunft des Menschen und den Bereich, in den er zurückkehrt, versteht, so fügen sich diese Zeilen bruchlos in das christliche Denken ein. Mit dem gelben Sarg, dem ausdrücklich die der Trauer widersprechende Farbe zugeordnet wird, gibt das Gedicht jedoch einen unverkennbaren Hinweis darauf, daß sich die folgenden Gedanken aus dem etablierten Kanon herausbewegen. Die Farbe ›Gelb‹ ist also ganz bewußt gewählt und entspricht der verweisenden, sogar aufbegehrenden Eigenschaft, wie sie in der Literatur und in der modernen darstellenden Kunst ab etwa 1890 erscheint.[65] Folgerichtig entwirft das Gedicht eine Jenseitswelt, die eigentliche Heimat, die im Mittelpunkt der Kosmologie Agnes Miegels steht. Sie enthält jene Bestandteile, genauer Mytheme, die auch in den anderen Gedichten und Erzählungen eine wesentliche Rolle spielen. Diese erstrecken sich in diesem Beispiel von der »Himmelskuh«, den »Bäumen«, der »Himmelswiese« bis hin zum schollenbrechenden »Pflug«. Selbst das aus den »Frauen von Nidden« vertraute Motiv der ausfahrenden Fischer findet sich hier:

Vaterchen fuhr aus mit seinem Boote,
Wirft die Netze, wirft die weißen Wenter[66]
In den blauen Himmelssee, den tiefen!

Diese Jenseitswelt hat ihren absoluten Bezugspunkt in der mütterlichen Ahnenreihe. Sie ist bezeichnenderweise »ewig jung« und durch die Zahl Sieben wiederum mit dem magischen Zauber des Unirdischen versehen:

> Mutterchen, Großmutterchen, du gute,
> Meine schöne, meine ewig junge,
> Mit der ährengoldnen Zöpfekrone,
> Mit der kunstreich siebenfach geflochtenen!

Überblickt man die hier angeführten Kriterien von einem übergeordneten Standpunkt aus, so zeichnet sich ein System ab. Analysiert man daher das Gedicht »Die Frauen von Nidden« Schritt für Schritt, was für ein Kunstverständnis nicht unbedingt positiv sein muß, so stößt man auf eine Folge von Kompositionselementen, die alle Bestandteile dieses mythologischen Systems sind.

Daß die Mythologie auch eine Resultante der biographischen Situation der Dichterin ist, kann man dem Gedicht »Cranz« (I, 98) entnehmen. Dieses Gedicht spiegelt deutlich das Erleben ihrer Kindheit wider. Die Annahme ist daher berechtigt, daß die Autorin neben der Stimme des Gedichtes auch ihr persönliches Ich eingebracht hat. Wieder erscheint die »weiße Düne« und das Prinzip der Geborgenheit verheißenden überzeitlichen Mütterlichkeit.:

> An dieser Bucht hab ich als Kind gespielt,
> [...]
> Ich aber lag geborgen an dem Hang
> Der weißen Düne. In den Sand gekrallt
> So wie ein Kätzchen liegt im warmen Schoß.
> Und wohlig blinzelnd und gedankenlos
> Spürt ich, sie wacht, -
> Heilig, vertraut, uralt.

Ähnlich sieht sich das Ich in dem gleichnamigen Gedicht »Ich« (I, 7f.) als Quelle dichterischer Imagination im Schoß einer Düne, von Liebe und Tod träumend:

Aber fern von der Stadt
Im Schoß der waldigen Düne,
Lag meine Seele still
Wie das Tier im Dickicht sich birgt.
[…]
Und ich sang in den Wind
In das Wirbeln rauschender Dünen,
In das dröhnende Brausen
sang mein tönender Mund.

Zieht man eine Schlußfolgerung aus der Betrachtung des Gedichtes »Die Frauen von Nidden«, so kommt man zu dem Ergebnis, daß es sich um ein religiöses Gedicht handelt. Es gründet sich auf eine alte Volkssage und falls es das nur vorgeben sollte, so verwendet es bewußt Elemente der mündlichen Erzähltradition. Im Zentrum steht die im Grund uralte Frage der Stellung des Menschen zu seinem Gott. Der im Sinne einer Chronik gebundene Zeitbezug wird dabei durch den universellen Charakter der Problemstellung in eine Überzeitlichkeit geführt bei gleichzeitiger Verlebendigung des erzählten Materials. Aufgrund der Vorgänge in seiner Welt und der damit ausgelösten Bedrohungen, die nicht ohne weiteres mit den Grundsätzen seines Glaubens in Einklang zu bringen sind, gibt der Mensch seinen Glauben auf. In diesem Stadium sieht er sich der absoluten Einsamkeit ausgesetzt. Die einzige Möglichkeit, das Seelenheil zu gewinnen, liegt nunmehr in der Anerkennung einer wirkenden Macht, die außerhalb der Sphäre des Menschen liegt. Das Gedicht geht jedoch einen Schritt weiter: Hinter dem Geschehen bildet sich eine alles erfaßende Gesetzmäßigkeit ab, die im unendlichen Wechsel für Sterben und Leben sorgt. Diese widerspricht zwar nicht grundsätzlich der christlichen Lehre, geht aber über die kanonischen Grundsätze des christlichen Glaubens hinaus und steht im Zentrum der Mythologie, wie sie sich für Agnes Miegel herausgebildet hat. Der Ausgang des Gedichtes fordert unausgesprochen dazu auf, weiter über das Verhältnis von Mensch und Religiosität nachzudenken und läßt dabei bewußt die Frage offen, ob sich Gott letztlich nicht doch im Bild der Düne manifestiert.

V. Die Fahrt der sieben Ordensbrüder

Die Erzählung »Die Fahrt der sieben Ordensbrüder« zählt zu jenen Zeugnissen der Kunst Agnes Miegels, in denen Form und Geist ihrer Dichtung charakteristisch zum Ausdruck kommen. Zugleich thematisiert die Erzählung einen bedeutsamen Abschnitt der Siedlungsgeschichte des Ostens. Daraus erklärt sich auch die Aufmerksamkeit, die man dieser Erzählung geschenkt hat. Diesen Voraussetzungen entsprechend, hat man sich eingehend um ein Verständnis bemüht. Dennoch bleiben einige Fragen offen, deren Beantwortung Aussage und Aufbau weitergehend erschließen.

1. Das Gemälde: »Die Ordensritter im Schnee«

Als die Erzählung im Jahr 1923 abgeschlossen wurde, lag, wie die Biographin Anni Piorreck hervorgehoben hat, eine lange Entstehungszeit hinter ihr.[67] Es muß bereits 1912 gewesen sein, als ein Bild mit dem Titel »Ziehende Schwertritter im Winter« des 1872 in Dorpat geborenen Malers und Lithographen Roland Walter[68] die Phantasie der Autorin gefangen nahm und sich in ihrem Unterbewußtsein niederschlug. Da Roland Walter zusammen mit anderen Malern des Baltikums in der Zeit vor dem Ersten Weltkrieg nicht nur in St. Petersburg, sondern auch in der ostpreußischen Hauptstadt ausgestellt wurde, kann man mit einigem Recht vermuten, daß Agnes Miegel dem Bild auf einer Vernissage in Königsberg begegnete.

Lithographie des baltendeutschen Malers und Lithographen Roland Walter (1872–1919): »Ziehende Schwertritter im Winter«. Auf der Rückseite trägt das Bild u.a. den eigenhändigen Vermerk von Agnes Miegel: »Urzelle v.m. Erzählung/ v.d. 7 Ordensbrüdern«. (Exemplar im Agnes-Miegel-Archiv, Bad Nenndorf)

Die Darstellung der sich in einer Schneewüste durchkämpfenden Ordensritter, abgeschlagen und verloren, muß sie tief bewegt haben. Lange hatte sie das Bild offensichtlich vor ihrem geistigen Auge, bis es schließlich 1923 literarische Gestalt gewann. Als zentraler Bestandteil der 1926 erschienenen »Geschichten aus Altpreußen« ließ die Erzählung den Leser erkennen, daß ihm hier ein bedeutsamer historischer Prozeß als eindrucksvolle Literatur entgegentrat. Helmut Motekat faßt in seiner *Ostpreußischen Literaturgeschichte* die historische Aussage der Erzählung in folgenden Worten zusammen: »Dichtung solcher Qualität greift tiefer als Urkunden und zeitgenössische Berichte, da sie Geschichte im Gestaltwerden ihrer Figuren und ihrer Situationen nach und nach enthüllt, in einer tieferen, umfassenderen und gültigeren Wahrheit als die der Urkunden und Dokumente«.[69]

Die über Jahre gehegten Empfindungen müssen sich schließlich als unaufhaltsamer Erzählstrom Bahn gebrochen haben. Die Autorin ging in Klausur und schrieb die Erzählung mit Ausnahme des Schlußteils in zwei Tagen nieder. Ein gerahmter, etwas verblichener Druck des Bildes hängt heute im Wohnzimmer des Agnes Miegel-Hauses in Bad Nenndorf. Am unteren rechten Bildrand findet sich die Signatur RW 12. Die Rückseite des Druckes trägt den eigenhändigen Vermerk Agnes Miegels: »Roland Walter † Riga/Schwertbrüder nach / der Schlacht / Urzelle v.m. Erzählung / v.d. 7 Ordensbrüdern«. Rechts davon findet sich auf gleicher Höhe der Eintrag, daß der Druck zu Weihnachten 1953 geschenkt wurde.

Wenn das Bild ausdrücklich als »Urzelle« der Erzählung ausgewiesen wird, so muß man sich fragen, welchen Einfluß es auf die Gestaltung des Erzählmaterials ausgeübt hat. Es handelt sich um eine Farblithographie, die eine Gruppe von vier Rittern auf ihren Pferden in den Mittelpunkt stellt. Diese Gruppe strebt in einer verschneiten, flachen und baumlosen Winterlandschaft einem Tannenwald zu von dem sich jedoch nur einzelne Bäume im linken Bildrand befinden. Durch den linken Bildrand angeschnitten, ist ein weiterer Reiter zu sehen, offensichtlich ein Knecht, der sich um das Nachkommen der Gruppe besorgt zeigt. Im rechten Bildhintergrund, beinahe mit dem Horizont verschwimmend, ist schemenhaft eine weitere Reitergruppe zu erkennen, die vier Personen zählt und sich augenscheinlich in dieselbe Richtung bewegt wie die zentrale Gruppe.

Die vier Reiter im Zentrum machen von der Körperhaltung her einen äußerst abgekämpften Eindruck. Einer von ihnen, offensichtlich blutjung, ist hilflos, sein Kopf hängt über der Schulter eines Kameraden. Ein weiterer Reiter trägt seinen linken, wahrscheinlich verletzten Arm in einem Tuch. Auffällig ist, daß Kleidung und Ausrüstung keine Ordensinsignien aufweisen. Einerseits vermittelt das Bild den Eindruck eines nach schwerem Kampf unter Mühen erfolgenden Rückzuges bei feindlichen Witterungsbedingungen. Andererseits ist die Reitergruppe durch eine sorgfältig komponierte

Anordnung gekennzeichnet, die in dieser Form charakteristisch für den Jugendstil ist; es ist die geordnete Realität des Jugendstils. Diese Aufstellung der Reiter resultiert aus der Einordnung in die Landschaft, aus der Gruppenbildung der Pferde und aus der Zusammengehörigkeit der Reiter. Insbesondere die senkrechte Haltung der beiden Lanzen, die dem abgekämpften Zustand der Reiter widersprechen, unterstreichen die nahezu ornamentale Ausrichtung. Daß das Bild Akzente des Jugendstils trägt, verwundert nicht, da das Gesamtwerk von Roland Walter unter dem Einfluß des Jugendstils steht und er eine Zeitlang sogar Mitglied der Künstlergemeinschaft der Mathildenhöhe in Darmstadt war. Hinzu kommt die für die damalige Zeit in der Sphäre der Ballade charakteristische Verbindung von Jugendstil und Rittertum, die Beschwörung des Rittertums in einer Zeit, die längst über das Ritterliche hinweggegangen war. So läßt sich z.B. Heinrich Vogeler vor dem Ersten Weltkrieg in Ritterrüstung in seinem Worpsweder Garten zusammen mit seiner jungen Frau fotografieren.

2. Die Zahl Sieben und ihre Bedeutung

Bei einem Vergleich von Bild und Text ist bemerkenswert, daß Agnes Miegel die Zahl der Ritter von vier auf sieben erweitert hat und diese Zahl im Titel auch ausdrücklich erwähnt. Die Erzählung beläßt es jedoch nicht bei sieben Ordensrittern, sondern stellt ihnen auch sieben Vertreter der Prussen gegenüber, die aus der Masse des Volkes herausragen. Angesichts der mythologischen Bedeutung dieser Zahl ist es unwahrscheinlich, daß es sich um eine zufällige Wahl handelt. Seit der Antike spielt diese Zahl in unseren Vorstellungen eine besondere Rolle. Sie ist bereits in der griechischen Mythologie mit besonderen Kräften ausgestattet. Auch im christlichen Denken tritt sie immer wieder in Erscheinung und vermittelt in der Regel eine Botschaft. Allein in der »Offenbarung des Johannes« wird sie 54 mal genannt. Das »Vaterunser« besteht aus sieben Bitten, und unsere Woche umfaßt sieben Tage. Es gibt sieben Todsünden, sieben Sinne und sieben Weltwunder. Das Neue Jerusalem verfügt über sieben

Tore. Nicht zuletzt wurde die Welt nach christlicher Vorstellung in sieben Tagen erschaffen. Immanuel Kant hat sein Brückenproblem anhand von sieben Pregelbrücken in Königsberg veranschaulicht. In ihrem Gedicht »Heimat« spielt Agnes Miegel darauf an: »In meiner Stadt im Norden/Stehn sieben Brücken, grau und greis« (I, 130). Heinrich Vogeler fertigt 1895 »Die Sieben Raben« als Radierung an, und Paula Modersohn-Becker malt 1900 »Die sieben Raben« in Öl. Wie weit die Zahl Sieben vom Glauben in die Realität hineinspielen kann, zeigt ein Beispiel aus der Ordensgeschichte: Als Landmeister Hermann Balke im Auftrage von Hermann von Salza mit seinem Kreuzheer 1231 über die Weichsel setzte, wählte er mit Bedacht für seinen militärischen Führungsstab genau sieben Ordensbrüder, um dem Heerzug durch die magische Zahl eine größere Siegesgewißheit zu verleihen.

Daß die Wahl der Zahl Sieben intendiert ist und sich sogar als ein literarisches Stilmittel erweist, geht aus ihrer Präsenz im Gesamtwerk hervor. Wenn sie erscheint, dann markiert sie den Übergang zu einer anderen Ebene, die mit Vision, Magie und Mythos verbunden ist. Als Signal verwandelt sie die Realität auf diese Weise in eine andere Wirklichkeit; sie ist der Schlüssel zum Magischen. So sieht die Försterin in der Erzählung »Das Gesicht« (V,254–259) in einem Traumgesicht den Tod ihrer Zwillinge im siebten Jahr voraus. Nichts im Försterhaus deutet auf diesen Schicksalsschlag hin, aber diese Vision schafft eine derartige psychische Wirklichkeit, daß die Mutter in tiefster Ergriffenheit um das Leben ihrer Söhne fleht: »Sie hörte sich selber flüstern: ›Sieben Jahr! Sieben Jahr!‹ In ihrem Herzen stieg eine wilde Verzweiflung auf, ein Hadern und Feilschen mit dem Schicksal, das ihr so früh die Söhne nehmen wollte. Es war, als könnte sie es immer noch wenden …«.

Die Liste der Beispiele für die magische Funktion der Zahl Sieben ließe sich noch lange fortsetzen. Man könnte fast von einer Konstanten im Werk der Dichterin sprechen. Innerhalb des Werkes gibt es unter dem Aspekt der Zahl Sieben sogar Berührungspunkte mit der »Fahrt der sieben Ordensbrüder«. Deutliche Anklänge weist die 1901 entstandene Ballade »Herzog Samo. Eine Totenklage« (I, 73–80) bereits in der Ausgangssituation auf.:

Durch die Birken strich der kalte Herbstwind,
Durch das Land des Herzogs strich ein Klagen.
Mit des Schneesturms Schnelle durch die Heide
Flog ein Kriegsvolk in weißen Mänteln.
Schrecklich war ihr Antlitz, erzverkleidet,
Von dem Eisen ihrer Rüstung sprangen
Kraftlos Preußenpfeil und Weidenspeere.

Eingeführt werden hier die Ordensritter mit Verweisen, die sich ebenfalls am Anfang der sieben Ordensbrüder finden. Auch hier geht es um die Begegnung von Ordensrittern mit dem Repräsentanten der einheimischen Bevölkerung, Herzog Samo, den die Ballade in unhistorischer Weise als letzten Vertreter des prussischen Fürstengeschlechts anspricht. Mit dem Hinweis auf die Kinder des Herzogs Samo, »Sieben Kinder hatte ihrem Gatten/Die Genossin seines Bettes geboren«, bewegt sich die Ballade in eine neue Dimension, die über das chronistische Erzählen hinausgeht. Vor die Wahl gestellt, sich unter das Schwert der Ordensritter zu beugen oder in den Tod zu gehen, nehmen die Prussen nicht die Verlockungen der Sieger an, sondern entscheiden sich für den Tod. Sie treffen diese Entscheidung, weil sie nicht ihre Identität und Kultur aufgeben wollen. Ihre Überzeugung »Laßt uns nicht das Leben sterben sehn/Das uns zeugte, laßt uns früher sterben!«, geht über das Sagbare hinaus. Im Tod steigt das neue Leben empor. Jenseits der realen Handlung steht also als Absolutum die unauslöschliche Liebe zum Land und dessen Kultur. Diese Liebe gehört zum Land und erweist sich als ebenso unauflösbar wie das Land selbst, wenn es am Ende unter Wiederaufnahme der Zahl Sieben heißt: »Sieben Jahr sollst du um Tote klagen/Die befreundet und dir lieb gewesen [...] Hundert Jahre aber soll ein Volk/Seine letzten Toten beweinen«.

Die im Rahmen des Titels vorangestellte Sieben weist demnach darauf hin, wie die Erzählung zu lesen ist. Agnes Miegel will in der besonderen Art ihrer Darstellung die verdinglichende Eigenschaft der Sprache überwinden. Danach verwenden wir Begriffe in verdinglichender Form; wir fragen nicht mehr, sondern reden so, als ob es sich um Fakten handelt. Sprache als Abbild unseres Denkens setzt uns daher Erkenntnisgrenzen. Aus diesem Grund sind Mythos und Magie das Instrumentarium, um hinter dem Vordergrund zum Eigentlichen zu gelangen. Die Dichterin verwendet dieses Instrumentarium, darunter auch die Zahl Sieben, um die wirklichen Eigenschaften des Dargestellten zu veranschaulichen.

3. Anfang und Ende

Der erste Satz der Erzählung wirkt daher wie ein Auftakt: »Sie trabten durch den qualmenden weißen Nebel, der dicht über dem hohen, wie Dünensand aufgewehten Schnee lag«. Die Verbindung aus Schnee, Dünensand und Licht, die fast einer Synästhesie nahekommt, läßt bereits erkennen, daß die Schilderung trotz aller Wirklichkeitstreue über eine realistische Darstellung hinausgeht. Die hierin enthaltene Aussage mündet mit wörtlichen Entsprechungen in die Schlußszene und verdeutlicht die während der Fahrt gewachsene Erkenntnis. Vollzog sich der Zug der Ritter nach Verlust des Weges am Anfang »durch die blendende Helligkeit, die ohne Licht und ohne Schatten, ohne Nähe und Ferne war« (III, 133), fast eine Sphäre der schwebenden Orientierungslosigkeit, so ziehen die Ritter am Ende immer noch durch den Schnee: »Flimmernd und gleißend dehnte sich die Schneefläche unter der glänzenden blauen Unermeßlichkeit des Himmelsmantels« (III, 208). Aber alles hat sich gewandelt: Die Natur ist nicht mehr feindlich, und der sich über den Reitern auftuende Himmel wirkt fast wie ein schützender Mantel. Der Ostwind, der am Anfang der Fahrt »Todeskälte« mit sich bringt, wird zu einem milden Frühlingswind, der den Reitern nun Kinderstimmen zuträgt. Alles, was vorher »milchige Gestaltlosigkeit« war, gewinnt nunmehr Form und Gestalt. Alles ordnet sich, erhält Farbe und gewinnt eine Perspektive. Jetzt liegt ein Ziel vor ihnen: »Hinter dem unerträglich blendenden Saum des Schnees glänzte ein Streifen tieferen metallischen Blaus, purpurn abgegrenzt gegen das milde Licht des Westhimmels. Es funkelte wie ein Fischleib, war von lichtgrünen und braunen Streifen durchströmt, von weißen Brandungskämmen gegittert, war im Norden gekrönt von dem lichten Muschelgelb des Dünenzugs: die See!«. (III, 208)

Damit hat die Korrelation von Schnee und Düne, so wie sie am Anfang in Erscheinung trat, ihre Erfüllung gefunden. Das mit Beginn der Fahrt vorherrschende Weiß ist zwar am Ende auch noch gegenwärtig, aber seine Existenz macht die nunmehr herrschende Farbenfülle umso deutlicher. Wie eng Licht, Welle und Düne aufeinander bezogen sind, geht aus dem Gedicht »Die Erde spricht« (1932) hervor, in dem sich wiederum die Zahl Sieben in mythischer Bedeutung findet:

> Welle um Welle schlägt auf und verrinnt im Sand.
> Doch die sieben mal siebte Welle singt:
>   Mich zeugte die Flut, die die Welt umschwingt,
> Mich lenkt, der das Leben zum Lichte bringt, -
>   meine Spur bleibt im Sand. (II, 207)

Die hierin enthaltenen Korrespondenzen mit der Erzählung können bereits als erster Hinweis auf den Ausgang der symbolischen Reise der Ordensbrüder verstanden werden, denn um eine solche handelt es sich. Hinter dem Ablauf der Ereignisse deutet sich der Schöpfungsgedanke an, denn die Zeilen des Gedichtes erklären sich als kosmologische Darstellung des Göttlichen. Die auf den Strand schlagenden Wellen sind unendlich in ihrer Wiederkehr. Mögen sie auch auf dem Strand verrinnen, mit ihrem unendlichen Rhythmus geben sie dem Strand ihr Gepräge. Ihre eigentliche Bedeutung liegt in der Unendlichkeit, denn sie werden »gezeugt« von einer allumfassenden Kraft. Die »sieben mal siebte Welle« erweist sich als Ausdruck des Göttlichen, und die Formulierung »Mich lenkt, der das Leben zum Lichte bringt« erinnert in ihrer biblischen Diktion an die Worte Jesu: »Wer mir nachfolgt [...] wird das Licht des Lebens haben« (Joh. 8,12). Die bleibende Spur im Sand wird ihrerseits zur Antithese des biblischen »...auf Sand gebaut« (Mat. 7,26–27).

Diese Bezüge lassen die Fahrt der Ordensbrüder als eine Bewegung im mythischen Raum erscheinen. Kein Widerspruch ist es, wenn nicht alle die lebensenthobenen Ritterideale aufweisen, wie es Börries von Münchhausen seinen Helden zuschreibt. Im Gegenteil, sie sind Menschen aus Fleisch und Blut, die durchaus mit der Einhaltung ihres Ordensgelübdes zu kämpfen haben. Insbesondere zwei von ihnen, die Ordensritter Hans Zabel und Rudi Kienheim, sind in ihrem Glauben so wenig gefestigt, daß sie trotz aller Anfechtungen zwar am Christentum festhalten, aber dem Orden entsagen. Am 23.03.1926 schreibt Agnes Miegel an Lulu von Strauß und Torney mit unverhohlener Deutlichkeit: »Mit den Ordensrittern werde ich in ein Wespennest stechen. Es ist leider üblich, sie als Lohengrine anzusehen, in einem von A-Z mißverstandenen und ganz unkatholisch muckrigen Eunuchendasein. Was sie für Kerls waren, spürt man auf Schritt und Tritt«.[70] Bei Roland Walter bilden die Schwertbrüder in der Schneewüste eine sich eng zusammenschließende und schutzsuchende Gruppe. Agnes Miegel individualisiert diese Gruppe hingegen, indem sie jedem Mitglied eine bestimmte Meinung, Ansicht oder Vorstellung zubilligt. Bisweilen ist der Austausch aufgrund der unterschiedlichen Ansichten recht lebhaft, so daß der Komtur Friedrich von Wolfenbüttel seine liebe Not hat, die Anbefohlenen zusammenzuhalten.

Der Eintritt dieser Gruppe in den Fürstenhof wird damit, vor allem weil Christentum und prussische Gläubigkeit aufeinanderstoßen, ein Zusammenprall zweier Kulturen. Man kann hierin sogar das Konkurrieren einer rational-individualistischen Lebenssicht mit einer mythisch-kollektiven Lebensform sehen. Indem sich das Geschehen in dem engen Rahmen des Fürstenhofes extrem konzentriert, kann durch den Widerstreit beider unvereinbaren Sphären nur ein Umschlag erfolgen und sich etwas Neues bilden.

4. Die farbige Welt der Prussen

Der Verlauf der Ordensfahrt folgt in auffälliger Weise dem Muster der mythologischen Nachtfahrt. Die Nachtfahrt oder auch Nachtmeerfahrt ist als Begriff, so insbesondere im Sinne von C.G. Jung, von den Mythen solarer Götter oder Helden abgeleitet, deren

Schicksal dem Sonnenlauf folgt:[71] Die Sonne geht im Westen im Meer unter. Auf ihrem Weg durch die Tiefe wird sie von allerlei Gefahren der Finsternis bedroht, bis sie schließlich im Osten neugeboren wieder aufsteht. Diese mythologische Formel ist grundsätzlich mit einer Reise in einen nicht kalkulierbaren Bereich und einem grundlegenden Wesenswandel, z.B. Neugeburt, verbunden. Wenn man die Fahrt der Ordensbrüder als mythische Nachtfahrt versteht, dann ist die Gegenwelt, die sie durchqueren, die Welt der Prussen.

Die Ordensfahrt führt nun nach einem morgendlichen Aufbruch nach mehreren Stationen am Abend in eine Sphäre, die verwunschen, magisch, exotisch und sogar bedrohlich ist. In der Nacht tritt ein entscheidendes Ereignis ein, das eine völlige Veränderung der Reisenden bewirkt oder sogar deren Lebenswelt von Grund auf verändert. Während der Fahrt zeichnen sich nun Mytheme ab, d.h. Teilelemente einer übergreifenden Mythologie, die eine zusätzliche Bedeutungsebene aufbauen. Der unvermittelte Wechsel aus der Gegenwelt in die Sphäre der Prussen ist gleichbedeutend mit dem Eintreten in eine bis dahin völlig unbekannte Lebensform. Die Ritter erwarten, auf dem Fürstenhof »eine rauchqualmende Höhle« (III, 142) vorzufinden, entdecken jedoch einen von reichhaltiger Kultur zeugenden Saal, der »wie eine uralte Bienenwabe« wirkt. Der Hinweis auf Biene sowie Honig wiederholt sich und verbindet sich mit dem Bild der Linde. Durch den Hof zieht sich der Geruch »von heißem Honig« (III, 146). Die auf »Lindenholztellern« (III, 146) gereichten Speisen werden mit »gebranntem Honig« (III, 154) verfeinert. Branntwein wird mit »zerlassenem Honig« versetzt (III, 195), den die Ritter darin verrühren. Vor dem Haupthaus liegen »Holzhaufen, künstlich rund geschichtet wie eine große Bienenbeute« (III, 172). Im gesamten Bereich riecht es »betäubend süß nach heißem Lindenhonig« (III, 179).

Übersieht man das Werk Agnes Miegels, so taucht beständig das Bild der Biene und des Honigs auf. Es steht für die Bindung an das Land, für den Einklang von Mensch und Natur, für Fleiß und Schaffenskraft, für Vorsorge und Umsicht. Die Bienenwabe gleicht einer Zelle der Schöpfung, die Biene selbst als mythisch befrachtetes

Wesen vermittelt durch ihren Fleiß dem Menschen das, was die Natur ihm schenkt, und der Honig erweist sich als Segensnahrung der spendenden Natur. Die Linde wiederum als ein in der floralen Mythisierung zentraler Baum verbindet sich grundsätzlich mit Biene und Honig. Von dieser Bedeutungsebene her erfährt der Fürstenhof der Prussen eine äußerst positive Wertung. Selbst die für den Außenstehenden völlig unfaßbare Tötung von Herkus und Gaudins, aus der Sicht der Ordensleute als religiöser Ritualmord an unschuldigen Kindern ein Verbrechen, trifft die Ritter zwar zutiefst, vermag aber den positiven Gesamteindruck der prussischen Welt nicht zu beeinflussen.

Überraschend ist, daß der Rückzugsraum der Prussen, obgleich sich selbst dieser im Untergang befindet, in lebhaften Farben dargestellt wird. Man gewinnt hier unweigerlich den Eindruck, daß die dadurch zum Ausdruck kommende Kulturfähigkeit und Vitalität trotz der politischen Unterwerfung zu einem Weiterleben führen wird. Bereits in der verständnisvollen und ausgleichenden Art, wie der Hauskomtur den Prussen gegenübertritt, zeichnet sich die Möglichkeit eines Ausgleiches ab. Wiederholt findet sich in der Literatur der Hinweis, daß die Darstellung der prussischen Welt exakt den zeitgeschichtlichen Verhältnissen entspricht. Die Biographin Anni Piorreck beruft sich in diesem Zusammenhang auf Prof. Dr. Walther Ziesemer: »Prof. Ziesemer, der Ordinarius für ostdeutsche Volkskunde an der Königsberger Universität, einer der besten Kenner des deutschen Ostens, hat im Jahre 1943 mündlich zu berichten gewußt, daß erst vor wenigen Jahren einige Einzelheiten des prussischen Hofes, die Agnes Miegel erstmalig schildert, nachträglich durch wissenschaftliche Forschungen bestätigt worden seien«.[72] Zweifellos hat Agnes Miegel sorgfältig recherchiert. Ihr standen dafür eine umfangreiche Fachliteratur sowie das Königsberger Prussia-Museum zur Verfügung. Man kann daher davon ausgehen, daß die Beschreibung des prussischen Fürstenhofes und die Schilderung der dortigen Vorgänge sowie die Darstellung der historisch-politischen Lage in ihren Grundzügen zutreffend ist. Aber der Dichterin ging es in erster Linie nicht darum, einen historischen Essay zu schreiben, der durch eine spannungsreiche Handlung verlebendigt wird. Ihr

Anliegen ist es vielmehr, die entscheidende Phase der Ostsiedlung nach den Prussenaufständen (1260–1273) und die in der Folge entstehende Gestaltwerdung Ostpreußens zwar historisch korrekt, jedoch möglichst anschaulich zu schildern.

An diesem Punkt tritt zur historischen Exaktheit das Kriterium der künstlerischen Eindringlichkeit. Dies erklärt auch, weshalb die Erzählung von zwei wechselnden Kompositionselementen bestimmt ist: der handlungsmäßigen Raffung und der breit angelegten Detailschilderung. Um die gewünschte Wirkung zu erzielen, setzt die Erzählung nun besondere Farbeffekte und die Aura spezieller Objekte ein. Handlung und das Inventar künstlerischer Mittel werden durch eine Art ostpreußischen Gründungsmythos zusammengehalten. Damit verläßt die Erzählung den rein historischen Raum, ohne allerdings ihr gehaltliches Anliegen zu vernachlässigen. Die sich abzeichnende Flut an Farben und Objekten ergibt ein Spektrum, das nicht grundsätzlich mit den historischen Gegebenheiten übereinstimmen muß. Die Gabe der Vision sei unbestritten, aber ein noch so erkenntnisfähiges, übersinnliches Auge vermag in der Rückschau auf die Vergangenheit nicht die ganze Fülle des Gewesenen zu erkennen.

Die Annahme ist daher nur folgerichtig, daß über die Historizität hinaus, die künstlerische Komponente bei der Niederschrift einen nicht unwesentlichen Anteil hatte. Die poetische Imagination ließ die Dichterin daher zu künstlerischen Stilmitteln greifen, denen sie historische Details nachordnete. Dabei fällt auf, daß sie sich offensichtlich mit den Stilmitteln des Symbolismus und der Präraffaeliten berührt, die ihre Zeit insbesondere vor dem Ersten Weltkrieg hatten. Beiden Strömungen stand sie nicht fremd gegenüber. Den Symbolismus lernte sie während ihres Aufenthaltes in Paris kennen und konnte sich ihm in der Folgezeit kaum entziehen. Mit den englischen Präraffaeliten machte sie sich während ihrer Anstellung am Clifton College in Bristol als eifrige Besucherin englischer Museen vertraut.[73] Außerdem kannte sie sich in der kulturellen Atmosphäre Englands gut aus, wie aus mehreren Rezensionen englischer Publikationen hervorgeht. Schließlich weisen auch einige Aspekte ihrer Lyrik Berührungspunkte mit den Präraffaeliten auf.

So lassen sich im Gedicht »Chevalier Errant« deutliche Spuren des präraffaelitischen Gemäldes »Der fahrende Ritter« von John Millais nachweisen.[74]

Wie sie nun die prussische Welt darstellt, setzt die Autorin die Stilmittel der Präraffaeliten bzw. des Symbolismus ein.[75] Eine genaue Differenzierung zwischen beiden Kunststilen ist allerdings kaum möglich, da sich der Symbolismus aus den Voraussetzungen der Präraffaeliten entwickelt. In seinem Vergleich der Balladen von Agnes Miegel mit denen Christina Rossettis, eine der bedeutendsten Vertreterin der englischen Präraffaeliten, hat Sebastian Bolte auf die Gemeinsamkeiten beider Dichterinnen hingewiesen und die Kunst dieser Richtung charakterisiert: »Als Gegenentwurf zu den von Braun und Ockertönen dominierten Bildern mit handwerklich korrekten Licht und Schattenwirkungen schufen sie Gemälde in leuchtenden Tönen, deren lichtdurchflutete Wirkung auch auf einer Technik beruht, bei der die Farbe auf einem noch nicht getrockneten weißen Grund aufgetragen wird«.[76] Das Besondere dieser Stilrichtung besteht weiterhin in der wechselseitigen Übertragbarkeit von Malerei und Literatur. Auch dazu merkt Sebastian Bolte an: »Abgesehen von rein bildlichen Aspekten [...] lassen sich die Ideale und Vermittlungsformen der Bildwerke auch auf die Dichtung übertragen; die angestrebte Parallelisierung reicht so weit, dass beide Ausdrucksformen einander explizit kommentieren oder in einen Dialog treten«.[77]

Unter diesem Aspekt verwundert es daher nicht, wenn die Szenen in Zusammenhang mit dem Todesopfer fast wie Gemälde wirken. Untersucht man den Text der Erzählung eingehender auf mögliche Korrespondenzen mit der symbolistischen Malerei, so stößt man auf weitere Entsprechungen. Neben der affizierenden Sprache der Farbe ist es der Hang zur Detailfülle zumeist kostbarer Objekte, die in ihrer ästhetischen Wirkung beschrieben und in einen Sinnzusammenhang gebracht werden. Dazu kommt die Anlehnung an die Mythologie, verbunden mit einer gewissen Endzeit- oder Untergangsstimmung. Das wiederum führt zu einer Ästhetisierung und sogar Ornamentierung des Todes. Eine gewisse morbide Tendenz vermag man derartigen Darstellungen nicht abzusprechen.

Geradezu ins Auge springt der immer wiederkehrende Bezug auf die Farbe Weiß. Das Weiß des Schnees zu Beginn der Erzählung zieht sich als vorherrschende Farbe durch die gesamte Erzählung. Diese Farbe dient aber nicht nur der Beschreibung einer schneebedeckten Winterlandschaft, sondern auch der Charakterisierung bestimmter Zustände. So trägt der kleine Gaudins auf seinem Totenlager einen »weißen Leinenkittel« und wirkt »wie ein erfrorener weißer Schmetterling« (III, 202f.). Sein Bruder Herkus ist ebenfalls »schneeweiß gekleidet« (III, 190), und der Ritter Lenhardt von Stetten weint »weiße Tränen« (III, 205). Die Totenhalle ist von »in weiße Laken gehüllten Weibern« (III, 184) bevölkert, und der Boden ist mit »Tannenspitzen und weißem Sand« bestreut. Die Außenwelt ist gekennzeichnet vom »zuckenden Licht, dem vielen fahlen Weiß« (III, 184). Bei der Schilderung des Totenlagers des letzten Fürsten Dorgo tritt die Farbe Weiß hervor, so in der Beschreibung des Knechtes Supplitt, der die Totenwache hält: »... der alte Supplitt in seinem weißen Kittel mit der weißen Stirnbinde, selbst wie ein Toter. Zwei weißgekleidete junge Männer knieten vor ihm mit verbundenem Mund ...« (III, 184). Innerhalb des Hofes wirken die Ritter »im Schatten der Scheunen, vor der weißen Wand, dem weißen Grund wie Gespenster«, während sie »in den warmen weißen Qualm der Dunggrube« gehüllt sind (III, 172). Es ließen sich noch weitere Beispiele anführen.

Auf diese durch die Farbe Weiß geschaffene Grundierung werden die Farben umso wirkungsvoller aufgetragen. Sie erhalten damit den für die Leuchtkraft und den Aussagewert des Symbolismus charakteristische Wirkung. Ein weiteres Stilmerkmal des Symbolismus tritt in der detailreichen Beschreibung von kostbaren Gegenständen, erlesenem Schmuck oder kunstvollen Ornamenten hervor. Gleich beim Eintritt in die Totenhalle zeigt sich den Rittern ein eindrucksvolles Bild: »Goldbraun wie eine uralte Bienenwabe, sah dies einem Burgsaal nicht unähnlich. Geflochtene Binsenteppiche bedeckten den Estrich, bunte Teppiche in seltsamen Mustern, die blaue Männer, geschnäbelte rote Schiffe, grüne und lila Kreuze und Vögel auf hellrotem und weißen Grund zeigten, hingen von den Wänden [...] An der Westseite der Halle führten zwei fellbedeckte Stufen zu einer

Bettstatt. Sie war unförmlich, riesenhaft, mit altersschwarzen Holzsäulen. Die bunten Vorhänge, scharlachrot mit blauen und gelben Borten, waren zugezogen«. (III, 142)

Die Flut an Farben wird dadurch besonders wirksam, daß sie sich immer wieder von dem weißen Hintergrund abhebt. Entsprechend trägt die Totenwache »einen langen weißleinenen gegürteten Kittel«, ein Hinweis, der kurz darauf wiederholt wird: »Nur der Alte in dem weißen Kittel stand aufrecht« (III, 142f.). Das Bett des Toten selbst ist »mit schneeweißen glänzenden Leinentüchern bedeckt«. Aber auch in diesem Fall dient Weiß dazu, die Farbwirkung der anderen Gegenstände hervorzuheben, denn das Bett hat »rote Vorhänge«, eine »Decke aus Eisvogelbälgen« und »breite bunte Bortenbänder« (III, 143). Bunte Bänder, den Jostenbändern vergleichbar, scheinen überhaupt ein Bestandteil der prussischen Kultur zu sein, denn sie tauchen auch in der Alltagswelt auf. Die Mägde decken die Holztische mit »buntdurchwirkten Tüchern« (III, 147), Lusche, die Tochter eines gefallenen prussischen Edlen, erscheint »mit buntgewebten Bändern um Hals und Gürtel gebunden« sowie mit »roten Bändern durchflochtenen« Zöpfen (III, 176) und dem letzten Sudauer Fürst, Skurdas, werden die »buntgewirkten Schuhbänder kunstvoll verschnürt« (III, 174).

Die symbolistische Technik wird ganz gezielt eingesetzt, um die Dramatik des Geschehens an einem bestimmten Wendepunkt durch die Bildwirkung zu steigern. Dabei ist der krasse Gegensatz von Ästhetik und dem sich dahinter öffnenden Grauen von entscheidender Bedeutung. Beispielhaft ist das Erscheinen des letzten Sudauerfürsten Skurdas vor der versammelten Menge. Hier verbirgt sich unter einem wie ein goldenes Tuch wirkenden seidenen Bart eine schwärende, eitrige und dunkle Wunde, auch hier vor dem Hintergrund eines weißen Lappens. Das Erscheinungsbild verdeutlicht auf diese Weise, daß er seiner Verantwortung als letzter Sudauerfürst nicht mehr gerecht werden kann und die Prussen damit zum Untergang verurteilt sind: »Skurdas trat vor. Seine helle Hand hob den glänzenden, langen seidenen Bart, warf ihn seitwärts wie ein goldenes Tuch. Ein weißer Lappen lag darunter, blank von Wachs. Er hob ihn auf. Eine lange Wunde, dunkel und eitrig, kroch wie ein ekles Tier auf der hellen Haut« (III, 175).

Ein atmosphärisches Zwischenspiel vor dem Höhepunkt der Katastrophe bildet das Ringen von Lusche, Tochter eines gefallenen prussischen Edlen, um den Ritter Hans Zabel, bei dem auch alle weiblichen Mittel ausgespielt werden. Die Funktion dieser Szene liegt darin, den ästhetischen, von Kunst und Erlesenheit geprägten Raum in einem Maße vor allem auch visuell so auszubauen, daß der plötzliche Bruch zum Tod durch das Tötungsritual umso verhängnisvoller, unbegreiflicher und grausamer wirkt. Der Leser erfährt das Geschehen durch die Beobachtung des Ritters Jost Hasenkop: »Er sah in eine schmale Stube, deren Balkenwände mit buntgewirkten Decken behängt waren. An eisernem Haken hing eine kleine silberglänzende, mit bunten Steinen besetzten Ampel von fremder Arbeit. Auch ein Teil der Decken, die über das Bett und den ungefügigen Stuhl mit den bunten gedrechselten Säulchen an der Lehne geworfen waren, waren fremdartig bunt und schimmernd«. (III, 181)

Die Atmosphäre des kunstvollen-exotischen, fremdartigen und auf eine andere Welt verweisenden Darstellung atmet den Geist des Symbolismus. Aber dies ist nur der Auftakt. Die Frauenfigur wirkt wie aus einem symbolistischen Gemälde entliehen und unterscheidet sich kraß von den anderen Frauendarstellungen der Erzählung. Sie hat »schwarzgemalte Brauen«, einen »kirschroten Mund«, »kornblumenblaue Augen«, eine »blühende Brust« und »rosiges Fleisch«. Das sind Anklänge an symbolistische Frauendarstellungen, denen die Kritik wiederholt vorgeworfen hat, daß die elfenhafte Präsenz, die nicht von dieser Welt zu sein scheint, in ihrer ästhetischen Erscheinungsform letztlich nur das Interesse an der Erotik verhüllt. Gesteigert wird das Erscheinungsbild von Lusche durch ihre offensichtliche Vorliebe für kostbares Geschmeide. Sie trägt ein »goldfunkelndes Diadem« wie einen Heiligenschein, und ihr Schmuck kommt einem Zusammenspiel von kunstvoller Form und betörender Farbe gleich: »Bunte Perlenketten fielen mit ihren braunen Zöpfen auf den leuchtend grünen ärmellosen Mantel. Bernstein- und Korallenketten hingen von ihrem vollen Nacken über das schwarzgestickte weiße Hemd bis auf das golddurchwirkte, rotgestreifte Tuch, das sie als Rock umgewickelt hatte …« (III, 181).

Geradezu in einem Farbenrausch findet sich der Ritter Zabel einer derartigen Einwirkung ausgesetzt: »Leuchtend rosenrot, zwiebelgelb, schneeweiß, birkengrün und blau wie die See wand er sich auf dem blauen Tuch, dem braunen Fell, über dem weißen Mantel, den sie geschickt und wie im Spiel von Zabels Schultern streifte«. (III, 182)

Das Malen mit der Farbe setzt sich in der Beschreibung des Totenbettes des Fürsten Dorgo fort und wird dabei verbunden mit einer Beschreibung des ihm mitgegebenen Schmucks. Wiederum ist die vorherrschende Farbe weiß: »... über Bettstatt und Kamin waren große, weiße vor Alter gelbliche Decken aus kostbarem schneeweißen Tuch gebreitet [...] Der Fürst lag in der Mitte des Saales aufgebahrt auf einem mit weißen Decken belegten breiten Lager ...« (III, 183). Er selbst trägt einen »schneeweißen Leinenrock«. Ein Bruch deutet sich jedoch an, denn der Leichensack besteht »aus blutroter, glänzender Leinwand« und ein Teil des Kopfes liegt auf einer »purpurnen Decke« (III, 183). Sein Anblick vermittelt den Eindruck kunstvoll gesteigerter Ästhetik. Dekorativ umschlingen die Finger des Toten den Griff eines riesigen Schwertes:

> Griff und Gehenk waren von kunstvoller Arbeit aus altersschwarzem Silber mit großen Amethysten in den glänzenden Schneckenspiralen. Eine uralte Kette aus unregelmäßigen Amethysten, aus altersrotem Bernstein, gläsernen und silbernen Kugeln hing um seinen Hals und lag wie ein Kranz um den gelb und roten Apfel auf seiner Brust und die kreuzweis gebundenen, an der Spitze umgeknickten Rautenzweige. Den weißen Ärmel am linken Arm schnürten drei Armringe, die aus Silber gedreht mit vergoldeten Silberschnüren umwunden, wie kleine Schlangen um die Leinwand lagen.
> Unter den wirren Locken blitzten die großen durchbrochenen Gehänge, die von dem bronzenen Stirnreif niederhingen ...
> (III, 183f.)

Das Bild des ästhetischen Todes erfährt noch seine Intensivierung durch den Anblick der beiden toten Söhne des Herkus Monte, die in ihrem »weißen Leinenkittel« auf dem damit farblich kontrastierenden »purpurnen Leinensack«, »auf der purpurnen Leinwand« (202f.) am Kopf des verstorbenen Dorgo liegen. Nicht ohne Grund kann man zu der vielleicht zunächst überraschenden Vermutung gelangen, daß die Erzählung von den sieben Ordensbrüdern in Richtung der fünf Varianten von Arnold Böklins *Toteninsel* (1880–1886) weist. Diese Bilder haben das allgemeine Unterbewußtsein ihrer Zeit derart angesprochen, daß sie in der Zwischenkriegszeit in zahllosen Reproduktionen präsent waren. Bei genauerer Betrachtung ist bei Böklin die Kahnfahrt der weißen Gestalt zur Totenisel nicht so weit entfernt von der Fahrt der Ritter zum fürstlichen Totenhof, der wie eine Insel in der Schneelandschaft liegt. Die enge Berührung von Ästhetik und Tod, wie sie im Symbolismus häufig anzutreffen ist, ist zwar auch bei Agnes Miegel vorhanden, hat bei ihr jedoch eine völlig andere Funktion. Mischen sich bei den Symbolisten bzw. Präraffaeliten dekadente oder endzeitliche Töne in die Darstellung, so nimmt das Geschehen in ihrer Erzählung eine gegenteilige Wendung. Tod und Leben sind lediglich Ausdruck eines ewigen Wechsels, durch den sich die »allumfassende Kraft, die sieben mal siebte Welle« manifestiert.

In diesem Zusammenhang verdient die Darstellung von Raum und Zeit besondere Aufmerksamkeit. Das Motiv der Reise bedingt einen linearen Ablauf, weil damit die Bewegung vom Ausgangspunkt zum Ziel verbunden ist. Beides bleibt in der Erzählung jedoch vage, weder wird der Ort der Abreise deutlich, noch erfährt man genauer, wohin die Fahrt geht. Dafür schiebt sich in die Linearität des Itinerars ein zyklisches Moment. Die Erzählung setzt ein mit einem frostigen Winter und sie endet nach nur einer Übernachtung in der erwachenden Natur des Frühlings. Und die Sprache der Witwe von Herkus Monte klingt, als sie trauernd am Totenbett ihres Gemahls kniet, »wie das Flüstern des Herbstwindes«. Hierin zeichnet sich der Ablauf des Jahres ab, ebenso wie die starke Betonung der Abfolge von Tag und Nacht einen ewigen Wechsel zum Ausdruck bringt. Dem entspricht der thematisch im Vordergrund stehende Wechsel von Tod und Leben, so daß dadurch eine im Grunde sich unendlich wiederholende Wechselbeziehung deutlich wird. Auch wenn die Prussen ihrer Führung durch Tod beraubt werden und ihre letzte geschlossene Siedlung in Flammen aufgeht, liegt darin für die Bewohner des Samlandes keine Finalität oder Endzeit. Für die Ordensbrüder mögen sie fremdartige Wesen mit unverständlichen Ritualen sein, aber Agnes Miegel schildert sie bei aller Andersartigkeit als Menschen voller Lebenskraft und Fähigkeit zur Kultur. So ziehen die Prussen nach dem Brand weiter und werden mit ihren Eigenschaften und Fähigkeiten ihren Beitrag für die Zukunft der Provinz leisten. Es ist damit nicht eigentlich die konkrete Fahrt der Ordensbrüder, die die Erzählung vermittelt, sondern auf einer übertragenen Ebene dokumentiert sie ein wesentliches Kapitel der Ordensgeschichte. Die Kinder, ob prussisch oder deutsch, finden zusammen in Gemeinsamkeit.

Die Regie sowohl für die erlebenden Ritter als auch die der Wirkung auf den Leser achtet sorgfältig darauf, daß das aus christlicher Sicht unbegreifliche und grausame Opferritual den Blicken entzogen wird. Die Form des kulturellen Unterschieds soll nicht mit schmerzlicher Deutlichkeit wahrgenommen werden, um die alten Gegensätze nicht wieder aufbrechen zu lassen. Hinter dieser Auflösung der ursprünglichen Gegenerschaft steht die Vorstellung des Ausgleichs. Hier ist der weise und ausgleichende Hauskomtur Friedrich von Wolfenbüttel nicht nur eine historisch handelnde Figur, sondern zugleich auf übergeordneter Ebene ein von der Autorin eingesetzter Protagonist, der das Anliegen der Erzählung zum Ausdruck bringen soll: Das Zusammenwachsen unterschiedlicher Kulturen in Ostpreußen, ein Prozeß, der nach Agnes Miegel in der Schlacht von Rudau (1370) seinen Abschluß findet. So schreibt sie 1944 in dem Langgedicht *Mein Bernsteinland und meine Stadt* in Bezug auf das Schlachtfeld von Rudau; »Hier stand, zu einem neuen Stamm geeint,/Deutscher und Preuße gegen den alten Feind«.[78] In diesem Sinne stellt sie diese Worte auch als eine Art Motto ihrem gleichfalls 1944 erschienenen Schauspiel *Die Schlacht von Rudau* voran.[79] Damit gewinnt die Fahrt der Ordensritter über das Reiseitinerar hinaus das Format eines Gründungsmythos, der durch die künstlerischen Mittel der Darstellungstechnik in seiner Bedeutung besonders hervorgehoben werden soll. Es ist dies genau der Punkt, an dem Agnes Miegel von der historischen Ordensgeschichte abweicht in der Absicht, ein natürliches Zusammenwachsen ohne repressiven Kolonisationszwang darzustellen. In Wirklichkeit erlaubte der Ordensstaat keine Nachsicht gegenüber der unterworfenen pruzzischen Bevölkerung. Heinrich von Treitschke, der fern einer preußenfeindlichen Haltung ist, führt dazu aus: »Belehrt durch diese furchtbare Erfahrung [...] beginnt der Orden nunmehr eine neue, härtere Politik gegen die Unterjochten [...] Durch zahlreiche neue Burgen wird die Eroberung gedeckt, vornehmlich das Samland, das wichtige Verbindungsglied zwischen den Nord- und Südprovinzen. Das gesamte Recht der Preußen ist verwirkt durch die Empörung. Keine Friedensschlüsse mehr, wie sonst, mit den Besiegten, sondern Unterwerfung und Begnadigung, deren Bedingungen sich lediglich richten nach dem Grade der Schuld und nach militärischen Gesichtspunkten«.[80]

5. Der Frühlingsruf

Ganz offensichtlich war der Autorin diese Aussage der Handlung ein zentrales Anliegen, denn sie hat den Schluß mehrfach überarbeitet.[81] Das Verlassen des Fürstenhofes gleicht dem Überschreiten einer Schwelle. Jetzt reiten die Ordensritter in den Frühling, umscheint von der Frühlingssonne. Nahm der Nebel am Anfang die Sicht, so weitet sich nunmehr der Blick und reicht über die Felder bis zu den Brandungskämmen der See, »gekrönt von dem lichten Muschelgelb des Dünenzuges«. Der Erde entströmt ein Atem, der frisch und rein ist: »Der Wind ließ nach, der Nebel lief vor ihm davon nach dem Wald. Es roch nach Erde. Und scharf, frisch und seltsam rein« (III, 204). Durch mehrere Verweise wurde schon vorher die Bewegung in Richtung Dünensaum und Meer unterlegt. So pfiff der Schnee im Fürstenhof »wie Dünensand« (III, 173), und nach dem Verlassen des Fürstenhofes türmen sich die »Schneeberge, hohl wie Wellen« (III, 204). Das Ohr des kleinen Gaudins überdies gleicht einer »Muschel« (III, 203). Auch in anderer Hinsicht findet sich das Bildgeflecht. Die zahlreichen Leinentücher und Totenlaken wandeln sich zur Schneedecke über den Äckern, die unter der Frühlingssonne schmilzt: »Der Wald wurde lichter, es schimmerte lakenweiß durch die säulenhohen Stämme. Das Feld«. (III, 204)

Eine in die Zukunft weisende Begegnung vollzieht sich am Ende der Erzählung, als die Ritter eine Gruppe Kinder treffen, wieder bei Bedeutungsveränderung des Bildes vom Laken: »Schrill und hoch klangen ihnen die Kinderstimmen nach durch die sonnige Luft. Der Wind sauste und trug sie über das lakenweiße Feld. Flimmernd und gleißend dehnte sich die Schneefläche unter der glänzenden blauen Unermeßlichkeit des Himmelsmantels« (III, 208). Das Zusammenspiel von Segen der Erde und Zahl der Kinder verheißt Fruchtbarkeit und damit Zukunft. Die Ordensritter erkennen, daß der Mensch nicht absolut ist, sondern seine Existenz aus dem erfährt, was die Erde ihm schenkt. Nach dem Durchgang durch die Sphäre des Todes ist das Ende der Fahrt geprägt von einer Atmosphäre des entstehenden Lebens und der Schöpfung, wobei die See wie auch an anderen Stellen des Werkes Ausdruck der Schöpfungskraft ist. Man kann auch von einer Schöpfungserfahrung sprechen, so wie sie sich beispielsweise auch am Ende der Erzählung »Die See« (III,, 23–32) findet. Auch hier ist das aus dem Meer kommende im Ufersand liegende Mädchen überwältigt »...- über mir die flimmernde, vor Licht und wärmebebende Unermeßlichkeit des Sonnenhimmels. Fühlte mein kleiner, fast zerspringender Körper einen Herzschlag lang die Wonne des Schöpfungsmorgens«. Wird in dieser Erzählung das Motiv der Geburt durch das als »ein glühendes, kreischendes, zappelndes Bündelchen«, das aus dem Wasser geholt und auf ein Tuch an den Strand gelegt wird, deutlich, so wird Schöpfung in den Ordensbrüdern noch recht verhalten angesprochen.

Die Erkenntnis, einen Schöpfungsmoment zu erleben, durchdringt den jungen Ordensherren Rudolf von Kienheim allerdings mit solcher Macht, daß er sich in Form eines gewaltigen Schreis befreien muß: »Dann ließ er die Zügel los, breitete die Arme aus, lachte sein altes Jungenlachen und schrie lang und laut [...] einen schwingenden, jauchzenden Schrei, den der Wind über den rieselnden, schmelzenden Schnee der Äcker ins Land trug« (III, 209). Dieser Schrei ist Erlösung und Befreiung zugleich. Er verbindet sich mit dem Aufbruch der Natur und verleiht die Eigenschaften jugendlicher Kraft, denn er trägt die schwingende Energie der Jugend. Aber dieser Frühlingsschrei ist nicht nur eine persönliche Antwort des Ritters; er ist etwas Überpersönliches. Mit seinen ausgebreiteten Armen will er das gesamte vor ihm liegende Land umfassen. Er gibt sich dem Land hin, weil er weiß, daß er ihm gehört und er in ihm aufgehen wird als Teil der fruchtbringenden Äcker. So übernimmt der Wind seine Äußerung und trägt sie in das Land. Hier verschmelzen die Zeitebenen miteinander, das historische Geschehen, die Erfahrung des Fürstenhofes und der Blick in die Zukunft gehen ineinander über.

Die im Frühlingsruf mitschwingende Botschaft von aufgehender Saat und Erblühen, von Wachsen und Werden findet ihre Bestätigung am Ende der Reise in der Begegnung mit den Siedlerkindern. So wie die Bilder von Erde und Acker auf das Heranwachsen der Saaten hinweisen, so ist die Begegnung mit den Siedlerkindern eine Vorausdeutung auf das Heranwachsen neuer Generationen. Welcher Art die kommenden Generationen sein werden, geht daraus hervor, wie der Sohn eines Müllers vor dem Hauskomtur auftritt: »Der Junge sah furchtlos auf. […] Er stand aufrecht und selbstbewußt, wie es freier Leute zukam«. (III, 206f.)

Findet dieser positive Blick in die Zukunft im Frühlingsschrei seinen Ausdruck, so hat Agnes Miegel selbst bekundet, welche Bedeutung sie mit ›Frühlingsschrei‹ verbindet. Sie schließt ihr 64seitiges, 1944 in schwerer Zeit geschriebenes Langgedicht *Mein Bernsteinland und meine Stadt* mit den Worten:

Wenn schon in ferner Zukunft Friedenstagen
Zu Wanderliedern und zu Heldensagen
Des Ostens grauser Völkerkampf verklingt.

Und kann mich Vogel nicht noch Flugzeug stören,
Nicht Weststurm wecken aus der Erde Grund, –
Werd ich im tiefsten Grabe doch es hören
Wie Frühlingsruf – wenn jungen Bruders Mund

Das große Lied der neuen Heimat singt.[82]

Hier denkt sich die Dichterin über ihre eigene Lebensspanne hinaus und sieht sich in der Erde des Ostens ruhen, eine Verortung, die durch den aus Westen kommenden Sturm deutlich wird. Sie fühlt sich als Schwester der gegenwärtigen Generation und sieht die kommende Generation als ihren Bruder. Beide sind so wie Schwester und Bruder unzertrennlich. Nichts vermag sie in ihrem Grabe zu wecken, einzig und allein jedoch die Kunde der neuen Generation vom Wiederaufbau des Landes nach der Kriegszerstörung. Diese Kunde ist wie ein Frühlingsruf, eine nicht zu übersehende Parallele zum Abschluß der Erzählung von den sieben Ordensrittern.

VI. Stadt und Land

In der Welt Agnes Miegels ist der Einzelne ein Glied in der Generationskette ebenso wie sich das protestantische Leistungsverständnis mit einer tiefen Ehrfurcht vor der Schöpfung verbindet. Die hierdurch bezeichneten Positionen stehen jedoch in einem Spannungsverhältnis zueinander. Es fragt sich nämlich, welche Verantwortung der zur Tatkraft aufgerufene Einzelne gegenüber der Schöpfung wahrnehmen soll. Dies gilt umso mehr, da er in der Folge einer Traditionslinie handelt. In der literarischen Darstellung der Dichterin konkretisiert sich dieses Spannungsfeld in den Sphären von Stadt und Land. Für sie ergibt sich die grundlegende Frage, in welcher Weise das vom Menschen Geschaffene der Ursprünglichkeit der Natur gegenübersteht. Im Grunde handelt es sich hier um eine Fragestellung, die den Menschen seit der Antike beschäftigt. Soll die Kunst nun einen Bezug zur wahrnehmbaren Wirklichkeit haben, so dürfte sich dieser Bezug nicht in einem sich selbstspiegelnden Gedankensystem erschöpfen. Agnes Miegel setzt sich mit diesem Thema auseinander, indem sie das Verhältnis zwischen der Stadt als einer zivilisatorischen und kulturellen Leistung des Menschen und dem Land bzw. der Landschaft als einer natürlichen Schöpfung thematisiert. Damit findet eine Thematik Eingang in ihr Werk, die nicht nur mit ihren geistigen Ausgangspunkten eng verbunden ist, sondern die im intellektuellen Leben der Zwischenkriegszeit auch eine zentrale Rolle spielte.

1. Dimensionen der Urbanität

Nach dem Ersten Weltkrieg entspann sich eine, heute in ihrem Ausmaß nicht erschöpfend wahrgenommene Diskussion, die um das Wachsen der Städte und die dadurch hervorgerufene Beeinträchtigung der Natur kreiste. Da das absolute Übergewicht der Städte heute selbstverständlich geworden ist und wir unsere Welt überwiegend aus der Perspektive der Urbanität sehen, müssen wir uns die damaligen Strömungen erst wieder in das Gedächtnis zurückrufen: Der Zusammenbruch der alten Ordnung rief völlig neue Kräfte und Akteure auf den Plan und bewirkte einen fundamentalen Wertewandel. Das galt auch für den religiösen Bereich. Einige nahmen Nietzsches »Wie man mit dem Hammer philosophirt«[83][sic] nahezu wörtlich. In der Weise wie sich der christliche Wertekanon angesichts der naturwissenschaftlichen Herausforderungen relativierte, gewannen fernöstliche Heilsbotschaften an Anziehungskraft. So versprachen die östlichen Lehren die Subjekt-Objekt-Spaltung, an der das europäische Denken litt, zu überwinden. Selbst an den Universitäten des Kaiserreiches machte sich ein neues Denken bemerkbar. So weckten z.B. die Veda-Deutungen des Kieler Professors Paul Deussen vor dem Ersten Weltkrieg die Faszination für fernöstliche Spiritualität, die insbesondere nach seinem Tod 1919 in Deutschland Hochkonjunktur erlebte. Hermann Hesses *Siddhartha* (1922) ist ein beredtes Beispiel dafür. Auch Agnes Miegels Interesse an Lafcadio Hearnes *Glimpses of Unfamiliar Japan* (1894), die Erzählung »Der Weg« (V, 162–180), die Balladen »Chinesische Liedchen« (II, 155–156) und »Die Götter Indiens« (II, 158–159) lassen erkennen, daß sie nicht ganz unberührt davon war.

Neben der parteilichen Zersplitterung machten sich zugleich auch nach Vermassung und Vereinheitlichung drängende Tendenzen bemerkbar. Der Triumph der Stadt war abzusehen. Doch die Reaktion darauf war nicht einheitlich. So attestiert Oswald Spengler in seinem *Untergang des Abendlandes* (1923) ihr den Sieg, sieht aber gleichzeitig ihr Ende, denn als Produkt der Zivilisation war sie über ihre Möglichkeiten hinausgegangen und hatte sich erschöpft: »Bedeutet die Frühzeit die Geburt der Stadt aus dem Lande, die

Spätzeit den Kampf zwischen Stadt und Land, so ist Zivilisation der Sieg der Stadt, mit dem sie sich vom Boden befreit und an dem sie selbst zugrunde geht«.[84] Die Großstädte des 20. Jahrhunderts bezeichnet er als »Wasserköpfe« und sieht einen kulturbedrohenden geistigen Nomadismus sowie ein ungebundenes Fellachentum heraufziehen.

Betrachtet man das Deutschland der Zwischenkriegszeit unter dem Aspekt der Stadt-Land-Beziehung im Maßstab der Weltereignisse, so muß man sagen, daß das *theatrum mundi* von Widerstreit geprägt war. Im Osten entwickelte sich eine Ideologie, die die Übertragung industrieller Produktionsmethoden auf die Landwirtschaft durchsetzte und die Schaffung von Agrostädten anstrebte. Das kam einer Vergewaltigung der Natur gleich und leitete eine planmäßige Zerstörung der Landschaft ein. Eine entschiedene Gegenposition im Westen vertrat der amerikanische Architekt Frank Lloyd Wright, der 1932 in seiner manifestartigen Schrift *The Disappearing City* die Auflösung der Großstädte forderte. Mit seiner Vision von »Usonia« strebte er eine ballungsfreie Agrarlandschaft an, in der jede Familie 4.000 qm Land mit einer speziell gestalteten Wohnstätte in Eigenverantwortung erhalten sollte. Es war die Antithese zu den Visionen der europäischen Architekturavantgarde, die, häufig unter dem Einfluß sozialistischer Ideen wie z.B. Le Corbusiers in seinem »Plan Voisin«, die Stadt der Zukunft als eine durchrationalisierte Maschine konzipierten. Wiederum ein anderes, utopisches Extrem vertrat der Architekt und Künstler Wenzel Hablik, der in den 20er Jahren Städte entwarf, die er auf oder in den Sternen anzusiedeln gedachte.[85]

Deutschland als Staat in der Mitte Europas war ein Raum, in dem diese Vorstellungen aufeinanderstießen und auch ausgetragen wurden. Konnte Karl Leberecht Immermann das Problem 1836 in seinem Roman *Die Epigonen* noch dadurch lösen, daß der Erbe eines Industrieimperiums die qualmenden Fabriken eingehen läßt, das Industriegelände dem Ackerbau zurückgibt und sich mit den Seinen gleichsam auf eine grüne Insel zurückzieht, so sollten sich die Verhältnisse danach schnell ändern. Bereits 1880 schrieb der bekannte Komponist und Dirigent Ernst Rudorff warnend vor der einsetzenden Landflucht: »Ist die Summe dieser materiellen Vortheile nicht schließlich ein Geringes gegenüber dem Schaden, der der ganzen socialen Entwicklung droht, wenn die Landbevölkerung mehr und mehr aufhört, sich verwachsen zu fühlen mit dem natürlichen Boden, wenn ihrem Zuströmen in die Großstädte damit Thor und Thür geöffnet wird?«[86] Und er forderte als Konsequenz, daß man »… statt der Mietskasernen mehr und mehr kleine einzelne Häuser baute, und, wenn auch nur in Gestalt eines Gartens, ein Stück Natur jedem in unmittelbare Nähe rücke«. Die im Februar 2021 von der Sächsischen Landesbibliothek in Dresden erworbene Korrespondenz zwischen Ernst Rudorff, Clara Schumann und Johannes Brahms gipfelt in der gemeinsamen Überzeugung, daß es »ohne Naturschutz keine große Kunst gibt«. Das letzte Kapitel von Ernst Rudorffs Werk *Heimatschutz* (1897) enthält den Satz: »So gewiß wie Buchen und Eichen nicht in Blumentöpfen gedeihen, so gewiß wird Poesie niemals auf dem Boden einer verkleinichten, entwürdigten Natur aufsprießen«.[87]

Die Entwicklung nahm jedoch eine andere Richtung. Trotz aller Einbußen wuchs die Bevölkerung in Deutschland von knapp 60 Millionen im Jahr 1919 auf 63,2 Millionen im Jahr 1925. Die Landvolkbewegung war der letzte und verzweifelte Versuch, den Ansprüchen der Landbevölkerung größere Geltung zu verschaffen. Die Aktionen der Bauern, so wie sie Hans Fallada 1931 in *Bauern, Bonzen und Bomben* schildert, war das letzte Auflehnen des Landes gegen einen Staat, der sich des Finanzamtes zur Durchsetzung seiner Ziele bediente. Die wachsende Vorherrschaft der Stadt fand ihren kulturellen Niederschlag. Bis weit in die 30er Jahre hinein pulsierte eine fiebrige und hektisch ausgelebte Lebensgier in den Großstädten, die sich im Tanz, im Varieté und in Revuen austobte. Auch die Literatur atmete diesen Geist, indem sie sich jetzt in einer urbanen Sphäre bewegte und Wesenszüge des Menschen völlig neu beleuchtete. Hier gab es keine zusammenhängenden Räume mehr ebenso wenig wie ein ungebrochenes Ich-Bewußtsein. Das in diesem Zusammenhang immer wieder angeführte Beispiel ist Alfred Döblins Roman *Berlin Alexanderplatz* (1929) mit seiner Collage-Technik und dem triebgehetzten Ich im Kollektiv des Massenzeitalters. Der aus der Haft entlassene Franz Biberkopf verliert sich in seinem Kampf gegen den Moloch Berlin in einem undurchschaubaren Labyrinth. Eine lange Liste von Autoren, für die die Stadt ein literarischer Projektionsraum aus unterschiedlicher Perspektive war, ließe sich aufstellen. Darüber hinaus entwickelte sich so etwas wie die Faszination der Großstadt, der auch der Expressionismus teilweise anheimfiel, sowohl in der Hingabe als auch in der Ablehnung. 1927 füllte der Experimentalfilm *Berlin – Symphonie der Großstadt* die Kinos. Trotz einiger weniger sozialkritischer Einsprengsel ist er eine Hymne auf die vitalistische Mobilität eines urbanen Konglomerates. Bezeichnenderweise ist er aus Einzelszenen zusammengesetzt und weist keine durchgehende Handlung auf, wobei die Collagetechnik allerdings durch das wiederkehrende und Mobilität steigernde Bild der Bahnfahrt die einzelnen Szenen zusammenhält.

Dem steht jene Literatur gegenüber, in der die Existenz durch die Begegnung mit der Natur ihre Sinnerfüllung erfährt. In dem vielgelesenen Roman *Das einfache Leben* (1939) von Ernst Wiechert sagt sich der demobilisierte und lebensenttäuschte Marineoffizier Thomas von Orla von dem fiebrig überhitzten Berlin los und findet in der abgelegenen Waldeinsamkeit Ostpreußens seine seelische Ruhe. In Waldemar Bonsels *Mario, ein Leben im Walde* (1937/38) wächst der Protagonist nach dem Tode seiner Mutter unter den Gesetzen des Waldes auf und muß als Erwachsener die Lebensfeindlichkeit der zivilisatorischen Regeln erfahren. Und nicht zuletzt ist Knut Hamsuns Roman *Segen der Erde* (1917), für den er den Nobelpreis erhielt, nichts anderes als ein Preislied des Landes gegen die Stadt. Auch hier ließe sich eine lange Liste von Beispielen aufstellen, die in diesem Geiste geschrieben sind.[88] Damit sind Spannungsfelder aufgezeigt, denen sich in der damaligen Zeit ein denkender Mensch nicht entziehen konnte. Es verwundert daher nicht, daß sich diese Thematik auch im Werk Agnes Miegels findet, jedoch nicht als Abhandlung oder Essay, sondern gleichsam schwebend im Text. Betrachtet man ihre Position in diesem Spannungsfeld, so wird offenbar, daß diese Thematik in ihrem Denken ebenso zentral wie deren literarische Behandlung differenziert ist.

Agnes Miegel war nicht nur ein Augenmensch, sondern sie hatte auch ein offenes Auge für die Architektur. Dabei ist Architektur für sie nicht im engeren Sinne zu verstehen, vielmehr bezieht sie sich auf die Formen menschlichen Wohnens einerseits in Verbindung mit der Naturgrundlage und andererseits mit den Bedürfnissen des Menschen. Als nach dem Ersten Weltkrieg die Idee der Konstruktivität in Form von einheitlichen Wohnanlagen oder kühnen Großprojekten, in die der Mensch hineingestellt wurde, Vorrang gewann, konnte sie das nur als Gegensatz zu ihren Vorstellungen verstehen. Der Wandel eines weitgehend agrarischen Landes in Richtung eines Industriestaates mit den entsprechenden Folgen erwies sich für das Geistesleben als eine Herausforderung. Der erste Verein für Naturschutz gründete sich 1904 in Dresden. 1913 verkündete Ludwig Klages seine Meißner-Formel. Die Jugendbewegung und der Wandervogel strebten nach Ursprünglichkeit und drängten heraus aus der Stadt. Zahllose Lebensreformbewegungen sprangen aus dem Boden, und die Heimatkunstbewegung versuchte, sich einer fortschreitenden Urbanisierung entgegenzustellen. Zudem entstanden in Europa zahlreiche Künstlerkolonien von Cagnes-sur Mer über Monte Verità bis Nidden, weil sich die Künstler einem zunehmenden zivilisatorischen Zwang entziehen wollten. In dieser Atmosphäre folgte Agnes Miegel ihrer literarischen Stimme.

2. »Aufschrei« – der Ruf aus der Tiefe

Aufschrei

Für dies verzettelte Leben,
Das wie Wasser durch meine Hände rann,
Wenn ich es endlich lassen kann
Was wirst du mir, Gott, dafür geben?

O nicht dein Paradies!
Was sind mir Engel und weiße Märtyrerkronen?
Laß die Heil'gen und Büßer bei dir wohnen.
Mir gib die Erde wieder, die ich verließ!

Keinen menschlichen Leib voller Angst und Pein,
Sei barmherzig, gib diese Hülle mir nicht! –
O du weißt es nicht
Was es heißt in die Hölle der Städte geschmiedet zu sein!

Nein, du weißt nicht was es meint,
Sich in den Lärm der staubigen Straßen ganz zu verlieren,
In dem weißen Licht der Bogenlampen zu frieren
Hinter denen dein Mond so klein und kläglich scheint.

Grell aus der Dunkelheit rasen brausender Auto Lichter,
Zu dem stampfenden Trott der Huren und Schieber
Dröhnt der Puls der steinernen Stadt im Fieber,
O die heiseren Stimmen! O die stumpfen Gesichter!

Geschändet ist deine Erde drauf unsre Schuhe gehn,
Von scheußlichen Rohren durchzogen, von schweren Platten
erstickt –
Wo blieb der sammetne Staub der unsre Sohlen erquickt,
Der sich liebkosend und weich schmiegte um nackte Zehn?

Wo sind die tauigen Felder, drin Leben Leben empfing?
Wo sind die rauschenden Wälder, aus deren dunklen Tiefen
Vögel, schluchzend wie Kinder, aus unschuldigem Schlummer
riefen,
Über denen sprühend und weiß das Sternbild des Wagens hing?

O was taten wir Vater, der uns verstieß,
Daß du dein heiliges Erbe uns so entzogen,
Bis wir nicht wußten mehr um was wir alles betrogen,
Bis wir die Hand nicht suchten die unsre Kindeshand ließ! -

O die dröhnende Mauer von Stahl und Stein,
O dies erbärmliche Leben, gehetzt, gejagt und zerrissen, -

Nein, du kannst es nicht wissen
Was es heißt in die Hölle der Städte geschmiedet zu sein!
(I, 52–53)

Das Gedicht »Aufschrei« ist in diesem Zusammenhang ein beredtes Zeugnis seiner Zeit. Es erschien erstmalig 1920 bei Eugen Diederichs in Jena in der Sammlung *Gedichte und Spiele* und wurde 1927 wieder aufgenommen in dem vom selben Verlag herausgegebenen Band *Gesammelte Gedichte.*[89] Wahrscheinlich ist dieses Gedicht ein Echo der Eindrücke, die die Autorin während ihres zweiten Berlinaufenthaltes 1904 gewonnen hat. Es war ein ungeliebter Aufenthalt, trotz zahlreicher Konzert- und Theaterbesuche. »Berlin, mein großes Gefängnis«, gesteht sie in einem ihrer Briefe und beschreibt damit, wie sie ihre Ausbildungszeit als Kinderschwester empfand.[90] Das Gedicht, in seiner ursprünglichen Fassung aus neun vierzeiligen Strophen bestehend, hebt an mit der Klage »Für das verzettelte Leben/Das wie Wasser durch meine Hände rann«. Es ist der Aufschrei eines gequälten Ich, das sich in seiner Not an Gott wendet und nach dem Grund seiner Verworfenheit fragt: »O was taten wir Vater, der uns verließ,/Daß du dein heiliges Erbe uns so entzogen«.[91] Haltung, Ausdrucksweise und Tenor sind unverkennbar existenzialistisch und lehnen sich an das O-Mensch-Pathos insbesondere des existenzialistischen Theaters an. Hierin zeigt sich bereits früh die geistige Eigenständigkeit gegenüber Börries von Münchhausen, denn für diesen waren Existenzialismus und Naturalismus rote Tücher.

Die Stimme des Gedichtes blickt zurück auf ein verwirktes Leben, das sich von der Bindung an die Erde gelöst hat. So wie in der griechischen Mythologie Prometheus, der ein göttliches Gebot verletzt und dem Menschen das Feuer gebracht hat, qualvoll an einen Berg des Kaukasus geschmiedet ist, so findet sich das Ich in die Hölle der Städte geschmiedet. Selbst ein Gott kann die dadurch ausgelösten Schmerzen nicht ermessen. Am Ende der dritten Strophe heißt es: »O du weißt es nicht/Was es heißt in die Hölle der Städte geschmiedet zu sein!«, eine Klage, die als Grundaussage in leichter Variation am Ende des Gedichtes wiederholt wird: »*Nein, du kannst es nicht wissen*,/Was es heißt in die Hölle der Städte geschmiedet zu sein!« (Meine Kursivierung) Eine extreme Aussage: Der Segen des göttlichen Feuers wird in sein Gegenteil verkehrt und damit zum Fluch des Menschen. Die sich ständig wiederholende Tortur des Prometheus, dem die immer wieder neu wachsende Leber von einem Adler herausgerissen wird, wird in den Raum der Stadt gespiegelt und den dortigen Menschen als permanente Qual auferlegt.

Das Gedicht weist einen bezeichnenden Schnittpunkt mit Percy Busshe Shelleys lyrischem Drama »Prometheus Unbound« (1820) auf. Die Vorliebe der Dichterin für englische Literatur könnte dazu geführt haben, sich mit diesem Stoff zu beschäftigen. Da Shelleys Prometheus-Dichtung außerdem zum klassischen Kanon der höheren Bildung in England gehörte, könnte sie auch während ihrer Arbeit als Gouvernante von September 1902 bis April 1904 am Internat Clifton/Bristol damit in Berührung gekommen sein.[92] Abweichend von der Version des Aeschylos kommt es bei Shelley zwar nicht zu einer Versöhnung zwischen Jupiter/Zeus und Prometheus, aber der höchste Gott verliert seine Macht, wodurch sich für Prometheus die Möglichkeit der Freiheit ergibt. Die Akte 3 und 4 des Gedichtes von Shelley legen den Schwerpunkt auf das Schicksal der Erde. In diesem entscheidenden Punkt stimmt Agnes Miegel mit Shelley überein, denn neben dem Bezug auf einen offensichtlich christlichen Gott, rückt bei ihr das Ergehen der Erde ebenfalls in den Mittelpunkt. Diese Veränderung der Perspektive ist bemerkenswert, da andere literarische Bearbeitungen des Prometheus-Mythos im mythologischen Bereich bleiben. Beide Gedichte weisen eine deutliche immanente Orientierung auf: Sie veranschaulichen die Folgen des Feuerraubes innerweltlich.

Bei Shelley können die nach der Entfesselung von Prometheus der Büchse der Pandorra entströmenden negativen Kräfte nicht ihre volle Wirkung entfalten. Gut und Böse ringen miteinander, und der Ausgang bleibt ungewiß. Am Ende kann im 4. Akt die Erde sogar die hoffnungsvollen Worte an Prometheus richten:

> Ganz so wie Jene, die der Hoffnung Fackel
> Ins Grab noch tragen durch des Lebens Nacht,
> Wie du sie selber im Triumph getragen
> Bis an die fernen Grenzen dieser Zeit.[93]

Bei Agnes Miegel wird die Erde hingegen – und das ist das Besondere ihrer Aussage – ausschließlich zum leidenden Objekt der Verdammnis, die auf ihr lastet.

Das Gedicht verweilt nun bei einer detailreichen und eindringlichen Ausmalung der städtischen Hölle. Die Stadt als ein Gebilde aus Planung und Technik, eingefaßt durch eine »dröhnende Mauer von Stahl und Stein«, ist nichts anderes als die uneingeschränkte Schändung der Erde. Deren ingenieurmäßige Behandlung, die schrankenlose Tätigkeit eines Intellektes, der ohne verantwortlichen Rückbezug auf eine übergeordnete Sphäre vorgeht, den Boden »mit schweren Platten erstickt« und mit »scheußlichen Rohren« durchbohrt, schafft eine Sphäre, die für den Menschen extrem lebensfeindlich ist. Folglich bietet sich die Stadt dadurch eine dissonante Flut von Geräuschen, Bewegungen und Lichtern: »Grell aus der Dunkelheit rasen brausender Auto Lichter«. Trotz des steinernen Baukörpers wirkt die Stadt wie ein vom Fieber geschütteltes Wesen. Zugleich drückt dieser Zustand dem Menschen seinen Stempel auf, denn alle ethischen Werte scheinen aufgehoben. Die Menschen haben nicht nur »heisere Stimmen« und »stumpfe Gesichter«, sondern ihnen sind auch alle sittlichen Werte entglitten. Mit »dem stampfenden Trott der Huren und Schieber« wirkt ihr Dasein wie ein *Danse Macabre*, der statt der leichten Tanzbewegungen nur das Stampfen der Masse zuläßt.

Derartige Stadtbeschreibungen sind häufig in der expressionistischen Lyrik anzutreffen. So finden sich z.B. in dem Gedicht »Berlin: An den Kanälen« von Ringelnatz ganz ähnliche Bilder. In der zweiten Strophe heißt es:

> Sausende Lichter.
> Tausend Gesichter
> Blitzen vorbei: Berlin.
> Übers Gewässer
> Nebelt Benzin …
> Drunten wär's besser.[94]

Während aber bei Ringelnatz das Ende des Gedichtes in das absolut und erschreckend Negative führt, indem die nachts am Ufer der Kanäle hockenden Menschen sich morgens ertränken, zeichnet sich im »Aufschrei« ein Hoffnung weckender Horizont ab. Das Gedicht spricht die Sphäre an, in der »Leben Leben empfing«. Diese Sphäre wird gebildet aus den »tauigen Feldern« und den »rauschenden Wäldern«. Sie gleichen einem unergründlichen mythischen Schoß, der Leben spendet. Es ist die Natur, an der sich der Mensch noch nicht vergangen hat, die mit dem Tagesablauf immer wieder aus »unschuldigem Schlummer« erwacht, in der Vögel wie Kinder Ausdruck von Unbeschwernis sind, eine Art schuldfreier Urzustand, über den sich der Große Wagen spannt, ein Gestirn, den nach der griechischen Mythologie Dionysos an den Himmel gesetzt hat. Im biblischen Schöpfungssinne hebt dieser Zustand die Trennung zwischen allen Lebewesen auf. Sollte der Mensch diesen Zustand zurückgewinnen, so läge hierin der Schlüssel für die Erlösung von seinem Leiden.

Der Aufschrei ist zugleich die Anrufung Gottes. Er ist bestimmend für den Tenor des Gedichtes und macht damit deutlich, daß es sich bei aller Betonung des Innerweltlichen in einer religiösen Dimension bewegt. Das Ich des Gedichtes steht für den Menschen, der sich von Gott gelöst hat und nunmehr ein »erbärmliche[s] Leben, gehetzt, gejagd und zerrissen« fristet. Der Mensch als Kind Gottes hat sich von der führenden Hand Gottvaters gelöst und sich selbst gesetzt. Die Stadt als Ausdruck seiner freien Intellektualität, die die Verantwortung gegenüber der Schöpfungskraft bewußt verneint, wird zum Abbild eines lebensfeindlichen Zustandes, es öffnet sich die »Hölle der Städte«. Dagegen wurde der ursprüngliche Zustand dem Menschen als »heiliges Erbe« übergeben. Die selbstbezogene Haltung gegenüber der Erde ist jedoch, wie das Ich gegenüber Gott bekennt, ein Sündenfall: »Geschändet ist deine Erde drauf unsre Schuhe gehen«. In diesem Zusammenhang wird deutlich, mit welch subtiler Bildlichkeit das Gedicht arbeitet. Die 4. Strophe verweist auf die »staubigen Straßen« der Stadt. Dem steht in übertragenem Sinne »der sammetne Staub der unsere Sohlen erquickt« gegenüber. Dieser Vergleich nimmt Bezug auf ein Bibelwort, das mit der Mahnung beginnt »Denk an deinen Schöpfer in deiner Jugend, ehe die bösen Tage kommen« und mit dem Bild des Staubes schließt: »Denn der Staub muß wieder zur Erde kommen, wie er gewesen ist,/und der Geist wieder zu Gott, der ihn gegeben hat« (III. Prediger Salomo 12,-1–7). Eine unterschwellige Textaussage, die dem Gehalt des Gedichtes unterlegt wird.

Das Ich des Gedichtes repräsentiert den modernen Menschen, der ohne Gott leben will und nur sich selbst vertraut, der die Welt nach seinen Vorstellungen gestalten und sich mit seinem Geist über naturgegebene Gesetze hinwegsetzt. Aber so unendlich die Freiheit zu sein scheint, so wenig macht ihn der erstrebte Zustand glücklich. So spricht aus dem Gedicht ein unverkennbarer Schwebezustand. Einerseits steht das Ich dem Christentum kritisch gegenüber und es strebt die Erlösung nicht im christlichen Sinne an: »O nicht dein Paradies! Was sind mir Engel und weiße Märtyrerkronen?«. Eine gewichtige Aussage, die nicht nur für die Bedeutungsebene des Gedichtes gilt, sondern auch das großzügige Verhältnis der Autorin zum Christentum veranschaulicht. Man kann diese Akzentuierung an mehreren Beispielen ablesen. So heißt es z.B. in dem Gedicht

»Heimat«: »Nicht in euren Himmel will ich kommen, / Wo die weißen Engel Harfen [*sic*] spielen«.[95].

Das Gedicht »Aufschrei« vergegenwärtigt eine extreme Spannungssituation. Die nach Erlösung strebende Kraft erkennt, daß die vom bindungslosen Geist geschaffene Welt eine konsequente Verneinung des Natürlichen ist. Auch der Mensch als Wesen, das in der von ihm gestalteten Ordnung infolge seiner Schwäche, seines »menschlichen Leib[es] voller Angst und Pein«, trotz Eigenständigkeit zu fortwährendem Leiden verurteilt ist, kann nicht Bestandteil einer besseren Welt sein. Das Paradies im traditionell christlichen Sinne kann nicht das einzige Ziel sein. Als einziger Weg bleibt die Rückgewinnung eines verlorenen Zustandes, in dem sich das Leben generell im Einklang mit den natürlichen Gesetzen vollzieht. Ob dies jedoch geschieht, bleibt eine offene Frage, die angesichts der bestehenden »Hölle« eine Quelle ständigen Leides ist. Der Aufschrei, die Verzweiflung und Anrufung Gottes sind letztlich ein Echo: »Aus der Tiefe rufe ich, Herr, zu Dir,/Herr, höre meine Stimme« (Psalm 130).

Die Existenzproblematik wird in diesem Gedicht mit höchst eindringlichen Konturen gezeichnet und mit auktorialer Anteilnahme vorgetragen. In dem nach dem Zweiten Weltkrieg geschriebenen »Nachklang« konzediert die Autorin: »Da sind die Lehrjahre in dem großen Kinderkrankenhaus in Berlin, wo ich an einem grauen Wintermorgen, übermüdet von der Nachtwache und niedergedrückt von soviel Elend, das ich um mich sah, in einem Brief an meinen Verleger allem Dichten für immer abschwor« (VI, 207). Bis zu einem gewissen Grade reflektiert das Gedicht diese mentale Befindlichkeit. Unter Verwendung von griechischer Mythologie und christlichen Elementen tritt zwar eine kunstvolle lyrische Bearbeitung der bedrückend empfundenen Thematik zutage, aber die Spannungssituation erscheint krass und konfliktbezogen ohne Zwischentöne. Es zeigt sich jedoch, daß die Dichterin in ihrem weiteren Entwicklungsgang ihre Position zwar grundsätzlich beibehält, diese jedoch gestaltlich und gedanklich immer weiter ausdifferenziert und literarisch überhöht. Der Akzent auf dem Gegensatz von Stadt und Land verschiebt sich damit zusehends zugunsten einer Vorstellung, die ein ausgeglichenes Verhältnis beider Bereiche verspricht. Damit wird die Stadt als ein Werk des Menschen fast zu einem organischen Körper, der in die vom Menschen unabhängigen Voraussetzungen eingebettet ist. Eine zusammenfassende Betrachtung der hier beleuchteten Kriterien läßt damit einen Kanon von Gedanken und Bildern hervortreten, die sich wie Stränge, teilweise stark verschlüsselt, durch das Werk ziehen.

3. Beobachtungen über den Bauzaun

Am 29.04.1923 findet sich im Feuilleton der *Ostpreussischen Zeitung* ein Beitrag mit dem Titel »Am Zaun«, in dem sich Agnes Miegel mit erstaunlicher Deutlichkeit zu Wohnungsbauprojekten in Königsberg äußert. Anlaß waren die umfangreichen Baumaßnahmen, die in der Stadt und überhaupt in der ganzen Provinz unmittelbar nach dem Ersten Weltkrieg einsetzten. Die Überschrift signalisiert, daß sie das Geschehen auch im übertragenen Sinn vom »Bauzaun« aus beobachtet. Die einengenden Wälle der Stadtbefestigung waren gefallen: »... und Unerfreulichkeit steht an ihrer Stelle und harrt drauf, daß Ordnung wird, wo jetzt das Nichts ist, die Unfruchtbarkeit, zur Unfruchtbarkeit bestimmt, der Bauplatz in seiner ganzen Scheußlichkeit. Nur ein kleiner Schrebergarten predigt eindringlicher, daß wir im Schweiße unseres Angesichts die Erde bebauen sollen«.[96] Bereits hier tritt der für sie wichtige Gegensatz zutage: »Unfruchtbarkeit« verhält sich unversöhnlich gegenüber der Verpflichtung, daß wir »die Erde bebauen sollen«. Eine übergreifende, zentrale Planung scheint unvereinbar mit einer schöpferischen sowie erdgebundenen Tätigkeit. Die einseitig vom Menschen definierte Ordnung, die ihn von seinen natürlichen Bindungen löst und sich in utopischen Mustern beweist, ist nicht in der Lage, das hervorgerufene Nichts mit Sinn zu erfüllen. Entsprechend bietet sich eine aus diesem Geist entstehende Stadt derartiges, wenn »rechts und links, nackt, rot und scheußlich, die massige Wucht der Mietskasernen herankriecht, ihre Vorposten, die Zäune und Baracken, drohend verschiebt«. Die Bewohner einer derartigen Stadt sind daher auch nicht mehr als die Chimären der Seelenlosigkeit. Damit geht die Darstellung der konkreten Baumaßnahmen über auf die Ebene einer kulturphilosophischen Auseinandersetzung mit den derzeit einflußnehmenden Kräften. In ihrem Urteil werden die vom städtischen Geist geprägten Bewohner »zur Parade der Menschen ohne Seele«. Eine derartige Aussage wird überdies noch religiös überhöht, denn die Verfasserin fragt sich in dem Beitrag »Mailiches«: »Wo mag jetzt der Crucifixus stehn, der dort [Baustelle] aus den Linden ragte?«[97] Bezeichnenderweise sind es wieder die Linden, die sich mit dem Kruzifix verbinden.[98]

Jede Form von Modeströmung, sei es im architektonischen Bereich oder auch nur im Falle der Mode, stößt bei Agnes Miegel auf entschiedene Ablehnung, weil sie hierin die Trennung des Individuums vom Denken sieht und eine Vermassung argwöhnt. Aus der Neigung des Menschen, sich einem vorgegebenen Muster zu unterwerfen, schließt sie auf einen Zusammenhang zwischen Lebenssituation und Erscheinung. Der Auftritt des Menschen z.B. »in den neuesten Frühlingsmoden« führt daher zu einer recht apodiktischen Beurteilung des dadurch bekundeten Wesens: »Alle ihre Gemüter sind leer, leer, leer. Keine Maske ist so ausdruckslos wie diese Züge, kein Stein so kalt wie diese Augen, kein Tier hat eine Stirn so stumpf wie diese Stimmen. Massenware sie alle in des Begriffs schlimmster Bedeutung, nur noch wie vollkommene Maschinen bewegt von der Heizung ihrer unkomplizierten Instinkte, umhergetrieben von der Gier nach dem, was ihnen als Genuß erscheint. So fern dem lebendigen Odem Gottes wie ein Auto«.[99]

Dieses Menschenbild findet seinen Auslöser in der Stadt. Hier hat die Herrschaft der Maschine den Menschen zu einem Massenwesen gemacht, der seinen niederen Neigungen unterworfen ist. Dem »Moloch Maschine« stellt Agnes Miegel in dem Feuilletonbeitrag »Vom Spinnrad« [100] im übertragenen Sinne das Spinnrad gegenüber. Sie meint damit nicht die Rückkehr altertümlicher Produktionsmethoden, sondern zielt auf das Verhältnis des Menschen zu dem, was er anfertigt. Der Ruf, daß die Stadtluft freimacht, hat für sie nicht die historische Verheißung, denn Urbanität führt nach ihrer Auffassung zum Verlust der Seele. In einer Zeit der sich entwickelnden Motorisierung kann das Auto zu einem Zeugnis gottloser Entseelung führen. An diesem Punkt ihrer Argumentation tritt die tiefe, jedoch höchst eigenständige Religiosität hervor, denn der Mensch besitzt letztlich als einziges Gegengewicht »den ewigen Trost, daß Gott den Menschen schuf nach seinem Bilde«.[101] .

4. Miegel und Spengler

Versteht man die Stadt als Zivilisationskonstrukt, so beinhaltet diese Auffassung, daß sich der Gegensatz von Stadt und Land laufend vergrößert. Es ist die aus der aufgeklärten Rationalität emporgestiegene Stadt, die sich von Land und Tradition, von Generationen und vor allem von einem organischen Rhythmus losgesagt hat. Als Stimme ihrer Zeit wird die Dichterin nicht ohne Einfluß von Seiten anderer Stimmen geblieben sein, und es fällt auf, daß sie sich in wesentlichen Punkten mit den Vorstellungen berührt, wie sie Oswald Spengler in dem Kapitel »Die Seele der Stadt« seines epochalen Werkes *Der Untergang des Abendlandes* (1923) dargelegt hat. Zwar liegen keine Anhaltspunkte vor, daß Agnes Miegel Spengler gelesen hat oder sich direkt auf ihn bezieht. Da Spengler jedoch bereits unmittelbar nach Erscheinen seines Werkes eine lebhafte Diskussion in den unterschiedlichsten Kreisen, so auch im literarischen Bereich, ausgelöst hat, liegt die Annahme nahe, daß Agnes Miegel nicht ganz unberührt davon geblieben ist.

Spengler geht in dem Kapitel »Die Seele der Stadt« von der Beziehung des Menschen zum Boden aus: »Die feindliche Natur wird zur Freundin. Die Erde wird zur *Mutter* Erde. Zwischen Säen und Zeugen, Ernte und Tod, Kind und Korn entsteht eine tiefgefühlte Beziehung«.[102] Man kann hierin durchaus die Umschreibung eines zentralen Ausgangspunktes im Denken von Agnes Miegel sehen. Nach Spengler blüht die Stadt mit der sich entwickelnden Zivilisation auf, bringt damit aber zugleich auch die Komponente ihres Untergangs hervor: »Mit der Zivilisation tritt das Klimakterium [Übergang von Land zur Stadt] ein. Die uralten Wurzeln des Daseins sind verdorrt in den Steinmassen ihrer Städte«.[103] Diesem Gedanken folgt Agnes Miegel in ebenso deutlicher Differenzierung gegenüber der Kultur. So fragt sie sich in »Abschied vom Kinderland«: »Du fremder blasser Rattenfänger Zivilisation, hab ich um deine lockenden Lieder etwas verraten, was kostbarer war, als je dein Zauber es erkaufen kann?« (V, 136) Hier formuliert sie einen ihrer entscheidenden Grundsätze: Sich nicht vom Glanz der Zivilisation blenden zu lassen. Blickt sie hinter den Glanz der Fassade, so nähert sie sich mit ihrem Bild der Stadt wieder Spengler. Dieser meint: »Diese steinerne Masse ist die *absolute* Stadt. Ihr Bild, wie es sich mit seiner großartigen Schönheit in die Lichtwelt des menschlichen Auges zeichnet, enthält die ganze erhabene Todessymbolik des endgültig ›Gewordenen‹«.[104] Ebenso deutlich vermerkt er an anderer Stelle: »Das Rad des Schicksals rollt dem Ende zu, die Geburt der Stadt zieht ihren Tod nach sich. Anfang und Ende, Bauernhaus und Häuserblock verhalten sich wie Seele und Intelligenz, wie Blut und Stein«.[105] Die Vorstellungen Agnes Miegels sind nicht von dieser Absolutheit geprägt, aber man stößt auch bei ihr auf die von Spengler beschworene Dichotomie. Bisweilen nehmen die Anmerkungen in Bezug auf Zivilisation schon recht zugespitzte Formen an, so wenn sie in »Die Flucht zu den Großeltern« feststellt: »Auch unter uns wankt der Boden, auch um uns neigen sich die heiligen Bildsäulen, sinkt die abergläubisch angebetete Zivilisation prasselnd in Trümmer und zerschmettert in ihrem Sturz die Greisen und Unmündigen …«.[106]

Ihre architektonischen Porträts entsprechen weitgehend dieser Auffassung. Es bleibt in diesem Zusammenhang auch nicht bei pauschalen Urteilen, so z.B. daß die Großstadt ein »Apfel ist, außen blank, rund und rot, aber innen mit faulendem Gehäus« (»Meine alte Lina«, V, 194). Mit beängstigender Akribie liefert sie Zustandsbeschreibungen, deren Einzelheiten das Verhältnis von Denken und Gemütslagen widerspiegeln. So beschreibt sie in dem Feuilletonbeitrag »West-Östliches« einen wachsenden Vorort mit den Worten: »Der Abbruch an der jämmerlich-eleganten Fassade bröckelt wie Aussatz, blanke Fenster und frische Gardinen zeigen die Greulichkeit der aufgeklebten Stuckornamente und noch deutlicher (zumal die Muster der Gardinen, die zudem noch ockergelb gestärkt sind, derselben wildgewordenen Phantasie entstammt scheinen). Ein paar sehr bunte Bilder, die auf den eingebauten Balkons, zu denen der Deutsche ›Lodschja‹ sagt, im kühlen Maiwind klirren, verstärken den Eindruck von Verlassenheit und Unwahrscheinlichkeit ...«.[107]

Es finden sich noch zahlreiche derartige Beobachtungen mit den davon abgeleiteten Schlußfolgerungen. Insbesondere ein Besuch von Amsterdam Anfang Dezember 1923 führt sie zu genauen Studien von Architektur, Raumordnung und sogar Restaurierungen. Zwar muß sie auch hier bei einem Blick auf die Neubauten innerhalb der alten Bausubstanz feststellen: »Ein paar Neubauten, Speicher und Kontore, zeigen auch hier das Versagen der neuen Zeit«. Aber sie muß zugleich zugeben, daß man mit großer Achtung vor der Bedeutung des Materials und mit Verständnis für die Verpflichtungen der Tradition an die Neugestaltung herangegangen ist, »zumal Raum und Überlieferung auch das Neue hier ganz anders in den Rahmen des Bestehenden gliedern als bei uns«.[108] Um so krasser ist der Gegensatz, wenn sie die Neubauviertel im Südosten Amsterdams betrachtet, die auf dem Boden der trockengelegten Zuiderzee entstanden sind. Deren Sakrileg besteht darin, daß sie den Boden nicht fruchtbringend nutzen, sondern mit einer Einförmigkeit aus Steinen überziehen: »... – schrecklich eintönige Straßen mit ganz gleichförmigen Einfamilienhäusern aus grauroten Backsteinen, von denen eine Großstadttrostlosigkeit, die das Herz zusammenschnürt ausgeht«.[109] Das Urteil ist grundsätzlich und verbindet sich mit der Schlußfolgerung, »welch schauderbaren Ungeschmack unsere von allem Raumgefühl verlassene Vorkriegszeit besaß«[110], eine Geschmacklosigkeit, die auch für die »fürchterliche Langweile der modernen Vororte«[111] verantwortlich ist.

Für Spengler schaffen derartige Lebensvoraussetzungen den urbanen Nomaden. Auch in diesem Punkt läßt Agnes Miegel eine deutliche Nähe erkennen. Wenig zurückhaltend ist ihre Schilderung des von der Großstadt geprägten Massenmenschen, dem sein Ich verlorengegangen ist. In dem Feuilletonbeitrag »Menschenfrühling« vom 9. März 1924, um ein Beispiel anzuführen, merkt sie an: »Es gibt nichts Traurigeres als unsere junge Jugend. Die verlebten, blöden Jungengesichter dieser Zigaretten qualmenden, Schlagworte näselnden Gents, die fahle Stumpfheit ihrer Begleiterinnen mit den kunstseidenen Florstrümpfen, den unechten Pelzkragen und den billigen Parfüms, die ihre körperliche und geistige Ungewaschenheit verraten«. [112]

Bei Spengler entzieht sich der Mensch im Laufe seiner Entwicklung dem Geist des Landes. Diese Entwicklung erlangt ihre Eigengesetzlichkeit, die zu dem Punkt führt, an dem eine Umkehr nicht mehr möglich ist. Übereinstimmend damit teilt sich der vom Land ausgehende Geist auch bei Agnes Miegel dem Menschen mit. Daraus ergibt sich ein ähnlicher Verlauf, ohne jedoch das Stadium der Unveränderlichkeit zu erreichen. Letztlich ist die Dichterin in ihrer Grundeinstellung optimistisch, denn es bietet sich für den Menschen auch hinsichtlich der zukünftigen Entwicklung immer noch die Möglichkeit der Rückbesinnung, wie es z.B. in dem Gedicht »Aufschrei« zum Ausdruck kommt.

Spengler spricht von dem »Landschaftsbild« und folgert: »Es formt die Seele des Menschen, es schwingt mit ihm. Ein gleicher Takt geht durch das Fühlen und das Rauschen der Wälder«.[113] Auch hier treffen sich Spengler und Agnes Miegel, so wenn die Dichterin in ihre Darstellung die Vorstellung vom organischen Rhythmus einfließen läßt oder das Land als mythische Kraft darstellt. Darüber hinaus erhebt Spengler den Bauern zu einem Wesen, dessen Geist von elementarer Ursprünglichkeit ist: »Der Bauer ist der ewige Mensch, unabhängig von aller Kultur, die in den Städten nistet«.[114] Auch hierin stimmt Agnes Miegel weitgehend mit ihm überein. Wie Spengler leitet sie das unverrückbare sowie unveräußerliche Heimatbewußtsein aus diesem Ansatz ab. Dennoch ist bei ihr das Verhältnis des Menschen zur Erde anders. Nicht ohne Grund verleiht sie einem ihrer nahezu programmatischen Gedichte die Überschrift »Die Erde spricht« (1932).[115]

5. Die Erde spricht

In der Entdeckung des Pfluges, so wie sie in der Erzählung »Truso« (VII, 109–116) geschildert wird, wird die Stimme der Erde erhört.

Sie hat unverkennbar Klänge des Christentums, wächst aber, wie das Verhältnis zu den prussischen Göttern zeigt, darüber hinaus und nimmt nahezu unitarische Züge an. Diesen engen Bezug zwischen Erde und Mensch findet man natürlich auch im Christentum. So wurde Adam aus dem Lehm des Ackerbodens erschaffen (Gen. 2,7) und dieser wird ihn nach seinem Tode auch wieder aufnehmen (Hiob 10,9). Der Gedanke der Erdgebundenheit verdichtet sich in den Worten des Beerdigungsrituals: »Aus der Erde sind wir gekommen, zur Erde sollen wir wieder werden, Erde zu Erde, Asche zu Asche, Staub zu Staub«.[116]

Agnes Miegel versteht den christlichen Glauben bei aller Bibeltreue jedoch im Sinne einer grundsätzlichen Religiosität. »Mich lenkt, der das Leben zum Lichte bringt, -«, heißt es bezeichnenderweise am Ende der reflektierenden Ballade »Die Erde spricht« (II, 206–208). Es gilt daher, die Welt in diesem Sinne zu erfassen und zu beschreiben. Aus diesem Blickwinkel zeigt sich die über dem Kanonischen des Christentums stehende Göttlichkeit in der Natur. Ihr ist auch der Mensch verpflichtet und den hieraus entspringenden Gesetzmäßigkeiten muß er folgen. Im Zuge seiner Entwicklung darf er daher nicht jene Form der Zivilisation errichten, die diesen Geboten widerspricht. Vielmehr muß er zu einer Kultur finden, die mit den unumstößlichen Gesetzen der Natur im Einklang steht. Das aber läuft auf eine organische Verbindung von Natur und Mensch hinaus. Die Autorin selbst bringt gute Voraussetzungen dafür mit, denn schon früh wird das Spannungsverhältnis in der Begegnung mit der Natur aufgelöst. So gilt trotz der Geburt in Königsberg: »... [ich] sah aus wie ein in die Stadt verschlagenes richtiges Landkind« (»Das Lied des Nöck«, V, 77). Dies spiegelt sich mit großer Deutlichkeit in ihren Werken wider. Im »Gespräch mit den Ahnen« führt sie mit dem Bild von »Spindel« und »Schreibstube« einerseits und dem Bild vom »Spaten« und »Acker« andererseits beide Bereiche zusammen und leitet hieraus das Grundanliegen ihrer literarischen Tätigkeit ab: »Ob mein Wort weiterleben wird, ich weiß es nicht. Nie habe ich mich das gefragt. Ich sagte es, weil diese Gabe meine Spindel und mein Spaten, mein Acker und meine Schreibstube war und weil ihr mich lehrtet zu wirken solange es Tag ist«. (V, 225) Es ist daher wichtig, die Spuren der Kindheit im Sinne ihrer Dichtung in der Rückschau aufzunehmen. So werden rückblickend für sie die Stadtführungen ihres Vaters durch Königsberg mit allen seinen historischen Erläuterungen zugleich zu einer Bewegung, in der Stadt und Land ineinander wachsen. Das erklärt, warum Heimatbewußtsein keinen Unterschied zwischen Stadt und Land macht: »Mein Vater führte mich durch die Stadt wie der Bauer sein Erbkind durch den Hof führt und alle Landwege, die ich mit den Meinen durch die Heimat ging, waren der Sonntag des Besitzers durch seine Dorfflur«. (»Unter hellem Himmel«, VI, 192)

Stellt sich die städtische Sphäre auf die Natur ein, so bietet sie dem Menschen trotz Steinanhäufung und Technik ein ebenso lebenswertes wie auch sinnbetontes Leben. »Die Erde spricht« ist damit auch eine Chronik der Menschheitsgeschichte aus der Sicht der Erde. Die Klage über den in der Zivilisation gefangenen Menschen (in »Stahl und Stein«) schließt jedoch nicht aus, daß aus dem Urgrund der Erde eine Erlösung erfolgt: »Sie [Menschen] schlafen mir nicht im Arm, sie schlafen in Stahl und Stein./Doch in der tiefsten Nacht geht mein Traum in sie ein«. Mit ihrem Denken nimmt Agnes Miegel an diesem Traum teil. Dabei steht sie nicht in grundsätzlicher Opposition zu den Zeugnissen der Zivilisation. Hatte sie an anderer Stelle das Auto als eine Verführung der Zivilisation bezeichnet, so erklärt sie andererseits z.B. nach einem Besuch in Zerbst am 7. Dezember 1927: »Und es muß schön sein, wenn man Zerbster ist, zu sehen, wie das Auto dieses zuerst vom Deutschen mit solchem Mißtrauen angesehene Gefährt, in dem man immer mehr den Knecht erkennt, den ihm der Zaubermeister Zivilisation gab, um sein Land neu zu durchdringen –, wie dieses Auto wieder die alte Heer- und Handelsstraße befährt und erschließt -. …«.[117] Hier wird die Zivilisation sogar zum »Zaubermeister«. Diese positive Ansprache wird möglich, weil sie mit Geschichte und Vergangenheit verbunden wird: Über Zerbst führte einer der großen Handelswege nach Osten, die zugleich Heerstraße für die historischen Ereignisse war. Eine Heilung ist daher möglich durch die Wiederannäherung an die ursprünglichen Gesetzmäßigkeiten. Dort, wo sich die Zivilisation von den Ursprüngen absetzt, wo sie

»alles mit Schnur und Stab reguliert«[118], »eine »mißverstandene Ordnung« herrscht, oder die »vergreisende Welt des Motors«[119] verabsolutiert, ergibt sich die Notwendigkeit der Wiederherstellung eines Ausgleiches. Wenn Margarete Kunheim in der Erzählung »Die gute Ernte« darauf besteht, zwar in der Kirche von Mühlhausen begraben zu werden, aber gleichzeitig darauf dringt, daß die Kirchentür stets offen bleibt, damit sie dadurch auch der in Sichtweite wachsenden Kirchenlinde verbunden bleibt, so ist dies die literarische Fassung des Gedankens. Ein derartiges Muster wiederholt sich bis in kleinste Einheiten, so wenn z.B. bei der Schilderung eines ostpreußischen Gutshauses als architektonische Besonderheit die »Überleitung vom Haus zur freien Natur«[120] als Ausdruck dieses Gleichgewichtes gedeutet wird, ein Gleichgewicht, das dem »übermüdeten Großstadtgehirn« ein Labsal ist. Auch als Autorin nimmt Agnes Miegel in diesem Zusammenhang immer wieder selbst Stellung, so wenn sie wie im Vorbeigehen bemerkt: »Und grüne Wiesen schätze ich durchaus jenseits der Stadtmitte ...«.[121] Auch wird verständlich, weshalb sie mit so großer Leidenschaft ihr bescheidenes Gärtchen am Rande Königsbergs gegen die »massige Wucht der Mietskasernen« verteidigt, wobei im folgenden Zitat zu beachten ist, daß der Begriff ›diese Welt‹ das Vorhandensein ›jener Welt‹ impliziert: »Und darum, o Neunmalkluge, erscheint mir mein Grundstück, dessen Wert für diese Welt sich ja bestreiten läßt, mit jedem Jahr mehr als das für mich beste und schließlich auch schönste Fleckchen Erde«.[122] Diese Ansichten verurteilen den Menschen keineswegs dazu, die Natur von seinem Entwicklungsstreben auszuschließen. Er ist durchaus dazu aufgerufen, im Sinne von Kultur zu formen und zu gestalten. Zahlreiche Beispiele finden sich, aus denen diese Weisung hervorgeht, so auch in Bezug auf die Garten- und Parkgestaltung: »Aber es [Verhältnis zur Natur] ging uns verloren – wie der Sinn für Architektur, wie der Sinn für solides Kunsthandwerk. Die schönen alten Hecken ließen wir verwildern zur ›Natürlichkeit‹, obgleich eine ausgewachsene Hecke so ziemlich der greulichste Anblick ist, den man am grünen Holz haben kann. Auf die schönen alten Rasenflächen pflanzen wir jene Wirrnisse ausdrucksloser Sträucher, die der Deutsche ›Gebüsch‹ nennt«.[123]

Wie die unmittelbar darauf folgende Schilderung eines idealen Parks und Gartens zum Ausdruck bringt, darf der Mensch mit seinem Maßstab, sowohl ästhetisch als auch technisch, auf die Natur einwirken, solange seine Vorstellungen und Absichten dem Wesen der Natur entsprechen. Dabei ist die Natur die über dem Menschen stehende unendliche Sphäre, deren Gesetzmäßigkeiten der Mensch zu entsprechen hat. Daß beide nicht gegensätzliche Bereiche sind, zeigt sich bei der Beschreibung bei Sphären in der Überblendung, so wenn in »Noras Schicksal« die »jungen Stimmen [...] jauchzend vor Lebensfreude wie Vögel« (IV,148) erklingen, wenn in der Erzählung »Frühsommer« die »Landgroßmutter« »sanft und weich wie eine Taube gurrte« (V, 150), wenn Dorothee in der Erzählung gleichen Namens beständig mit einem Vogel verglichen wird (IV, 185–230), wenn im »Märchen von Ali dem Dichter« die Prinzessin Lale wie »ein junges Waldtier« (VI, 44) erscheint und wenn es in der Erzählung »Der Fremde« über dessen Hände heißt: »in seinen guten [Händen], die von der langen Arbeit des Lebens wie das Wurzelgeflecht einer alten Kiefer waren, und auch so warm und schützend«. (VII, 200). Selbst das Gewimmel der Menschen in den Straßen Königsbergs wirkt wie »das Bienenbrausen der Marktgassen«. (V, 128f) Die Liste der Beispiele ließe sich noch lange fortsetzen.

In der literarischen Darstellung zeichnet sich nun das Bestreben ab, die Auflösung des bestehenden Spannungsverhältnisses möglich werden zu lassen. Da sich die Erde mit ihrer Grundgesetzlichkeit in einem bestimmten Rhythmus bewegt und ihren eigenen Pulsschlag hat, müssen die Aktivitäten des Menschen diese Impulse aufnehmen, sollen sie nicht in die falsche Richtung gehen. Mit dieser Position unterscheidet sich Agnes Miegel deutlich von jener zivilisationskritischen Literatur der Zeit, die in der Ablehnung der Moderne stehen bleibt und sich der Beschwörung des Vergangenen hingibt. Der Dichterin geht es nicht um die Absage des Bestehenden und nicht ausschließlich um die Klage des Verlorenen, sondern vor allem um die Bestimmung einer lebensgerechten Existenz des Menschen. Bereits Spengler hatte die Bedeutung des »kosmischen Taktes« für die Zeugnisse menschlicher Gemeinschaft hervorgehoben und gefolgert: »Spannung [in der Gemeinschaft] ohne kosmischen Takt, der sie durchseelt, ist der Übergang zum Nichts«.[124] Er ist äußerst zurückhaltend mit seiner Erklärung, was er unter ›kosmischen Takt‹ versteht, aber letztlich zielt dieser Begriff auf das Numinose ab. Ähnlich verhält es sich bei Agnes Miegel. Für sie ist der Rhythmus (»Die Erde spricht: ... Welle um Welle ...«, II, 208) entscheidend, der den Pulsschlag des Lebens vermittelt und ohne den das Leben keinen Sinn erfährt. Auch bei ihr findet sich keine direkte Antwort auf die Frage nach dem Ursprung von diesem Rhythmus. Dennoch muß man ihn als zentrale Lebensgesetzlichkeit wahrnehmen. Im Grunde folgt diese Vorstellung dem antiken Gedanken von der harmonischen Gesetzmäßigkeit des Kosmos. Eine Urbanität, die daraus entspringt, kann nicht in einen Gegensatz zum Land treten. Demzufolge stellt Agnes Miegel die ideale Stadt als eine Form der komplementären Beziehung mit dem Ländlichen dar. Es ist fast schon amüsant, wenn man feststellen muß, daß insbesondere Königsberg zu einem Modell dieser Idealität wird, denn in der liebevollen Betrachtung der Autorin gewinnt die wirtschaftlich äußerst aktive und geistig höchst rege Landeshauptstadt Ostpreußens fast den Charakter eines ländlichen Provinzstädtchens, das den Geist der ländlichen Umgebung atmet: »Königsberg ist eine stille Mittelstadt, die Gegend, in der wir wohnen, ist nicht verschieden von den Landstädtchen, die überall in Ostpreußen verstreut liegen«.[125] Es ist naheliegend, daß eine derartige Idealisierung in den liebevollen Augen der Betrachterin liegt. Aber eine derartige Sicht ist ein beredter Ausdruck des Wunsches, den Spannungszustand im unmittelbaren Lebensbereich gelöst zu sehen. Aus diesem Grund legt Agnes Miegel auch Wert darauf, die von ihr gezeichnete Erhabenheit der Stadt mit jenen Details zu unterlegen, die dem Bild Überzeugungskraft verleihen. So stellt sich die Situation Königsbergs in »Abschied vom Kinderland« dar wie folgt: »Es weht ein Honigduft, süß und stark, über dem Domplatz und durch die schmalen Pregelgassen. Wie große Silberkelche mit verblaßter Vergoldung stehen die Linden vor der alten Reichsbank, stehen die Linden vor der Südwand des Doms ...«. (V, 129) Nicht nur Mytheme wie ›Bienen‹ und ›Linden‹ bestimmen hier die Atmosphäre, sondern es scheint auch so, als ob Natur und Stadt miteinander verwoben sind. Städtische Elemente wie Domplatz, Gassen, Reichsbank und Südwand vereinigen sich mit Zeugnissen der Natur wie Honigduft und Linden und bilden auf diese Weise eine höhere Einheit. Die Dichterin ist darauf bedacht, ihr eigenes Erleben in dieses Muster einzuordnen. So berichtet sie über die Wohnung der Eltern im Zentrum der Stadt: »Und wie ich das Fenster aufmache, riecht die Luft selbst hier in der alten Stadt nach Erde, nach Blumen, nach Gras«.[126] In der Erzählung »Morgendämmerung« (V, 10–16) ist durch das geöffnete Fenster eines Kaufmannshauses, irgendwo in den »engen glitschig feuchten Gassen« offensichtlich des Kneiphofs das Läuten des Domes zu vernehmen: »Das Morgengeläut im Dom klingt sachte aus. Ein tiefer Glockenklang dröhnt zitternd wie sommerlicher Hummelsang nach«. Selbst in der Mitte der Großstadt bleibt eine Insel der Ursprünglichkeit, der Bezug zur Erde, erhalten. Weitere Beispiele lassen erkennen, daß die Erlösung der Stadt in einer Art Zusammengehen mit der Natur liegt. Die verschiedenen Bereiche dürfen jedoch nicht ingenieurmäßig zusammengezwungen werden, sondern müssen organisch zusammenwachsen. So gilt auch für die ostpreußische Kultur hinsichtlich der unterschiedlichen Herkunft ihrer Bewohner: »Alles ist zusammengewachsen wie die Wabenzellen im Bienenstock«.[127] Dabei spielen Geschichte und historisches Bewußtsein eine entscheidende Rolle. Ein Besuch von Amsterdam im Dezember 1923 läßt dies besonders deutlich werden, denn hier entdeckt die Betrachterin »dieselbe sinngemäße Gliederung«[128] in der Architektur der Innenstadt, wie sie sich als Zeugnis der Geschichte in Königsberg herausgebildet hat.

Aber nicht nur der Baukörper ist von Bedeutung, sondern soziale Aspekte kommen hinzu. Einer der schwerwiegenden Vorwürfe Spenglers gegen die Verstädterung besteht darin, daß diese die Generationsfolge durchbricht und zur Vereinzelung des Menschen führt. Mehr noch als für Spengler ist dies für Agnes Miegel ein zentraler Punkt. Für sie ist die Generationsfolge, die Ahnen, gleichsam das Blut in den Adern. Nicht nur, daß sie sich ihrer Vorfahren bewußt ist und in ihrem Werk wiederholt darauf verweist, sondern für sie ist der Zusammenhang der einzelnen Familienzweige, ob in der Vergangenheit oder gegenwärtig, eine Kraft, die den auflösenden Mächten der Urbanität entgegenwirkt. Hieraus erklären sich die eingehenden Darstellungen der Familienstrukturen, wie z.B. in »Der Geburtstag« (VII, 213–275), »Krills Besuch« (VII, 320–332) oder »Gespräch mit den Ahnen« (V, 217–226).

Die soziale und historische Dimension wird durch die Raumdarstellung ergänzt. Aufschlußreich ist in diesem Zusammenhang, wie weit die Perspektive in ihrem Werk gespannt sein kann. Sie erstreckt sich je nach Fall von einer unmittelbaren Nahbetrachtung (»Sie stehen vor mir in der weißen Vase auf dem Schreibtisch, die drei roten Tulpen …«.[129]) bis hin zu einer raumgreifenden Perspektive (»Das Land ist weit gestreckt, von Hügelketten sanft geschwungen …«.[130]). Es ist nur folgerichtig, daß die Form der Raumdarstellung, die hier nicht näher untersucht werden soll, auch in die Darstellung der Beziehung von Stadt und Land hineinspielt. Hatte Spengler noch gesagt: »Mit ihrer Silhouette widerspricht sie [Stadt] den Linien der Natur. Sie *verneint* alle Natur«[131], so fällt auf, daß Agnes Miegel bestrebt ist, die von ihr positiv angesprochenen Städte als gewachsene Körper in ihre Umgebung einzubetten, um die von Spengler konstatierte »Verneinung« zu vermeiden. Wie sorgfältig sie dies handhabt, geht z.B. aus der Erzählung »Gruß der Türme« (V, 118–125) hervor: Auf einem Pfingstspaziergang vor den Toren Königsbergs bittet der Vater sie, innezuhalten und auf die Stadt zurückzuschauen. Daraufhin erblickt sie »… fern und sehr klein in der gläsernen Bläue, aber deutlich erkennbar hinter Brücken, Giebeln und Speichern blinkt die goldene Wetterfahne an dem roten, spitzen Zipfelmützenturm meines Domes! Mutter nimmt meine Hand, und ich winke ihm [Dom] mit dem rosa Schaumkraut zu!« Ganz gezielt wird hier die Verbindung von Architektur und Natur hergestellt, so daß beide Sphären in einem Panorama verschmelzen. Eine solche Einbettung der positiv wahrgenommenen Stadt in die landschaftliche Umgebung ist die Bildfolge des gedanklichen Ausgangspunktes und damit kein Einzelfall. Im Falle von Frankfurt an der Oder wurde dies bereits aufgezeigt (vgl. Kap. III, 3. Frankfurt an der Oeder als empfindsame Reise), aber es lassen sich noch weitere Beispiele anführen, so wenn die Erzählerin in »Gruß der Türme«

z.B. Danzig in dieser Weise wahrnimmt: »Da sah ich, hinter dem festlichen Zug der mailichen Hügel, über die Wiesenweite, Wasserblinken und Giebelgewirr, die turmbewehrte Wucht von Sankt Maria, Heimat geworden durch seinen Ruf auch für mich wie einst der Turm mit der goldenen Fahne in meiner Stadt«. (V, 125)

In bestimmten Augenblicken leuchtet in der Beschreibung einer Stadt, von der die Berichtende meint, daß das Geschaute ihren Vorstellungen nahekommt, sogar das Idealbild auf. So äußerst sie sich 1927 über Friedland, einem kleinen Landstädtchen in Ostpreußen, mit unverhohlener Begeisterung. Es ist für sie ein weitgehend ungetrübter Kosmos, in dem sich die positiven Eigenschaften ergänzen: »Nein, wie das Leben selbst, das blühende Leben der Stadt, das dem Vergehenden nachwinkt, dessen Blut und Geisteserben es in sich trägt, es weiterzugeben an Kommende, damit zu dienen nach bester Kraft dem eigenen Haus – Gewähr der Zukunft, göttliche Versicherung irdischen Bestehens, Puls, Atem und Geist dieser Stadt, dieses Landes im deutschen Osten«.[132] Diese Passage liest sich fast wie ein hymnisches Manifest. Hier zeigt sich ein zur Wirklichkeit gewordenes Zusammenspiel all dessen, was eine Stadt aufweisen muß, will sie in Harmonie mit dem Land leben, d.h. als Konstrukt des Menschen der organischen Schöpfungsordnung gerecht werden: Die Beseelung durch eine transzendente Macht, die Mittlerstellung zwischen Vergangenheit und Zukunft innerhalb eines zyklischen Zeitablaufes, Ausdruck und Weitergabe des menschlichen Geistes, zugleich Abbild des umgebenden Landes und damit auch Gestalt gewordenes Heimatbewußtsein. Die feste Überzeugung, daß allem Sein ein ewiger Rhythmus von Leben und Tod zugrunde liegt, läßt keine prinzipielle Trennung von Natur und Urbanität zu, so unterschiedlich beide Bereiche in ihren Erscheinungsformen zunächst auch sein mögen. Beide sind derselben Gesetzmäßigkeit unterworfen. So wie Kind und Alter und im weiteren Sinne Zeit und Zeitlosigkeit aufeinander bezogen sind, so bilden letztlich auch Stadt und Land aus übergeordneter Perspektive eine Einheit.

Bei dem Wiederaufbau Ostpreußens nach dem Ersten Weltkrieg übte der Gedanke des Ausgleiches von Stadt und Land eine einflußreiche Rolle. Der 1907 gegründete »Deutsche Werkbund«, der Historismus und Jugendstil strikt ablehnte, nahm 1919 seine Vorstellungen wieder auf und führte sie mit erneuter Entschlossenheit weiter. Der Berliner Regierungsbaumeister Paul Kruchen gab den Vertretern des »Deutschen Werkbundes« die Möglichkeit, ihre Grundsätze im Rahmen des Wiederaufbauprogrammes zu verwirklichen. Architekten wie Hugo Häring, Hans Scharoun und Erich Mendelsohn wollten weg von den streng geometrischen Formen und strebten nach einem organischen Funktionalismus.[133]

Die Stadtlandschaft Königsbergs wird organisch, als etwas Gewachsenes verstanden und weist damit denselben Pulsschlag auf wie das sie umgebende Land. Die Erkenntnisfähigkeit des Menschen bleibt herausgefordert, hinter dem Rausch und der Verführung der Stadt das zugrundeliegende Schöpfungsprinzip wahrzunehmen. Verfolgt man die hier angesprochenen Gedanken auf ihren Ursprung hin, so stößt man unweigerlich darauf, daß sie sich aus der griechischen Mythologie speisen: Antais bezieht seine gesamte Kraft von seiner Mutter Gaia, der personifizierten Erde, und verfügt über diese Kraft, solange er die Erde berührt.

Ist die Stadt das Zentrum des Wissens, so ist das organische Gleichgewicht von Stadt und Land die Vollkommenheit des Wissens. Der weise und heilkundige Arzt in dem »Märchen von der Prinzessin Lale«, der sein Leben der Hilfe des Menschen gewidmet hat und sein umfangreiches Wissen dafür einsetzt, hat seiner Studienstube, seinem Gehäuse, Eigenschaften der Natur verliehen: »Der Winter verging dem Doktor bei seiner Arbeit in der behaglichen Wabe seiner getäfelten Stube« (VI, 52) Das Ende seines Lebensweges ist zugleich mit einer Zukunftsperspektive verbunden. Der letzte Satz des Märchens lautet: »Der Sterbende lächelte. Er blickte in die Stube, die wieder um ihn war, klein, braun und geborgen wie eine Wabe« (VI, 59).

VII. Baum und Biene

Seit urgeschichtlicher Zeit bis heute hatte der Mensch stets ein besonderes Verhältnis zum Baum. Wie eine reichhaltige Forschungsliteratur uns wissen läßt, mündete diese Beziehung zu allen Zeiten in den Raum des Religiösen und Mythischen ein. So hat sich auch in der Literatur die vielfältige Beziehung des Menschen zum Baum in mannigfacher Weise niedergeschlagen. Und weil dem so ist, wird diese Beziehung trotz aller Kahlschläge und Rodungen auch in Zukunft bestehen.

»Bäume sind für mich immer die eindringlichsten Prediger gewesen«, bekennt Hermann Hesse 1919 in seiner vielzitierten Schrift *Wanderungen*[134]. Und in seinem Widmungsgedicht »An einen Baum« sieht Friedrich Hölderlin in dem Baum ein Überzeitliches, nahezu göttliches Wesen: »Glücklicher Baum/wie lange, wie lange könnt' ich noch singen/Und vergehen im Blick auf dein erhebendes Haupt«[135]. Rainer Maria Rilke vergleicht in dem Gedicht »Ich lebe mein Leben in wachsenden Ringen« seinen Lebensweg mit dem Ansetzen von Baumringen, »die sich über die Dinge ziehn«[136]. Günter Eich wiederum spricht in seinem Gedicht »Ende eines Sommers« gleich in den ersten beiden Zeilen die Frage von Existenz und Sinnerfüllung an und verweist auf die magische Korrespondenz zwischen dem Werden und Vergehen in der Natur und dem Sterben des Menschen: »Wer möchte leben ohne den Trost der Bäume!/Wie gut, daß sie am Sterben teilhaben!«[137], Der Kulturwissenschaftler Jost Hermand seinerseits faßt die von ihm herausgegebene Aufsatzsammlung zur Kulturgeschichte der Ökologie unter dem warnenden Titel *Mit den Bäumen sterben die Menschen* zusammen.[138]

1. Leben unter Linden

In der Kulturgeschichte, so auch in Sage, Märchen, Volkslied und Mythologie, nimmt die Linde neben der Eiche und Buche eine besondere Stellung ein. Walther von der Vogelweide wußte, weshalb er die folgenden Worte an den Anfang seiner Dichtung stellte: »Under der linden/An der heide,/ Dâ unser zweier bette was«.[139] Das Volkslied »Kein schöner Land in dieser Zeit« bekundet »... wo wir uns finden wohl unter Linden/zur Abendzeit« nicht nur wegen des schönen Reimes. Man kann sagen, daß die Linde in der deutschen Volksmythologie tief verwurzelt ist. Bis heute hat sie ihre hohe mythologische Bedeutung vielfach erhalten, nicht zuletzt daran erkenntlich, daß immer wieder Linden in Form eines symbolischen Aktes gepflanzt werden. Da sie bis zu 1.000 Jahre alt werden kann, wurde sie zum Sinnbild unverbrüchlicher Beständigkeit. Das hat dazu geführt, daß man in ihr auch ein Zeugnis für Gerechtigkeit und Rechtmäßigkeit sah. In der Rechtsprechung hat die Linde daher über Jahrhunderte als Ausdruck des Bemühens um Recht gegolten und zwar im Gegensatz zum römischen Recht für eine aus den natürlichen Gegebenheiten erwachsende Gerechtigkeit. Entsprechend räumt Jacob Grimm der Linde in seiner historischen Rechtsgeschichte *Deutsche Rechtsaltertümer* (1828) eine zentrale Rolle ein.[140] Unzählige auch heute noch vorhandene Gerichtslinden, aber auch Dorflinden oder sogar Tanzlinden verweisen auf die tiefe gefühlsmäßige Beziehung zu dem Baum. Eng verbunden mit der Linde ist außerdem der Heimatbegriff, wie er insbesondere im Volkslied zum Ausdruck kommt. Sich in der Gegenwart von Linden zu befinden, schafft ein Gefühl der Geborgenheit. Zudem wird ihr aufgrund der herzförmigen Blätter, des Blütenduftes und der ausladenden Krone eine mütterliche Eigenschaft zugeschrieben. Darüber hinaus bildet die Linde infolge des reichhaltig aus ihren Blüten tropfenden Honigs in der allgemeinen Vorstellung nahezu eine Einheit mit der Biene und dem begehrten Ergebnis derer Tätigkeit.

Betrachtet man die Geschichte der Linde in sehr großen Zeitabschnitten, so stößt man darauf, daß sie in der letzten großen Eiszeit ausweichend nach Osten wanderte und mit dem Rückgang der Vereisung wieder nach Westen zurückkehrte. Zwar sind Winter- und Sommerlinde in den Mischwäldern ganz Europas verbreitet, aber der Osten blieb ein Schwerpunkt. So war die Linde in Ostpreußen stärker vertreten als in anderen Bereichen Deutschlands. Selbst dem heutigen Besucher des nunmehr russischen Teils von Ostpreußen fällt auf, wenn er sein Augenmerk darauf richtet, daß der gegenwärtige Bestand an Linden trotz vorausgegangener Landschaftszerstörung immer noch beachtlich ist. In einigen östlichen Regionen Polens und vor allem im westlichen Rußland gibt es auch heute noch größere Lindenwälder. Es ist also nicht ganz verkehrt, wenn man die Linde als »Baum des Ostlandes« bezeichnet.

2. Umsäumt von Linden

Es empfiehlt sich daher, das häufige Auftauchen von Linde und Biene im Werk von Agnes Miegel vor diesem Hintergrund zu sehen. Sowohl auf ihrem tatsächlichen Lebensweg als auch im Werk bewegen sich Autorin und Erzählerin unter Linden oder im Schatten von Linden. Wenn Agnes Miegel nach ihrem Umzug vom Kneiphof in die Luisenallee aus dem Fenster sah, so blickte sie in Linden. Ihre Erzählungen berichten davon, wo in Königsberg Linden standen. Beschreibt sie wiederum in der Erzählung »Besuch im Dorf« (V, 208–212) ein Dorf in Natangen[141], so ist dieses von Linden umsäumt: Von dem »kleinen Bahnhof« aus führt ein »lindenbestandener Weg« ins Dorf. »Hinter uralten Linden winkte der spitze, schindelgedeckte Turm der weißgekalkten Ordenskirche«. Und »überall sahen aus Lindengrün und Obstblüte breite Strohdächer, mit dem Roßhaupt am Giebel und kreisenden Störchen über ihren Nestern«. Schließlich entdeckt die Erzählerin »unter den alten Linden das schönste Wurzelnest«. Kein Friedhof und keine Kirche, die nicht von Linden umstanden sind. In einem Beitrag zu Pfingsten in der Morgenausgabe der *Königsberger Allgemeinen Zeitung* vom 8. Juni 1930 bemerkt die Autorin: »Wenn es nach mir ginge, so gäbe es nur zweierlei Bäume an unseren preußischen Chausseen: die Linde und die Birke«.[142]

Es sind »Linden auf dem alten Gutsfriedhof in der Inster-Niederung« (V, 160), wo die Vorfahren mütterlicherseits schlafen. Der Vater seinerseits findet auf dem »lindenverwachsenen Stadtfriedhof« (V, 164) Königsbergs seine ewige Ruhe. In der 1933 unter dem Titel *Kirchen im Ordensland* erschienenen und mit großformatigen Fotos versehenen Beschreibung von sechs bedeutenden ostpreußischen Kirchen, wird die Kirche von Wormditt in charakteristischer Weise in Linden eingebettet: »Grün wie ein Lindenblatt, sah Wintersaat über roten Dächerzug. [...] Linden, moosig und silbergrün, uralten Heerweg geleitend./Linden, flachsblondes Blühn über Laubenhäuser breitend«.[143] Die in »flachsblondes Blühn« enthaltene Bildmischung deutet bereits an, in welche Richtung sich die Verwendung des Bildes von der Linde bewegt: Sie nimmt den vorausgegangenen Hinweis auf die lärmenden blonden Kinder wieder auf, Kinder als neues Geschlecht, ein Ausdruck der Lebenskraft, die der Linde innewohnt und Beständigkeit verheißt. Das Überragen der Dächer wiederum verdeutlicht ihre schirmende Funktion. Der Blick auf die Wintersaat seinerseits verweist auf Fruchtbarkeit und keimendes Leben. Auch das Bild von dem über das Strohdach ragenden Wipfel der Linde taucht an anderen Stellen wieder auf, so in dem Schicksalsdialog des Gedichtes »Die Fähre« (I, 126):

»Was ist so süß wie der Kuß der Braut?
Was ist blonder als sie?«
»Die Linde über dem Strohdachfirst –
Viel süßer und blonder ist die!«

Über das Bergende hinaus wird hier als die eigentliche Eigenschaft des Baumes etwas angesprochen, was über die konkrete Wirklichkeit hinausgeht. Es ist die in die Zukunft weisende Zeugungskraft, die die neue Generation hervorbringt. Anhand der beiden vorausgegangenen Beispiele läßt sich ansatzweise erkennen, welche Aussage aus der Bildmischung hervorgeht. Wenn in »Wormditt« von »lärmenden Kindern« die Rede ist und kurz danach »Linden« sowie

»flachsblondes Blühn« angesprochen wird, so sind diese Hinweise eng aufeinander bezogen, denn »blonde Kinder« tauchen in den Texten Agnes Miegels immer wieder auf. Ergänzt man diese Hinweise noch durch »Braut«, »Linde« und »blond«, so öffnet sich ein weiteres Bedeutungsfeld: Die Linde als Baum, in dem Fruchtbarkeit, Regeneration, Jugend, Leben und Vitalität zum Ausdruck kommen. Man kann dieses Feld noch durch zusätzliche Bilder erweitern, so unter dem Gesichtspunkt der Fruchtbarkeit durch »Erde« oder »Acker«, und stößt dann auf zahlreiche weitere Beispiele, deren Verständnis sich aus diesem Blickwinkel erschließen läßt. Das gilt bisweilen sogar, wenn man es gar nicht vermutet, wie etwa im Falle der *Fahrt der sieben Ordensbrüder*. Dort reicht man die Gerichte auf »Lindenholztellern« (V, 147) in einer Halle, die einer »uralten Bienenwabe« (V, 142) gleicht. Das Holz ist wie eine »große Bienenwabe« (V, 172) geschichtet und beim Totenmahl riecht es »betäubend süß nach heißem Lindenhonig« (V, 179). Vor der Weiterfahrt der Ordensherren wird ihnen ein »blankgebrannter Doppeltopf mit zerlassenem Honig« (V, 195) gereicht. Als sie kurz vor Ende ihrer Reise einen Wald durchquert haben, sehen sie »durch die säulenhohen Stämme: das Feld«, ebenso wie die Fruchtbarkeit verheißenden »Äcker« und die »warme schwarze Erde« (V, 204). Unter den Siedlerkindern, denen sie in der letzten Szene begegnen, hat ein Mädchen »gelbblondes Haar« und von einem Jungen heißt es: »Es war ein gutes, helles, blondes Gesicht, langgezogen, mit schmalem Kopf« (V, 206). Das Zusammenspiel dieser Bildelemente wiederholt sich also und ordnet sich ein in die Perspektive einer übergreifenden Schöpfungsvorstellung.

In der Linde findet weiterhin alles, was mit Heimat zusammenhängt, seinen vollkommenen Ausdruck. So erfolgt in dem Gedicht »Heilige Heimat« nahezu eine Gleichsetzung von Heimat und Linde:

Heilige Heimat, die Gott mir zur Mutter gegeben,
Schoß, der mein und der Meinen Leben trug,
Schirmende Linde, die ihre Wurzeln schlug
Neuergrünend, in unser vergehendes Leben,

Du, atmend aus uns, Glück über alles Glück, -
Nimm gnädig mich auf, wenn erfüllt meine Zeit,
In Deines tiefsten Dunkels Geborgenheit![144]

Der religiöse Duktus dieser Zeilen, unterstrichen durch den Hinweis auf den heiligen Charakter der Heimat und auf Gott, ist unverkennbar. Auch ist dieser Teil des Gedichtes wie ein Gebet aufgebaut. Die dem Menschen von Gott geschenkte Heimat wird in einer für Agnes Miegel typischen Weise als Mutter verstanden. Diese Mutter hat den Menschen geboren. Der Mensch lebt jedoch nicht isoliert als Einzelwesen in seiner Heimat, denn er ist das Medium, aus dem die Schöpfungskraft atmet; er lebt also im Geiste Gottes. So wie eine Mutter ihre Kinder schützt, so beschirmt die Linde den Menschen in seiner Heimat.

3. Die Linde als Mittlerin

Im Gegensatz zum Leben des Menschen ist die Linde nicht in dieser Weise dem Zeitenlauf unterworfen, denn sie verjüngt sich ständig. Das Leben des Menschen ist hingegen vergänglich, und es ist für ihn unergründlich, wohin er nach Ablauf seiner Lebensspanne geht. Es ist zwar das »tiefste Dunkel«, aber entscheidend ist die »Geborgenheit«. Ist der transzendente Bereich auch seinem Erkenntnisvermögen entzogen, so weiß er sich doch durch die Rückkehr zum Ursprung der Schöpfung geborgen. Wieder leuchtet hier die zyklische Seinsvorstellung durch, denn das Beispiel der Linde signalisiert die Entstehung von neuem Leben. In dieser Situation des Menschen zwischen Sein und Transzendenz wirkt die Linde wie eine Mittlerin zwischen irdischem Sein und göttlicher Sphäre, gleichsam ein immerwährender Fingerzeig des Himmels.

Der in dem Gedicht »Heilige Heimat« hervortretende Gedanke steht nicht vereinzelt, sondern zieht sich als Grundvorstellung durch das Werk der Dichterin, so in besonders anschaulicher Form in dem Gedicht »Patrona Borussiae« (I, 152). Hier erfolgt nahezu eine Anbetung der Linde:

O schöne Linde, die im Felde steht
Und Hirt und Vieh in ihrem Schatten birgt
Wenn sie die gelbe Glut des Mittags würgt,
Beschütze was durch Deine Felder geht!

Laß uns in Deiner Gnade Schaffen hausen,
Erquicke uns! Denn wir sind sterbensmatt,
Daß wir beim Tagwerk singen, froh und satt,
Wie Bienen, die durch blühende Wipfel brausen.

Wieder wird mit der Last der alltäglichen Arbeit die Endlichkeit des Seins angesprochen. Auch muß sich der Mensch drohender Gefahren erwehren, die die Saat seiner Felder zerstören könnten. Daher ergeht das Flehen an die Linde, Schutz zu gewähren. Die Anrede »O schöne Linde« bezieht sich nicht nur auf die stattliche Erscheinungsform, sondern bringt auch zum Ausdruck, daß sie mit ihrem Wirken die Mittlerin zwischen Mensch und Gott ist, indem sie dem Menschen die Gnade des Schöpfers gewährt. In der Gewißheit dieser Gnade vermag der Mensch seine Kleinmütigkeit zu überwinden. Erweitert wird das Bild der Linde durch das im Werk wiederkehrende Bild der Bienen, »die durch blühende Wipfel brausen«. So erinnert sich die Erzählerin im »Gespräch mit den Ahnen« (V, 217–226) an die Kindheit und verbindet dabei Linde, Bienen und Saaten miteinander: »Nun ist es nur noch wie das Summen der Bienenvölker, oben in den Linden. Nur noch wie das ferne Flüstern der jungen Saaten im Nachtwind«. Neben dem Summen und Rauschen der Bienen im Wipfel der Linde findet sich sogar, um ein weiteres Beispiel anzuführen, der Bezug zum Meeresrauschen, so in der ersten Strophe des Gedichtes »Heinrich von Plauen« (I, 89–92):

Grau und schlaff
Dehnt sich das Haff.
An der Straße von Bischofshausen
Müssen noch Linden in Blüte stehn:
Ich spüre den Duft in wandernden Wehn

Und höre heimlich wie Bienenbrausen
Das sachte Rauschen der brandenden See.

Mittels der Elemente »blühende Linden«, »schwärmende Bienen« und »rauschende See« wird durch die Begleitnachrichten ein Raum entworfen, in den Heinrich von Plauen und sein Schicksal hineingestellt werden. Vor dem geistigen Auge entsteht so der Eindruck eines Landes mit reicher Ernte und pulsierendem Leben, das es zu verteidigen gilt. Verstärkt wird der Eindruck des fruchtbringenden Landes durch das mit »wandernden Wehn« ausgelöste Bild einer Geburt, das wiederum mit Saat einhergeht. Das berichtende Ich des Gedichtes befindet sich in einer magischen Sphäre, wie es selbst bekundet, wiederum durch einen Hinweis auf die Transzendenz auslösende Zahl Sieben: »Seh ich mich selber, mit sieben Jahren ...« (3. Strophe). Mit diesem Status vermag das Ich die Vergangenheit in die eigene Gegenwart zu holen, so daß beide Bereiche in der Bewußtseinsdarstellung zusammenfallen. Es handelt sich dabei um einen Nachttraum, in dem nicht nur die Zeitebenen konvergieren, sondern auch Realität und Imagination ineinanderfließen. In einem eigenartigen Gegensatz zur aufgelösten Chronologie und Realität erstreckt sich der Berichtszeitraum auf genau einen Tag, denn das Geschehen spielt sich zwischen Morgen und Abend ab, geht dann aber in die nächtliche Psyche des Ich über und setzt zu einer zyklischen Bewegung an. Am Ende bleibt nur noch der Schmerz. »Der Abend allein/Ist das Beste -.«, lauten die beiden letzten Zeilen.

4. Linde und göttliche Ordnung

Aufgrund der mythischen Bedeutung nimmt die Linde auch in dem 64 Seiten umfassenden Langgedicht *Mein Bernsteinland und meine Stadt* (1944) eine wesentliche Stellung ein. Das zeichnet sich allein schon durch die wiederholte Bezugnahme ab. Bei dem Langgedicht handelt es sich um eine wenig bekannte literarische Sonderform, die sich etwa Ende der 20er Jahre insbesondere im englischsprachigen Bereich entwickelte:[145] Unter einem übergeordneten Thema reiht

Die christliche Adaption der prussischen Lindenverehrung: Die Jungfrau Maria in der Krone einer Linde, eine naive Devotionale des ausgehenden 19. Jahrhunderts. Hier die Wallfahrtskirche Heiligelinde in Masuren. In der Zeit vor dem Orden war die Linde der Baum der Fruchtbarkeitsgöttin Puskaite. Agnes Miegel in »Die Linde«:
»Sie stand, unberührt, unveränderlich knospend, blühend, immer sich erneuernd,
immer noch wachsend, tief verankert in dem Schoß der Erde,
durch ihren Anblick tröstend wie eine Mutter, feierlich wie eine Kirche,
unerschöpflich quellend und vergehend wie ein Volk, der heilige Baum …«.
(Bild: Privatsammlung)

es gedankliche Abschnitte aneinander, die auf den ersten Blick nur lose mit dem Hauptthema zusammenhängen, aber nach ausführlicher meditativer und philosophischer Reflektion zum eigentlichen Thema zurückkehren. Dabei ist ein leidenschaftlicher Tenor häufig unverkennbar. Dem entspricht Agnes Miegels Langgedicht. Es ist ein hymnisches Bekenntnis zum Land Ostpreußen und seiner Hauptstadt Königsberg, zugleich aber auch eine Schilderung der eignen Biographie sowie eine Darlegung der dichterischen Position. Erstaunlich ist die Fülle von Aspekten, die angesprochen werden und die sehr persönliche Empfindungen nicht ausschließen. In diesem Langgedicht werden »Linde«, »Heimat« und sogar »Mutter« miteinander identifiziert und als Ausdruck göttlicher Schöpfung erklärt. Das Bekenntnis zur Heimat heißt daher, im Sinne göttlicher Ordnung leben:

> O Heimat! Schirmende große Mutterlinde,
> Von Gott gepflanzt auf dieser Grenze Damm!
> Haß schlug in deinen altersgrauen Stamm
> So tief die Nägel! Doch die moorige Rinde
> Verwuchs, und immer wieder wiegtest du,
> Bienendurchbraust, im warmen Erntewinde,
> Erblühendes Haupt und wartest in Ruh[146]
> [...]

Mit »Haß« bezieht sich dieser Teil des Gedichtes, wie insbesondere die vorausgehenden Zeilen verdeutlichen, auf die Napoleonische Unterwerfung Preußens. Aber selbst in einer solch verzweifelten Lage bleibt die Linde unangefochten die Verkörperung der Heimat, weil sie als »große Mutterlinde von Gott gepflanzt« wurde und ihre Krone »schirmend« über das Land ausbreitet. Sie steht damit nicht nur für die politische Ordnung, indem sie die Grenze verteidigt, sondern sie ist mehr noch Gewähr der Fruchtbarkeit des Landes. Zwar mögen Zeit und Ereignisse ihre Spuren bei ihr hinterlassen, aber sie erneuert sich ständig und grünt immer wieder. Wie in anderen Beispielen auch, verweisen die durch die Krone brausenden Bienen zusammen mit den über die Ernte streichenden Winde darauf, daß es ein gesegnetes Land ist, das dem Menschen eine reichhaltige Nahrung beschert. Der nahezu göttlichen Geist atmende Baum wird in dem Langgedicht außerdem angesprochen, wenn der Königsberger Dom aus der Perspektive des heranwachsenden Kindes wahrgenommen wird. Dom und Linde bilden hier keinen Gegensatz:

> So wie die Linde
> An meiner Väter Grab, zur Winterszeit
> Von der verborgenen Waben Leben dröhnend,
> Uralter, aller Weisheit kundiger Baum, –
> So schienst, Ehrwürdiger du, dem lauschenden Kinde,
> Von deiner Orgel summendem Lied tönend,[147]
> […]

Das dem Orgelspiel des Domes lauschende Kind nimmt Dom und Linde so wahr, als ob sie aus einem Geist geschaffen sind. Über alle Weisheit zu verfügen, verweist die Linde in die Sphäre des Göttlichen und entspricht damit dem in diesem Geist erbauten Dom. Der Kontrast zwischen den Gräbern und der langen Lebenszeit des Baumes macht wiederum deutlich, daß er nicht in derselben Weise dem Zeitlauf unterworfen ist wie alle anderen Lebewesen. Zudem ist er ein konstanter Begleiter der menschlichen Generationsfolge. Auch wenn er im Winter alle Blätter abgeworfen hat, so ist er doch bis zum kommenden Frühling durch die verborgenen Bienenwaben lebensspendend. In ihnen ist die ganze Energie des vorausgegangenen Sommers gespeichert, die voller Unruhe zur Wirksamkeit drängt. Wenn man das Bild der emsigen Biene zu anderen Textbeispielen in Beziehung setzt, so erkennt man, daß damit zugleich die Tätigkeit des Menschen gemeint ist. Das Dröhnende der Waben als Ausdruck von Leben und Aktivität fließt dabei zusammen mit den tönenden Liedern der Orgel, wobei man »tönend« eher den Bienen und »dröhnend« eher der Orgel zuschreiben würde.

Daß die Berührung der Linde mit dem Numinosen sich allein in den kanonischen Bahnen des Christentums vollzieht, trifft auf Agnes Miegel nicht zu. Ein aufschlußreiches Beispiel hierzu liefert das Gedicht »Mainacht« (I, 9). Es besteht aus vier Strophen von denen die letzten beiden wie folgt lauten:

Und über den Lindenwipfeln
Führten im Blitzesschein
Die alten Preußengötter
Ihren ersten Frühlingsreihn.

Herden und Saaten segnend,
Schwanden sie über das Meer.
Ihre hohen Bernsteinkronen
Blitzten noch lange her.

Das Gedicht wirkt so, als ob es das bereits 1929 veröffentliche Gedicht »Schlafende Götter«[148] auf die Grundaussage konzentriert. Auch in »Schlafende Götter« sind die prussischen Götter »ewig jung« und gehören zur »Schar der Unsterblichen«: »Stolz und froh /Bereit ihre Liebe zu geben./Breiten sie gnädig die Arme dem suchenden Leben«. Aber im Gegensatz zu »Mainacht« ist der Ausklang elegisch: »Aber nie wiedererweckt der Ruf des Lebens/Die in Dämmerung Träumenden«.

Da es sich um Götter handelt, tanzen sie nicht, wie im Volksbrauch üblich, unter der Linde, sondern über den Wipfeln der Linde. Zwar mußten sie sich, durch die Verhältnisse gezwungen, zurückziehen, aber sie haben sich mit dem Gewitter verbündet und üben noch immer Herrschaft aus. Vor allem tragen sie auch weiterhin ihre Bernsteinkronen als Zeichen ihrer fortdauernden Würde. So wie die Lindenwipfel mit ihren positiven Begleitnachrichten zu ihnen hochweisen, so segensreich ist ihre Tätigkeit. Es scheint so, als ob das Land diesen Segen braucht, um seine Fruchtfülle hervorzubringen, als ob ihr »Frühlingsreihn« eine Art Fruchtbarkeitstanz ist. Auch wenn sie sich wieder zurückziehen, so ist ihr Wirken noch lange spürbar. Völlig entthront sind sie außerdem nicht, denn es ist ihr erster Frühlingstanz, und es steht zu vermuten, daß sie in einem bestimmten Rhythmus wiederkommen. Dieses Beispiel ist von Bedeutung, weil es die Haltung der Dichterin gegenüber der kulturellen Tradition vor der Zeit des Ordens veranschaulicht. Wie bereits im Falle der *Fahrt der sieben Ordensbrüder* deutlich wurde, wird einer Verdrängung der von den Ordensrittern angetroffenen Kultur keineswegs das Wort geredet. Im Gegenteil: Sie wird als wertvoller und anzuerkennender Bestandteil der in Ostpreußen gewordenen Kultur geschildert.

5. Tempel und Magna Mater

Besondere Aufmerksamkeit verdient eine sprachliche Skizze, die den Titel »Die Linde« (V, 213–216) trägt. Diese Skizze läßt sich nicht ohne weiteres in den Kanon der anderen Erzählungen einordnen, da sie keine Handlung enthält und eher zu einer philosophischen Reflektion neigt. Dadurch gewinnt sie ein besonderes Gewicht. Hier hat Agnes Miegel ein höchst eindrucksvolles Bild der Linde gezeichnet. Bereits in den den Erzählungen »Frühsommer« (V,132–153) und »Die Mutter« (V,154–164) war erkennbar, daß hinter der Stimme der Erzählerin die Autorin mit dem Porträt realer Linden steht, die sie als junges Mädchen bei einem Besuch des großelterlichen Hofes in den Wiesen bei Insterburg besonders beeindruckt haben müssen. In der Erzählung »Die Mutter« heißt es dazu: »Die Linden auf dem alten Gutsfriedhof in der Inster-Niederung haben viele Male geblüht, ehe ich auf dem stillen Kirchhof, wo Mutters Vorfahren schlafen, mein Ohr an den alten Stamm hielt und die wilden Bienen darin summen hörte, so wie sie als Kind«. Sucht man genauer nach einer realen Linde, die als Vorbild für die Darstellung in der Skizze gedient haben könnte, so stößt man tatsächlich auf einen markanten Baum im Samland: Es ist die mächtige Linde auf Gut Corben, einem Landsitz, den Agnes Miegel öfters besuchte. In der Rückschau nach 1945 erinnert sich die Gutsfrau Erna Siebert: »Bald danach [Antritt der Stelle als Journalistin] kam sie [Agnes Miegel] zum erstenmal zu Besuch nach Corben, unserem Gut im Samland. Ich sehe sie im weißen Kleid vor der alten und doch so gesunden Linde stehen, gefangen von der Wucht dieses Baumes, dessen obere Zweige sich wie eine Kuppel wölbten – die ›Taufkapelle‹ der

Familie. Jugend und Alter in voller Harmonie – die unteren Zweige holten sich neue Kraft aus der Mutter Erde und verwurzelten ihre jungen Triebe darin. Man schätzte das Alter der Linde auf dreihundert Jahre. Sie war der Mittelpunkt aller Kinder- und Märchenspiele. Der Baum war so bequem zu erklettern, daß die Kinder sich oben ein Nest gebaut hatten, in dem sie sogar Flinsen backen konnten. Immer wieder zog es Agnes zu diesem Baum. Manchmal saß sie auf der schmalen Bank, die ihn umgab. Ich sehe sie noch dort stehen, im Schatten der Linde oder im hellen Sonnenlicht draußen, hingegeben dem leisen Summen der Bienen, die vom nah gelegenen Bienenstand ausschwärmten. [...] Man erzählte sich von der Linde, sie sei einst mit den Zweigen in die Erde gepflanzt worden. Sie sollte ein Urteil über einen Menschen sprechen. Wenn diese Zweige Wurzeln faßten, dann sei er unschuldig. Einmal, es war noch im Anfang des Jahrhunderts, kamen wir wieder von der alten Linde, die so viel zu erzählen wußte, daß Agnes ihr immer zuhören mußte«.[149] Man kann das hier gezeichnete Bild der Linde fast ohne Abstriche mit dem Lindenporträt der Skizze zur Deckungsgleichheit bringen. Die Schlußfolgerung liegt daher nahe, daß die Linde von Corben für die literarische Gestaltung Pate gestanden hat, zumal betont wird, welche starke Wirkung der Baum auf Agnes Miegel ausgeübt hat (»gefangen von der Wucht dieses Baumes«. »Immer wieder zog es Agnes zu diesem Baum«, »daß Agnes ihr immer zuhören mußte«). Interessant ist nun, wie die realen Gegebenheiten zu einem Mythos umgeformt werden.

Die Perspektive der Skizze folgt am Anfang in wenigen Zeilen dem Wind von der Haffküste bis zu den Gutswiesen, entwirft dabei ein Landschaftspanorama und konzentriert sich nach nur 21 Zeilen ausschließlich auf die Linde. Hier steht sie als mächtiger Baum, erhaben und alle anderen Bäume überblickend: »Das ist die alte Linde, die ›Große Mutter‹, Wahrzeichen und Schutzgeist des Gutes«. Was bereits in dem Begriff ›Schutzgeist‹ angelegt ist, wird noch weiter religiös betont, denn der gewaltige Wipfel gleicht einer Kirchenkuppel: »Ein Wipfel ist es, riesenhaft, breit und ausladend, triumphierend wie eine Kirchenkuppel«. Zwar ist die Linde eine »Erdgeborene«, aber sie löst sich als »Gottgedachte« von der Erdgebundenheit und wird zum Sinnbild lebensspendender Schöpfung und himmlischer Harmonie. Das Summen der sie umschwirrenden Bienen kann nur vom oberflächlichen Beobachter als Geräusch wahrgenommen werden, denn es ist in Wirklichkeit eine Art Sphärenmusik, in der die Schöpfungsharmonie zum Ausdruck kommt. Dem ehrfürchtigen Betrachter offenbart sich die Linde mit »silbrigen Reichtum der Blätter, von Bienen dröhnend in einem einzigen langgezogenen schwingenden Ton, als ob der betäubende, süße Duft der Blüten zum Klang wurde«.

»Schön ist sie im Sommer, schön im Herbst …«. Auch hier wird, wie vielfach im Werk, die Thematik des Verhältnisses von Mensch und Natur angeschlagen. Die Linde wird zur Verkörperung von Naturschönheit, die noch nicht der frevlerischen Hand des Menschen und seinem zerstörerischen Fortschrittsglauben zum Opfer gefallen ist. Angesichts ihrer schöpfungsbezogenen Ehrwürdigkeit erscheint jeder Eingriff des Menschen, der seine Umwelt verschönern möchte, wie ein sündhaftes Vergehen. Als sakrales Phänomen wird die Linde zugleich zum Indikator der Beziehung von menschlicher Ordnung zur natürlichen Schöpfung. Insbesondere dieser Aspekt ist von Bedeutung, denn die Skizze entfaltet bei nur drei Seiten Gesamtumfang erheblichen Raum darauf, diesen Gedanken fast programmatisch zu entfalten: »Etwas höher steht sie als die Kastanien und Birken. Ihr uralter Stamm mit den tiefen Rissen, nach Westen zu mit grünem Moos bepelzt, wirkt schlank und fast niedrig gegen die ungeheure Krone mächtiger Zweige, die wieder wie einzelne Stämme aus ihm aufsteigen. Die Sage, die bei uns von all solchen Bäumen geht, daß sie mit der Krone eingepflanzt sind, geht auch von dieser Linde.[150] Aber sie sieht nicht aus, als ob Menschenhand je ihren Stamm einsenkte. Nie auch hat sich Menschenhand an ihr, der Erdgeborenen, vergriffen. Kein einziger Ast ist je gestutzt. Der gutgemeinte Frevel, der sich an unsern schönsten alten Bäumen verging, von den noch im Volk als halbheilig verehrten die mächtigsten Äste in blinder Wut ›zur Verschönerung‹ absägte, daß das lichte Baumblut aus den riesigen Wunden troff – an diese Linde hat er sich nie gewagt. Das Priesterliche, das sie umwittert, ließ niemand an sie heran als spielende Kinder«.

Diese Zeilen können auch vor einem staatsrechtlichen Hintergrund gelesen werden. Abgesehen davon, daß die Linde in der Rechtsgeschichte immer eine wesentliche Rolle gespielt hat, würde man damit an das Verständnis der Linde anknüpfen, wie es sich z.B. in der Rechtsgeschichte von Jacob Grimm findet. Auch in der Literaturgeschichte finden sich Beispiele. So hat die Linde in der Lyrik des Barock mehrfach als Sinnbild eines idealen Gemeinwesens gedient. Liest man die Zeilen aus dieser Perspektive, so würde der Baum als Analogon zu einer bestimmten Staatsvorstellung erscheinen: Das Einpflanzen der Krone in die Erde verweist auf die Rechtmäßigkeit der Staatsführung. In diesem Falle deutet die Gründung der Krone in der Erde auf die im Organischen wurzelnde Legitimität der Herrschaft hin. Folglich wächst die damit einhergehende Ordnung natürlich heran und die staatliche Entwicklung ist eine Folge des organischen Wachstums. Wiederum entsprechen die sich entwickelnden Zweige den verschiedenen deutschen Stämmen bzw. Fürstentümern. Zwar gliedert sich das durch den Baum verkörperte Gemeinwesen in eine der Monarchie entsprechende Führung sowie deren Zweiggliederungen, aber beide Bereiche stehen in einer Wechselbeziehung zueinander und sind untrennbar miteinander verbunden. Die Verehrung des Volkes bringt die Anerkennung einer als gerecht empfundenen Ordnung zum Ausdruck. Dagegen bezieht sich der Frevel mit »blinder Wut« und dem »Baumblut aus den riesigen Wunden« auf jene Widersprüche, die eine fehlgeleitete Zivilisation mit sich bringt, insbesondere aber auf die Grausamkeiten revolutionärer Umtriebe. Damit wird die Linde zu einer mythischen Verkörperung eines organisch aufgebauten Staates. Dazu kommt noch der religiöse Status. Ihre religiöse Ausstrahlung hat jede profane Einwirkung abgewehrt. Nur unschuldige Kinder duldet sie in ihrer Nähe: »Das Priesterliche, das sie umwittert, ließ niemand an sie heran als spielende Kinder«. Für den Betrachter ist sie zwar zunächst »Wahrzeichen und Schutz des Gutes«, aber sie wächst im übertragenen Sinne weit darüber hinaus, denn sie verkörpert die Wesensmerkmale der Kirche. Zugleich gipfelt in ihr das Prinzip des Mütterlichen. Sie ist das Sinnbild der *magna mater*: »Ein Wipfel ist es, riesenhaft breit und ausladend, triumphierend wie eine Kirchenkuppel. Das ist die alte Linde, die *magna mater* ...«.

Welche Bedeutung Agnes Miegel dem Bild der Linde insgesamt beimißt, wird am Schluß der Skizze deutlich, wenn sie die Linde wiederum in der Rolle der Kirche sieht und sie zum »heiligen Baum« erhebt. Letztlich ist sie Ikone für ein sich im Jahresrhythmus ständig erneuerndes Leben und damit die Vergegenständlichung des Schicksals eines Volkes, das sich im Spannungsfeld von Wachstum und Untergang behaupten muß. Treten hier aus der Tiefenstruktur bereits Tod und Geburt zur Realitätsebene hervor, so wirken die Schlußzeilen der Skizze wie eine Anleitung zum Verständnis des Mythos Linde: »Sie stand unberührt, unveränderlich knospend, blühend, immer sich erneuernd, immer nachwachsend, tief verankert im Schoß der Erde, durch ihren Anblick tröstend wie eine Mutter, feierlich wie eine Kirche, unerschöpflich quellend und vergehend wie ein Volk, der heilige Baum ...«.

In der nach 1945 geschriebenen Erzählung »Der weite Weg« (VII, 359–366) berichtet eine namentlich nicht genannte Frau, die nach Sibirien zur Zwangsarbeit verschleppt worden war, über die aufzehrende Schwerarbeit und den leidvollen Weg ihrer Rückkehr in den Westen. In diesem Bericht spricht sie sich ihr Trauma von der Seele. Keiner interessiert sich für ihre Leidensgeschichte, weder die Kinder, noch die Enkel, geschweige denn andere Menschen. Nur in einer Ärztin, die ähnlich wie sie unter Russen und Polen jahrelang Fronarbeit verrichten mußte, findet sie eine verständnisvolle und einfühlsame Zuhörerin. Voller Mitgefühl bittet die Ärztin die Erzählerin zu einem Kaffee auf ihrem Balkon. Die Erzählung schließt mit einem Satz der Erzählerin, der die Tiefe ihrer seelischen Verwundung, aber zugleich auch die Aussicht auf Heilung zum Ausdruck bringt: »Aber wenn ich hier mal ein Stündchen in Ruh auf dem Balkon sitzen darf und über die Blumen in die Linden sehen und an meinen langen Weg denken, – dann wäre ich doch recht dankbar!«. Das Wissen um den Mythos der Linde, die Kenntnis ihrer heilenden und versöhnenden Kraft, erlaubt es, diese Aussage zu dekodieren und die zugrundeliegende Tiefenstruktur zu erschließen. Gleichzeitig enthält diese Aussage einen implizierten

Verweis auf die Biographie der Dichterin. Im Grunde knüpft diese Erzählung an die Skizze »Die Linde« an. In beiden erscheint die Linde als Abbild einer organischen, der Schöpfung verpflichteten Welt, die der auseinandergefallenen und dem Menschen feindliche Welt Heilung zu bringen verspricht. Als konkrete Erscheinung wächst sie über die Realität hinaus und wird zum Prinzip, das, wie die Erzählerin deutlich macht, im Geistigen ansetzt.

6. Die Biene – ein Himmelswesen

Linde und Bienen bilden bei aller Unterschiedlichkeit fast so etwas wie eine Wesenseinheit. Auch den Bienen haftet unverkennbar Heiligkeit an. Die Wabe wird zur Zelle der Schöpfung und der Honig zur Segensnahrung der spendenden Natur. Der Bienenschwarm gebiert sich immer wieder aufs Neue. Darin gleicht er dem Schicksal eines Volkes, für dessen Bestand die Biene überdies durch Fleiß und Gemeinsinn sorgt. So verbindet sich mit der Biene der Status eines Wesens, das über die Grenzen irdischen Seins hinausweist. Hermann Hesse sieht daher in seiner Schrift *Wanderung* in der Biene eine Verkörperung des Himmels und verdichtet ihre reale Erscheinungsform zur mythischen »dunkelgoldenen Biene«, von der er bekundet: »Sie summt das Lied vom Glück, sie summt das Lied von der Ewigkeit. Ihr Lied ist meine Weltgeschichte«.[151]

So eng wie sich die Beziehung zwischen Linde und Biene darstellt und die Linde wiederum ein Charakteristikum Ostpreußens ist, so eng ist auch die Beziehung der Biene zu Ostpreußen. In ihrer Kulturgeschichte kann sie hier auf eine lange Tradition zurückblicken. Bereits vor der Ordenszeit galten Bienen als heilige Wesen und Bubilas wurde als Bienen- und Honiggott verehrt.[152] Diese Verehrung hat sich sogar auf das Christentum ausgewirkt, denn das sogenannte »Bienenlob« bildet einen Teil der christlichen Liturgie zur Osternacht. Im mittelalterlichen Denken wurde die Biene sogar mit dem Wiederauferstehungsmythos verknüpft. Im östlichen Mitteleuropa war die Bienenwirtschaft durch Jahrhunderte von besonderer Bedeutung. Offensichtlich haben derartige Voraussetzungen ihren Niederschlag auch in Ostpreußen gefunden. So setzte die Gründerin des Landfrauenverbandes, die Ostpreußin Elisabeth Boehm (1859–1943), durch, daß die Produkte der ostpreußischen Landfrauen mit dem Emblem der Biene gekennzeichnet wurden. In der Zwischenkriegszeit entwickelte sich die Bienenfrage zu einem brisanten Problem. Der Versailler Vertrag legte fest, daß Deutschland als Reparation nicht weniger als 75.000 Bienenvölker an die Alliierten abzuliefern hatte, davon der größte Teil aus Ostpreußen.[153] Das empfand man so, »als ob einem das Mark aus den Knochen gesaugt würde«.[154] Bis in das kleinste Dorf hinein setzte ein vehementer Widerstand dagegen ein, so daß nach heftigen Auseinandersetzungen die Zahl auf 23.350 reduziert wurde. Wenn das Thema ›Biene‹ also angesprochen wurde, spitzte man insbesondere in Ostpreußen die Ohren und war bereit, seinen Bestand zu verteidigen. Wie es ein eigenartiger Zufall wollte, erlangte zugleich das bereits 1912 geschriebene Buch *Die Biene Maja und ihre Abenteuer* von Waldemar Bonsels gleich nach dem Ersten Weltkrieg eine beispiellose Verbreitung. Da die Wirkung dieses Buches noch durch die Fortsetzung *Himmelsvolk* (1915) verstärkt wurde, erreichte es in der Zwischenkriegszeit den Rang des meistgelesenen Buches.[155]

Obgleich man nicht sagen kann, daß diese Verhältnisse einen direkten Einfluß auf die Darstellung der Dichterin ausgeübt haben, so ist es doch die Atmosphäre, in der sich auch ihre Bienen bewegen. Aber ihre Intention ist viel umfassender und geht wesentlich weiter. Ihr schwebt ein Ausgleich zwischen Zivilisation und Natur, zwischen Technischem und Organischem vor. So wie in anderen Mythologien die Biene zum Boten zwischen Diesseits und einer göttlichen Welt wird, so ist für Agnes Miegel die Biene Sinnbild für das ausgeglichene Verhältnis des Menschen zum Ursprung der Schöpfung. Alles, was der Mensch im Bewußtsein einer derartigen Beziehung schafft, ist Ausdruck einer organischen und schöpfungsgerechten Ordnung. Das gilt sogar für die Architektur. So erscheinen im Gedicht »Der Dom zu Königsberg« selbst die Gebäude und Speicher des Königsbergers Kneiphofs als Waben: »Wie Waben in der Beute wuchs rings um mich die Inselstadt«

(I, 144–146). Und in dem Gedicht »Königsberg« vom 13. Juni 1924 gleicht das geschäftige Leben Königsbergs dem Treiben in einem Bienenstock, wobei beide Bildfelder ineinanderfließen:

In Deiner arbeitsummenden Lebensglut
Geschäftig in den allzukurzen Tagen
Zu Deinen Waben Stein und Geist zu tragen
Und vorzusorgen für die neue Brut.[156]

Selbst Details der Architektur werden mit der Wabe verbunden. So ist die Decke der Dorfkirche im Niedersächsischen Idensen in »Wabenbraun« gehalten (»Alte Kirche im Feld«, VI, 178–182).

Das am Franziskustag[157] 1947 geschriebene Gedicht »Zum Gedächtnis der Tiere« (I, 177–179) erinnert mit eindringlichen Worten und bewegenden Bildern an all jene Tiere, die in ihrer Unschuld Opfer der Kriegsereignisse wurden. Durch die Betonung der Gemeinschaft von Tier und Mensch wird dabei das Schicksal des Menschen noch einmal auf der Ebene des Sterbens der Tiere gespiegelt. Das Wissen um die Bedeutung des Mythems ›Biene‹ erlaubt daher die Tragweite der Aussage zu erkennen, wenn es gleich am Anfang des Gedichtes heißt: »Wie leere Waben starrten verlassen Laubenhaus und Dorf./Der Scheune Erntesegen verschwelte wie im Moor der Torf«. Die Ernte des Menschen entspricht dem Honig der Waben, die Waben gleichen Abbildern der menschlichen Behausung. Die Entleerung beider Bereiche ist das größte denkbare Vergehen gegen die Schöpfung, der Einsturz des Himmels.

Das Gedicht ist zugleich auch ein Beispiel dafür, wie sich Lebenswirklichkeit und Dichtung durchkreuzen. Als es kurz nach seiner Entstehung auf einer Versammlung heimatvertriebener Landfrauen unter großer Anteilnahme verlesen wurde, meldete sich eine Landfrau mit der Kritik, daß in der Aufzählung der Tiere die für Ostpreußen wichtigen Bienen übersehen worden seien. Man teilte Agnes Miegel diesen Einwand mit, worauf diese in einem Brief vom 20. Juni 1948 den Landfrauen antwortete: »Die liebe Ostpreußin hat ganz recht, ich liebe ja die Bienen auch so sehr (hier ist die Imkerei bloß ein rationeller Großbetrieb, kein Bauer, kein Pfarrer, kein Gärtner hält sich welche) – aber – sie gingen nicht mehr herein -, ein Gedicht ist ein festes Gefüge, organisch gebaut wie ein Haus, da kann man keinen Erker anklatschen. Aber ich will für die liebe Landmännin es doch versuchen:

> Was Leid und Freude teilte mit Herr und Hof im alten Heim,
> Was summend aus den Linden eintrug den goldnen Honigseim, -
> Von altersher den Unsern so lieb wie gute Geister war, -
> Glückbringende Gefährten wie auf dem First der Adebar –»[158]

Dem Brief lag eine von ihr eigenhändig abgetippte Fassung des Gedichtes bei mit einer genauen Kennzeichnung der Stelle, an der die zusätzlichen Zeilen einzufügen waren. Offensichtlich hat sich Agnes Miegel mit dem »angeklatschten Erker« versöhnt, denn in der Gesamtausgabe erscheint das Gedicht mit diesen zusätzlichen Zeilen. Es reflektiert damit nicht nur die enge Beziehung von Mensch und Biene in Ostpreußen, sondern bei der Entschlüsselung des Mythems ›Biene‹ zeigt sich auf übergeordneter Ebene auch die Verwandtschaft des Gedichtes mit den Aussagen des Werkes. Da Agnes Miegel ihren Brief neben der Unterschrift auch mit »Nenndorf, bei Lindenduft« unterzeichnet, so wirkt auch dies wie ein weiterführender Fingerzeig.

Betrachtet man die Texte aus etwas größerer Distanz, so erkennt man, daß das wiederholte Auftreten der Bilder von Linde und Biene nicht einer spontanen Intention folgt, sondern daß sie als sorgfältig gewähltes Mittel eingesetzt werden, um eine bestimmte atmosphärische Wirkung zu erzielen und gleichzeitig eine themenbezogene Aussage zu transportieren. Eine entsprechende Funktion üben zahlreiche andere Bilder aus. Dabei verknüpfen sich die Bilder mit im allgemeinen Bewußtsein bereits vorhandenen Bildern. Diese derart mythisch aufgeladenen Bilder erhalten jedoch ein spezielles Gepräge, das seine Bedeutung aus der übergreifenden Kosmologie der Autorin bezieht. Damit werden sie zu Mythemen. Das gilt sogar, wie noch zu zeigen sein wird, für die direkte Übernahme der Bildlichkeit aus der antiken Mythologie. Auch diese Entlehnungen werden mit einer von der Autorin angestrebten Aussage erweitert.

Jedes Mythem hat einen Bedeutungskern, um den sich ein Bedeutungshof, der semantische Hof, legt. Im Falle ›Biene‹ sind das z.B. »Wabe«, »Summen«, »Honig« und »Schwarm«. Dieser Bedeutungshof erlaubt es, das Mythem mit anderen Bedeutungsträgern zu kombinieren, wobei die Zahl der Kombinationen nicht begrenzt ist und die Art der Kombination den Tenor der Aussage bestimmt. So wird in dem Gedicht »Frühlingsmond« die Biene zur Verkörperung der Leben spendenden Erde: »Die Erde atmet alles Lebende«, verkörpert durch »Das überquellende Volk am Bienenstand« (I, 56). Der prussische Meeresgott in dem Gedicht »Das Opfer« trägt als Krone »auf dem Haupt den erstarrten Honig des Meeres« (I, 95). Und nach der Anrufung dieses Gottes durch die Fischer heißt es von dem sich einstellenden Fischschwarm: »Und es kam der breite Dorsch, dicht wie ein Bienenschwarm« (I, 97). In der Ballade »Heinrich von Plauen« entspricht das Rauschen der See dem Brausen eines Bienenschwarmes: »Und höre heimlich wie Bienenbrausen/Das sachte Rauschen der brausenden See« (I, 97) In dem Gedicht »Athene im Park« wirkt der aus den Lindenzweigen strömende Duft wie tropfender Honig: »Wie Honig tropft von blühenden Lindenzweigen/Der Duft in die verwunschene Dämmerung« (I, 49). In dem Gedicht »Castell« wirkt das Gemach einer fränkischen Burg wie »Eine dämmernde Wabe, braundunkel und stumm« (III, 107) In dem »Märchen von der Prinzessin Lale« stirbt die zentrale Figur des Gelehrten in seiner Studierstube, die einer Wabe entspricht: »Der Sterbende lächelte. Er blickte in die Stube, die wieder um ihn war, klein, braun und geborgen wie eine Wabe« (VI, 59). Auch in diesem Falle erlaubt die Dekodierung des Mythems ›Wabe‹, die Tragweite der Aussage zu erschließen. Dies gilt ebenso für das Preisgedicht »Memel«, wenn die Holzstapelplätze am Ufer des Memelflusses mit Waben verglichen werden: »Holzplatz an Holzplatz, goldenbraun wie Waben« (I, 105).

Linde und Biene sind lediglich Beispiele für die spezifische Art der literarischen Gestaltung des Werkes von Agnes Miegel. Im Zusammenspiel mit anderen Mythemen bauen sie ein Beziehungsnetz auf, das sowohl unterschiedliche Texte miteinander verbindet, als auch durch die ausgelösten Assoziationen der Textebene eine tiefergehende Dimension hinzufügt. Welche Bedeutung dem Bild der Biene grundsätzlich innewohnt, geht daraus hervor, daß sich die Dichterin selbst in dem Bild sieht, das sie mit der Biene und der davon ausstrahlenden Bedeutung entwirft.

Wenn die Dichterin bei der Beschreibung der geliebten Haushaltshilfe der Mutter in »Meine alte Lina« (V,183–196) als Erzählerin in Erscheinung tritt, dann erinnert sie nicht nur an Linas Heimat, »deren Raps und Linden sommerheiß aus dem kochenden Honig dufteten«, sondern auch an den Überschwang der Gefühle, »daß ich wie eine honigtrunkene Biene zurücktaumelte in Linas Arm«. Im Moment des höchsten Glücks ein erdenfreier Urzustand: Die Botschaft der Biene schenkt den Zustand sündenfreien Seins und der absoluten Lauterkeit. Zweifellos umschreibt das Bild der Biene eine Position, die für Agnes Miegel von grundsätzlicher Bedeutung ist und das Werk bestimmt hat. In dem nach dem Krieg geschriebenen Gedicht mit dem programmatischen Titel »Bekenntnis« (I, 193) schließt die erste Strophe mit den Zeilen:

> Ich durfte dienen Dir, wie Biene dient dem Schwarm,
> Das macht mich reich und stolz, – vertrieben noch und arm.

VIII. Mythische Tiere

Geht man vom Denken und Empfinden Agnes Miegels aus, wie es in den vorausgegangenen Kapiteln aufgezeigt wurde, so folgt daraus, daß sie auch eine große Liebe zu den Tieren hegte. Zahlreich sind in ihrem Werk die Zeugnisse, die darauf hinweisen. Die Erzählung »Morchen«, in der offensichtlich eine Übereinstimmung von Erzählerin mit der Biographie der Autorin besteht, veranschaulicht, wie ein zunächst unscheinbarer Hund als Weihnachtsgeschenk alle anderen Geschenke in den Schatten stellt. Unverzüglich ergibt sich eine enge Beziehung zu dem Tier: »Ich konnte sein kleines Hundegesicht sehen, es hatte etwas Menschliches und Weises mit großen, klugen, gelbbraunen Augen ...« (V, 37). Wie sehr Agnes Miegel das Schicksal der auf der Flucht zurückgelassenen Tiere schmerzt, hat sie in »Zum Gedächtnis der Tiere« (I, 177–179) verdeutlicht. Hier heißt es: »Sie Alle sind vergangen in Angst, in Not, in Blut und Brand/ [...] Der Unschuldig-Gestorbenen, hilflos am Weg Verdorben, – /O Welt, gedenke ihres Leidens auch!«. Daß auch Tiere eine Seele haben, wird in der Erzählung »Der kleine Hund« (V, 315–328) offenkundig, in der ein kleiner Teckel ganz bewußt beim Untergang Ostpreußens das Todesschicksal derjenigen teilt, die ihn lieben.

1. Schlangen: Verteufelung und Vergöttlichung

In der Darstellung wachsen die Tiere bisweilen über die vertraute Erscheinungsform hinaus und gewinnen ein Wesen, das ihnen transzendente Eigenschaften verleiht. Man kann in diesem

Zusammenhang von einer Mythisierung der Tiere sprechen. Zu den eigenartigsten, jedoch in ihrer mythologischen Bedeutung bemerkenswertesten Tieren im Werk der Dichterin zählt die Schlange. Dies ist ein Befund, der auf den ersten Blick überraschen mag. Jedoch ist die Beziehung zwischen Ostpreußen und vor allem dem Baltikum und der Vorstellung von der Schlange als einem zu verehrenden Wesen so ungewöhnlich nicht.

Grundsätzlich spielt die Schlange in den Mythen der unterschiedlichen Kulturkreise von alters her eine wesentliche Rolle. Während aber im Westen und in der Mitte Europas durch den Einfluß des Christentums das positive Bild der Schlange verlorenging, herrschte im »Ostland« noch lange eine religiöse und positive Einschätzung vor.[159] So ist im Baltikum eine Verehrung der Schlange bis in die Neuzeit bezeugt. Bereits von den Pruzzen wird berichtet, daß sie Schlangen hielten und mit Milch fütterten, weil diese als Boten des Gottes Potrimpos verehrt wurden. Für Litauen und Lettland finden sich sogar noch nach dem Ersten Weltkrieg Hinweise, daß Ringelnattern als Hausschlangen gehalten und regelmäßig mit Milch versorgt wurden, weil man sie als Beschützerinnen des Viehs schätzte.

Vermutlich erklärt sich die unterschiedliche Wertung in West und Ost als Folge des zeitlichen Ablaufs von Christianisierung und Kolonisation: Während im Ausgangsbereich des Christentums allein schon durch die zeitliche Komponente die christliche Auffassung ihren Anspruch absolut setzen konnte, blieben im Osten Strukturen der alten Kultur erhalten. Dabei ist das Bild der Schlange durchaus ambivalent. Zwar spricht die Bibel nicht grundsätzlich negativ von der Schlange, aber die Schriften der Kirchenväter z.B., die die Schlange kategorisch mit dem Teufel gleichsetzen, führten zur Dämonisierung des Tieres. Die Schlange wurde zum geschworenen Feind des Menschen, zum willigen Werkzeug des Teufels und schließlich zum Teufel selbst. Sie verkörperte das Böse und die Sünde. Stand sie vorher für Wissen, so wird sie jetzt theologisch gebrandmarkt, weil sie das Wissenstabu gebrochen hat. Damit wurde die alte Vorstellung von der Schlange als Sinnbild schöpferischer und heilsamer Kräfte, als Inkarnation weiblicher

Potenzen und weiblicher Gottheit, als Ausdruck von Regeneration und Unsterblichkeit durch die negative christliche Sicht überlagert.

In Fabeln, Märchen und der mündlich tradierten Volksliteratur hat sich jedoch das positive Bild der Schlange unterhalb der christlichen Ebene länger gehalten. Um nur einige Beispiele anzuführen: In Jean de la Fontaines »L'homme et la conleivre / Der Mensch und die Natter« (1759) fängt ein Mann eine Schlange, tötet sie jedoch, weil sie klüger ist als er. Ludwig Bechsteins Märchen »Die Schlange als Gast« (1853) erzählt von einer Hausschlange. Ein alter Mann bringt vom Reisigsammeln eine Schlange mit nachhause. Diese freundet sich mit der Hauskatze an und abends sitzen alle zusammen und erzählen sich Geschichten. Besondere Bedeutung hat Ludwig Bechsteins Märchen »Der Mann und die Schlange«, weil es gleichnishaft den Bruch zwischen dem traditionellen Verständnis und der christlichen Auffassung thematisiert. Ein friedvolles Zusammenleben mit einer Hausschlange wird plötzlich dadurch unterbrochen, daß die Schlange in Abwesenheit der Hausbewohner völlig unerwartet Gift in das Essen spritzt. Der Hausvater bemerkt dies und will die Schlange aus diesem Grunde töten, besinnt sich dann aber, den Hausfrieden zu wahren und weiterhin in Gemeinschaft mit der Schlange zu leben. Auf sein Friedensangebot entgegnet die Schlange: »Nein! – Unsere Gesellschaft kann fürder in Treuen nicht mehr bestehen, denn wenn du daran denkst, was ich dir in deinen Topf getan, und wenn ich bedenke, wie du mit scharfer Axt nach meinem Kopf gehauen hast, so möchte wohl keiner von uns den anderen trauen. Darum gehören wir nicht mehr zusammen«.[160] Das Märchen verdichtet damit die beiden unvereinbaren Positionen zu einem Moment, in dem deutlich wird, daß die positive Wahrnehmung der Schlange nicht länger bestehen bleibt, die Schlange sich nunmehr zurückzieht und die negative Sicht des Menschen auf die Schlange vorherrschen wird.

2. Die literarischen Schlangen des Ostlands

Sucht man nach Spuren des Schlangenmythos in Ostpreußen, so stößt man wiederholt auf den Flurnamen »Schlangenberg«. Auch in Agnes Miegels hymnischer Darstellung der ostpreußischen Herdbuchzüchtung *Audhumla* liegt der hier geschilderte Gutshof unweit eines Schlangenberges. Und in der Erzählung »Der kleine Hund« geht der Blick vom »roten Siedlerhaus hoch auf der windigen Chaussee über den Wald hinaus auf einen »Schlangenberg« (III, 324). Agnes Miegel selbst begegnete Schlangen von Kindheit an. In dem Gedicht »Hinter der Hohen Düne Vergangenheit« mit den darin enthaltenen Kindheitserinnerungen schildert sie, wie zwar Libellen, Käfer und Schmetterlinge die Kinder staunen lassen, aber: »Ach, alles war schön, war so gut und ganz vertraut – / Und vor Schlangen hat uns gegraut – « .[161] Es ist daher nicht verwunderlich, wenn das Bild der Schlange bei ihr in einigen Fällen ganz im biblischen Sinne erscheint. So thematisiert das Gedicht »Das Lied der letzten Heimkehr/Die Kinder Jubals« das Unvermögen des Menschen, mit seinem künstlerischen Schaffensdrang an die Schöpfungsallmacht Gottes heranzureichen. In enger Anlehnung an die Bibel (1 Mose 3,14) heißt es hier:

> Von der Schlange Gift begeifert
> Reifen der Erkenntnis Früchte.
> Geist, der frevelnd sie geraubt,
> Brütet Haß und fremde Süchte.[162]

Eine sich verabsolutierende Selbstüberschätzung, so der Tenor des Gedichtes, führt in der Kultur letztlich zum »Bruch, in dem die Schlangen schlafen«.

Über das gewöhnliche Schlangenbild oder die Bezugnahme auf die Bibel hinaus öffnet sich jedoch ein weiter Raum, der eine gänzlich andere Botschaft vermittelt. In diesem Raum erfolgt die unmittelbare Begegnung mit einem Mythos, der in einer aufgeklärten Zeit verlorengegangen ist. Es ist die Berührung mit einer vorausgegangenen Kultur, die einem zwar nicht mehr gegen-

Auch heute noch ist der vorchristliche Schlangenkult im baltischen Raum lebendig. Zahlreiche Anzeichen deuten darauf hin. So hat die Litauische Staatsbank 2021 eine Münze im Wert von € 5,00 herausgegeben, deren Prägung das bekannte Märchen »Egle – Königin der Schlangen« darstellt. (Bild: privat)

wärtig ist, die jedoch als geistige Kraft auch weiterhin spürbar ist und infolge einer besonderen Konstellation der Ereignisse mit unerwarteter Eindringlichkeit in Erscheinung tritt.

Dieser Vorgang steht im Zentrum der Erzählung »Am Schlangenberg« (IV, 181–184). Bei einem Besuch des großelterlichen Hofes in den Wiesen bei Insterburg zusammen mit Minna, der rechten Hand der Großmutter, entdecken die Kinder, »wie gelähmt vor Grauen«, beim Beerenpflücken in einer Wallhecke eine Schlange. Für sie ist das Wesen so unheimlich und bedrohlich, daß sie keine Worte dafür finden: »Keines von uns Kindern fand das Wort. Aber Minna, die uns hergeführt, lachte ein bißchen ›Schlangen‹«. Und Minna versucht, die Ängste der Kinder zu beschwichtigen, indem sie auf das frühere Zusammenleben mit den Schlangen verweist: »Im Forsthaus am Haff, wo ich zuerst diente, da kamen sie immer in die Milchkammer. Die Frau gab ihnen immer von der frischgemolkenen, – da taten sie keinem was«. Erst viele Jahre später, als ihre Mutter und Minna schon längst gestorben sind, erfährt die Erzählerin von der uralten Schwester Minnas die Zusammenhänge: »Die Schwester stammte, ihr selbst kaum noch bewußt, aus jenem Winkel der alten Grafschaft, wo sich noch am Feuer des Opfersteins im Eschendunkel des heiligen Hains die Schlangen wärmten und aus birkener Schale die süße Milch erhielten, als bis zur Weichsel schon Kirchenglocken gingen«.

Dieser Bericht macht verständlich, was der gegenwärtigen Zeit verschlossen, aber für die Kenntnis des historischen Werdens von Landschaft und Kultur Voraussetzung ist. Er veranschaulicht an einem Beispiel das Aufeinandertreffen, aber auch das Zusammenfließen von vorchristlicher, prussischer Zeit und ordenszeitlicher christlicher Sphäre. Es öffnet sich damit ein Blick in die Vorzeit, in der die Christianisierung zwar bis zur Weichsel vorgedrungen war, den östlich davon gelegenen Raum jedoch noch nicht in einer Weise durchdrungen hatte, die die Reste eines heidnischen Kultes verhinderte. Verborgen in diesem Rückzugsraum lebt immer noch der Glaube der Urbewohner, daß die Schlange eine Mittlerin des Göttlichen ist.

Zeugnis dieses Glaubens wird eine Kuh, die in unmittelbarer Nähe des Schlangenberges geboren wurde und dadurch offensichtlich Zeichen einer Berührung mit dem atavistisch Religiösen aufweist. In ihrem Erscheinen und Verhalten fällt sie aus allen in der neuen Zeit gültigen Erwartungen heraus. Zwar ist sie »die schönste, stattlichste Kuh der großen Herde«, aber sie verweigert sich allen Maßnahmen, sie in den Regelbetrieb des Gutshofes einzuordnen. Im Gegenteil, sie separiert sich in widerspenstiger Weise und sucht immer wieder die Nähe des Schlangenberges auf, so als wolle sie die Gültigkeit der von ihrer Umgebung nicht anerkannten Bindung wieder herstellen. Nachdem man lange nach einer Lösung des Problems gesucht hat, holt man schließlich einen alten Schäfer zu Hilfe. Dieser »schickte erstmal die jungen Melker und alles andere junge Volk, ja, sogar den Inspektor« weg und befreit damit das Tier von jener »ungläubigen« Generation, der die alten Vorstellungen verschlossen sind. Lediglich eine alte Frau, die bezeichnenderweise in dieser Situation ein Gesangbuch in den Händen hält, darf in einiger Entfernung der Beschwörung beiwohnen. In dem Nebeneinander von paganistisch ritueller Handlung und christlichem Zeugnis findet sich ein versteckter Hinweis auf das Verständnis Agnes Miegels gegenüber der vorchristlichen Zeit. Was der alte Schäfer in dem großen Stall mit brennendem Wacholder, mit Beifuß und Johanniskraut als Gegenmittel zum Weihrauch zelebriert, ist eine Art heidnische Messe, die die Erlösung der Kuh von einer Welt bewirkt, in der sie als Geschöpf prussischer Götter keinen Platz mehr hat. Und tatsächlich: »Und die Kuh ließ sich niedergleiten und an ihrem warmen Euter trinken, was da dunkel, glatt und metallisch schimmernd sich im Stroh ringelte und dann lautlos über die Schwelle hinausglitt in die Dämmerung, über den staubigen Weg, über die tauige Wiese, bis zum Brombeerhang auf der Weide«.

Nach dem Erlösungsritual sind es die »jungen Knechte« als Vertreter der neuen Zeit, die die später verstorbene Kuh noch vor Sonnenaufgang in das Grab legen. Aber dieser Grablegung wohnt eine Überzeitlichkeit inne, denn sie erfolgt in unmittelbarer Nähe des Schlangenberges. Das, was der Schlangenberg an Atavismus birgt, ist nicht etwa verloren, sondern es liegt nur in einem tiefen Schlaf. So wie die Herbstsonne des aufgehenden Tages das wieder aus dumpfem Schlaf weckt, »was da erstarrt von Dunkelheit und Herbstkühle schlief«, das ist nicht gestorben, sondern lebt im Verborgenen weiter »wie einst, als hier unter den Eschen des heiligen Hains der Stein mit dem immer lodernden Feuer stand und die birkene Schale mit der süßen Milch«. Mit diesem Schlußsatz knüpft die Erzählung an die mündlich tradierte Kunde an und erhebt sie damit zur fortgesetzten Gültigkeit. Es ist von Bedeutung, daß der Tenor dieser Erzählung nicht in der Zurückweisung eines vorchristlichen Brauchtums besteht. Vielmehr wird die Vergangenheit verständnisvoll erschlossen und mit einer fast wehmutsvollen Klage verbunden, daß eine derartige Kulturschicht in der heutigen Zeit verlorengegangen ist. Welche Bedeutung Agnes Miegel dieser Episode beimißt, kann man daraus ersehen, daß sie diese ebenso wie die Erzählung »Die Kuh Vergißmeinicht« später aus dem Gesamttext des Buches *Audhumla* herauslöst und völlig unverändert in den Kanon ihrer Erzählungen einfügt.

Die anhand des Schlangenmythos dargestellten Beziehungen zwischen prussischer Religiosität und Christentum treten in der Erzählung »Die gute Ernte« (VII, 117–163) thematisch noch deutlicher hervor. Eine Szene in dieser Erzählung erhält besonderes Gewicht dadurch, daß sie in einem hervorgehobenen religiösen Zusammenhang steht. Hier spielt sich das Geschehen in einer Zeit des epochalen Umbruchs ab, »auf der Schwelle [...] zwischen alter und neuer Zeit«. Die Lehre Martin Luthers hat das Denken und damit auch die Verhältnisse von Grund auf verändert. Herzog Albrecht hat sein Patenkind Georg von Kunheim nach Wittenberg geschickt, um ihn dort durch Martin Luther im Sinne der neuen Lehre erziehen zu lassen. Nach seinem Studium kehrt der Zögling nicht nur erfüllt vom Geist Luthers, Melanchtons und Cranachs nach Ostpreußen zurück, sondern er führt auch eine Tochter Martin Luthers, Margarete, als Frau in seine Heimat. Nach seiner Ernennung zum Amtshauptmann konzentrieren sich die Ergebnisse der Erzählung auf die Kirche in Mühlhausen, die mit ihrem Friedhof zum Schauplatz des Wandels in der neuen Zeit wird.[163] In der Schilderung Agnes Miegels erscheint sie nun wie ein idealisierendes Gemälde ostpreußischer Ländlichkeit: Sie liegt da wie eine Trutzburg, die allen Stürmen und Bedrohungen Widerstand geleistet hat: »Das Bienenlied der großen Linde am Eingang der Kirche erfüllte die heiße Luft« und die Störche umkreisen den Kirchturm in majestätischem Flug. Aber wie in einem Brennpunkt prallen hier alte und neue Zeit, prussische Vergangenheit und christliche Neuzeit aufeinander. Nicht ohne Grund klagt der Dorfpastor, »der alte Henneberger«, auf dem Weg zur Kirche, daß die Leute »im Aberglauben ersaufen«. Daß diese Klage berechtigt ist, zeigt sich unmittelbar darauf auf der Pfarrwiese. Ausgerechnet hier erblickt Margarethe eine Schlange und schreckt voller Abscheu zurück. Doch der alte Pastor kann sie beruhigen. Das, was ihr wie eine züngelnde Schlange erscheint, ist lediglich »ein Stück silbergrau verglühtes, gewundenes Holz, das da mit Ähnlichem im Aschenhaufen lag«. Dennoch ist der Fund nicht weniger alarmierend, als wenn Margarethe auf eine wirkliche

Schlange gestoßen wäre. Er ist der beunruhigende Beweis dafür, daß selbst im Schatten der Kirche die vorchristlichen Rituale unter den Dörflern weiterleben: »Sonnenwendfeuer, Räderdreh und -rollen und Schlangenholz sammeln – o, das können sie!«, stöhnt der alte Pastor resigniert. Georg von Kunheim begegnet diesen Erscheinungen jedoch mit viel Verständnis und drückt damit eine Haltung aus, die sich bereits als Tendenz in der Erzählung »Am Schlangenberg« abzeichnete: »Ach, es ist ein armes Volk, und was es da tat, das geschah aus großer Treue zum Väterbrauch!« Sogar in der Verwandtschaft des Amtshauptmannes findet sich die Ansicht, daß man das alte Glaubensgut mitnehmen und nach den Forderungen der neuen Lehre in die Gegenwart einfügen möchte. Der Weg dafür liegt, wie Margarethe und ihr Mann deutlich machen, in der Vermittlung des Glaubens in der Sprache Luthers sowie in dem Bekenntnis zur Musik in den Gottesdiensten. Die verständnisvolle Annahme des Vergangenen ist das Geheimnis der Blüte des Landes. Die Erzählung schließt in diesem Sinne mit dem Einbringen einer reichen Ernte unter Gesang, der Margarethe und ihr Mann beiwohnen: »›Eine gute Ernte!‹, sagte der Amtshauptmann […] ›Wir wollen Gott danken in der Kirche von Mühlhausen!‹«.

Wie sehr das kulturgeschichtliche Erbe auch in religiöser Hinsicht den Menschen des Ostlandes selbst in jüngster Zeit noch immer prägt, verdeutlichen versteckte Hinweise, deren Bedeutung man auf den ersten Blick zunächst nicht wahrnimmt. In »Noras Schicksal« scheint die Erzählerin einen Augenblick zu zögern, ob sie das Bedeutungsvolle des Geschehens preisgeben darf, besinnt sich dann aber doch, darüber zu sprechen: »Die alte Frau […] fuhr mit einer seltsamen Bewegung mit dem Zeigefinger über den Mund. Dann tippte der Finger mit dem grünäugigen Schlangenring darauf, als wollte er ihm Schweigen gebieten, aber sie schüttelte den Kopf …« (IV, 114). Hier scheint es so, als ob dieses Verhalten im Schlangenemblem die außerrationale Unbegreiflichkeit des Schlangenmythos wie ein sich fortsetzender Nachklang zum Ausdruck bringt. Auch in der Erzählung »Schlußkapitel«, in der das »alte Fräulein Miegel«, Usche genannt, die sterbende Lisbeth Scott als Betreuerin in einem Wohnstift besucht, taucht unterschwellig das Schlangenmotiv wieder auf: Die Sterbende »streckte Usche ihre schmale Hand entgegen, an der im Schein der Moderateurlampe die beiden Trauringe und der alte Schlangenring glänzten« (IV, 376). Offensichtlich hat der Schlangenmythos selbst im Alltagsleben der neuen Zeit seine Magie nicht verloren.

3. Schlange und Martenehe

Das Schlangenmotiv findet sich in einer weiteren Erzählung, die weder an Ostpreußen noch an die Neuzeit gebunden ist. »Die Quelle« (III, 101–132) verlegt das Geschehen ins Frankreich des 13. Jahrhunderts. Den Schauplatz stellt die Burg von Lusignan im Department Vienne der Region Nouvelle-Aquitaine dar. Um diese Burg, die zu den größten Frankreichs zählte, jedoch in der Mitte des 19. Jahrhunderts weitgehend abgetragen wurde, rankt sich eine Melusinensage. Diese beschreibt eine Martenehe[164], wonach eine Wasserfrau in Gestalt einer Fee einen armen Ritter geheiratet und diesen aus der jenseitigen Welt mit sagenhaftem Reichtum wie Burgen, Städte und Klöster ausgestattet haben soll. Die Dauer einer derartigen Ehe mit einem übernatürlichen weiblichen Geschöpf ist allerdings an die Beachtung eines strengen Verbotes geknüpft.[165] Die Ehe ist außerordentlich glücklich und schenkt dem Paar zahlreiche Kinder, jedoch darf der Ehemann seine Frau an einem bestimmten Tag nicht besuchen. Als er dieses Gebot jedoch bricht und sie im Bade erblickt, muß er erkennen, daß Melusines Unterleib schwanzförmig wie eine Schlange ist. In diesem Augenblick zerfällt ein Teil der Burg. Melusine nimmt die Gestalt einer geflügelten Schlange an und kehrt nachts in die in Ruinen liegende Burg zurück, um ihre Kinder zu nähren.

Agnes Miegel nutzt diese Legende als Grundlage für die Darstellung religiöser Toleranz, verständnisvoller Anerkennung und letztlich geistiger Freiheit. Sie verlegt daher das Geschehen in die Zeit kurz nach den Albigenserkriegen. Papst Innozenz III. hatte die christliche Strömung der Albigenser, die konsequent nach rein spiritueller Existenz strebten, erbarmungslos bekriegt. Die Albigenserkriege begannen 1209 mit dem »Massaker von Béziers«, dem etwa 20.000 Menschen zum Opfer fielen, und endete erst 1229. Entsprechend war die Atmosphäre nach den Kriegen.[166]

In dem Spannungsfeld zwischen Legende und Wirklichkeitsdarstellung sowie angesichts des historischen Antagonismus zwischen den religiösen und politischen Widersachern stehen sich nun zwei Kontrahenten gegenüber: Raimond, Graf von Lusignan, gebildet und feinsinnig, in Martenehe mit Melusina verheiratet. Unversöhnlicher Gegner ist sein machtstrebiger Vetter Pierre de Montfort, schmallippig und bleich, mit Spinnenhänden und vor Haß auf die Albigenser sich verzehrend. Zwar verbietet die Etikette des Adels eine offene Feindschaft, aber die Begegnung beider auf einem Jagdausflug ist nichts anderes als ein nur mit Mühe im Zaum gehaltener Wortwechsel kurz vor einem handgreiflichen Streit. Das Wortgefecht wird von verweisenden Zeichen begleitet: »Sein [Pierre de Montfort] Gesicht war bleicher als sonst. ›Aber ich bin Simon Montforts Neffe, ich werde dafür sorgen, daß diese Pest nicht wieder ausbricht. Ich zertrete diese Verfluchten, ob Greis, ob Kind, ob Frau – wie dies Gewürm!‹ Und der lange, schmale Fuß zertrat mit jäher Wucht den zierlichen Bronzeleib der kleinen Schleiche auf dem Weg. Der spitze Schweif, aufglänzend in einem verirrten Sonnenstrahl, wand sich auf dem grauen Stein und zuckte auf, unter dem sämischen Leder des Schuhs quoll hellerdbeerrotes Blut hervor. Graf Raimond wich zurück, der Falke zuckte auf seiner Hand und versuchte, die Schwingen zu heben. Der Graf sah in das vor Haß totenfahl erblichene und verzerrte Gesicht des Anderen, aus dessen schiefgezogenem Mund der Speichel rann. Er schluckte als würge er etwas hinab, dann sagte er gleichgültig und fast scherzend: ›Nehmt Euch in acht, Vetter Montfort! Eine Schlange zu zertreten, bringt sieben Jahre Unglück!‹« (III, 111f.)

Das Schlangenmotiv verbindet diese Szene nicht nur mit der Gestalt der Melusine, sondern signalisiert auch die Gegenwelt zur Sphäre des Hasses und der Verfolgung. Durch geschickte Insinuation gelingt es Montfort jedoch, in Graf Raimond den Keim des Zweifels an der Treue von Melusina zu wecken. In einer ihm fremden Aufwallung des Gefühls dringt dieser ausgerechnet an dem ihm verwehrten Tag in das Turmzimmer von Melusina. In dieser Situation vollzieht die Erzählung einen grundsätzlichen Perspektivwandel gegenüber der Legende. Zwar verweist die Erzählung auch auf das Geraune der Höflinge vom »Fischschwanz«, aber obgleich Melusine dem Grafen in ihrer Schöpfungsursprünglichkeit gegenübertritt, wird das entsprechende déjà-vu ausgespart. Ausgeblendet wird die dem Tierreich zuzurechnende Körperlichkeit und stattdessen muß der Eindringling zu seiner Bestürzung das wahrnehmen, aus dem der Geist seiner Frau spricht: »... von der Wand, gleißt aus der Mandorla des perlmutterzarten Mondregenbogens ein goldenes Kreuz. Nicht der Kruzifixus [...] sondern ein schlichtes Kreuz, aus dessen Winkel Strahlen wie goldene Sporen schossen, – das zwölfstrahlige Kreuz im Regenbogen unter der Taube, das Ketzerkreuz der Albigenser«. (III, 123)

Mit diesem entschiedenen Bekenntnis zu einer verfolgten Glaubensgemeinschaft, dem »verruchten Götzendienst der Verdammten«, wird Melusina aus einem Wesen der Legende zu einer Verfechterin von geistiger Freiheit. Daß dieses Streben nach geistiger Freiheit nicht nur auf die religiöse Sphäre beschränkt ist, läßt die weitere Ausstattung des Turmzimmers erkennen. In ihm befindet sich auch ein Teppich »... und in der Mitte des Teppichs glühte eine lichtblaue Blume, blau wie Bergwasser, blau wie Melusinas Augen«. Den Albigensern wird von Agnes Miegel nicht nur das Streben nach der Blauen Blume, ein zentraler Begriff der deutschen Romantik, sondern auch die Suche nach dem Gral zugeschrieben. In diesen Idealen kommt die Sehnsucht nach dem Unendlichen sowie das Ringen um Selbsterkenntnis ebenso wie die Suche nach Reinheit zum Ausdruck. Das Blau in den Augen Melusinas, das dem Blau eines Bergwassers gleicht, verbindet Melusina wiederum mit dem Motiv der Wasserfrau. Gemäß der Legende geht der gesamte Besitz nach dem Verstoß gegen das Gebot verloren. Auch bei Agnes Miegel zerstört ein gewaltiges Gewitter den größten Teil der Burganlage. Aber obgleich sich Melusina wieder in eine andere Welt begeben hat, ist sie immer noch gegenwärtig und macht ihren Einfluß geltend. Als Wasserfrau wählt sie den für sie gültigen Weg: »Es blinkte über den schwarzen Schutt im Mondlicht, rieselte silbrig funkelnd über zerborstene Quadern – die Quelle, die vom stürzenden Gemäuer abgedrängt war und sich hier ein neues Bett sucht [...] Das war sie, die Wasserfei, durch das läuternde Feuer zurückverwandelt in das Element, aus dem sie gestiegen«. Das Verlangen nach geistiger Freiheit setzt sich fort in Form einer aufbrechenden Quelle, die sich auch hier nicht durch die Trümmer einer Welt der Zerstörung unterdrücken läßt. Damit führt die Erzählung »Die Quelle« die in »Am Schlangenberg« und »Die gute Ernte« angelegte Thematik von religiöser Toleranz und geistiger Freiheit konsequent zu einer Aussage von übergeordneter Gültigkeit.

Diese Aussage wird in Bezug auf Motivwahl und Bildlichkeit in einer Weise vorgetragen, die sehr nahe an die symbolistische Malerei herankommt. Bereits zu Anfang zeigt sich die Neigung des Symbolismus, über die christlichen Setzungen hinauszugehen, wenn Graf Raimond auf der Rückkehr von einem Jagdausflug nicht nur einen Bildstock mit »einer kleinen, steinernen Gottesmutter« betrachtet, sondern darüber hinaus in unmittelbarer Nähe unter einer »Fülle der süßduftenden, halbgefüllten Rosen von schönstem, leuchtenden Rot« auch ein »aus dem Felsen gemeißeltes Schild« entdeckte, »das ein gekröntes Meerweib zeigte, wie es mit schön geschwungenem Fischschwanz auf den nur angedeuteten Wellen schwamm«. Die symbolistische Darstellungsform erreicht ihre Vollkommenheit in der Schilderung des Turmzimmers von Melusine. Hier überstürzen sich geradezu Farbenfreudigkeit, exquisite Ausstattung und Lichtwirkung. Fanden sich im Turmzimmer »weiße Lilien in altertümlichen Metallbecken«, einem zentralen Symbol der Symbolisten, so weist Graf Raimond am Ende, selbst als alles in Trümmer gefallen ist, auf die Lilien hin: »Sieh, der Mond kommt vor. Wie die Lilien dort leuchten!« Eingebettet ist die zum Symbolismus neigende Darstellung in den Mythos der Quelle. In vorchristlicher Zeit war das Quellwasser mit Fruchtbarkeitssymbolik verbunden, die, insbesondere im keltischen Kulturbereich, ihre Verkörperung in einer Göttin fand. Sie versinnbildlichte Fruchtbarkeit und Reinheit. Mit dem Aufkommen des Christentums trat zwar die Marienverehrung an die Stelle der Fruchtbarkeitsgöttin, aber deren Nachwirkung ist bis in die Neuzeit spürbar. Sucht man nach

Beispielen, so bieten sich die Bilder von Gustave Coubert an, insbesondere sein Gemälde »Die Quelle« (1862).

4. Irische Mönche und die Schlangen

Die Erzählung »Die Heimkehr« (III, 91–100) verdient besondere Aufmerksamkeit, nicht nur, weil bereits im Titel der Hinweis auf ein zentrales Motiv im Werk vorhanden ist, sondern auch, weil das Bild der Schlange in Bezug auf den Mythos eine ganz besondere Behandlung erfährt. Die Handlung spielt in einer Zeit, in der die römische Herrschaft ihre Kraft verloren hat und das Imperium Romanum sich bereits seit längerem im Niedergang befindet. Als neue geistige Kraft dringt das von irischen und iro-schottischen Wandermönchen vertretene Christentum vor und übernimmt auf geistiger Grundlage die römische Reichsidee.[167] Ihr Repräsentant ist Vater Cuthbert, der Irland bereits vor vielen Jahren verlassen hat und im nördlichen Alpenbereich seine Missionstätigkeit ausübt. Das Zentrum seiner Arbeit ist ein Alpental, in dem er eine kleine Kapelle errichtet hat und von dem aus er auch die Bewohner einer angrenzenden Bergregion betreut, darunter die Leute des Wieshofes.

Nach Jahren der erfolgreichen seelsorgerischen Arbeit, da Vater Cuthbert bereits ein hohes Alter erreicht hat, tritt ein Ereignis ein, das seinen Tod mit dem Augenblick der Erkenntnis zusammenfallen läßt. Mehr zufällig trifft er zwei junge Mönche, den Iren Cassian und den Sachsen Wigbert, die sich auf dem Weg nach Rom befinden. Voller Tatendrang und auf die Ausbreitung des Christentums bedacht, prüft Wigbert die Hänge unterhalb des Wieshofes auf deren Eignung für die zukünftige Errichtung eines Klosters: »Ganz besonders aber hatte es ihm der Hang unter dem Hof drüben angetan, da müßte es gut sein für ein Kloster …«.

An diesem Punkt geht die Erzählung über den Raum des realen Missionsgeschehens hinaus und erweitert sich auf einer übergeordneten Ebene durch die Darstellung des Spannungsverhältnisses von Religiosität und Toleranz, von Dogmatik und Liebe. Dadurch wird die bereits in den anderen Erzählungen angesprochene Schlangenthematik wieder aufgegriffen und infolge der starken Betonung des religiösen Elementes noch weitergeführt. Vater Cuthbert muß den kühnen Klosterplänen des Sachsen widersprechen: »Eine schlechte Gesellschaft wirst du dort finden, Bruder Wigbert [...] alles wimmelt da von Kreuzottern. ›Die Schlangenwand‹ heißen sie es hier. Nur der Wiesbauer und die Seinen können da hauen, die haben einen Segen, die Schlangen zu besprechen«. Der »Schlangenberg« taucht hier also wieder als »Schlangenwand« auf, und die Prussen, die immer noch dem heidnischen Ritus anhängen, nehmen nunmehr die Gestalt der Alpenbewohner an, die gleichfalls über die heidnische Fähigkeit des Schlangenbeschwörens verfügen. Ähnlich den Prussen sind die Leute der Wieshofmatten die letzten »von dem alten Volk«, und für die Mönche ist es mit ihrem Missionsgelübde nicht vereinbar, »daß sie [Wieshofleute] noch anderes als die Schlangen besprachen«. Voller Empörung fordert der Mönch Wigbert daher Vater Cuthbert auf, diesen sakrilegen Aberglauben den Bergbauern zu untersagen: »Das wird ein rechter Heidengrund sein, du solltest es ihnen verbieten«. Mit Unterstützung des Mönches Cassian ergreift der ansonsten sanftmütige und friedfertige Vater Cuthbert das Wort und hält eine Philippika gegen das Gezücht der Schlangen. Diese Rede gewinnt ihr besonderes Gewicht, weil sie einem Zitat aus einem der Texte der Kirchenväter gleicht und überdies wie ein kirchliches Schisma gegen die Schlangen wirkt: »Aber Bruder Cassian erinnerte an den heiligen Patrick und stimmte Cuthbert bei, als der sagte, daß es ihm stets als eines der schönsten Wunder des Erwählten erschienen sei, wie er das Gewürm, gegen das jeder Christenmensch einen Abscheu spüre, mit seinem Gebet von der grünen Insel ins Meer getrieben hätte, so daß diese ohne das abscheuliche Abbild der Ursache unserer Erbsünde nun erst ganz zum Pflanzgarten Gottes für seine Boten werden konnte«. (III, 93)

Entschlüsselt man diese Passage, so öffnet sich eine ganz neue Verständnissphäre: Es wird eine Verbindung des irischen Schlangenmythos mit den Kreuzottern des Alpenbereiches hergestellt. Der Hinweis auf den irischen Nationalheiligen St. Patrick, der der Überlieferung nach die Schlangen aus Irland vertrieben haben soll, als sie ihn während einer Fastenreise angriffen[168], läßt erkennen, daß die Mönche in den Alpen letztlich auf seinen Spuren wandeln. Es spricht jedoch viel dafür, daß die Realität hinter der Überlieferung ganz anders aussah. Schlangen hat es in Irland nie gegeben. Die Vertreibung der Schlangen ist im Grunde eine bildliche und rechtfertigende Umschreibung der Beseitigung der druidischen Priester sowie der Auflösung keltischer Religiosität durch das Christentum. Die hierin deutlich werdende Haltung erhält noch dadurch Gewicht, daß Vater Cuthbert durch den Heiligen Columban ordiniert wurde mit dem Auftrag, in »diesem verlassenen Winkel zu predigen«. Es handelt sich dabei um Columban von Iona, der 563 auf dieser Insel der Inneren Hebriden eine Abtei gründete und über Jahrhunderte als geistliches Zentrum der Ausgangspunkt für die Christianisierung Nordeuropas war.[169]

Vater Cuthbert ist nicht nur vom Missionsauftrag erfüllt, sondern auch ganz im Geist der Schlangenabwehr befangen, ohne zu ahnen, was durch diesen transportiert wird. Es ist der konsequente Ausschluß dessen, was nicht dem eigenen Denken entspricht. Zur Missionsbotschaft gehört daher auch als geistiges Gepäck die implizite Aufforderung des Kampfes gegen Andersgläubige. Entsprechend reagiert er, als er auf seinem Wege ins Tal auf eine Schlange stößt. Gerade erhebt er seine Arme »zu Dank und Gebet. Da raschelte es neben ihm im kurzen Gras. Es glitt davon unter den Erlenstamm, aufblinkend wie Metall, gewunden wie ein Initialenschnörkel [der Psalterschrift], fußlos und widerlich. Der Alte schlug die Hände vors Gesicht in jähem Abscheu [...] Er schlug ein Kreuz, lähmendes Grauen packte ihn und löschte alle Gebetsworte aus«.

Der weitere Weg ins Tal gleicht einer Flucht. Doch plötzlich vernimmt er einen Schrei wie von einem Kind in Todesnot. Tief getroffen, sucht er die Quelle: »Da sah er es liegen, mitten in der frischen Wagenspur, sich windend und krümmend in schrecklicher Qual – ein nacktes, jämmerlich elendes, überfahrenes Kind. Ein fremder Bub war es, so mager wie ein Stecken, von wilder Häßlichkeit, mit farblos gelblicher Haut, durch deren Staub- und Blutdecke doch die scheußliche Schuppenflechte zu erkennen war, die sie bedeckte. Der platte Kopf mit dem verfilzten Haar bohrte sich tief in das Gras am Weg. Schaum stand vor dem übergroßen, weit aufgerissenen Mund, aus dessen breiten Zähnen das klebrige Blut rann«. (III, 97f.)

Vater Cuthbert beugt sich über den zuckenden Körper und hält ihn schließlich tröstend fest in seinen Armen, ohne wahrzunehmen, daß es sich nicht um ein Kind, sondern um eine Schlange handelt. Rein menschliche Gründe, das Mitempfinden mit einem unter Qualen leidenden Wesen bewegen ihn dazu, ohne daß er sich der Aversion gegen Schlangen überhaupt bewußt ist. Die Sprache des Herzens bestimmt seine Handlung und sogar die Wahrnehmung der Wirklichkeit. Mit dem Akt der Zuwendung vollzieht sich auch der Wandel von Abscheu zum Mitleid: »Sein eigener Abscheu ging unter in Mitleid, im Verlangen, dem Sterbenden die Angst zu nehmen, die zu der körperlichen Qual hinzukam. Er neigte sich tief über den Stummen, er flüsterte Trost und Gebet in das mißgestaltete Ohr«. Der Akt der Zuwendung und die spontane Bereitschaft zum Trost selbst im Falle eines Wesens, vor dem er Abscheu empfinden sollte, bewirken in Vater Cuthbert einen grundlegenden Wandel, der ihn auch die Schönheit dessen erkennen läßt, was Gott geschaffen hat: »Und er sah die regelmäßige und schöne Zackenlinie ihres Schmucks, kunstvoller und klarer als die Schnörkel der Psalterschriften. Er sah, wie sie dalag, schön gewunden wie das Silberband an seines Vaters Armring, mit Augen wie Bernstein«.

So wie im Falle von St. Patrick und Columban hat auch der Name Cuthbert für die Erzählung seine Bedeutung.[170] Cuthbert von Lindisfarne (634–687), ein northumbrischer Mönch, entwarf während seines Aufenthaltes auf der unbewohnten Insel Inner Farne an der Küste des äußersten Nordwestens Englands Bestimmungen für den Schutz von Seevögeln. Er gilt daher als derjenige, der das erste Naturschutzgesetz geschaffen hat und entspricht damit der Haltung von Vater Cuthbert, der die grundsätzliche Schutzwürdigkeit der Kreatur erkennt.

Vater Cuthbert verfällt nicht der Versuchung einer Religion, wie es die Erzählung »Die Quelle« eindringlich thematisiert, den Absolutheitsanspruch des eigenen Glaubens zum Vernichtungswillen gegenüber Andersgläubigen zu steigern. Im Gegenteil, indem er sein Herz öffnet, unberührt von den ausschließenden Untertönen seines Glaubens, und sich dem leidenden Geschöpf zuwendet, hat er im religiösen Sinne die absolute Lauterkeit seiner Seele erlangt, eine Form der Einheit mit Gott. Dieses Stadium ist jedoch nicht von dieser Welt. So finden ihn die beiden Mönche: »... den Frieden, der höher ist als alle Vernunft im sterbenden Antlitz und seine erkaltende Hand streichelte die zerquetschte kleine Kreuzotter in seinem Schoß«. Wie mit einem auktorialen Kommentar schließt die Erzählung, indem sie direkt aus der Kanzelliturgie zitiert und diese Worte mit der Haltung Vater Cuthberts verbindet: »Der Friede Gottes, der höher ist als alle Vernunft, bewahre eure Herzen und Sinne in Jesus Christus«.

Die Aussage dieser Erzählung entspricht den Ergebnissen, wie sie sich in anderen Beispielen abgezeichnet haben. Man kann daher mit einigem Recht auf die religiöse Haltung der Autorin schließen. Religion bedeutet demnach die ehrfurchtsvolle Beseelung des Menschen mit einem ursprünglichen, nicht streng regelhaften Verhältnis zur göttlichen Schöpfung. Da es eine freie Form von Religiosität ist, die nicht an Hierarchien gebunden ist, weist dieses Verhältnis, das seinen Bezug zu christlichen Vorstellungen nicht verliert, deutliche unitarische Spuren auf: Das religiöse Verhältnis des Menschen zur Schöpfung entspringt dem Herzen und findet seinen Ausdruck in der Liebe. Diese Liebe ist so umfassend und absolut, daß sie nichts ausschließt. »Die Heimkehr« meint daher den Entwicklungsgang, den Vater Cuthbert als stellvertretende Figur durchlaufen muß, um jenen Seelenzustand zu gewinnen, der das Wesen einer Religiosität ist, die der Schöpfung gerecht wird.

5. Schöpfungsmythos und die Kuh Audhumla

Ist die Schlange ein Medium mythischen Erzählens, so läßt sich diese Darstellungsform auch am Beispiel anderer Tiere nachweisen. Mit dem 1936 im Königsberger Verlag Gräfe und Unzer unter dem Titel *Audhumla* erschienenen Buch greift Agnes Miegel auf die

Schöpfungsgeschichte der nordischen Mythologie zurück und verbindet diese mit der realen Welt Ostpreußens.[171] Mit ihrem Ausgangspunkt folgt die Darstellung eng der *Snorra Edda* (1220–1225), der zufolge die Urkuh ›Audhumla‹ aus dem schmelzenden Eis entsteht und der Ursprung allen Lebens ist. Wie in der Mythologie zahlreicher anderer Kulturkreise, wirkt auch hier die Kuh als Verkörperung einer numinosen Kraft des Gebärens und des Ernährens.[172]

Die ersten Sätze schildern eine von Gletschern bedeckte Urlandschaft, die nur aus »totem Geröll« und »Schneefeldern« besteht. Erst »der göttliche Atem warmen Sturmes« bricht die in Frost und Eis erstarrte Landschaft auf. Wie ein Sendbote göttlicher Schöpfung löst sich ein Wesen aus dem Himmel, das mit folgenden Worten beschrieben wird: »Strahlende Bläue stand leuchtend über gleißendem Grund und auf der Windwiese des reingefegten Himmels stieg Audhumla herauf, die Urkuh. Weiß war ihr Wolkenleib, mächtig und schöngeformt, dunkel gefleckt, rosig schimmernd das Euter, glänzend die Hörner, Wärme hauchend das rosige Maul. Mit sanftem Murren neigte sie sich nieder, lebendige Glut dampfte von ihr, als sie den Schnee aufleckte. Ungeduldig, funkensprühend scharrten ihre Hufe«. (S. 8)

Diese sich auch stilistisch an die *Snorra Edda* anlehnende Schilderung des Schöpfungsmythos beschreibt einen Raum, in dem sich Ostpreußen von der Urzeit bis in die Gegenwart der Erzählerin entwickelte. Mag dieser Zeitraum auch sehr lang sein, der Geburtsmythos bleibt bis in die jüngere Neuzeit stets die Bezugsgröße. Mehr noch: die gesamte Darstellung ist außerdem auf jenes Wesen konzentriert, das die Weihen des Göttlichen trägt und als Lebensquelle wirkt. Nicht ohne Grund sind dem Werk 67 eindrucksvolle Fotos von Kühen in Ostpreußen beigegeben.[173] Und da die Kuh Leben verkörpert, ist ihr Tod, der sie trotz aller mythischen Erhöhung auch erreicht, von besonderer Tragik. Schildert *Audhumla* den Einbruch einer verhängnisvollen Krankheit in eine wertvolle Zuchtherde, so findet dieses Ereignis in der Erzählung »Der Todesgang« (V, 260–270) seine Gestaltung.

Blickt man aus der Vogelperspektive auf Ostpreußen, so wirkt das Zusammenspiel von Tier, Land und Mensch wie ein »Altarblatt« –

und dieser Begriff wird bewußt gewählt – unter einem Himmel, der sich unendlich darüber wölbt: »Sie weiden, die Schwarzbunten, in den Bürgerwiesen der kleinen Landstädte, deren Dächergewirr sich um die alte Ordenskirche auf dem Hügel, um das gestaffelte Markttor drängt. Klein wie auf einem Altarblatt liegt alles unter der unendlichen Wolkenhöhe des ostdeutschen Sommerhimmels«. (S. 64)

Die hier bildlich vorgestellte Szene zielt auf das Allerheiligste ab, visualisiert also etwas, was charakteristisch ist und mit einem gleichsam religiösen Hintergrund über das Individuelle hinausweist. Das gilt auch für die geschilderten Ereignisse und die auftretenden Personen. Fast erscheinen diese Personen wie mythische Projektionen, die generische Eigenschaften annehmen. Die Entwicklung der Landwirtschaft, die Herdbuchzucht, das Verhältnis von Handarbeit zur Maschine und selbst die Landflucht haben einen mythischen Bezugshintergrund. Der beschriebene Gutshof wird zum Inbegriff der landwirtschaftlichen Arbeit. Die mit dem Gutsleben verbundene Großmutter wird zur weisen Seherin, und der Gutsherr scheint nicht dem Alter unterworfen zu sein. Mit dieser Welt vor Augen beklagt die Erzählerin daher den Verlust des Mythos in der Neuzeit und erklärt damit das Leiden an der Zivilisation, die unter dem Diktat der Fortschrittsidee steht.[174] Das »erdentfremdete Gemüt des Städters« ist nicht mehr fähig, das Eigentliche hinter der vordergründigen Wirklichkeit zu sehen. Und wieder stößt man auf die Schlangen des Ostens: »Einst lebten sie [Hausschlangen] überall, mit den letzten Stadtmauern zerbröckelten sie: die Sagen von der Hausunke in dem alten Haus, mit der das Kind seine Milch teilte, dem sie nicht schadete, sondern zum Lohn etwas schenkte für die Gabe, die ihr einst als geheiligtes Recht zustand – ihr, der Hausschlange, die sich unter dem Namen der Hausunke verbirgt«. (S. 96)

Unmittelbar daran schließt sich ein Hinweis auf die möglichen Folgen des Mythenverlustes an. Obgleich dies am konkreten Beispiel der Hausschlange veranschaulicht wird, sind die realistischen Versatzstücke im übertragenen Sinne zu verstehen, denn der Verlust des Mythos leitet zugleich den Verlust des Verständnisses von Unschuld und Heiligkeit ein: »Das Kind, dem die Gefährtin [Hausschlange] genommen oder gar getötet wird von den Großen, die das Geheimnis seiner Unschuld und die Heiligkeit des erdgeborenen Hausgeistes nicht mehr verstehen, muß hinsiechen und sterben«. (S. 96)

Am Ende von *Audhumla* zieht Agnes Miegel als Autorin Bilanz und verweist nicht nur darauf, wie eng Mensch und Tier aufeinander bezogen sind, sondern hebt auch hervor, daß sich diese Beziehung im Denken und Empfinden niedergeschlagen hat: »Mensch und Herde – Kreatur, unlöslich an uns und unser Geschick gebunden, Amme und Freund, Ernährer und Ackerknecht, Mythe und Lied« (S. 106). Wer aufmerksam lauscht und ein Gespür für das Verborgene hat, so die Aussage in *Audhumla*, der vermag auch in den heutigen Erzählungen Ostpreußens jene Welt zu entdecken, über die unsere Zeit hinweggeht: »Immer wieder erzählt man in Ostpreußen von der Kuh, die alle Melker zu Tode stößt, weil ihre Milch den Hausgeistern, den Schlangen oder dem Alf gehört«, und mit einem Seitenblick auf den bisweilen auf Abwegen befindlichen Charakter des Menschen, der unempfänglich ist für den Segen der Haustiere, findet sich der Zusatz gleichsam als Konzession an die Realität: »... oder versiegt unter neidischem Nachbarfluch«.

6. Widergänger und Mittler in Weiß

Ein Beispiel für den mündlich tradierten und sich um ein Tier rankenden Mythos findet sich in der Erzählung mit dem bezeichnenden Titel »Tine Sudaus Erzählung« (V, 92–97). Hier wird ganz gezielt die mündliche Kunde der gedruckten Nachricht gegenübergestellt. Die Erzählerin sitzt am Küchentisch und liest »im Abendblatt, das noch nach frischer Druckerschwärze roch«. Doch das, was die Köchin Tine Sudau zu erzählen verspricht, erweist sich als wesentlich anregender als die Zeitungsnachrichten. Und so ergeht an sie die ausdrückliche Aufforderung »Erzähl doch mal«, der Tine nur zu gerne folgt: »Tine hatte selbst Lust zum Erzählen, das merkte ich«. Die sich jetzt entfaltende Geschichte ist eine Geschichte des menschlichen Ringens mit dem Meer und der emotionalen Verarbeitung eines schicksalhaften Verlustes.

Tines Vater hat als Fischer zusammen mit ihrem Bruder Franz den im Wasser treibenden Leichnam eines jungen Mannes in das Boot gezogen und schließlich auch für dessen ordnungsgemäße Beerdigung gesorgt. Mit der Schilderung dieses Vorgangs geht die Darstellung in das Mythische über. Das Meer erscheint als eine mächtige schicksalhafte Macht mit eigenen Gesetzen, denen der Mensch unterworfen ist. Zwar sind die Fischer auf das Meer, das Nahrung und Verdienst spendet, angewiesen, aber sie sind zugleich dessen unberechenbarer Willkür ausgeliefert. So ertönt, als der Tote in das Boot gezogen wird, der Ruf der anderen Fischer: »Nun mußt du sterben! Du hast der See fortgenommen, was sie noch nicht ausgeworfen hat!« Zunächst scheint sich das Omen nicht zu erfüllen, bis eines Tages bei ruhiger See plötzlich ein »Wirbelwind« das Boot von Tines Vater vor Groß-Kuhren kentern läßt und dieser ertrinkt. Wenn sein angeschwemmter Leichnam gefunden wird, so sollen die Kirchenglocken läuten, heißt es. »Tag für Tag habe ich gehorcht. Aber am siebten Tag haben die Glocken geläutet. Da habe ich mich auf die Erde geworfen und gebetet«, berichtet Tine.

Bereits die Verwendung der magischen Zahl Sieben steigert den Grad des Übersinnlichen. Nunmehr setzt die Erzählung mit der Einführung eines »schneeweißen Katers« ein Element ein, das in der Mythologie wiederholt anzutreffen ist.[175] Als Beispiel sei auf den weißen Angorakater in Theodor Storms Novelle *Der Schimmelreiter* (1888) verwiesen. Hier verbindet die abgezehrte, in einem windschiefen Haus am Deich lebende Trien Jans ihre ganze Mutterliebe zu ihrem verstorbenen Sohn mit einem Kater. Als Hauke Haien den Kater in einem Anfall ungezügelter Aggression tötet, verflucht ihn Trien Jans. Die Erzählung von Tine Sudau steigert nun die Bedeutung des Katers, indem sie das Motiv der Wiederkehr eines Verstorbenen in Gestalt eines Tieres aufnimmt.

Die Teilnahme an dem Begräbnis des Vaters wird Tine Sudau von der Wirtin des Gasthofes, in dem sie in Stellung ist, verwehrt. Die seelische Anspannung wird für Tine Sudau daher so groß, daß sie glaubt, den Verstand zu verlieren. Vor allem quält sie der Gedanke, daß sie den Vater nicht noch einmal gesehen hat: »›Hätte ich den Vater bloß noch einmal gesehen!‹, sagte ich, ›dann könnte ich wohl weinen‹«. Am vierten Tag nach der Beerdigung schickt die Wirtin des Gasthofes Tine Sudau mit einem Auftrag in den Eiskeller. Da schlägt die Tür zu und Tine Sudau denkt: »Je dunkler es um mich ist, desto besser!« Es ist der Höhepunkt ihrer Verzweiflung, der einer Selbstaufgabe gleichkommt. Doch plötzlich bemerkt sie: »Und hinter der Tonne hervor kam ein großer, schöner, schneeweißer Kater, sah mich mit grünen Augen an, strich an meinem Rock vorbei und rieb sich an meinem Knie«. Mit dem Kater geht ein heller, aber warmer und tröstender Lichtschein einher. Die Wirkung gleicht einer Katharsis, die Verkrampfung löst sich. Tine Sudau kommen die erlösenden Tränen, und sie findet wieder zurück ins Leben: »Ich stieß die Tür auf, sah die Sonne draußen scheinen und hörte die Hühner gackern«. Jetzt strahlt ihr Gesicht sogar Beglückung aus, so daß sich ein weiblicher Gast zu der Frage veranlaßt fühlte, ob sie sich soeben verlobt habe: »Ich sagte bloß: Ja, ja. Ich konnte ihr doch nicht erzählen, daß sich mein Vater noch einmal gezeigt hat«. Ist die Schwere des Schicksalsschlages durch die Wiederkehr des Verstorbenen in Tiergestalt auch abgemildert, so bleibt die Schicksalsbedrohung bestehen. Tine Sudaus Bruder Franz weigert sich, nach dem Tod des Vaters auf Fischfang zu gehen und hat deshalb eine andere Arbeit angenommen. Aber seine Schwester ist voller dunkler Ahnung: »Sie lachte ein bißchen verächtlich. Ich habe ihm auch gesagt, die See holt dich doch noch, paß auf!«. Der Mensch mag versuchen, dem Schicksal zu entrinnen, doch es ist unausweichlich.

Die Funktion des »schneeweißen Katers« in »Tine Sudaus Erzählung« übernimmt ein »schneeweißer Spitz« in »Katrinchen. Eine Erzählung aus dem alten Elbing« (VII, 276–303). Katrinchen wohnt mit ihren Eltern im Westen Deutschlands. Als die Mutter völlig unerwartet stirbt, gibt ihr Vater sie in die Obhut von drei Tanten, die in Elbing einen gemeinsamen Haushalt führen. Alle drei Tanten sind Musiklehrerinnen, aber so sehr Musik im Hause erklingt, so sehr lastet ein früheres und ungelöstes Zerwürfnis auf dem ansonsten von Harmonie geprägten Zusammenleben. »Es war auf einmal, als flöge ein kalter Wind durchs Zimmer«, muß Katrinchen feststellen, wenn die Sprache darauf kommt. Als sie vorsichtig nachforscht, erfährt sie, daß ihre Großmutter einst die Einheirat einer

»Musikantentochter« in die Familie nicht hingenommen und sich demzufolge entschieden gegen die Schwiegertochter gestellt hat. Als Tochter eines Großreeders waren die Sinne der Großmutter auf das Wirtschaftsleben ausgerichtet und konnten dem Künstlerischen nur wenig Verständnis entgegenbringen. Außerdem war ihr Lebensstil recht ungewöhnlich, denn sie hatte neben anderen Extravaganzen auch einen »Mohren, der ihr bei Tisch die Schokolade eingoß«.[176] Zu ihren Extravaganzen zählte auch ein weißer Spitz namens »Il Magnifico«, den sie aus Florenz mitgebracht hatte. An ihm hing ihr Herz und er war ihr treu ergeben. In der Stunde ihres Todes war er an ihrer Seite und starb kurz darauf aus Kummer über ihr Dahinscheiden. Die durch die unziemliche Heirat ausgelösten Gegensätze hatten sich derart verfestigt, daß die Mutter der Tanten diesen verboten hatte, das Haus der Großmutter jemals zu betreten, mehr noch, sie durften nicht einmal die Straße benutzen, in der sie gewohnt hatte.

Zu Gründonnerstag wird Katrinchen von den Tanten ausgeschickt, um Einkäufe für das Osterfest zu machen. In ihrem Eifer verirrt sie sich in Elbing und gelangt in ihr unbekannte Gegenden: »Da huschte etwas um ihre Füße, und sie gewahrte einen schneeweißen großen Spitz, der seinen edlen kleinen Kopf wie fragend nach ihr drehte«. Katrinchen vertraut sich dem Spitz an, und dieser führt sie zu einem ehrwürdigen Haus. Als sie das Haus betritt, ist zwar alles unbekannt, doch erscheint ihr zugleich alles vertraut: »Die Türen, die Fenster, die Treppe – ja alles hatte sie doch hundertmal gesehen«. Es wirkt so, als ob sie die Impressionen der vorausgegangenen Generationen unbewußt in sich trägt und diese jetzt durch das vom weißen Spitz angestrebte Ziel in ihrem Bewußtsein lebendig werden. Tatsächlich trifft sie im Teezimmer des Hauses eine alte Dame mit »rotkehlchendunklen« Augen an, wie sie sich auch bei den Tanten finden, ein Zeichen verwandtschaftlicher Zugehörigkeit.

Langsam fügen sich die einzelnen Versatzstücke zu einem Gesamtbild: Katrinchens Erlebnis ist das Eintauchen in eine Jenseitswelt, die zwar der Wirklichkeit zeitlich entrückt ist, jedoch unverkennbare Auswirkungen auf die gelebte Realität hat. Die alte

Dame ist keine andere als Katrinchens längst verstorbene Urgroßmutter, die extravagante Reederstochter, die mit ihrer kategorischen Ablehnung der Heirat den Bruch in der Familie hervorgerufen hat. Mit Katrinchens Besuch ist der Trennungsbann jedoch gebrochen und die Lücke in der Generationskette geschlossen. Als treibende Kraft dieses Heilungsprozesses erscheint ein magisches Wesen in Gestalt eines weißen Spitzes, der wie eine Projektion einer über dem Menschlichen liegenden Gesetzmäßigkeit zu sein scheint. Wie auch in anderen Fällen wählt Agnes Miegel eine Tiergestalt, um die Verbindung zwischen den unterschiedlichen Welten herzustellen. Die Erzählung klingt mit den Vorbereitungen auf das Osterfest aus. Setzt sie mit dem Tod der Mutter ein, schildert sie die Trauer von Katrinchen und spricht die Gegensätze in der Familie an, so ist das Ende mit den Ostervorbereitungen ein Hinweis auf die Auferstehung vom Tode und ein Ausdruck der Hoffnung.[177]

Offen bleibt die Frage, ob der Heilungsprozeß lediglich ein durch Kummer und Trauer in Katrinchens Psyche ausgelöster Vorgang ist. Aber wie ist es dann zu erklären, so muß man weiter fragen, daß derartige Verbindungen im Bewußtsein hergestellt werden? Jedenfalls thematisiert die Erzählung eine im Denken Agnes Miegels entscheidende Voraussetzung: Der Mensch lebt in der Generationsfolge. In der Reflektion »Gespräch mit den Ahnen« hat sie dies besonders deutlich und anschaulich hervorgehoben: »Ich war euer Fleisch und Blut, war euer Geist und Wesen. Durch mich gingt ihr bis in diesen Tag« (V, 224). Der Bruch in der Generationsfolge ist daher gleichbedeutend mit einem Heraustreten aus der Lebensgesetzlichkeit.

7. Die weißen Füchse Japans

Noch stärker als in den bisher erörterten Beispielen bewegt sich die Erzählung »Der Weg« (IV, 162–180) im mythologischen Raum. Auch sie setzt ein mit einer Schilderung des Todes, die durchaus realistische Züge trägt. Eine junge Mutter, Lene Jürgensen mit Namen, berichtet, wie die nach dem Ersten Weltkrieg in Deutschland grassierende Spanische Grippe ihr den Mann und beide Kinder geraubt hat. Sie verfällt daraufhin in eine Depression, die so schwer ist, daß sie keinen Anteil am Leben mehr nehmen will. Nachdem alle Versuche, sie in das Leben zurückzuholen, fehlgeschlagen sind, versuchen Verwandte, ihre Lebenssituation grundlegend zu verändern. Man entschließt sich, sie in die Obhut ihres Vetters Georg Peters zu geben, der in Japan ein erfolgreicher Geschäftsmann ist. Der Wechsel in einen grundsätzlich anderen Kulturkreis soll ihr helfen, die niederdrückende Lebensmüdigkeit zu überwinden. Die Haushälterin von Georg Peters, allgemein Mevrouw genannt, hat in Europa die verwaiste Nichte Dolly, die ebenfalls nach Japan kommen und Lene Jürgensen auf der Überfahrt von Neapel nach Japan betreuen soll. Dolly, wie der Name schon sagt, erweist sich jedoch als ein mit allen westlichen Modetorheiten ausgestattetes Wesen, das die angriffslustigen Terrier Ping und Pong mit sich führt. In dieser Rolle verkörpert sie den Gegensatz westeuropäischen Denkens gegenüber fernöstlicher Kultur.

Auch in Japan will sich trotz liebevoller Zuwendung keine Rekonvaleszenz einstellen. Als Lene Jürgensen eines Tages im Park des Kolonialhauses von Georg Peters spazieren geht, bemerkt sie plötzlich, daß die beiden Terrier von Dolly, »vor Mordlust und Jagdeifer halbtolle Hunde etwas Schmales, Weißes, Zappelndes packen wollen, das mit schrecklichen menschlichen angstvollen Schreien unter die schmale geschwungene Brücke schlüpfte, die im Abendlicht blutrot funkelnd über den goldenen Sandbach nach einer kleinen Insel führte«. Die Erzählerin wehrt die beiden mordlustigen Hunde ab und verletzt sich dabei. Daraufhin fällt sie in einen tiefen Schlaf. Im Rückblick berichtet die Erzählerin: »Und träumte zum erstenmal seit langer Zeit von meinen Zwillingen, nicht den kranken, nicht den toten, wie sonst immer – sondern den lachenden, lebensvollen, rosigen Zwillingen unserer frohen Tage«. Durch ihren Schutz der bedrohten Kreatur hat sie das Böse gebannt, ein gleichsam symbolischer Akt, der die gestörte Ordnung wieder herstellt und auf psychischer Ebene eine Verbindung zu ihren verstorbenen Kindern schafft.

In der Schilderung der japanischen Welt zeigt sich ganz offensichtlich der Einfluß der Japanberichte des Amerikaners Lafcadio Hearn. Insbesondere die Gartendarstellung und der Bericht vom Besuch eines Schreines verweisen auf das 16. Kapitel »In a Japanese Garden« von Lafcadio Hearnes *Glimpses of Unfamiliar Japan* (1904).[178] Die kulturkundlichen Schilderungen des Amerikaners haben unmittelbar nach der Jahrhundertwende das westliche Bild von Japan maßgeblich geprägt. Auch in Deutschland wurde sein Werk bereits früh übersetzt und in literarischen Kreisen lebhaft erörtert. Für *Kokoro* (1896, dt. Erstausgabe 1913) schrieb z.B. Hugo von Hofmannsthal sogar ein Vorwort. Insbesondere *Lotos. Blick in das unbekannte Japan* (1906) und *Kwaidan. Seltsame Geschichten und Studien aus Japan* (1909), beides Werke, die der Dichterin bekannt waren, fanden eine weite Beachtung.[179] Bereits zwei Jahre nach Erscheinen der deutschen Übersetzung von *Lotos* hatte die Dichterin das Werk rezipiert und zwar in der Originalsprache. Am 31. Januar 1908 schreibt sie aus Königsberg an Lulu von Strauß und Torney: »Ich las ein schönes Buch. ›Glimpses of Unfamiliar Japan‹ von Lafcadio Hearn. Kennst Du es? So möchte ich wohl schreiben können. Aber das werde ich nie«.[180] Mit einigem Recht läßt sich daher darauf schließen, daß der amerikanische Dichter sie inspiriert hat.

Die beiden geretteten Wesen erweisen sich schließlich als zwei weiße Füchse, die in der Mythologie Japans als heilige Tiere gelten, die die Gottheit Inari verkörpern.[181] Der Bericht der Erzählerin über den Spaziergang im Park, bezeichnenderweise »über Kiefernwurzeln wie Schlangen«, geht über in die Schilderung einer Traumvision, die es schwer macht, zwischen Wirklichkeit und Imagination zu unterscheiden. In dieser Vision nehmen die beiden kleinen Füchse die Gestalt eines zarten japanischen Geschwisterpaares an, die gespiegelte Projektion der verstorbenen Zwillinge. Die beiden Kinder zeigen ihr »eine schneeweiße Lilie, ganz klein und von schöner Form, wie ich sie noch nie gesehen hatte«, das Symbol der Reinheit, Wiedergeburt und Erneuerung der Seele. Den Gesang der Kinder kann sie nicht verstehen, doch hört sie den wiederkehrenden Begriff ›Inari‹ heraus, der eine Verbindung zur göttlichen Sphäre herstellt:

»Wie ein warmer Strom von Glück und Daseinsfreude kam es von ihnen zu mir und ging durch meine Adern, durch meinen Körper, den das heilige Berglicht umspülte, die klare, reine, sausende Bergluft durchatmete«.

Als sie aus ihrem tiefen Traum erwacht, hat sich in ihr das Wunder vollzogen. Ihre Seele und damit auch ihr Körper sind zu neuem Leben erwacht: »Und fühlte zugleich, während ich mich aufrichtete, eine vergessene Frische in den Adern, in der kühlen Stirn, im ganzen Körper«. Die Dienerin O-Také geleitet sie kurz darauf zu einem Inari-Schrein auf einem Tempelberg, um der Gottheit ein Dankopfer zu bringen. Sie betreten einen der Göttlichkeit gewidmeten Bereich, der in der mythologischen Gestalt des Fuchses seinen Ausdruck findet: »Wir schritten durch eine Reihe immer kleiner werdenden Tempeltore, vor denen schlanke Füchse Wache hielten – ein Paar immer kleiner als das frühere«. Die Position des Schreines ist nicht ohne Bedeutung. Er liegt auf einer Anhöhe, die die gesamte Stadt und deren Umgebung überblickt. Der Gang zum Schrein gleicht damit einer Erhebung und das dort dargebrachte Opfer entspricht einem Bekenntnis zum Prinzip des Göttlichen. In der Relation zwischen dem heiligen Tempelbezirk und der zu seinen Füßen liegenden Welt wird das Numinose jenseits des Profanen spürbar. Heilung und Erlösung erfolgten aufgrund der Erkenntnis einer Kraft, die über dem Menschen steht und die ursächlich für die Schöpfung ist. In der Mythologie liegt das verbindende Medium zwischen Mensch und jenseitiger Sphäre. In diesem Sinne ist der letzte Satz der Erzählung die Einsicht der aufgeklärten Mevrouw »O Kind, o Liebe! Gott weiß für jeden von uns einen Weg«, zugleich die Deutung des Titels »Der Weg«.

8. Katze und dichterische Existenz

Dem Band VII der Gesammelten Werke, *Märchen und Spiele*, sind als Gruppe vier Märchen vorangestellt, die sich nicht nur gattungsmäßig, sondern auch in ihrer Thematik von den anderen Beiträgen unterscheiden. Die Einkleidung in die Form des Märchens ist lediglich ein Kunstgriff, um einen vielschichtigen Sachverhalt anschaulich darzustellen. Was die vier Märchen letztlich miteinander verbindet, ist die Thematik der Stellung des geistigen und seiner Verantwortung bewußten Menschen zu seiner Welt. Während das bereits 1920 veröffentlichte Märchen »Der Gaukler« (VI, 61–80) und das 1927 folgende Märchen »Zein Alasman« (VI, 81–100) diese Problematik noch in äußerst verschlüsselter Form darstellen, finden sich in den späteren zwei Märchen »Das Märchen von Ali dem Dichter« (1954; VI, 7–34) und »Das Märchen von der Prinzessin Lale« (ebenfalls 1954; VI, 35–60) zahlreiche Anhaltspunkte für einen leichteren Zugang. Ganz offensichtlich sind die beiden Märchen des Jahres 1954 das Ergebnis eines bereits früh einsetzenden Reflexionsprozesses, bei dem auch der Heimatverlust eine nicht unwesentliche Rolle gespielt hat. Fragt man sich nach der Intention der Märchen, so kommt man zu dem Schluß: Wenn man hinter die Wirklichkeit schaut oder das, was man allgemein dafür hält, dann kann man für die Darstellung der gewonnenen Einsicht nicht die Form der Wirklichkeit nutzen. An diesem Punkt öffnet sich das Verständnis dafür, daß die Texte Agnes Miegels im Übernatürlichen, Magischen und Mythischen münden.

»Das Märchen von Ali dem Dichter« verdient nicht nur besondere Aufmerksamkeit, weil bereits der ›Dichter‹ im Titel angesprochen wird, sondern auch, weil hier ein außerhalb der Wirklichkeit stehendes Tier eine zentrale Rolle einnimmt. Es steht zu vermuten, daß die »orientalischen« Märchen von Agnes Miegel durch eine frühe Lektüre der Erzählungen von *Tausendundeine Nacht* angeregt wurden. Diese Folge von belehrenden und beispielhaften Geschichten, die stets in eine fesselnde Handlung gekleidet sind, wurden bereits 1823 aus dem Französischen ins Deutsche übersetzt. Die 1840 im Breslauer Verlag Josef Max erschienene mehrbändige Ausgabe *Tausend und Eine Nacht. Arabische Erzählungen* erfreute sich großer Beliebtheit, durchlief zahlreiche Auflagen und war in vielen Familien gleichsam als Hausbuch vorhanden.[182] Es ist daher durchaus möglich, daß Agnes Miegel Motive oder Material aus diesen Erzählungen entnommen hat.[183]

Auch bei Agnes Miegel ist das Märchen in einer Stadt des Orients angesiedelt und erzählt mit den entsprechenden Versatzstücken von der Not des Dichters in einer Welt, die das Abwegige verehrt und das Reine verachtet. Zunächst ist die dargestellte Welt durchaus realistisch. Sie könnte die Schilderung eines aufmerksamen Beobachters sein, der den Lebensweg von Ali im orientalischen Milieu verfolgt. Ali, Sohn eines Stadtschreibers und von seinem Vater als »unnützer Träumer« betrachtet, »aber glaubte, daß er ein Dichter wäre«. Er widersetzt sich dem Ansinnen seines Vaters, ebenfalls Schreiber zu werden, veräußert das kleine Erbe der Eltern und zieht »mit seinen kunstvoll geschriebenen Gedichten« in die Hauptstadt, um hier für sein dichterisches Bemühen Anerkennung zu finden. Aber an wen er sich auch wendet, er erntet überall Ablehnung und Spott. Selbst bei dem großen Dichter namens »Omar, der Zeltmacher«, den er bei einer Travestie bachanalen Feierns antrifft, um Fürsprache nachsucht, erleidet er eine erniedrigende Abfuhr.

Zerfallen mit der Welt und »im Augenblick seiner tiefsten Verzweiflung« zieht er sich in seine Wohnstätte zurück, die sich in der Dachkammer eines Teppichlagers befindet. In einem Akt des Entsagens wirft er seine Gedichte in eine Kellerluke des Lagers und entdeckt dabei ein schwarzes Kätzchen, das sich hilfesuchend an ihn schmiegt. Ali verleiht ihr den Namen »Leila«. In diesem Zusammenfinden zeichnet sich der strukturelle Aufbau des Märchens deutlich ab. Es ist zum einen der wiederkehrende Hinweis auf die enge Beziehung zwischen dem Motiv der Katze und dem Thema des Dichtens. Zum anderen werden durch das Verhältnis zur Katze die Abschnitte der literarischen Entwicklung Alis deutlich markiert. Die Katze nimmt unverzüglich den Platz in Alis Seidengürtel ein, jenem Ort, an dem dieser seine Gedichte sorgsam aufzubewahren pflegte: »… so barg er das zitternde kleine Tier in der Ausbuchtung seines Gürtels, wo vorher das Seidentuch mit den Gedichten gelegen«. Gleichzeitig öffnet sich für Ali das Tor zu einem völlig neuen Leben: »Von diesem Morgen begann für Ali ein neues Leben, das mit seinem früheren verträumten nichts mehr gemein hatte …«. Infolge seiner Zuwendung zur Katze und der damit verbundenen Verantwortung vollzieht Ali einen ersten Schritt heraus aus seiner

Traumwelt und bewegt sich auf die Realität zu. Aber noch ist er weit davon entfernt, eine tragfähige Grundlage seiner dichterischen Existenz gefunden zu haben.

Nun schlägt Ali erstmals in seinem Leben ein neues Kapitel auf, indem er die frühere Einsamkeit und die fehlende soziale Bindung überwindet. Hatte er vorher an der Wirklichkeit des Menschen vorbeigedichtet, so schafft die neue Verpflichtung eine ihm bisher nicht gekannte Inspiration als Quelle seiner Dichtung: »Er konnte darüber bis zur Verzücktheit staunen, zu glücklich, um alles, wie früher seine Einsamkeit, in Verse zu fassen«.

Mit der uneingeschränkten Hingabe an die Kreatur kann Ali in dem ausgeprägten Spieltrieb des Tieres nur eine positive Eigenschaft sehen. Seine Liebe zur Katze und das Bedürfnis nach emotionaler Zuwendung weckt in ihm den Wunsch, daß die Katze ein Mädchen sei. Als Ausdruck seiner Liebe würde er sie sogar schmücken: »O, Leila! daß du ein Mädchen wärst, damit ich dich so schmücken könnte!« Nun hatte eine vermögende Dame, nicht ohne weitergehende Absichten, Ali einen Beutel mit kostbaren Edelsteinen zukommen lassen. Die Katze vereinnahmt jedoch äußerst selbstbezogen diese Edelsteine »und riß sie mit den weißen Pfötchen an sich, wenn Ali alles greifen und wieder in den Beutel stecken wollte. Dabei forderte sie ihn sogar »in verspieltem Zorn« heraus.

Der Wunsch Alis sollte sich noch in der folgenden Nacht erfüllen. Als er am Morgen erwachte, entdeckte er, »daß neben ihm eine zierliche junge Frau saß, splitternackt bis auf seinen roten Gürtel, den sie sich um den schlanken Leib geschwungen hatte. In den reizenden kleinen Händen hielt sie den Lederbeutel, schwenkte ihn, daß die Tomane klimperten …«. Nunmehr gewinnt der Name »Leila« seine besondere Bedeutung. In ihm klingt ein alter persischer Mythos an, der in der arabischen Literatur eine wichtige Rolle spielt. Agnes Miegel verknüpft nun diesen Mythos mit der Thematik ihres Märchens. Der Mythos »Madschūn Lailā« schildert, wie sich der von der schönen Lailā besessene Sänger und Dichter Quais bin al-Mulawah in seiner Liebe verzehrt und nur noch kurz vor seinem Tode diese Liebe in Verse kleiden kann, ohne jemals ihre Liebe zu gewinnen.[184] Damit spiegelt sich in der Tiefenstruktur des

Märchens sowohl das Verhältnis von Ali zu Leila als auch die Darstellung dieser Liebe in literarischer Form.

Auch die Eigenschaften der Katze Leila sind auf die junge Frau übergegangen in Form eines Geflechtes von schwarzen Haaren, beryllhellen Augen, einem korallenroten Mund und kleinen, weißen Zähnen. Ebenso hat die Verspieltheit der Katze die Form von Sensualität angenommen, die sich nunmehr auf lohnende Ziele richtet. Mit der Metamorphose von Tier zu Mensch verläßt das Märchen den bisher bestehenden Raum der konstruierten Wirklichkeit und bewegt sich fortan auf einer imaginativen Ebene, die weitergehende Aussagen erlaubt. Zwar stellt auch die imaginative Ebene das weitere Geschehen in gegenständlicher Weise dar, aber diese nimmt einen völlig anderen Charakter an, so daß auf dieser Ebene selbst Aussagen möglich sind, die außerhalb des märchenhaften Handlungsraumes liegen. Hier liegt eine offensichtliche Gemeinsamkeit mit den drei anderen Märchen vor.

So hoch Ali unter dem Sturm seiner Liebesgefühle emporgetragen wird, so tief ist auch sein Fall. An diesem Punkt laufen allerdings die Parallelen des Märchens von der Prinzessin Lale und Alis Handlungsstrang auseinander. Die Bindung des gelehrten, jedoch namenlosen Arztes an die Prinzessin Lale, die ebenso wie Leila ein Sinnbild der Schönheit ist, bleibt unauflöslich. Im Gegenteil, Lales Einfluß bleibt selbst im Tode des Arztes gegenwärtig und steigert sich noch durch die wirkungsvolle Ästhetik der Tulpen. Sie ist es auch, die die »Wanderlust« (VI, 37) auf der Suche nach einer »schöneren Welt« (VI, 36) auf den Weg der Erkenntnis bringt. Direkt konträr ist jedoch das Verhältnis von Ali zu Leila. Zwar löst auch sie bei Ali Erkenntnis aus, aber der Prozeß ist schmerzhaft und es ist nicht die Erkenntnis des höchsten Seelenglücks. Am Ende steht die Trennung und die Rückverwandlung Leilas in eine Katze sowie Alis Absturz in den Tod.

Ali muß lernen, daß eine absolute Liebe auch eine Rückseite hat. Um Leila an sich zu binden, unterwirft er sich ihr, »denn er dachte zu sterben, wenn Leila ihm zürnte«. Doch Leila ist nicht das Wesen, dessen Tugend der Schönheit entspricht. Sie nutzt ihn aus und erniedrigt ihn, weist ihn spröde zurück, falls er sich ihrem Lager zu nähern gedenkt. Mit diesem Verhalten ist sie bestrebt, wenn auch aus taktischen Erwägungen, durch die besondere Kunst der weiblichen Zuwendung, den Liebenden neue Hoffnung schöpfen zu lassen: Sie »warf sich dem verwirrten Ali an den Hals und zwischen raschen kleinen Küssen, wobei sie ihn ins Ohrläppchen biß und mit der weißen Spitze ihres langen kohlschwarzen Zopfes [der Entsprechung des Katzenschwanzes] an der Nase kitzelte«. Sie gleicht darin einer koketten Nymphe, die dem Amourösen nicht abhold ist. Der Bruch wird unvermeidlich, als Ali von einer längeren Reise zurückkehrt und entdecken muß, daß »Leila im dünnsten aller silberdurchwirkten Seidenhemdchen« auf dem Schoß des Inhabers des Teppichlagers buhlt und diesem dabei Frankenwein einflößt.

Als Ali noch völlig benommen von dem Beobachteten zum gemeinsamen Lager schleicht, entdeckt er »sie vor sich, splitternackt wie am ersten Morgen und so schön, daß er dachte, sein Herz müßte vor Kummer brechen«. Doch in diesem Stadium seiner Entwicklung kommt er zur Besinnung und erliegt nicht dem Sensuellen. Während »draußen aus der hellen Mondnacht das Schreien der wilden Katzen, ihr Fauchen und Kämpfen klang«, stößt er, ohne Leila überhaupt anzusprechen, den Verzweiflungsschrei aus: »Oh, daß du wieder eine Katze wärst!«. Fast wie ein lang erwartetes Stichwort nimmt Leila diesen Verzweiflungsruf auf, so als würde sie dadurch von einer Rolle erlöst, die ihrem Wesen im Grunde widersprach: »Sie schrak zusammen, sie bewegte sich zu ihm tiefer, lachte und weinte, küßte ihn so zart und liebevoll, wie sie es nie getan und flüsterte: ›Hättest du das doch längst gesagt!‹ –». Daraufhin verwandelt sie sich wieder in eine Katze: »Dann war sie verschwunden und aus der Bläue oben klang das wilde Brunstgeschrei jagender Kater, als Ali von Schwindel gepackt, zurücksank in bleiernen Schlaf«.

Vertritt man die These, daß die Katze das Sinnbild des dichterischen Verhältnisses zur Welt ist, so wird durch diese Zurückverwandlung eine neue und diesmal entscheidende Phase zum Ausdruck gebracht. Dies wird nicht nur durch den in der Literatur traditionellen Verweis auf den einsetzenden Schlaf gekennzeichnet. Auch der Inhaber des Teppichlagers, mit dem Leila getändelt hatte, wird gefunden als »abscheulicher und verabscheuungswürdiger Leichnam«. Wichtiger ist jedoch, daß Ali seine Unterwürfigkeit abwirft, wieder zu sich selbst findet und seine Identität wiedergewinnt: »Ihm war, als sei er wieder der junge Ali aus dem Heimatdorf. Ein langes nicht mehr gekanntes, stilles Glücksgefühl überströmte ihn, selbst der Schmerz über Leilas Untreue und ihren Verlust schien auf einmal nur wie ein bitterlichsüßer Fruchtsaft«. In dieser Verfassung findet er zu seiner ursprünglichen literarischen Neigung zurück, die ihm jetzt als ein vertrautes und liebgewonnenes Metier erscheint: »Zuletzt fand er auch sein Schreibrohr, das wie die Hand eines alten Freundes in der seinen lag«. Ein neues Verhältnis zur Literatur entwickelt sich. Die Zeit mit Leila hat ihn gelehrt, daß sich Dichtung nicht ausschließlich von dem Überschwang an Gefühlen nähren darf. Ihre Höhe erreicht sie nur durch den Ausgleich von Gefühl und Geist. Nur dadurch kann die Erkenntnis in eine angemessene Form gebracht werden. Diese Erkenntnis versetzt ihn jetzt in die Lage, Dichtung zu schreiben, die nicht allein aus dem Überschwang an Gefühlen hervorgeht, Dichtung »ohne daß der Schmerz ihn überwältigte, sondern sich nur zu Worten und Versen formte, die er wie in leichtem Rausch niederschrieb«. Zeugnis der abgeklärten Haltung ist ein zweistrophiges Gedicht, in dem Schmerz und Entsagung in Einklang stehen mit Erkenntnis und Einsicht.

Was folgt, gleicht einem Satyrspiel. Ali besteigt in der Nacht das Dach des Teppichlagers. Auf dem flachen Dach stolpert er ausgerechnet über den Teppich, auf dem sich Leila zu räkeln pflegte. Für einen »Augenblick lang war es ihm, als glitte etwas weich und geschmeidig um seine Knöchel: Ali lächelte und sprach den ersten Vers noch einmal leise und zärtlich, als stünde jenseits der Terrasse in dem weißlichen Lichtstreif jemand, der ihm zuhörte«. Das Licht des Nachbarhauses erlischt. In der Dunkelheit tastet er nach der Brüstung, macht einen Fehltritt und stürzt in die Tiefe.

Als der Morgen graut, nähert sich eine lärmende und trunkene Gesellschaft, die in ausgelassener Weise die bevorstehende Hochzeit eines alten Mannes mit einer jungen Frau gefeiert hat. An ihrer Spitze schwankt »Omar, der Zeltmacher«. Er gewahrt als einziger das dunkle Bündel am Fuß der Hauswand und wendet sich schaudernd ab. Im gleichen Moment treibt ihm der Frühwind einen Papierfetzen zu. Plötzlich nüchtern geworden, erkennt er, daß es ein Gedicht Alis sein muß. Beeindruckt murmelt er: »Ein guter Vers! Er könnte von mir sein«. Aber der Versuch der Aneignung mißlingt, denn das Blatt entfällt wieder seinen Händen. Im selben Augenblick erscheint eine schwarze Katze: »Sie sprang auf das Blatt und sträubte sich fauchend, als einer der [begleitenden] Jünglinge danach greifen wollte«. Mit ihren dunkelglühenden Augen beobachtet die Katze regungslos, wie sich Omar diesmal vor dem Toten verneigt und andächtig aus dem Gedicht zitiert: »Dann aber sprang sie auf, bäumte sich und zerfetzte das Blatt«. Leilas Anspruch geht sogar so weit, daß sie selbst durch die Zerstörung den Besitz in ihrem Sinne verewigen will.

Die Interpretation der Schlußszene bereitet erhebliches Kopfzerbrechen. Ein Vergleich mit dem Märchen um Lale, insbesondere der Blick auf die Schlußszenen von beiden Märchen, vermag den Zugang zu erleichtern. Beide Märchen sind von ihrer Thematik her komplementär und ergänzen sich in ihrer Aussage. In beiden Fällen handelt es sich um die Aufzeichnung eines Erkenntnisweges sowie um die Veranschaulichung der Auswirkungen. Da der Name ›Lale‹ offensichtlich aus dem Türkischen kommt und für Tulpe steht[185], geht die irdische Schönheit der Lale durch die sich immer wieder erneuernde Tulpenzwiebel in die Zeitlosigkeit über. Der sie behandelnde Arzt erkennt also, daß die seelische Heilung, das Bekenntnis zur Schönheit im übertragenen Sinne, die eigentliche Überwindung der Krankheit darstellt. Ebenso gelingt es Ali, zum Eigentlichen vorzudringen, das in der dichterischen Vollkommenheit liegt. Am Ende beider Märchen zeichnen sich Berührungspunkte ab, die jedoch auseinanderstreben. Beide Märchen schließen mit dem Tod des Erkennenden ab. Beide Märchen verbinden die Todessituation mit einem Menschendefilee. Der Arzt stirbt friedvoll und in seelischer Ausgeglichenheit in seiner »Wabe«[186] bei liebevoller Zuwendung seiner Haushälterin und seines Famulus. Dagegen stürzt Ali zu Tode. In der letzten Stunde bildet sich im Bewußtsein des Arztes ein phantasmagorischer Zug von Menschen vieler Generationen ab, die alle eine Tulpenzwiebel in den Händen tragen und damit dem Schönen huldigen. Ali endet als »graues Bündel« an einer Hauswand, und sein geistiges Zeugnis wird zerstört. An ihm zieht eine Horde trunkener Gestalten vorbei. An ihrer Spitze steht »Omar, der Zeltmacher«, die Figur des lebenstüchtigen Pragmatismus, mit dem Versuch, sich fremde Dichtung anzueignen.

Beide Märchen arbeiten nur vordergründig mit einem orientalischen Dekorum. In Wirklichkeit handelt es sich um Parabeln, die die geistige Entwicklung von der Befangenheit des begrenzten Lebens bis hin zur letzten und absoluten Erkenntnis verdeutlichen. Diese aber ist der Tod. Der geistige Mensch kann der Welt das Zeugnis seines Denkens geben und auf dessen Wirkung hoffen; der Einfluß jedoch liegt jenseits von ihm. Diese Wirkung kann extrem unterschiedlich ausfallen und von der Entfaltung bis zur Auslöschung reichen. Mit dem Publikationsdatum der beiden Märchen im Jahre 1954 könnte man diese auch als das Fazit eines 75jährigen Lebens lesen.

IX. Überzeitlichkeit des Augenblicks

Die ersten literarischen Schritte Agnes Miegels erfolgten in einer Zeit, in der auch die Literatur neue Wege beschritt. Die gewonnenen Erkenntnisse verlangten neue Formen der Darstellung. Vor allem die Sprachkrise nährte die Zweifel, ob die Sprache einer objektiven Wirklichkeitserfassung überhaupt mächtig sei. 1902 veröffentlichte die Berliner Zeitung *Der Tag* in zwei Teilen Hugo von Hofmannsthals manifestartigen »Brief Philip Lord Chandos an Francis Bacon«, in dem es u.a. heißt: »Mein Fall ist, in Kürze, dieser: Es ist mir völlig die Fähigkeit abhanden gekommen, über irgendetwas zusammenhängend zu denken oder zu sprechen. [...] die abstrakten Worte, deren sich die Zunge naturgemäß bedienen muß, um irgendwelches Urtheil an den Tag zu geben, zerfielen mir im Munde wie modrige Pilze«.[187]

Man kann davon ausgehen, daß »Lord Chandos« lediglich eine Projektionsfigur von Hofmannsthal ist und sich in seiner Aussage etwas ankündigt, das erheblichen Einfluß auf das Denken anderer Vertreter der Literatur nehmen sollte. Unter der Einwirkung derartiger Gedanken konnte sich die Literatur nicht länger in vertrauten Bahnen bewegen. Die Hinwendungen zu den neuen Darstellungsformen reichen von der naturalistischer Realitätszeichnung über den Einsatz von Mythen bis hin zum extremen psychologischen Subjektivismus. Der Erste Weltkrieg bewirkte lediglich den radikalen Umsturz der alten Ordnung und setzte auch auf künstlerischem Gebiet revolutionäre Kräfte frei. Daß sich Agnes Miegel hinsichtlich der literarischen Auswirkungen dessen bewußt war, läßt ein

Brief vom 9. November 1914 an ihre Freundin Lulu von Strauß und Torney erkennen, in dem sie schreibt: »Nach diesem Krieg wird die l'art pour l'art gründlich abgewirtschaftet haben …«[188].

Es fragt sich nun, welche Position Agnes Miegel in dieser geistigen Atmosphäre einnimmt, denn die Entwicklungen werden auf keinen Fall an ihr vorbeigegangen sein. Auffällig ist, daß sie einen ausgeprägten Sinn für Geschichte und Raum erkennen läßt. Dazu kommt ein sensibler Blick für Farbgebung, die in ihrem Falle zu einer Darstellung führt, die bisweilen an symbolistische Farbwertigkeit erinnert. Damit sind bereits Eckpunkte jener Sphäre skizziert, in der die Figuren ihres Werkes handeln. Das Besondere ihrer Erzähltechnik liegt nun darin, daß sie Raum und Zeit in einer besonderen Weise miteinander verknüpft, so daß dadurch ein eigener Kosmos entsteht: Zwar ist die Individualität des Menschen eine bestehende Größe, aber sie ist zugleich eine Erscheinung des Zeitablaufes und bewegt sich dabei in einem besonderen Raum. Deutlich wird im Werk immer wieder, daß zwar jedes Wesen, in dem sich Leben manifestiert, durch Geburt und Tod dem Alterungsprozeß unterworfen ist, dieser bedeutet jedoch nicht, daß damit Finalität einhergeht und der Zeitraum begrenzt ist. Vielmehr ist das individuelle Leben nur der Bestandteil eines aus unserer Sicht nicht meßbaren Zeitflusses in einer für uns nicht wahrnehmbaren Entgrenzung des Raumes. Jeder Augenblick trägt daher Vergangenes in sich und verweist zugleich auf Zukünftiges; er ist überzeitlich. Das Erscheinen von Individualität in diesem Zeitfluß ist daher eine Art Konkretion des Endlosen, die im Präsens der Existenz Vergangenheit und Zukunft in sich birgt. Man könnte daher auch von der Gleichzeitigkeit des Ungleichzeitigen sprechen.[189] Dies erklärt auch die Offenheit der Dichterin in religiösen Fragen. Vor diesem Hintergrund wird gleichfalls ihr ausgeprägtes Interesse an Wiedergeburt und Reinkarnation verständlich. Mit einer derartigen Auffassung steht Agnes Miegel in ihrer Zeit keineswegs alleine da; man denke nur an Hermann Hesses *Siddhartha* (1919–1922), ein Entwicklungsroman, in dem der Protagonist am Ende seiner Suche erkennen muß, daß Zeit einem ewigen Fluß gleicht, der stetem Wandel unterworfen ist und gleichzeitig die Zeitlosigkeit einer ewigen Gegenwart zum Ausdruck bringt. Die Detailfülle der Raumdarstellung in dem Werk der ostpreußischen Dichterin darf daher nicht dazu verleiten, diese nur im Sinne einer realistischen Oberfläche zu betrachten.

Im »Gespräch mit den Ahnen« (V, 217–226) bekennt Agnes Miegel 1936 in Bezug auf die vorausgegangenen Generationen – und es spricht einiges dafür, daß man sie in diesem Falle mit der Erzählerin gleichsetzen kann – : »Ich habe sie mehr als euch geliebt. Ich liebe sie, wie ihr mich liebtet. Ich war euer Fleisch und Blut, war euer Geist und Wesen. Durch mich gingt ihr bis in diesen Tag«. Und rückblickend bedauert sie zugleich, daß es ihr nicht vergönnt war, diesem Strom selbst Leben zu schenken. Hingegen sieht sie in dem Beitrag ihres Geistes ihre Verpflichtung gegenüber dem unendlichen Lebensfluß erfüllt: »Ich gab mein Blut nicht weiter. Nichts gab ich als meinen Geist in meinem schwachen Wort an Jugend, die andere Mütter trugen«. Da sie aus dieser Perspektive spricht, muß sie ihren Blick über den eigenen Tod hinaus auch in die Zukunft richten: »Ich habe an euch [vorausgegangene Generationen] gedacht – und an die, die kommen, wenn ich erst mit euch vereint bin«. Ganz ähnlich konstituiert sich das Ich in dem Gedicht »O Ihr, aus deren Blut ich kam« (I, 71) aus personaler Identität und der bewußten Gegenwart vorausgegangener Generationen. Damit wird das Ich zum Träger des Vergangenen und zugleich des Zukünftigen:

O Ihr, aus deren Blut ich kam,
Ihr, deren Staub im Winde schwebt
Und deren Lust und deren Gram
In meinen Adern pocht und lebt.

Hiermit beschreibt sie ihre Position und betont zugleich, welche Bedeutung diese Einordnung für ihr Schaffen hat. Diese Haltung erlaubt ihr, die Zeitebenen zu wechseln und Verstorbenen Sprache zu verleihen. Ein derartiges Phänomen ist bereits recht früh zu beobachten, so z.B. in dem 1920 publizierten Gedicht »Das Lied der Toten«. Diese Sicht schließt sogar das eigene Ich ein, wenn es in dem im gleichen Jahr erschienenen Gedicht »Alte Heimat« (I, 101) heißt: »Nach der Todesqual und nach dem langen/Dumpfen Schlaf in meinem gelben Sarge,/In die alte Heimat werd ich wandern«. Ina Seidel faßt das in der Bemerkung »Ihre Augen sahn hinter Tod und Grab« zusammen[190].

Die Schilderung erfolgt von einer außenliegenden Perspektive aus, die von einer übergeordneten Warte Gedankengang und Handlung lenkt; man könnte sie auktorial nennen. Darin finden sich Einsprengsel der sogenannten erlebten Rede, der Kombination aus Bericht und Monolog. Dabei vermag die Autorin die Perspektive so zu leiten, daß sie die Psyche erschließt und zwar nicht als Beschreibung von außen, sondern als Einstieg nach innen. Aus dem »Lied der Toten« geht dies besonders deutlich hervor. Agnes Miegels Biographin Anni Piorreck weist in diesem Zusammenhang auf die Tendenz zur Bewußtseinsdarstellung hin, ein Sachverhalt, den die Kritik bis jetzt nicht angesprochen, geschweige denn überhaupt gesehen hat: Die Toten befinden sich in einem dämmernden Bewußtseinszustand, in dem »sie noch schemenhaft mit dem Leben verbunden sind«[191].

Die Dichterin verfügt über zu viel schöpferische Kraft, um das aufgezeigte Muster zur einengenden Grundlage ihrer Gestaltung zu machen; im Gegenteil, sie erlaubt sich mit ihrem erzählerischen Anliegen weitgehende Variationen, die einer Aufdeckung erhebliche Mühe entgegenstellen. Das Muster gleicht vielmehr einer tiefliegenden Grundlage, die es schwer macht, zwischen der Oberfläche und der Tiefenstruktur im ersten Anlauf eine Beziehung herzustellen. Um die bisherigen Aussagen mit Substanz zu füllen, sollen diese an den folgenden Beispielen exemplifiziert werden.

1. Das endlose Ende

Die Erzählung »Der Rosenbonbon« (III, 335–342). beginnt mit den beiden Sätzen »Ich stand im Traum in einem sehr hohen, etwas düsteren, zweifenstrigen Zimmer. An dem einen Fenster stand ein Rokokoschreibtisch, auf dessen Platte ein Buch in grasgrünem Ledereinband lag«. Bereits mit Traum ergeht ein Signal, daß die folgende Schilderung im Bereich des Psychischen abläuft und damit über die Grenzen der gegenständlichen Welt hinausgeht. Ein zweites Signal erfolgt durch die Betonung des Fensters. Indem die beiden Fenster die Innenwelt mit der Außenwelt verbinden, wird die Geschlossenheit des Raumes aufgehoben. Da das Fenster, wie in anderen Fällen auch die Tür, eine verweisende Funktion hat, öffnet sich das Geschehen nach außen und wird ein Bestandteil des Lebensstromes. Es erfolgt demnach eine zweifache Umsetzung der Wirklichkeit, einmal durch den Traum und zum anderen durch die Entgrenzung des Raumes. Die Beschreibung des Zimmers als »düster« gibt weiterhin einen Hinweis, welche Art des Geschehens man erwarten kann.

Während die Handlung räumlich und zeitlich eine große Spanne umfaßt, räumlich von dem Kastel des jungen Grafen in Ungarn bis zur Felsenburg der gewaltsam getrennten Gemahlin in den Bergen Gülistans, zeitlich von der Heirat bis zu der unverhofften Wiederbegegnung nach Jahrzehnten, ist der Ablauf des Geschehens unverkennbar von Zeitbewußtsein geprägt. Auf acht Seiten finden sich nicht weniger als 31 direkte Hinweise auf den zeitlichen Ablauf des Geschehens, Hinweise, die ihrerseits die Abfolge der Ereignisse in eine Zeit einordnen, die außerhalb des Menschen liegt. Steht der Mensch aus dem unendlichen Strom der Zeit auf und geht in ihm wieder durch den Tod zurück, so verbindet sich das Los des Grafen mit der Frage der Generationsfolge. Indem er die erneute Werbung seiner Gemahlin mit höfischem Geschick zurückweist, scheint die Generationsfolge durchbrochen. Da aber sein junger Adjutant, »längst schon von dem Grafen als Sohn und Erbe angenommen und in aller Form Rechtens als solcher adoptiert« wurde, erfüllt sich das Gesetz der Generationsfolge. Mit der nach Jahrzehnten erfolgenden unverhofften Wiederbegegnung steuert die Erzählung konsequent einen Kulminationspunkt an, in dem sich Vergangenheit und Zukunft bei äußerster Zeitraffung begegnen. Letztlich sind die Abläufe auf der Handlungsebene nur eine Illustration des menschlichen Schicksals im Strom der Zeit.

In der Schilderung von »Liselottes letzte Stunde« (III, 328–334) kommt bereits im Titel der Zeitbezug zum Ausdruck. So wie die letzten Minuten des Übergangs vom Leben zum Tod gezeichnet werden, läßt dies nicht nur ein sehr sorgfältiges Studium der Biographie von Elisabeth-Charlotte von der Pfalz (1652–1722) erkennen, sondern durch die Reduktion des Lebens auf gleichsam einen Augenblick wird auch ein Moment der äußersten Intensität erzielt. Indem die Gedankengänge der Sterbenden veranschaulicht werden, fließen in der Phase des Hinübergehens Vergangenheit und Zukunft ineinander. Dabei werden Raum und Zeit eng aufeinander bezogen. Die Augen der Sterbenden »wanderten durch das große, prunkvoll öde Zimmer, in dem sie in dem breiten Bett mit den teppichbelegten Stufen schon wie aufgebahrt lag«. Überhaupt liegt ein bedeutungsvoller Akzent auf der Beschreibung ihrer »wandernden Augen«. Es scheint so, als wolle die Sterbende, nachdem sie ihre unmittelbare Umgebung einschließlich der kleinen Figur des Amors am Fußende ihres Himmelbettes mit »müden Augen« gemustert hat, durch die Hinwendung zum Fenster wieder Anschluß an das Leben der Außenwelt gewinnen: »Sehnsüchtig wanderten ihre Augen nach den hohen schmalen Fenstertüren. [...] Es müßte schön sein, jetzt draußen herumzugehen ...«. Zwischen ihren Augen und den Fensterscheiben wird sogar eine direkte Beziehung hergestellt, als sie versucht, das Gesicht ihres Gatten, Philippe I. von Orléans, mit umflortem Blick wahrzunehmen: »Durch den Dunst, der ihre Augen beschlug wie der Regen eine Fensterscheibe beschlägt, versuchte sie sein Gesicht zu erkennen«. In diesen Raum hinein wirkt ein Signal, das sich auch in anderen Texten in vergleichbarer Funktion findet, meistens in Gestalt einer Uhr oder eines Uhrschlages: »Irgendwo gehen schon Weihnachtsglocken. Das sind die Glocken von Heidelberg ---«. Den Abschluß bildet eine Szene, die die Abgrenzung des »großen menschengefüllten Zimmers« aufhebt und die Einbettung des Todes in den weiterführenden Strom des Lebens ahnen läßt, erzählerisch nicht ohne Grund im Präsens gehalten: »Die Lakaien reißen die knarrenden Fenstertüren auf, der eisige Nebel qualmt herein und der alte Arzt drückt leise und geschickt Elisabeth-Charlotte die gebrochenen Augen zu«. Diese Schlußszene erinnert an das Ende der Erzählung »Apotheose« (III, 343–372). Als erstes ergibt sich eine Korrespondenz in der Raumdarstellung. Trat bei Liselotte von der Pfalz der Tod in einem »menschengefüllten

Zimmer ein«, so ist es hier ein von der Zarin und ihrem Hofstaat »gefüllter Saal«. Allerdings ist die hier Dahinscheidende eine alte Frau, die allegorische Verkörperung Rußlands, gleichsam das Mütterchen Rußland. Doch beide werden durch die Schilderung der Gesichtszüge miteinander verbunden. Liselotte weist in dem Augenblick des Todes ein Gesicht auf »so weiß wie eine Wachskerze« und die alte Russin zeigt ein »Gesicht, das weißer wird als die Kerzen«. Beide haben einen Arzt als Sterbebegleitung, in einem Falle ist es »der alte Arzt«, im anderen Falle »der alte deutsche Arzt«. Die entscheidende Übereinstimmung liegt allerdings in der Entgrenzung des geschlossenen Raumes unter Einfügung der Zeitkomponenten. Während im Falle von Liselotte die Lakaien die »Fenstertüren« aufreißen, haben die Diener der Zarin mit einer »weitoffenen Fenstertür« für einen Blick in den Park gesorgt. Damit öffnet sich eine Perspektive aus dem Saal zur Außenwelt und man kann verfolgen, wie sich im Park ein grandioses Feuerwerk entfaltet, das sich auch noch in den Scheiben der Fenstertür zusätzlich spiegelt: »Neben den hohen Hecken steigen zwei riesige Feuerpalmen aus dem roten Qualm in den Nachthimmel und zerstieben hunderthäuptig, funkenregnend, zur Seite des großen Flammenbildes, das zwischen ihnen in goldenem Glanz aufgeht: der gekrönte kaiserliche Doppeladler! Einen Herzschlag lang steht er in der tiefen Bläue. Er zittert, er verschwimmt in Feuer und versprüht. Letzte Funken taumeln wie glühende Tränen hinab in den blutroten Dunst - - «. Dies ist die Visualisierung des überzeitlichen Augenblicks, jenes Momentes, in dem sich Vergangenheit und Zukunft verschränken. Insbesondere in Gestalt der allegorischen Verkörperung Rußlands als alte Frau wird die Vergangenheit in die erzählte Gegenwart geholt, aber sie stirbt inmitten eines turbulenten Festes, das ungetrübt weitergeht und keine Notiz von ihrem Ableben nimmt. Was an optischer Prachtentfaltung anhebt, die funkelnde Heraldik des Zarentums, zittert und versprüht, erlischt »wie glühende Tränen« im »blutroten Dunst«. Es ist die Vorausdeutung des Endes der Romanows und der blutigen Revolution von 1918.

2. Das Sein als Werden

Es fällt nicht schwer, die bisher angesprochenen Kriterien auch in weiteren Erzählungen zu entdecken. Die Erzählung »Schlußkapitel« (IV, 372–383) arbeitet mit dem Spannungsverhältnis von innen und außen. Sie nimmt zugleich einen Tenor der Überschrift auf und verbindet damit deutliche Zeitsignale, die insbesondere durch die Hinweise auf die Uhr akzentuiert werden. Das »alte Fräulein Miegel«, allgemein »Usche« genannt und in Realität eine Schwester von Agnes Miegels Vater, macht sich auf den Weg von seiner Wohnung zu einem nahegelegenen Stift, um der Kapitänswitwe Lisbeth Scott, die hier ihre letzten Tage verbringt, aus Karl Immermanns *Der Oberhof* (1839) vorzulesen. Bereits beim Aufbruch von Usche zeichnet sich ein Wechselspiel von Raum und Zeit ab. Zwar ist es ein Februarabend und ein tosender Sturm treibt den Schnee um das Haus, aber der Frühling liegt in der Luft. Doch der Winter hat noch so viel Kraft, daß die Witterung draußen bis in die behagliche Wärme der Wohnstube hineinwirkt: »… die fahle Schneedämmerung des Februarabends blinkte aus den Spiegelscheiben des hohen Birnbaumspindes drüben«. Von hier aus wird die Perspektive auf das Fenster gerichtet und die Auswirkung des vom Sturm gejagten Schnees vergegenwärtigt. Usche steigt mühsam auf den hohen Fenstertritt und bemerkt: »Der Sturm hatte die Fensterraute aufgestoßen, eisig blies der Zug staubfeinen Schnee über den kleinen Nähtisch und den Korbsessel mit den gestickten Kissen, über die weißen und roten Blüten der Primeln und Alpenveilchen auf dem breiten Fensterbrett …«.[192] Fast scheint es so, als würden hier auf dem Fensterbrett die kalten Kräfte des Winters mit den bereits erblühenden Blumen des Frühlings ringen. Bevor sie das Haus verläßt, will Usche in der Wohnung noch prüfen, ob alles seine Ordnung hat. Wieder wendet sie sich den Fenstern zu: »Sie blickte in die eiskalte Küche, wo der Schnee wie Polster vor den altersblinden, vergitterten Scheiben lag, sie steckte die grünen Friesvorhänge am Schlafstubenfenster zusammen und nahm die Schwefelhölzer vom Messingleuchter …«. Ist bereits in »altersblind« ein zurückhaltender Zeithinweis enthalten, so sagen während dieser Vorkehrungen gleich zwei Instanzen die Zeit an. Vom nahen Kirchturm schlägt es »vier«, und mit »silbrigem Klang antwortet die Alabasteruhr unter dem Glassturz auf der Kommode«. Und während sich Usche durch die Unbilden des Wetters kämpft, mahnt die Kirchturmuhr erneut, daß bereits eine Viertelstunde vergangen ist, so als würde die Zeit auslaufen: »Durch Schneewirbel und Sturm schlug die Kirchturmuhr einmal. – Usche fuhr zusammen bei dem leisen Ruf …«. Dabei gewinnt man den Eindruck, daß sich ihr Bewegungsablauf in einem recht begrenzten Raum vollzieht. Nachdem sie ihre Wohnung verlassen hat, passiert sie einen »langen schmalen Gang« und klettert eine »steile Treppe hinauf«, »hohe Schneewehen« türmen sich als Hindernis auf, und das Dach des Stifts ist drückend niedrig. Als sie das Stift nach dem Kampf mit dem Schnee endlich erreicht und den Raum der Witwe betritt, gewinnt man den Eindruck einer bei aller Behaglichkeit doch etwas bedrückenden Enge: »Es war auf einmal seltsam still, als Usche langsam die steilen Stufen emporklomm, leise die nur angelehnte Tür öffnete und in das warme Zimmer trat. Es war genau wie ihres, nur niedriger unter der weißen Balkendecke, und es wirkte enger durch die schweren dunklen Mahagonimöbel …«. Das erste, was sie wahrnimmt, ist eine Uhr, die in ihrer Eigenschaft über die Realität der Situation hinausweist, aber von ihr in dieser Funktion noch nicht bewußt registriert wird: »…- hier stand darauf [Kommode] eine goldblanke Stutzuhr[193] mit einem bronzenen Schnitter zwischen zwei silbernen Leuchtern …«. Was sich bereits am Anfang angedeutet hat, bewegt sich nunmehr unverkennbar auf einer übergeordneten Ebene. Usche liest aus Karl Immermanns *Oberhof* (1839) vor, und es ist der Abend, an dem sie das letzte Kapitel des Buches mit der Überschrift »Fröhliche Siege« abschließt.[194] Sowohl »Fröhliche Siege« als auch die Eingangsbemerkung der Kranken »Ich bin schon so neugierig! Nicht wahr, heut kommt das Ende?«, erhalten damit eine ganz andere Bedeutung. Wieder ist es das Fenster, das die Verbindung zwischen dem wütenden Sturm draußen und dem Innenraum herstellt: »Es war wohl der Sturm gewesen, der am Fenster rüttelte. Der Laden hinter dem sich blähenden Vorhang klapperte, es schlug klirrend ans Fensterbrett. … Der Wind mußte sich gedreht haben, so kalt wehte es vom Fenster her …«. Dennoch empfindet Usche eine unwirkliche Stille im Zimmer: »Sie hörte nicht einmal die Stutzuhr ticken«. Als sie nach längerem Lesen innehält, »… merkte sie, daß die Uhr stehengeblieben war«. Ihre Zuhörerin, Lisbeth Scott, war während des Lesens sanft entschlafen und hatte diese Welt verlassen.

Weder Raum noch Buch und schon gar nicht die Uhren sind realistische Requisiten. Wie noch genauer nachzuweisen gilt, ist die Uhr lediglich der unvollkommene Versuch des Menschen, Orientierung in einem endlosen Zeitstrom zu gewinnen. In dem Gedicht »Letzte Stunde« (I, 161–163) hat Agnes Miegel dies besonders deutlich zum Ausdruck gebracht. Hier bewegt sich das lyrische Ich in der Stunde des Todes in einem Bewußtseinsstrom, in dem Gedanken an die Dolomitenkämpfe des Ersten Weltkrieges, Erinnerungen an Südtirol[195] und ostpreußisches Heimatgefühl zusammenfließen. Stellt der Augenblick des eintretenden Todes die Gegenwart dar, so nimmt diese zugleich Vergangenheit und Zukunft in sich auf. Da das Ich im Augenblick des Todes bereits in die Endlosigkeit eintritt, kann es als Bestandteil des Unbegrenzten die Zeit nicht mehr messen. Wie ein letzter Bezug zur überwundenen Welt dringt in den Bewußtseinsstrom jedoch ein Uhrenschlag und es ist bezeichnend, daß es die siebte Stunde ist: »Und irgendwo im Tale schlägt es sieben«. Während das Ich im Begriff ist, die Begrenzung des früheren Lebens in Form eines visuellen Abschiedes zu überwinden, erfolgt als Gegensatz dazu die Zeitmessung der verlassenen Welt, denn seit dem letzten Glockenschlag ist genau eine Stunde vergangen. Die letzte Zeile des Gedichtes lautet: »Und irgendwo im Tale schlägt es acht«. Wenn man den Gegensatz von Endlosigkeit und Zeitmessung betrachtet, dann ist die Funktion der Uhren in der Erzählung »Schlußkapitel« nicht viel anders. Auch hier wird die Bewegung der Vergangenheit auf den Moment des Todes hin zeitlich dokumentiert. Aber der Tod ist kein Abschluß, denn er ist lediglich der Anfang von neuem Leben. Die Vergangenheit zeigt sich in der ausführlich geschilderten Angst Usches vor dem Tode: »Ja, schon als solch kleines Ding war sie vor Grausen davongelaufen, wenn draußen ein Leichenzug vorbeikam«. Vergangenheit tritt einem weiterhin entgegen in dem verstorbenen Ehemann Lisbeth Scotts in Form eines goldumrahmten Ölbildes des »seligen Kapitäns«, das von einem »Kranz blinkender Daguerreotypen« umrahmt wird. Ist dies Vergangenheit, so vermittelt Immermanns *Oberhof* Zukunft, denn die hier am Schluß stattfindende Hochzeit des Grafen Oswald und dem Findelkind Lisbeth bedeutet neues Leben. Nicht ohne Grund identifiziert sich Lisbeth Scott mit Immermanns Heldin Lisbeth. In ihren Worten: »Es ist mir richtig Ernst damit, weil sie doch auch Lisbeth heißt«. Trägt das Schlußkapitel von *Oberhof* den Titel »Fröhliche Siege«, so trifft dies auch auf Usche zu. Die literarische Botschaft wird in den Text der Erzählung integriert. Hatte sie in ihrem bisherigen Leben unter der Furcht vor dem Tode gelitten, so bewirkt die unmittelbare Erfahrung des Todes unter den Begleitumständen von Liebe und Zuwendung, von Hingabe und Verständnis eine Befreiung von dieser Furcht: »Sie trat zu der Toten, nahm das weiße, zierlich gefaltete Tuch aus den kalten Händen, die sie liebevoll streichelte, und deckte es ganz sacht über das müde Gesicht«. Die nunmehr erlangte psychische Verfassung in gelöster Lauterkeit spiegelt das »Fröhliche Siege« der Lektüre. Dies aber ist nicht nur ein Sieg, sondern auch die Überwindung der vorher gesetzten emotionalen Grenzen. Damit einher geht die Aufhebung der räumlichen Grenze: »Dann ging sie zum Fenster, schob den Vorhang zurück und machte die kleine Winterraute spaltweit auf«. Jetzt läßt der Schneesturm nach und der Winter zieht sich zurück. Nunmehr »singt« der Tauwind nur noch, und an die Scheiben prasselt »der erste Vorfrühlungsregen«, der die Entstehung neuen Lebens verheißt. Zieht man eine Bilanz, so ist die Erzählung in ihrer Gesamtheit ein Beispiel für die bildliche Gestaltung jenes Augenblickes, in dem sich durch das Zusammentreffen von Vergangenheit und Gegenwart in einem Augenblick die Unbegrenztheit der Zeit manifestiert, in die der Mensch hineingestellt ist.

Legten die Erzählungen »Liselottes letzte Stunde« und »Schlußkapitel« den Akzent auf den Augenblick des Todes und verhießen zugleich in der Folge ein neues Leben, so legt die Schilderung der Erzählung »Morgendämmerung« (V, 10–16) den Schwerpunkt auf den Augenblick der Geburt und entwickelt daraus ein Porträt des

Zeitlaufs. Hier wird das Grundthema von Endlichkeit und Ewigkeit bereits zu Beginn der Erzählung durch die Kontrastierung von Uhr und Ruine einerseits und Geburt andererseits zum Ausdruck gebracht. Schauplatz ist die Wohnung eines Kaufmannshauses irgendwo in den »engen glitschig feuchten Gassen« des Königsberger Kneiphofs. Gegenüber dem Kaufmannshaus brannte über Nacht »ein ganzer Giebel mitsamt dem Trockenwolm«[196] ab. Infolge der nächtlichen Aufregung kam in der Kaufmannsfamilie ein Kind zu früh zur Welt. Die Erzählung setzt mit einem Bild ein, das durch die Beschreibung des Glockenklanges auf Endlichkeit und durch die Erwähnung des Jahreslaufes und des Frühlings auf Ewigkeit verweist: »Der nasse Schnee krümelt durch den nebligen Märzmorgen. Der Wind kommt stoßweise und schon mit einem ersten Frühlingshauch vom Hafen her über die Giebel der schmalen hohen Häuser. Immer, wenn er aussetzt, hört man das schwere schwingende Dröhnen der Domglocken, die härteren Glocken des Schloßturms klingen manchmal dazwischen«.

So wie die Begleitumstände der Geburt dargestellt werden, zeichnet sich ein Wechselspiel von Innensphäre und Außensphäre ab. Es ist ein nebliger Märzmorgen und der Wind kommt stoßweise vom Hafen her. Er dringt sogar bis in das Innere der Wohnung: »Der Märzwind stößt heulend in den Schlot, Funken stieben aus der Herdtür …«. Dazu kommt der Klang der Domglocken und der Glocken des Schloßturms. Wird der Blick dadurch nach außen gerichtet, so wird andererseits ein Gefühl der Enge vermittelt. Die »schmalen hohen Häuser« und die »engen, glitschig feuchten Gassen« treten in das Blickfeld. Der Hausherr verfügt lediglich über ein »kleines Kontor«. Bei der Küche handelt es sich um eine der »alten schmalen stockdüsteren Küchen«, erreichbar nur »von der steilen Treppe«. Die Bewegungsabläufe in dem Haus vermitteln den Eindruck, daß die Wohnung nahezu verschachtelt ist. Selbst der Säugling ist »eingebündelt in kreuzweise geschnürte Wickelbänder«. Doch die Enge des Inneren wird mit den Vorgängen draußen verknüpft. So tritt der Hausherr zum Fenster und »macht noch in dem Doppelfenster die Winterraute auf …«. Fast scheint es so, als solle die Enge der Wohnung durch die Funktion einer Glastür ausgeglichen werden, weil die Küche »von der steilen Treppe nur durch eine wacklige Glastür getrennt ist, durch deren bunte geschliffene Scheiben man draußen schon das Flackern des Feuers unter dem tiefen Herdmantel [...] sieht«. Nicht ohne Grund wird die Glastür, deren Bedeutung noch zu erläutern sein wird, ein zweites Mal erwähnt. Der wie ein weiser Prophet auftretende jüdische »Hauspracher«[197] trägt seinen Glückwunsch vor, »neigt sich noch einmal, greift nach seinem Stock und ist auf einmal fort. Nur die Glastür klirrt noch ein bißchen«. Es bleibt der Eindruck zurück, daß der Glückwunsch nicht nur in den vier Wänden bleiben, sondern auch weiterwirken soll.

Die Erzählung schließt, indem Elemente des Eingangsbildes wieder aufgenommen werden. Durch die auch im strukturellen Aufbau erkenntliche Beziehung von Anfang und Ende wird eine ansonsten gültige Grenze aufgehoben. Diese Tendenz wird durch die gewählte Bildlichkeit noch unterstrichen: »Nebenan der Hausherr steht am Fenster im Kontor. Er sieht durch die offene Winterraute nach den zerrissenen Wolken drüben über dem hohen Giebel, über dem ausgebrannten Nebenhaus mit den schwarzverkohlten Balken, den leeren zersprungenen Fenstern. Ein paar feuchte Flocken wirbeln herein, zergehen auf seiner Stirn. Das Morgengeläut im Dom klingt sachte aus. Ein tiefer Glockenschlag dröhnt zitternd wie sommerlicher Hummelsang nach. Er wartet, ob noch einer kommt. Nein, es war der allerletzte. Und er schließt das Fenster«.

Dieses Schlußbild stellt eine höchst kunstvolle Konstruktion dar. Der Blick des Vaters und Hausherren aus dem Fenster seines Kontors auf das Haus gegenüber ist die Umschreibung eines Erkenntnisprozesses, der mit dem Signal des Fensterschließens zwar eine gewisse Stufe erreicht, jedoch kaum sein Ende gefunden haben wird. In dieser Schlußszene drängt sich eine Fülle von Gegensätzen zusammen: Das Weiß des Schnees und das Schwarz der Brandruine, die Person im Fenster und die leeren Fenster gegenüber, Nähe und Ferne, Nacht und Tag, Winter und Sommer, Werden und Vergehen, Endlichkeit und Ewigkeit. Indem eine Beziehung zwischen diesen Gegensätzen im Bewußtsein des Betrachtenden hergestellt wird, werden die Widersprüche aufgehoben und zu einer Ganzheit geführt. Der Raum zwischen Erzähldistanz und beschriebener Person nimmt ab bis hin zur Bewußtseinsdarstellung: »Nein, es war der allerletzte [Glockenschlag]«, die jedoch durch »Er wartet« und »er schließt« wieder einen distanzierenden Rahmen erhält. In den Gedankengang hinein erklingt das »Morgengeläut im Dom«, ein Hinweis auf das Bemühen des Menschen, den Zeitstrom zu ordnen, indem der Hausherr die Glockenschläge bis zum allerletzten zählt. Da der ausklingende Glockenklang des Domes mit seinem dröhnenden Zittern an den sommerlichen Hummelklang erinnert, wird die Vorstellung des Sommers über die Gegenwart des Betrachters hinaus mit dem sich ankündigenden Frühling verbunden. Auf diese Weise wird ein Zeitablauf vergegenwärtigt, der nicht dem Einfluß des Menschen unterliegt. Wie eine Berührung mit der Schöpfung wirkt es daher, wenn kurz bevor der Hausherr das Fenster schließt, ein paar feuchte Schneeflocken hereinwirbeln und auf seiner Stirn zergehen.

Die Erzählung hat unterschiedliches dramatisches Geschehen in einem Moment zusammengeführt: der Untergang des Alten geht in die Geburt des Neuen über. Nicht nur der Titel »Morgendämmerung« verspricht den Anbruch eines neuen Tages, auch der Jahreslauf verheißt den Wechsel vom Winter zum Sommer. Eng damit verbunden ist das Bild der Geburt als Quelle des fortwährenden Lebens. Mit der Geburt tritt der einzelne ein in einen unendlichen Lebensstrom, in dem nach Erlöschen seiner Lebensspanne sich eine Fortsetzung in Form von neuem Leben ergibt. Eingebettet ist dieser Vorgang in eine deutlich dargebotene Zeitdarstellung, die über die Zeitmessung des Menschen hinaus verdeutlicht, daß Zeit zwar den Menschen betrifft, jedoch außerhalb seines Vermögens liegt.

Die Erfahrungen der erlebenden Person werden nur sehr zurückhaltend in deren Bewußtsein gespiegelt. Statt des Bewußtseinsstromes werden die handelnden Figuren so gezeichnet, daß sie als konkrete Individualität im Zeitstrom hervortreten, der die Gestalt einer Generationsfolge annimmt. Dabei ist die Beziehung zwischen Zeit und Raum nicht nur für den Standpunkt der Autorin von Bedeutung, sondern er fließt auch deutlich in die literarische

Gestaltung ein. Die Einwirkung des Erlebens auf die jeweilige Person wird durch die auf Zeit und Raum bezogene Perspektive und Bildlichkeit derart dargestellt, daß deren Eingebundensein in den außerhalb des menschlichen Bereiches liegenden Zeitstromes deutlich sichtbar wird. Diese Einbindung erlaubt einerseits den Wechsel in der Zeitebene und fordert anderseits die Entgrenzung des Raumes. Die Erfahrung des Augenblicks hat daher einen Bezug zu Vergangenheit und Zukunft.

Dieses sich abzeichnende Muster tritt in den unterschiedlichsten Varianten auf, aber ein sensibles Auge vermag es immer wieder aufzuspüren. Um nur zwei Beispiele anzuführen, die auf den ersten Blick nicht damit verbunden zu sein scheinen: In der Erzählung »Landsleute« (III, 52–90) nimmt das heruntergekommene Rom die Stelle der Brandruine ein, das »...ungewisse Gewirr der Stadt, die klein und kümmerlich, stinkend wie ein gefallenes Tier sich hinter dem Marmorreich der Paläste breitete, in deren Finsternis die schmale Straße wie in einen Sumpfwald führte«. In einer Gefängniszelle dieser Stadt berühren sich Vergangenheit und Gegenwart in Gestalt der aus dem Norden kommenden Ita und Widimer. Die Situation wird durch die bevorstehende Hinrichtung zeitlich geprägt, denn die ihnen noch gegebene Zeit verrinnt. Indem es den beiden aber gelingt, sich aus der Gefangenschaft zu befreien und zu Pferd die Flucht zu ergreifen, treten sie in die Zukunft ein. Die Enge der Gefängniszelle geht über in die Weite des nächtlichen Himmels. In der Nacht zeigt ihnen das Sternenbild des Wagens den Weg nach Norden in die Heimat. Unter dem Jubelruf »Ohe, das Vaterchen, das große Vaterchen!« machen sie sich auf den Weg: »Und sie sprengten davon in die Nacht, nach Norden«. Damit vereinen sie sich wieder mit den vorausgegangenen Generationen an der Weichsel.

Durchaus vergleichbar ist der Ablauf des Geschehens in *Die Fahrt der sieben Ordensbrüder*. Nachdem die Ordensritter sich in einer grenzenlosen Schneewüste fast verloren haben, finden sie Unterkunft und Gastfreundschaft in einem prussischen Herzogshof. Dies ist der Ort, an dem die Vergangenheit der Prussen und die Zukunft des Ordens innerhalb eines kurzen Zeitmomentes aufeinandertreffen. Die Funktion der Brandruine oder des dekadenten Rom nimmt in diesem Falle die Feuersbrunst ein, in der der Fürstenhof aufgeht. Für die Ordensritter wird die Weiterreise zu einem Ritt in die Zukunft, die eine Erstarkung der Ordenskolonisation verspricht, wie unverkennbaren Hinweisen zu entnehmen ist: Sie reiten »unter der glänzenden blauen Unermeßlichkeit des Himmelsmantels«, die Perspektive weitet sich mit einem Blick zur Ostsee, Kinder der Kolonisten begrüßen sie »aufrecht und selbstbewußt, wie es freier Leute Kind zukam« und die ersten Anzeichen des Frühlings machen sich bemerkbar. Das Kontinuum ist wie in den beiden anderen Beispielen wieder hergestellt. Es findet am Ende der Fahrt in dem Jubelschrei des Ritters Rudolf von Kienheim seine Bestätigung, »...- einen schwingenden, jauchzenden Schrei, den der Wind über den rieselnden, schmelzenden Schnee der Äcker ins Land trug«.

3. Glastüren und Durchblick

Es mag durchaus sein, wie Agnes Miegel einmal bemerkte, daß jedes ordentliche ostpreußische Gutshaus eine eindrucksvolle Glastür besaß, und man mag auch mit einigem Recht annehmen, daß die elterliche Wohnung auf dem Kneiphof eine Glastür aufwies, aber in den Erzählungen taucht die Glastür wiederholt in einer Weise auf, daß man geneigt ist, ihr eine besondere Funktion zuzuschreiben. Eine genauere Betrachtung läßt nun erkennen, daß sie nicht nur ein realistisches Requisit darstellt, sondern darüber hinaus im Zeit-Raum-Rahmen eine besondere Bedeutung einnimmt. Stößt man, wie zum Beispiel im Falle des Schauspiels »Der Gaukler« (VI, 63–79) gleich zu Anfang der Szenenanweisungen unvermittelt auf die Glastür, so wird man schwerlich eine Antwort auf die Frage finden, welche Bedeutung der Szenenhinweis »*In der Mitte des Hintergrundes eine offene, breite, weiße Glastür, die nach der Gartenterrasse führt*« für die Aussage des Stückes hat. Weiß man um die Bedeutung der Glastüre, so erkennt man die Zusammenhänge, und es ergibt sich ein Verständnis auf einer ganz anderen Ebene. Für die

Entschlüsselung ist es zunächst hilfreich, wenn man eine Beziehung zu den »Fenstertüren« in »Apotheose« und »Liselottes letzte Stunde« herstellt sowie nach weiteren Beispielen sucht.

Die Glastür kann zunächst konkreter Bestandteil einer durchaus realistischen Beschreibung sein. Aber ihr Auftreten ist ein Signal, daß sich das Geschehen gleichzeitig auf einer übertragenen Ebene bewegt und einer transzendierenden Aussage zustrebt. Die Erzählung »Der Todesgang« (V, 260–270) liefert ein besonders treffendes Beispiel. Sie schildert mit scharfem Beobachtungsblick Geschehen und Stimmung auf einem Gutshof an einem Sommertag im Juli. Die Zeitspanne erstreckt sich von Mittag bis zum Morgen des folgenden Tages. Die dabei angesprochenen Einzelheiten, von den Blumenrabatten über die Stimmung der Personen bis zum Interior des Gutshauses, vermitteln eingangs ein realistisches und detailliertes Bild der Situation. Am Anfang steht eine fast bukolische Schilderung des idyllischen Gutslebens. Doch bereits der erste Satz »Noch war Frieden« enthält den entscheidenden Vorbehalt, der sich zu einem Verhängnis ausweiten sollte. In die Idylle bricht zunächst unterschwellig und anfänglich kaum wahrnehmbar, dann aber immer bedrohlicher, die Katastrophe ein.

Das Gut hat die Kühe eines Nachbarhofes, der abgebrannt ist, in Pension übernommen, und diese haben, wie sich nach Ablauf der Nacht herausstellt, die Maul- und Klauenseuche eingeschleppt. Noch weiß der Gutsherr nicht um diese niederschmetternde Nachricht, aber eine Vorahnung der am Morgen deutlich werdenden Katastrophe quält ihn. Der Verlust von wertvollem Herdbuchvieh, an dessen Zucht man mehr als 20 Jahre gearbeitet hat, könnte die wirtschaftliche Existenz des Hofes bedrohen. Wie im Falle der anderen Erzählungen stellt die Komposition auch dieser Erzählung einen engen Bezug von Innensphäre und Außenwelt her. In seiner seelischen Bedrängnis zieht sich der Gutsherr in sein nächtliches Arbeitszimmer zurück und versucht, Gewißheit über das zu erlangen, was auf den Hof zukommen wird: »Er stößt das Fenster auf. Kühl, traurig süß weht es auf sein heißes Gesicht«. Als er kurz darauf das andere Fenster seines Arbeitszimmers öffnet, gaukelt ihm seine Anspannung draußen die Erscheinung des Todes vor: »Weiß,

weiß wie Kalk ist das Saatlaken um seine Schultern. In der erdbraunen Hand hält er die Körner. Sie quellen auf, sie winden sich, sie zucken wie Herzen, nein, wie winzige, qualdurchraste Tierleiber – sie verfärben sich, werden schwarz - -«. Diese Vision nimmt das tatsächliche Ereignis vorweg, sie vermittelt aber zugleich ein Bild, das für die Erzählung wesentlich ist: die Beziehung zwischen Tod und Leben, der Tod als Sämann. Die ausgestreute Saat schafft neues Leben, jedoch vergeht dieses Leben oft qualvoll. Was sich als Angstvision kundtut, findet im Blick durch die Glastür seine Bestätigung, zunächst als Präludium, wenn sich das Rot des Sonnenaufgangs in der Glastür des Gewehrschranks spiegelt: »...alles glüht in dem roten Schein, die Glastür des Gewehrschranks spiegelt noch einmal die Spiegelung des Schreibtischfensters wider ...«. Unmittelbar danach vermittelt der Blick durch die Glastür Gewißheit: »Langsam geht der Gutsherr aus der morgenhellen Stube durch das noch nächtige Wohnzimmer, vor dessen Fenstern die Vorhänge zugezogen sind, nach der Glastür, durch deren Scheiben er die Männer [Kämmerer, Melker] schon kommen sieht ...«. Die Erzählung endet mit dem Todesgang der Tiere und dem beziehungsreichen Hinweis: »... gerade in dem Augenblick, als die ersten Tiere oben in den Hof biegen – vom Sturm herübergetragen, zerrissen und scheppernd, von den Wiesen her das Dengeln einer Sense«.

Der Hinweis auf die Sense evoziert das Bild des »Sensenmannes«, in der Realität der Schnitter, der in der Zeit der Ernte das Getreide mäht. Es nimmt das Bild vom Tod als Sämann wieder auf: Saat und Vergänglichkeit, Ernte und Tod bringen den endlosen Wechsel von Werden und Vergehen zum Ausdruck. Der Blick durch die Glastür ist der Moment, in dem diese Erkenntnis konkrete Konturen gewinnt. Die Erzählung ist daher bemüht, ein Gleichgewicht zwischen Tod und Leben herzustellen. Dem »Todesgang« steht die betonte Schilderung eines innigen Familienlebens, einer gelebten Familientradition und von unternehmungslustigen Kindern gegenüber.

Schauplatz der Erzählung »Gedenken« (VII, 203–212) ist der Hof Salzburger »Exulanten«, die bereits seit längerer Zeit in Ostpreußen seßhaft geworden sind[198]. Geschildert werden die Vorgänge unmittelbar vor einer Geburt. Diese vollzieht sich in einem Mansardenzimmer, das nur durch einen Flur und über eine Treppe zu erreichen ist. Bezeichnenderweise wird der Vorflur durch eine »sonnendurchschienene Glastür« von dem übrigen Wohnbereich abgetrennt. Die Glastür hebt die Enge der Räumlichkeit auf und macht die Geburt zu einem weiterführenden Geschehen. Betrachtet man sie im Zusammenhang mit dem übrigen Geschehen, dann ist es so, als ob sie den Blick auf die eigentliche Bedeutung der Geburt lenkt. Der Augenblick, in dem Leben geschenkt wird, leitet zugleich das unendliche Wechselspiel von Leben und Tod ein. Auf die Frage, warum die junge Frau gerade in dieses Haus gekommen sei, um das Kind zur Welt zu bringen, antwortet die Urgroßmutter unter Hinweis auf das neugebaute Haus der angehenden Mutter: »Ich hab ihr zugeredet. Ich habe gesagt, weil das neue Haus noch so naß ist. Aber ich dachte, – weil da noch keiner gestorben ist«. Mit der Geburt finden Vergangenheit und Zukunft zusammen, die Vergangenheit in Gestalt der Vertreibung aus dem Salzburger Land und die Zukunft in Form des Lebens auf preußischer Erde. Die Generationskette wird nicht unterbrochen. Mußten die Salzburger ein Mädchen namens Brigitta zurücklassen, so erhält nunmehr das neugeborene Kind den Namen Brigitta. Daß das Ereignis der Bestandteil eines unendlichen Geschehens ist und sich der Augenblick der Geburt nur darin einfügt, wird durch den Ablauf des Jahres mit seinem ewigen Rhythmus der Jahreszeiten akzentuiert. Der Winter hat sich noch nicht gänzlich zurückgezogen. Über die Insterwiesen[199] weht »der scharfe Ostwind«, und »eisig stieß der Wind« in die Kleidung. Aber der Frühling liegt schon in der Luft. Die »alte Frau Forstreuter«, Altbäuerin des Hofes und schon etwas schwach und gebrechlich, »... schritt [...] aufrecht und stolz, wie eine Junge über den Hof auf das Haus zu, hinter dem der Frühlingsabendhimmel verglühte«, an jeder Hand ein Kind. Alter und Jugend gehen ineinander auf.

Die angesprochenen Aspekte eines Grundmusters treten auch in der Novelle »Heimgekehrt« (V, 298–314) in Erscheinung. Der Chirurg Georg Lebus wird in Berlin durch ein Telegramm an das Sterbebett seiner Großmutter nach Königsberg gerufen. In Bezug auf die Erzählperspektive spielt auch hier das Fenster eine wesentliche Rolle, so als ob eine Verbindung zwischen Innen- und Außensphäre intendiert ist. Georg Lebus nimmt die Außenwelt auf der Reise von Berlin nach Königsberg aus dem Fenster seines Schlafwagenabteils wahr und knüpft daran zahllose Erinnerungen. In Königsberg angekommen, erfolgt in einem Taxi ein anderer Fensterblick: »Durch das zur Seite geschobene Glasfenster sah ihn [Georg Lebus] das stille Gesicht des Schofförs ein bißchen verwundert an«. In der Wohnung der Großmutter fällt der Blick auf ein Fenster, das sich in seiner Erinnerung mit Weihnachten verbindet: »Vor dem Fenster dort hatte immer der Weihnachtsbaum gebrannt bei der Bescherung«. Viel hatte sich seit seiner Abwesenheit verändert, doch »die Glastür war unverändert«.

Georg Lebus erlebt die letzte Lebensphase seiner Großmutter in einem gelben Rohrstuhl an ihrem Bett sitzend. In dieser emotional und gedanklich äußerst angespannten Situation öffnen sich zwei unterschiedliche Zeitsphären. Auf dem Nachttisch »tickte die schwere goldene Uhr unter dem viel zu kleinen, immer noch wippenden Glassturz des Birnbaumständerchens. Ob sie noch so hell die Stunde und die Viertelstunde schlug, wenn man sie auf den Rand des Wasserglases drückte?« An diesem Punkt nähert sich die Erzählung dem Gedankenstrom von Georg Lebus. Im Grunde handelt es sich dabei um eine Intensivierung des Uhrenmotivs, denn bereits kurz vorher hatte Georg Lebus bereits wahrgenommen: »Die weite Flanelljacke überm Leinenhemd war aufgeschlagen. Eine lange, dünne Kette aus Dukatengold – Großvaters Uhrkette – lag auf der eingesunkenen, flach atmenden Brust«. In dem Schwebezustand kurz vor ihrem Tode versucht er daher als Arzt mit dem Hilfsmittel der gewöhnlichen Welt, der Zeiteinteilung durch die Uhr, den Puls der sterbenden Großmutter zu messen. Dabei vollzieht sich ein Wechsel der Zeitsphären: »Er wollte nach der Uhr sehen. Wollte zählen. Eins, zwei – ganz zart tickte der Puls da, eins, zwei – seine Gedanken glitten ab«. Aber er muß entdecken, daß der Pulsschlag der Großmutter seinem eigenen entspricht, »so vertraut als wär's der eigene Puls«. Was als Pulsmessung erscheint, wird zum Zusammenwachsen zweier unterschiedlicher Persönlichkeiten, die lediglich Glieder einer Ahnenkette sind. Der Eintritt des Todes wird zu einer Berührung mit einer Zeitlosigkeit, die nicht mit der Uhr zu messen ist, und zugleich zu einem Hinauswachsen über die Grenzen der Körperlichkeit. Georg Lebus findet zu seinem eigentlichen Sein: »Es strömte in ihn, als wäre da nicht Haut noch Fleisch – eins, zwei – es flutete durch ihn vom Scheitel bis zur Sohle, es pochte in seinem eigenen Herzen – kein Widerhall mehr. Sein eigenstes Sein«. Diese Worte der Erkenntnis seines Seins wirken wie eine direkte Illustration der Aussage in der Reflektion »Gespräch mit den Alten«: »Ich war euer Fleisch und Blut, war euer Geist und Wesen. Durch mich gingt ihr bis in diesen Tag« (V, 224) und es folgt das Eingeständnis der Kinderlosigkeit: »Ich gab mein Blut nicht weiter«. In dem Bewußtsein von Georg Lebus formiert sich jetzt eine Bildlichkeit, die auf die Unendlichkeit des Meeres verweist und eine Geburtsvorstellung evoziert: »Es brauste, es stieg, es fiel. Es schlug rauschend auf, verrann und kehrte wieder. Das war die See. [...] Nun lag er in dem weißen Leintuch auf ihrer Schulter, betäubt und zufrieden. [...] Nun war's auf einmal sehr still. Georg fühlte wie er niedersank. Ganz tief, ganz sanft«. Diese Empfindungen nehmen die Form einer Bildlichkeit an, wie sie sich auch in dem Erlebnisbericht »Die See« (V, 23–32) findet. Bei Georg Lebus führt die Begegnung mit dem Meer, mit dem »langausflutende[n] Branden der grauen Wellen«, zu einem Übergang von Tod zu Geburt. Auch das erlebende Ich in »Die See« erfährt die Begegnung mit den Wellen des Meeres zunächst als Bedrohung durch den Tod: »Todeskälte zerschnitt mich, Grauen, Versinken in Eiseskühle und weicher Feuchte, entsetzliche Angst, die mich in schnellendem Stoß wieder hochtrieb«. Doch die Wellen werden zu Geburtswehen, und der Ausstieg aus den Wellen wird zu einem Akt der Geburt. Man wird »in ein sonnengewärmtes Badetuch geschlagen und von Mutter auf der heißen, daunigen Wärme hin- und hergerollt [...] bis ich nichts war als ein glühendes, kreischendes, zappelndes Bündelchen«. Das innere Erlebnis des Entsteigens aus den Wellen wird auch wie im Falle von Georg Lebus das Zeugnis eines »Schöpfungsmorgens«. In diesem Zusammenhang erhält die Glastür ihre Sinngebung. Sie leitet den Blick ein auf ein Geschehen, das jenseits der Grenzen liegt, denen das Auge normalerweise unterworfen ist.

Das Geschehen in der Erzählung »Noras Schicksal« (IV, 114–161) läuft auf den schicksalhaften und plötzlichen Tod des Mädchens Nora zu. Die Wahl des Namens Nora könnte Anlaß zu Spekulationen geben, denn nach Henrik Ibsens *Nora oder Ein Puppenheim* (1879) findet er sich häufig nicht nur in der Literatur und auf der Bühne, sondern auch in der Malerei und im Film mit programmatischem Klang für eine Frauenfigur, die Eigenständigkeit und Selbstbewußtsein vertritt.[200] Über das Schicksal Noras berichtet eine ältere, namentlich nicht genannte Frau, deren Ausführungen von der Erzählerin widergegeben werden. Der Bericht, der um den Tod Noras kreist, bezieht sich auf die Zeit der alten Frau, als sie als Schülerin zusammen mit anderen Mädchen in dem Königsberger Pensionat einer »Sanitätsrätin«, von den Mädchen allgemein »Tante Laura« genannt, untergebracht war. Die einleitende Bemerkung gegenüber der Zuhörerin »Setz dich her, Töchterchen! Ich werd dir was erzählen!« läßt die folgende Geschichte wie eine Lektion für das Leben erscheinen. Auch gibt die alte Dame ihre Geschichte nicht so ohne weiteres preis, denn für einen Augenblick »tippte der Finger mit dem grünäugigen Schlangenring«[201] auf ihren »wunderschönen zarten und mädchenhaften Mund [...] als wolle er ihm Schweigen gebieten«. Offensichtlich berührt sie mit ihrer Erzählung ein Ereignis, das sie im Innersten bewegt hat und das nicht mit der Rationalität der gewöhnlichen Welt zu erklären ist.

Hinter dem Bericht der Erzählerin wird die gestaltende Hand der Autorin spürbar, denn auch in diesem Falle schimmert ein Grundmuster durch, das sich in anderen Geschichten ebenfalls findet. Es handelt sich um die besondere Form der Raumdarstellung mit parallel laufenden Zeitangaben, wobei die Glastür als Signal eine entscheidende Bedeutung erhält. Zwar ist der Raum eng begrenzt, aber er erfährt durch die Fenstersymbolik zugleich eine Öffnung, so daß die Gültigkeit der räumlichen Grenzen relativiert wird. Bezeichnend ist der erste Satz der Erzählung: »Wir saßen an dem offenen Fenster und sahen den Gewitterwolken nach, die verblassend, flockig zerrissen, über den wieder blauenden Grund davonzogen«. Abgesehen davon, daß dieser Einleitungssatz die vorherrschende Perspektive von innen nach außen festlegt, beinhaltet er zugleich in der Abfolge von Gewitter und blauem Himmel einen Hinweis auf die Polarität des Lebens. Wie eine Motivverstärkung wirkt es daher, wenn sich kurz vor dem schicksalhaften Ereignis, dem plötzlichen Verscheiden Noras an Cholera im aufblühenden Leben, die Abfolge von Lebenserwachen und Vergehen wiederholt: Es »sang in jenem Frühsommer die Nachtigall, es sangen die Grasmücken und Finken [...] Dazu grollte es von fern. Aber die Gewitter zogen weitab vorüber. Das Wasser sank, Wurzeln sahn aus dem schwarzen Ufer, unter den hohen Stämmen war die Erde trocken wie Fels, und es dunstete widerlich aus dem Gebüsch nach verdorrendem Laub«. Der Aufbau der Erzählung gleicht einem Musikstück, in dem das Motiv durchgespielt wird, aber das Gegenmotiv bereits am Anfang anklingt, sich immer mehr ausprägt und schließlich dominant wird. Es ist hier das ewige Wechselspiel von Leben und Tod.

Die Raumdarstellung konzentriert sich auf die Mansardenzimmer des Pensionats. Damit verbunden ist die am Anfang so deutlich herausgestellte Fenstersymbolik, die im Laufe des Geschehens immer wieder aufgenommen wird, denn die Mädchen wollen nicht in ihren Mansarden abgeschlossen sein, sondern streben zu den Fenstern, um die Welt draußen wahrzunehmen: »Wir schlichen in unsere Mansarde – hell schien sie nach der Dunkelheit des Flurs in der weißen Nacht. Das Fenster stand weit auf, die Linde rauschte und unten schlug die Nachtigall«. Es gleicht daher einem symbolischen Akt, wenn Nora kurz vor ihrem Tode die Mädchen vom Fenster wegdrängt und es schließt. »Nora stand neben uns, schob uns fort, schloß das Fenster und ließ den grünen Wachstuchvorhang herunterrollen«. Mit dem Schließen des Fensters und der heruntergelassenen Jalousie können die Mädchen die Außenwelt nur noch durch die Geräusche wahrnehmen, aber auch jetzt haben die vernommenen Geräusche eine übertragene Bedeutung: »Und hörten nun, ganz fern, ein langgezogenes Donnergrollen. Über all dem aber auf einmal süß und schluchzend die Nachtigall unten am Schloßteich«.

Es ist daher von besonderer Bedeutung, wenn genau an der Peripetie des Geschehens das Symbol der Glastür eingeführt wird. Was die Mädchen bisher nur in Andeutungen erfahren haben, geht von diesem Zeitpunkt an in Geschehen über. »Tante Laura« hat die Schar der Mädchen versammelt und ordnet angesichts der heranziehenden Bedrohung durch die Cholera an, daß gemeinsam das Vaterunser gebetet wird: »Die Glastür nach der Veranda stand weit auf. Als wir das Amen sprachen, trug der Südwind ganz leise, ganz von ferne den letzten Hauch des Abendchorals vom Schloßturm übers Wasser«. Hier werden die Grenzen des Raumes aufgehoben, so daß die Außenwelt in Form des Südwindes gegenwärtig ist. Damit geht eine Zeitangabe in Form des Abendchorals einher. Und da die gesamte Situation eingebettet ist in das Vaterunser und den Choral, erhält sie zugleich auch einen transzendenten Charakter. Zwar wird das Vaterunser im Raum gebetet, aber auch in akustischer Hinsicht öffnet er sich, weil der Choral ihn aus der Ferne erreicht. Am dritten Tag nach dem Gebet, unmittelbar vor einem trotz allem geplanten Sommerfest, stürzen die Mädchen zur Glastür, so als ob diese ihnen Gewißheit in Bezug auf das Kommende vermittelt: »So liefen wir das letzte Ende des Weges, sprangen die kurze Treppe hinauf und rissen die Klingel an der Glastür beinahe ab«. Und wie ein Wegzeichen, das über Noras Schicksalsweg orientiert, steht die Glastür unmittelbar nach ihrem Tode weit offen: »Wir bemerkten erst jetzt, daß die Glastür zum Treppenhaus sperrangelweit aufstand«. So wie sich im Ineinander von Raum und Zeit die Polarität auflöst, so hebt sich auch der Gegensatz von Leben und Tod auf; beide gehen ohne Grenzen ineinander über.

Das Schicksal zeigt nicht nur eine Seite. In diesem Zusammenhang wird deutlich, wie sehr die Erzählende an den Fäden der Autorin hängt, wenn das Motiv angesprochen wird, daß der Tod zu neuem Leben wechselt. Der immer wieder deutlich zu vernehmende Gesang der Vögel läßt die Abgeschlossenheit des engen Raumes, die Mansardenzimmer, die wie »wie unter einem Glassturz« wirken, wegfallen und stellt die Verbindung nach außen her. Auch das zu einem bestimmten Zeitpunkt stattfindende Ereignis findet im gleichen Augenblick des Geschehens sein Gegenspiel. In der Todesstunde Noras greift eine Freundin namens Lene zur Uhr; es ist vier Uhr morgens: »Sie rieb sich gähnend die Augen, reckte sich nach ihrer Uhr, schüttelte sie, hielt sie ans Ohr: ›Vier! Die steht!‹ – Sie sprang auf, wir liefen ans Fenster«. Hier werden Raum und Zeit eng miteinander verbunden, wobei die Uhr wie eine magische Größe den Tod von Nora anzuzeigen vermag. Aber es ist auch genau vier Uhr am Morgen, wie die Mädchen später erfahren, daß der Schwester der befreundeten »Hökerin« ein Kind geboren wurde. Fast scheint es so, als ob die Uhren an dem Schicksal Noras Anteil nehmen und den Ablauf der Lebensspanne dokumentieren. Über die Küchenuhr heißt es: »Die rosenbemalte Uhr tickte mit dem glänzenden Perpendikel, die Gewichte waren weit heruntergesunken«. Aber selbst diese Küchenuhr signalisiert den Wechsel vom Tod zum Leben. Wie von der Küchenhilfe Mine zu erfahren ist, hatte sie schon lange ihren Dienst aufgegeben. Aber unmittelbar vor dem Tode Noras gewinnt sie ihre Funktion zurück: »›Die schlägt all lang nich mehr‹, meinte Mine [...] Aber da quarrte und schnarrte es mühselig in dem alten Uhrwerk, als wollte sie es doch versuchen. Und nun kam durchs Fenster, langgezogen, endlos fast, der Schlag einer Kirchenuhr, dem ganz von fernher eine andere heller antwortete. Wir zählten leise mit – wir hatten es so spät noch nicht gehört«. Wieder das Ineinanderübergehen von Raum und Zeit bei gleichzeitiger Transzendierung. Selbst das mechanische Regelwerk der Uhr scheint dem Regelwerk einer höheren Ordnung zu gehorchen. Der Versuch des Menschen, das, was er unter Zeit versteht, in Abschnitte einzuteilen, erweist sich als hilflos, denn er ist einer Ordnung unterworfen, gegenüber der er ohnmächtig ist. Es entspricht tragischer Ironie, wenn die Mädchen am Ende der Erzählung neben den Geräuschen der »Rollwagen«, die die Särge der an Cholera Verstorbenen abtransportieren, auch hören, wie eine Kuckucksuhr anschlägt.

Das Motiv der Auflösung von Endlichkeit wird gleich zu Anfang der Erzählung angeschlagen. So bemerkt die Zuhörerin bei der alten Dame, daß sie »einen immer noch wunderschönen zarten und mädchenhaften Mund« hat. In der intimen Berührung des Mundes mit einem anderen Mund, dem Kuß, liegt nun ein wesenhafter Ausdruck von Leben und Tod. Als sich die Berichtende Nora ganz nahe fühlt, ohne von deren bevorstehendem Ende zu wissen, möchte sie das auch durch die enge körperliche Berührung zum Ausdruck bringen: »So reckte ich mich, legte die Arme um ihren Hals, fühlte das seidenweiche lockige Haar, sah die schönen klaren Augen ganz nah und küßte sie grad auf den Mund. Und fühlte im selben Augenblick, daß dieser Mund, der sonderbar dunkel in dem weißen Gesicht stand, eiskalt war«. Bei aller Sensualität wirkt es doch so, als ob der Kuß eine Tote streift. Verbindet sich in diesem Falle Kuß mit Tod, so verkehrt er sich im letzten Satz der Erzählung in das Gegenteil. Trotz der mit der Cholera hereingebrochenen Tragödie erlangt die Berichtende ebenso wie ihre Freundin Lene eine schicksalsbejahende Heiterkeit, und Lene schlang »in ihrer Freude die Arme um meinen Hals und küßte mich. Ihr frischer Kindermund lag auf meinen Lippen, warm und rot wie die ersten Kirschen, die daheim im Garten auf uns warteten!« Hier liegt im Kuß das Leben, denn »Kindermund« sowie »warm und rot« verheißen Kraft und Werden. Dazu kommt die Berührung mit der Natur und das Wissen, wo man zuhause ist.

Mehr noch als in den anderen Erzählungen wird die Glastür in »Muriel« (III, 81–87) zu einem Medium der Aussage. Hier fährt die Erzählerin zusammen mit ihrem Vater in einer Droschke durch das abendliche Königsberg, um für die erkrankte Mutter eine Haushälterin zu finden. Die Fahrt gleicht einer Reise in einen rätselhaften Raum, in dessen Zentrum sich das Mädchen Muriel Fox befindet. Das mit Muriel verbundene Geheimnis und die auf der Familie Fox lastende Schuld werden nie geklärt. Der Versuch der Erzählerin, das Muriel umgebende Geheimnisvolle und Rätselhafte zu durchdringen, wird durch eine Folge von Glastüren veranschaulicht: Das unheimliche Haus ist ein Haus der Glastüren. So finden sich in Bezug auf Muriels Wohnung folgende Hinweise: »die geriefelten, schmutzigen Glasscheiben der Flurtür«, »die altmodische Glastür«, »Dann rief sie etwas durch die Glastür«, »es kam der Flur, die Glastür«, »leise durch die Glastür«, »hinter der Glastür«, »lehnte mich an die Glastür«, »mit zwei Glastüren rechts und links«, »vor der einen Glastür« und »Schritte kamen, die Glastür ging auf«.

Durch die Glastür konzentriert sich der Blick auf Muriel. Da das Ich als Erzählfigur zugleich auch die Realität des Lesers vertritt, werden die Glastüren darüber hinaus zu einem Appell an diesen, den beschriebenen Raum auch gedanklich zu durchdringen und die Zusammenhänge zu erkennen: Muriel ist trotz ihres eindrucksvollen Auftretens und bei aller extravaganten Kleidung eine wesenlose Erscheinung. Bei ihren Handlungen wirkt sie emotionslos und so, als sei sie nicht daran beteiligt. Ihre Familie ist zersplittert und zerstritten. Um eine Familienangelegenheit zu regeln, ist sie zusammen mit ihrer Mutter aus Amerika angereist. Der Großvater stammt aus England und hat sich in Deutschland niedergelassen. Sie hat keine Kenntnis darüber, ob sich die Großmutter in Zürich oder Königsberg befindet. Und der Vater wohnt weit entfernt im Westen Amerikas, irgendwo am Pazifik. Wie ein Ausdruck des inneren Zustandes von Muriel bietet sich die Wohnung dar, in der sie angetroffen wird. Überall stehen gepackte Kisten oder Koffer herum, als wollten sie zum Ausdruck bringen, daß sich Muriel trotz aller Verwandtschaft bindungslos auf einer fortwährenden Reise befindet. Dieser Eindruck wird noch durch die Art der Beschäftigung Muriels verstärkt. Die unerwartete Begegnung mit ihr vermittelt eine bezeichnende Szene, die bis zur Verabschiedung anhält. Muriel beschäftigt sich damit, kleine bunte Hornplättchen in einen Becher zu knipsen, ein Spiel, das man damals »Flohhüpfen« nannte. Sie betreibt das leidenschaftslos, ohne Anteilnahme, nahezu automatisch, so als könne sie keine Freude mehr am Spielen aufbringen. Ihre Begrüßung der Eintretenden ist gänzlich ohne persönliche Zuwendung: »An dem Tisch stand ein Mädchen, nur wenig älter als ich, und knipste mit einem roten runden Hornplättchen andere kleine bunte Plättchen [...] in ein hellgelbes Birkenbecherchen, das mitten auf dem Tische stand. Sie knipste noch einmal. Ein rotes Plättchen wirbelte in den Becher. Dann sah sie auf, ruhig, kühl, aus übergroßen hellblauen Augen, trat einen Schritt auf mich zu, neigte ein wenig den Kopf und sagte: ›Ich bin Muriel!‹«. Bis zur Verabschiedung, die bereits nach einem kurzen Gespräch stattfindet, verändert Muriel ihre Haltung nicht: »Ich wollte Muriel noch gern Lebewohl sagen. Aber sie stand schon wieder vor dem Blumenfenster und knipste jetzt grüne Plättchen in den Birkenbecher. Es sah aus, als sprängen grüne Geranienblättchen über den Tisch. Sie blickte nicht auf, neigte nur leicht den blonden Kopf zum Abschied«. Abgesehen davon, daß man in den »grünen Plättchen« einen Hinweis auf das Verhältnis von Muriel zur Natur sehen könnte – in diesem Falle wäre sie eine zivilisatorische Kunstfigur – wirken die geknipsten bunten Plättchen mit dem Spielfeld wie das Abbild der Situation, in die Muriel hineingestellt ist, mehr noch, sie verkörpert eine Gesellschaft, die ihre traditionellen Bindungen verloren hat. Die Zahl der Plättchen steht für die große Masse der zusammengewürfelten Menschen und die Buntheit der Plättchen bringt die gleichförmige Verschiedenheit zum Ausdruck. Letztlich steht Muriel für das Kind, dem man die Kindheit genommen hat. Sie hat ihre Wurzeln verloren und weiß eigentlich nicht, wo sie zuhause ist. Ihre sorgfältige Kleidung kann nicht darüber hinwegtäuschen, daß ihr die Bedingungen ihres Lebens keinen Spielraum mehr für Gefühle lassen. Ihre Persönlichkeit wurde ausgetauscht zugunsten der Mechanik einer Puppe.

Die Kunst der Erzählung besteht darin, diese Erkenntnis nicht als direkte Botschaft zu vermitteln, sondern durch die Anlage der Szene so zu beschreiben, daß die Darstellung den Leser diese Schlußfolgerung ableiten läßt. Im Augenblick der Begegnung wird ein Gedankengang virulent, der auf einer höheren Ebene zur Erkenntnis führt, daß die soziale Prägung Muriels in der Vergangenheit zugleich eine Warnung für die Zukunft ist. Hieraus erklärt sich die starke Betonung der Glastür. Sie ist die Aufforderung, das, was Vordergrund ist, zu durchschauen. Zugleich erfolgt durch die Glastür eine Entgrenzung des Raumes. In dieser Funktion nimmt sie fast die Eigenschaft einer Lupe an, unter der die Verhältnisse klarer hervortreten.

In der Erzählung »Sonnenwendtraum« (V, 247–253) tritt die Glastür als Signal für die außerhalb der menschlichen Zeitmessung liegende Dimension in geradezu formelhafter Verdichtung in Erscheinung. Das Geschehen spielt auf der Terrasse eines Gutshauses, die durch eine Glastür, auf die am Anfang ausdrücklich hingewiesen wird, mit dem Gutshaus verbunden ist. Die Gutsfamilie hat eine junge Malerin eingeladen und, da das historische

geht nun dieser Frage nach und wählt auch hier mit »Morgenröte« ein exemplarisches Beispiel. Wie in anderen Fällen erweist sich der Mythos als das Medium, das zum Erfassen der eigentlichen Wirklichkeit führt. Das Verhältnis von Mythos zur Religion seinerseits ist eine vielerörterte Frage. Das abschließende fünfte Unterkapitel versucht unter Verwendung biographischer Aspekte, sich einer Antwort zu nähern, die sowohl für die Haltung der Dichterin, als auch für ihr Werk gilt.

1. Mythos in der Zwischenkriegszeit

Die Vermutung, daß infolge des Illusionsverlustes im Laufe des Ersten Weltkrieges eine Entwertung des Mythos in der Zwischenkriegszeit erfolgte, läßt sich angesichts der zahlreichen ins Gegenteil weisenden Beispiele nicht bestätigen. Zwar ist die nach Vorherrschaft strebende Tendenz zur ernüchternden Sozialkritik, zur materialistischen Wirklichkeitserfassung und zum politischen Engagement auch in der Literatur, der *littérature engagée*, unverkennbar, aber es scheint so, als ob gleichsam als Gegengewicht dazu auch die Verwendung des Mythos gleichzeitig immer mehr an Bedeutung gewinnt. Bisweilen überschneiden sich beide Strömungen, so wenn z.B. Bertold Brecht einerseits konsequent Mythenrevision betreibt und andererseits Mythisierung zur Überhöhung des Politischen einsetzt.

In Deutschland erfaßte das Interesse am Mythos fast alle Lebensbereiche von der Kunst über die Politik bis zur Werbung. »Der Mythos hatte in der Weimarer Zeit Konjunktur. Er kam dem ›Verlangen nach Flucht vor den Folgen der Industrialisierung‹ und des verlorenen Krieges entgegen und drückte sich in der kulturellen und insbesondere in der literarischen Produktion der 20er Jahre aus. [...] Die Mythen sollten die Welt wieder heil machen und der zersplitterten Nation den Sinn für Gemeinsamkeit zurückgeben«.[202] In einem politischen und sozialen Raum der extremen Gegensätze, sogar der Unvereinbarkeiten, empfand man trotz unterschiedlicher Haltung dennoch die Notwendigkeit mentalitätsspezifischer Leitbilder, die das in einem Staat erforderliche kollektive Handeln und gemeinsame Erleben ermöglichten. Klingen diese Hinweise recht allgemein, so läßt sich doch schnell ein Bogen zur Lebenssituation von Agnes Miegel schlagen. Am Vortag der Verfassungsfeier des Jahres 1929 hielt Walter von Molo, Präsident der Sektion Dichtung der Leibniz-Akademie und Begründer des Schutzverbandes deutscher Schriftsteller, im Moskowiter Saal des Königsberger Schlosses einen Vortrag mit dem Titel »Einiges Volk«. Hier beschwor er geradezu flehentlich unter Verweis auf den Mythos deutscher Geistigkeit die Notwendigkeit des Zusammenhaltes des auseinanderstrebenden Sozialkörpers von Deutschland: »Es ist tiefschmerzlich, zu sehen, wie sich die Parteiungen in unserem Vaterlande häßlich entzweit haben und um Dinge streiten, die nur ein einiges Volk zu vollbringen befähigt ist«.[203] Nicht nur in dieser Rede zeichnet sich das Bestreben ab, idealisierte Geschichtsbilder zu vermitteln und kollektive Identitäten auszurufen, um in Krisenzeiten die Grundlage einer gemeinsamen Handlungsperspektive zu vermitteln.

Sucht man in diesem Zusammenhang nach einem besonders aussagekräftigen Beispiel, so findet sich dieses in Gestalt von Fritz Murnaus Filmepos *Die Nibelungen* (1924).[204] Der beispiellose Erfolg dieses Filmes beruhte nicht nur auf seinen künstlerischen Mitteln und der neuen filmischen Technik, sondern auch darauf, daß er die Gleichzeitigkeit von Gemeinschaft und Antagonismus verdeutlichte. Aus dem mythischen Raum der Nibelungen lieferte er dem Zuschauer damit subkutan jene optischen und emotionalen Versatzstücke, die dieser bei allem zeitlichen Abstand mit den Erscheinungen seiner eigenen Situation identifizieren konnte. Im Unterbewußtsein nahm das Publikum des Films daher jene Fragen von Gemeinschaft und existenziellen Konflikten auf, sogar von Unvereinbarkeiten, die es auch zur eigenen Zeit bewegten. Dieser filmisch dramatisierte Mythos war daher das Medium, das auf außerrationalem Wege Verständnismöglichkeiten für die verwirrenden Verhältnisse der Zwischenkriegszeit lieferte. Man kann hier ein mentales Rezeptionsmuster erkennen, das auch in anderen Fällen zur Geltung gelangte.[205]

Insbesondere die Literaturkritik der jüngsten Zeit neigt dazu, das Erscheinen des Mythos in der Literatur der Zwischenkriegszeit in die Nähe des Kulturpessimismus zu rücken.[206] Danach ist diese Literatur nicht in der Lage, mit den Anforderungen der Moderne Schritt zu halten. Sie verweigert sich der Industrialisierung, vermittelt eine rückwärts gerichtete Blickrichtung, bekämpft die Rationalität, idealisiert die Romantik und entwirft archaische Sozialräume. Das mag in einigen Bereichen durchaus zutreffen, aber genauere Textanalysen zeigen, daß derartige pauschale Wertungen an den tatsächlichen Gegebenheiten vorbeigehen. Wenn man die obige Einordnung als Voraussetzung nimmt, dann kann man gleich mehrere Wesenszüge der Zwischenkriegszeit nicht verstehen. Für viele wache und unruhige Geister war der Himmel nach dem Ersten Weltkrieg leer. Was sich bereits mit dem Ende des 19. Jahrhunderts angekündigt hatte, dringt jetzt mit voller Wucht auf den Künstler ein. Es zeichnete sich die »innere Gespaltenheit des Jahrhunderts« ab, »das nicht mehr die Kraft besitzt, Wirklichkeit und deren Überhöhung mit einem Zirkelschlag zu umgreifen«.[207] Indem man nunmehr einer Zeit der Säkularisation unterworfen war, verlor man den transzendenten Horizont. Aber wie sollte der Künstler jetzt mit den Fragen umgehen, die jenseits der Erkenntnismöglichkeit des menschlichen Verstandes lagen? Die Setzung, daß der menschliche Verstand auch die letzten Bereiche durchdringt, war vielen zu einfach. In dem Bestreben nach künstlerischer Konkretisierung des nicht mehr Sagbaren gewannen die Bilder eines mythischen Weltverständnisses, wollte man eine materialistische Position nicht beziehen, immer mehr an Bedeutung. Jetzt griffen die Bilder der mythischen Phantasie des Dichters mit veränderter Religiosität erneut in jene Bereiche, die die Sinnbestimmung von Existenz und Schöpfung ausmachen. Selbst Vertreter des Expressionismus arbeiteten mit Mythen exotischer Bereiche, weil sie meinten, damit aus eigentlich verlorenen Paradiesen schöpfen zu können.

Um die sich entwickelnden Tendenzen anzudeuten, sei auf ein markantes Beispiel der Zwischenkriegszeit verwiesen: Als Gottfried Benn nach neuen Ansätzen suchte, gelangte er zu dem Schluß, daß der Mensch die zivilisatorischen Schranken durchbrechen müsse, um zu einem »Urmythos« zurückzufinden. Dieser »Urmythos« würde dem heraufziehenden Nihilismus entgegenstehen.[208] 1928 erschien die deutsche Übersetzung des Monumentalwerkes *The Golden Bough: A Study of Magic and Religion*, verfaßt von dem schottischen Religionsanthropologen James George Frazer, unter dem Titel *Der goldene Zweig. Das Geheimnis von Glauben und Sitten der Völker.*[209] Es handelt sich dabei um eine umfassende Sammlung von Mythen und magischen Ritualen ungezählter Völker dieser Erde. Frazer vertritt hierin die These, daß sich die Wissenschaft letztlich über die Religion aus dem Mythos entwickelt hat. Die Wirkung dieses epochalen Werkes auf Kunst und Wissenschaft war atemberaubend; es prägte auf Jahre hinaus die Denkstrukturen. Obgleich keine direkte Verbindung besteht, so erscheint es doch wie der Ausdruck einer gemeinsamen Unterströmung, wenn ein Jahr vor Frazer 1927 die deutsche Übersetzung von James Joyces mythenbasiertem *Ulysses* (englisches Original 1920) publiziert wird. So unterschiedlich beide Werke sind, so sind sie doch charakteristische Zeugnisse eines zeittypischen Interesses am Mythos.

Diese Form der Aufarbeitung eines Mythos durch Joyce öffnete ein neues Kapitel der Literaturentwicklung. Daß die Hinwendung zum Mythos bereits vor Joyce der Literatur einen gewaltigen Anschub gab, geht aus Knut Hamsuns Roman *Segen der Erde* (1917, dt. 1918) hervor, in dem die Natur zu einer nahezu religiösen Schöpfungsgröße wird. Die Verleihung des Literaturnobelpreises für dieses Werk war lediglich Ausdruck eines allgemeinen Echos des Empfindens. Der einzigartige Erfolg dieses Romans in Deutschland erklärt sich auch daraus, daß Philosophen wie Ludwig Klages, so besonders in seiner Schrift *Mensch und Erde* (1913), durch die Bindung des Menschen an ein mythisiertes Naturverständnis die Grundlage für eine derart positive Rezeption geschaffen hatte.

Im Überblick kann man sagen, daß die Betrachtung der Natur als gleichsam religiöse Instanz in der Zwischenkriegszeit keineswegs eine ungewöhnliche Welthaltung war. So findet sich diese Auffassung z.B. bei Ernst Wiechert, der den Wald zum Mythos erhebt, bereits erkenntlich am Titel seiner Autobiographie *Wälder und Mensch* (1936). Ähnlich deutlich wird es auch in seinem Roman *Der*

Wald (1922), wobei in seinem Falle der Mythos mit einer deutlichen psychologischen Komponente versehen wird. Bei Hermann Hesse entdeckt man zahlreiche Belege für diese Einstellung. Die Haltung von Gerhart Hauptmann zum Mythos hat zu einer umfangreichen kritischen Literatur angeregt.[210] Das Charakteristische für den schlesischen Dichter ist, daß er sich zwischen der Hinwendung zum antiken Mythos und der subjektiven Mythisierung der Wirklichkeit bewegt. Auch in der romantischen Vorkriegsphase von Günter Eich, bei Ricarda Huch, Ina Seidel und Oskar Loerke ist der Fluchtpunkt der existenziellen Orientierung teilweise nicht immanent verortet, sondern liegt in einer naturmythischen Transzendenz. Die Naturlyrik des norddeutschen Dichters Wilhelm Lehmann ist ein besonders eindrucksvolles Zeugnis des Verhältnisses zur antiken Mythologie. Seine Projektionen des »Grünen Gottes« leben gänzlich aus der Mythenwelt des klassischen Altertums.[211] Und nicht zuletzt erwachsen die Figuren Ernst Barlachs aus dem Mythos und beziehen ihre Kraft daraus.

2. Leben im Mythos

Es wirft ein bezeichnendes Licht auf die grundsätzliche Haltung Agnes Miegels, wenn sie mitten im Kriegsgeschehen, unmittelbar vor dem Untergang Königsbergs[212], ihre Welt des Mythos als die für sie letztlich gültige Sphäre dem über sie hereinbrechenden Verhängnis entgegenstellt. In einer Zeit, in der die Welt auseinanderzubrechen droht, gewinnt der Mythos für sie die Bedeutung einer sinngebenden Entität. Diese Hinwendung ergibt sich folgerichtig aus den Positionen, die sich in ihrem Werk bereits in frühester Zeit abzeichnen.

In einer Grenzsituation, die über Tod oder Leben entscheidet, entledigt sie sich aller Lasten der Alltagswelt und beschreitet jenen Raum, der hinter dem Vordergrund des aktuellen Geschehens liegt. Ausgestattet mit einer Psyche, die sich wiederholt vom Dinglichen abhebt und ganz von Visionen erfüllt ist, vollzieht sich dieser Übergang ohne Bruch, fast wie eine Erlösung von dem Druck der profa-

Agnes Miegel 1944 in Königsberg, Studioaufnahme von Liselotte Strelow.

nen Welt. Hatte sie bereits in ihrer Lyrik mit dem Mythos gearbeitet, man denke an die »Griechischen Gedichte«[213], so wird dieser jetzt zum unabdingbaren Werkzeug. Das bedeutet nicht, daß sie sich in eine gegenüber dem Geschehen unverbindliche Verneinung der Realität zurückzieht, vielmehr resultiert aus der Kraft des Mythos eine ungebrochene Haltung gegenüber der Wirklichkeit, die sich wiederum auf eine im Religiösen wurzelnde Schicksalsbejahung gründet.

Die letzten Tage vor dem Untergang Königsbergs veranschaulichen dies besonders sinnfällig. Während sie zusammen mit Nachbarn aus der Hornstraße in einem Keller Schutz vor den russischen Artillerieeinschlägen sucht, die in unmittelbarer Nähe niedergehen, feiert sie in der Gemeinschaft trotz aller Bedrohung Fastnacht, wobei auch das leibliche Wohl nicht vergessen wird: »Den letzten Fastelabend in Königsberg feierten wir vergnügt! Im Keller – nach Großangriff – mit gemeinsamem riesigen Mohnstritzel, Pfannkuchen, Punsch und Vorlesung«.[214] Sie gibt sich keiner Endzeitstimmung hin. Dies ist ein Bekenntnis zum Leben und zu der Verantwortung, die dem Menschen mit seiner Geburt auferlegt ist. Der Weg aus einer weitgehend entgötterten Welt ist die Rückbesinnung auf den Mythos, der für Agnes Miegel nicht im Gegensatz zum christlichen Glauben stehen muß. Ihre Form des Mythos assoziiert sich mit Religiosität und ist gleichermaßen in ihrer Biographie wie auch im literarischen Werk von frühester Zeit an gegenwärtig. Diese Form tritt in den unterschiedlichsten Gestaltungen in Erscheinung, den Mythemen, und nimmt ganz verschiedene Erzählformen an, bis sie sich schließlich zu einem Zentrum verdichtet. Gedanken und Verhalten in einem Keller, dessen Grundmauern durch naheliegende Granateneinschläge erschüttert werden, dokumentieren dieses Verhältnis zum Mythos. Was bisher in der Lyrik und der Prosa individuell in Erscheinung trat, wächst jetzt mit fast unkontrollierbarer Intensität zu einer Einheit zusammen. Die Einheit von Mythos, Werk und Leben, die sich mit zeitraffender Symbolik in der räumlichen Konzentration des Kellers vollzieht, wird nunmehr zum gelebten Mythos: »Ich schleppe meine Stoffe jahrzehntelang mit mir rum«, bekennt sie rückblickend 1947 und fügt hinzu: »Nun hab ich noch ein paar solche lang bebrütete Eier, die ich noch gerne legen möchte ...«.[215] Die katalytische Lebenssituation läßt auf diese Weise den Mythos zur stofflichen Gestalt werden. Zeugnisse dafür sind in den letzten Königsberger Tagen die Gestaltung des Odysseus-Motivs, die Behandlung des Ossian-Materials, die Beschäftigung mit dem irischen Missionsgedanken in »Die Heimkehr« und die Arbeit an der Melusinensage »Die Quelle«.[216]

3. Die Erzählung »Der Ruf«: Literarische Projektion des Mythos

Ein instruktives Beispiel für die literarische Gestaltwerdung des Mythos ist die Erzählung »Der Ruf« (III, 7–26). Man könnte in diesem Zusammenhang auch von einer literarischen Verkörperung des Mythos sprechen. Legt man die Bearbeitung des Odysseus-Motivs aus Homers *Ilias* zugrunde, so wie sie in der Erzählung »Der Ruf« deutlich wird, dann kann man den Entstehungsweg von der Vorlage zur dichterischen Gestaltung besonders anschaulich verfolgen.[217] Mit der Gestaltung dieses Motivs greift die Autorin einen Stoff auf, der in der zweiten Hälfte des 19. Jahrhunderts, aber auch in der Zwischenkriegszeit, vielfach vertreten war. Angesichts der im Ersten Weltkrieg zerbrochenen Ordnung und der dadurch ausgelösten mentalen Befindlichkeit mag der dem Odysseus-Mythos innewohnende Erlösungsgedanke eine Erklärung für die Art seines zeitbedingten Verständnisses sein. Bezeichnend für Agnes Miegel ist, daß bestimmte Motive lange in ihrem Unterbewußtsein schlummerten, ehe sie schließlich zur Oberfläche durchbrachen. Der erste Hinweis auf Odysseus findet sich bereits 1907 in dem Gedicht »Mondnacht«.[218] Offensichtlich hat sie die *Odyssee* 1909 dann direkt gelesen, denn sie teilt ihrer Freundin Lulu von Strauß und Torney mit: »Ich habe zum ersten Mal die Odyssee gelesen. Du das war herrlich ...«.[219] 1915 wird dann deutlich, wie sehr der Stoff sie beschäftigt, denn sie schreibt an ihre Freundin Ina Seidel: »Neulich las ich mal wieder die Odyssee, dachte den ganzen Tag über Athene nach«.[220] Wiederholte Hinweise in ihrer Korrespondenz belegen überdies, daß das Odysseus-Motiv sie ihr ganzes Leben hindurch begleitet hat. 1948 gibt sie in diesem Zusammenhang Einblick in ihre seelische Sphäre: »... ich habe auch im Lager [Oksböl] einen Tod des Odysseus geschrieben – aber kein Drama, sondern eine Erzählung. Nach einem Traum. Seit Jahren ist Odysseus eine immer wieder in meinen Träumen in ganzer Lebensfülle aufkreuzende Gestalt«.[221] Selbst nach Fertigstellung des Manuskriptes bleibt Odysseus immer noch ihr ständiger Begleiter. Als man ihr nach Verlust ihrer Bücher im Lager Oksböl eine Reclam-Ausgabe der *Odyssee* schenkte, empfand sie das so, als ob sie einen Schatz erhalten hätte. 1948 teilt sie ihrer Biographin Anni Piorreck mit: »Ich lese jeden Tag als Seelen-abenderquickung 1 Gesang Odyssee«.[222] Insbesondere diese Bemerkung ist von Bedeutung, weil aus ihr hervorgeht, daß der betreffende Mythos nicht nur in ihrem Denken einen fortwährenden Platz einnimmt, sondern auch im literarischen Schaffen in immer neuer Gestalt auftritt.

Das ausführlichere Eingehen auf die Entstehungsgeschichte der Odysseus-Erzählung erhält gleich aus mehreren Gründen seine Berechtigung. So werden dadurch der Denkansatz, die Intention der Darstellung und die literarische Gestaltungsweise deutlich. Kann man insbesondere der Malerei des ausgehenden 19. Jahrhunderts bis zum Ausbruch des Ersten Weltkrieges den männlichen Vertretern der antiken Götterwelt durchweg attestieren, daß sie »Willens- und Tatmenschen«, »Idealbilder kraftvoller Männlichkeit« und voller »heroischer Aktivität« sind[223], so läßt sich dieses Erscheinungsbild ohne Bruch auf die Odysseus-Darstellungen der Zeit übertragen, die Agnes Miegel prägten. Bei ihr erfährt dieses Bild hingegen eine grundsätzliche und für ihr Denken charakteristische Veränderung. Aus einer Figur, die das Schicksal herausfordert, die den Göttern trotzt, sich in zahlreichen Abenteuern bewährt und die Heimkehr durch die Tötung der um Penelope Werbenden zu einem Triumph ihrer Männlichkeit macht, wird ein Erduldender. Er unterwirft sich demütig dem Urteil des Sehers Teiresias und sieht sich Mächten ausgesetzt, die er weder erkennen, geschweige denn beherrschen kann. Als Seefahrer ist er verurteilt, mit einem Ruder über der Schulter nahezu wie eine schmerzliche Parodie seiner selbst auf dem Festland zu wandern, bis er eine Region erreicht, in der das Ruder als Attribut des Seemannes ebenso unbekannt ist wie das Salz des Meeres. Dies ist die Voraussetzung, um den schicksalhaften Bann zu brechen.

Nach langer und beschwerlicher Wanderung stößt Odysseus in einem Steppengebiet schließlich auf eine mongolische Hirtenfamilie, die aus Sicht ihrer Lebensbedingungen in dem Ruder einen Spaten sieht. In freundlichem Entgegenkommen lädt man ihn ein, sich als Gast in der Familienjurte zu erholen. Hier fällt Odysseus in einen tiefen Traum, in dem sein bisheriges Leben an ihm vorbeizieht und er Abschied von seinen Freunden nimmt. Da die Familie dem fremden Wanderer gegenüber Vertrauen entwickelt und sogar Verehrung empfindet, bittet man diesen, für die Heilung eines kranken Jungen zu sorgen. Instinktiv trägt Odysseus den Kranken zu einer warmen Quelle, aus der Salzwasser sprudelt, dessen Geruch ihn an das Meer erinnert. Mit dieser Wahrnehmung vollzieht sich die Versöhnung mit dem Meeresgott Poeidon. Im Zuge dieser Versöhnung taucht Odysseus das Kind in das Quellwasser und bewirkt damit dessen Gesundung. Noch während dieser magischen Handlung bricht ein übernatürliches Gewitter aus, das die salzige Quelle zu einem verschlingenden Meer anwachsen läßt. Wie in religiöser Entzückung wirft sich Odysseus dem aufflutenden Meer entgegen und besiegelt damit seine Erlösung.

Die Schilderung von Gestalt, Wanderung und Erlösung legt mehrere mythische Bezüge nahe. Zum einen erinnert der rudertragende Odysseus an den kreuztragenden Jesus. Gleichzeitig läßt das Bild von Odysseus, der ein Kind über das Wasser hält, die Vorstellung eines Christopherus entstehen. Es finden sich außerdem noch Bezüge zu anderen Texten. So taucht die Verbindung von Gewitter und Quelle insbesondere in der Erzählung »Die Quelle« (III, 101–132) auf. Am Ende erkennt hier der Knappe Godefroy, dessen Pate Graf Raimond ist, nach dem vom Gewitter ausgelösten Brand und der Zerstörung der Burganlage, daß die aus dem Wasser entstiegene Melusina die Ehefrau des Grafen ist: »... – die Quelle, die vom stürzenden Gemäuer abgedrängt war und sich hier ein neues Bett suchte. ›Frau Melusina‹ flüsterte Godefroy ehrfürchtig. Das war sie, die Wasserfei, durch das läuternde Feuer zurückverwandelt in das Element, aus dem sie gestiegen« (III, 132). Wasser als Quelle des Lebens, als sinnbildlicher Ausdruck einer schöpferischen Kraft, deren Ursprung im Numinosen liegt, findet sich immer wieder im Werk Agnes Miegels, so insbesondere in der rätselhaften Erzählung »Licht-im-Wasser« (1937: IV, 7–22). Dabei fällt auf, daß sich Leben und Sterben oftmals begegnen. Bereits in der frühen Ballade »Ys« von 1901, für die damalige Zeit voller verwegener Erotik, wird »Sie die stolze Herrin der Bretagne,/Ys, die üppige und wunderschöne« vom »weißen Schaum« der Riesenwelle verschlungen (II,22). In der Ballade »Die Braut« bekennt diese auf dem Weg zur Trauung »Einen nur liebt ich von Kindheit an:/Du Strom, der gelb an die Pfähle schäumt,/Von dir nur hat meine Seele geträumt«. Auch hier stoßen werdendes Leben und Tod aufeinander, denn die aufbrausende Flut verschlingt die Braut: »In rasenden Strudeln, in kochender Wut/Über Kranz und Schleier rauschte die Flut« (II, 102–104).[224] In der Ballade »Schöne Agnete« findet sich gleichfalls die Verbindung von Braut und Wasser. Hier kann die Braut in der Kirche nicht das Sakrament der Ehe erhalten, da sie bereits »den schlammschwarzen Wassermann gefreit« und ein »grünhaariges Nixenkind« geboren hat. Die Spannung erreicht ihren Höhepunkt während des Hochamtes in der Kirche und findet ihren Ausdruck in der Bildmischung von weißem Brautkleid und der vor der Kirche aufbrechenden Quelle: »Ein weißes weißes Wasser vor der Kirchentüre sprang« (II, 25–26), lautet die letzte Zeile der Ballade. Selbst bei Themen und in Kontexten, bei denen man es nicht erwartet, stößt man überraschend auf die verweisende Funktion des Wassers. So wird in der Ballade »Die Nibelungen« (1907; II, 29–31) der aufbrechende Spannungszustand zwischen Leben und Tod mit dem Bild des quellenden Wassers umschrieben: »Es [Rachsucht] treibt und schwimmt im Purpurquell,/Es trinkt den Quell und lechzt nach mehr,/Es braust und schäumt, die Flut steigt schnell…«.

Geht man von diesen Beispielen aus, so zeigt sich, daß das Wasser einerseits mit der Entstehung von Leben verbunden ist und sich der wiederholte Bezug auf eine Braut dadurch erklärt. Andererseits verweist Wasser als auslöschendes Element auf den Tod. Entschlüsselt man diesen zunächst irritierenden Gegensatz, so führt dies einen in die Sphäre des Transzendenten und Numinosen. Das Wasser, so wie es auch in den unterschiedlichsten Mythen empfunden wird, wird zum Sinnbild eines Wirkens, das über Leben *und* Tod verfügt und damit zum gegenständlichen Ausdruck des Göttlichen.[225]

Dies ist auch der Aspekt, unter dem die Wanderung des Odysseus in »Der Ruf« gesehen werden muß. Hilfreich für ein Verständnis ist dabei, die Betrachtung zu erweitern und zu fragen, in welcher Form die Erzählung von der *Ilias* abweicht. Zunächst werden die Stationen der Irrfahrt, so wie sie sich in der Vorlage finden, ausgelassen. Die Handlung wird unter Weglassung der vorgegebenen Schauplätze auf einen Strang reduziert und setzt erst nach der Vorgeschichte ein. Dadurch wird ein beträchtliches Spannungselement erzielt, denn Odysseus trägt auf seiner Wanderung die Last des Gewesenen, deren Vorgeschichte dem Blick des Lesers entzogen ist. Das vorausgegangene Vergehen muß jedoch in einem schweren Verstoß gegen elementare Gesetze bestanden haben, denn die Last wirkt auf Odysseus wie eine erdrückende Bürde, von der er sich befreien muß, soll sein Leben überhaupt noch einen Sinn haben. Während der Weg von Odysseus in der *Ilias* aus einer Folge von Abenteuern besteht, ist der Weg von Odysseus bei Agnes Miegel ein Streben nach Entsühnung und Erlösung. Während der Arbeit am Manuskript überlegt die Autorin sogar, ob sie der Erzählung den Titel »Der Entsühnte« geben sollte.[226] Übersteht bei Homer Odysseus seine Abenteuer dank seiner List und Kühnheit, so geht Odysseus seinen Weg in »Der Ruf« in Demut gemäß seinem »Gelübde der Entsühnung«. Wird der Odysseus der *Ilias* mit allen seinen Eigenschaften als handelnde Figur deutlich gezeichnet, so bleibt der Odysseus von Agnes Miegel ohne eigentliche Individualität und erhält dadurch allgemeine Eigenschaften. Auf seiner sich über Jahre erstreckenden Wanderung hatte er »den eigenen Namen nicht mehr gehört«.

Heimat und Heimkehr ist ein zentrales Motiv im Werk von Agnes Miegel, das sogar im Titel von zwei Erzählungen »Heimkehr« und »Heimgekehrt« sowie in dem Gedicht »Heimkehr der Gefangenen« (I, 164–167) seinen Niederschlag findet. Es ist daher von Bedeutung, wie sich die Heimkehr von Odysseus vollzieht. In der *Ilias* tötet Odysseus bei seiner Rückkehr nach Ithaka die um Penelope Werbenden und begründet seine Herrschaft erneut; es ist die Rückkehr in die diesseitige Welt. Ganz anders in »Der Ruf«: Hier wird die Rückkehr zur Erfüllung des Gelübdes und zum Moment der Erlösung, gekennzeichnet durch »sein lautes Rufen, als gäbe er einem Unsichtbaren, der ihn rief, jauchzende Antwort, wie er diesem mit weitgebreiteten Armen entgegenschritt, das Haupt zurückgeworfen, die Augen groß und strahlend geöffnet in dem freudeverjüngten, von Gischt und Tränen überströmten Gesicht«.

Die Klage der nomadischen Familie über die Erkrankung eines Jungen verbindet sich mit dem Hinweis, daß ein Seher die Heilung in folgender Weise vorausgesagt habe: »Der Seher sagte, hier würde er gesunden. Ein Wanderer würde kommen und ihn in den heiligen Quell tauchen!« Diese Quelle, eine ungewöhnliche Erscheinung in dem ariden Gebiet der Steppe, wirkt fast wie ein Lösungswort auf Odysseus und beflügelt ihn, in ihr eine Art Telos zu sehen, dessen Erreichen die Erlösung bringt. Bereits auf dem Wege zum Lagerplatz der Nomaden vernimmt er »das leise Klingen einer Quelle, die höher hinauf aus der umbuschten Enge des Tals kam«. Auf Bitten der Nomaden hin nimmt er das Kind in die Arme und trägt es zu der Quelle, die aus einer Felswand des Tales bricht: »Wie ein Tier fühlte er das immer nähere Brausen des Wassers in der Luft«. Durch den Kontakt mit dem Quellwasser gesundet das Kind. Aber das Ritual ruft ein Erdbeben hervor, das eine alles mitreißende Flut auslöst. Mit einem Jubelschrei wirft sich Odysseus dem Wasser entgegen, »das nun in hohem Schwall, sich zur Woge wölbend, ihm entgegenstürzte. Er warf sich hinein, wie an die Brust eines Freundes«. Das Ruder zerbricht und die Teile werden von der Flut davongetragen; der Salzgeruch des Quellwassers schließlich verbindet ihn mit seinen Seefahrten.

Diese grundlegende Veränderung des ursprünglichen Mythos erschließt sich in ihrer Bedeutung, betrachtet man das Geschehen unter religiösen Aspekten. Ist es in der *Ilias* die Rückkehr in die ursprüngliche Ordnung, wenn auch unter schmerzhaften Erfahrungen und Einsichten, so verkörpert der Weg bei Agnes

Miegel eine innerseelische Entwicklung von Verstoß gegen die Ordnung über »Gelöbnis« und »Entsühnung« bis zur »Erlösung«. Die faszinierenden Abenteuer der *Ilias* haben zwar die Phantasie der Dichterin angeregt, aber als Ereignisse treten sie zugunsten der religiösen Aussage völlig in den Hintergrund.

4. Mythos und Wirklichkeit

Bei der Erörterung der Funktion mythologischer Elemente schwingt stets die Frage nach dem Verhältnis zur Wirklichkeit mit. Agnes Miegel hat in einer nahezu programmatischen Erzählung mit dem Titel »Im Morgenrot« (V, 329–332) hierauf eine Antwort gegeben. Da sie nicht dazu neigt, ihre Prinzipien der Erzähltechnik explizit und ausführlich darzulegen, gewinnt diese Erzählung besondere Bedeutung, weil sie für ihre Gestaltung wesentliche Kriterien in eine Erzählform kleidet und man durch deren Analyse auf die charakteristischen Bauelemente des dichterischen Schaffens schließen kann.

Da die Erzählung aus eng verschränkten verweisenden Zeichen besteht, einen ausgeprägten optischen Appell aufweist und in einer bildhaft dargestellten Erkenntnis, ähnlich einer Apotheose, kulminiert, kann man sie treffend als erzähltes Sinnbild bezeichnen. Insgesamt stellt sie eine dem Schicksal unterworfene Erkenntnisreise dar. Aus der Korrespondenz Agnes Miegels geht hervor, daß das erlebende Ich identisch mit der Autorin ist.[227] Der Schluß liegt daher nahe, daß die Figur des erlebenden Ich als Stimme der Autorin zu lesen ist. Auf diese Weise wird ein bestimmter Ausschnitt aus ihrer Biographie abgebildet, der den anfänglich persönlichen Bezug jedoch fortschreitend zu einer allgemeingültigen Aussage erhebt.

Die Erzählung setzt ein mit der Schilderung einer idyllischen Szene in der Veranda eines Ferienquartiers unweit der See. Man sitzt gemütlich beieinander »und jeder von uns beschäftigte sich, so gut er es konnte«. Aber die Idylle hat einen Hintergrund. Ein »frühes Morgengewitter« ist soeben vorbeigezogen. Ordnet man das Erscheinen des Gewitters als Mythologem in das mythologische Bezugssystem ein, so erkennt man, daß sich damit, wie auch in anderen Fällen[228], ein Eingriff des Schicksals andeutet. Dem Gewitter folgt ein »Regentag«, der mit dem strömenden Regen das Bild des Wassers hervorruft: Wir »hörten die Dachtraufe in die schon überfließende Regentonne plätschern«. Wasser wiederum evoziert im mythologischen Sinne die Vorstellung von Schöpfung und Vergehen, von Leben und Tod. Die hier noch versteckten Anklänge werden kurz darauf mit größerer Deutlichkeit aufgenommen. Während die Erzählerin damit beschäftigt ist, ihre Lieblingsbilder in einem Märchenbuch auszumalen, zitiert »Tante Usche«, die Schwester von Agnes Miegels Vater, einen Vers aus dem Gedicht »Die Jungfrau von Stubbenkammer« (1828) von Adelbert von Chamisso:

> Ich trank in vollen Zügen das Leben und den Tod
> Am Königsstuhl zu Rügen im ersten Morgenrot.

Es ist ein Gedicht, das der Tante besonders gut gefällt und das mehr noch eine besondere Wirkung auslöst. Die Tante trägt die Strophe aus dem *Echtermeyer* vor, einer Gedichtsammlung, die als Hausbuch seit 1828 ohne Unterbrechung bis heute erschienen ist. Besonderes Gewicht erhält die in dem Gedicht so eindringlich behandelte Thematik von Leben und Tod noch dadurch, daß sich die Erzählerin offensichtlich gleichzeitig mit dem Märchen *Melechsala* (1787) von Johann Karl August Musäus beschäftigt. Nach einem Besuch der Insel Rügen diente dieses Märchen, das gleichfalls um die Thematik von Leben und Tod kreist, Adelbert von Chamisso als Anregung bzw. Vorlage. Zwar werden bei Agnes Miegel Musäus und sein Märchen nicht genannt, aber es finden sich eindeutige Angaben, die auf *Melechsala* verweisen, jedoch in dem Gedicht von Chamisso nicht enthalten sind.

Das kindliche Verständnis vermag die Aussage dieser Zeilen nicht zu ergründen, aber es ahnt, daß sie von besonderer Bedeutung sind. In dem Vorstellungsvermögen des Kindes verbindet sich nun die geahnte, aber noch nicht verstandene Aussage der Zeilen mit dem konkreten Bild der Insel Rügen. Diese Konkretion wird zum tragenden Bestandteil der Aussage des Gedichtes. Und da die beiden Zeilen des Gedichtes sich mehr als 60 Jahre im Kopf der Erzählerin festgesetzt haben, sie deren Bedeutung in dieser Zeit jedoch nicht erschlossen hat, trachtet sie danach, die Insel Rügen kennenzulernen, weil sie unterschwellig ahnt, daß sie damit dem Verständnis dieser beiden Zeilen näherkommt: »Unverstanden blieb der alte Vers. Aber dort, nur dort, würde ich ihn verstehn« [sic]. Aber die Bedeutung liegt so tief gegründet, daß es in dem gesamten Zeitraum nicht gelingt, der Insel einen Besuch abzustatten. Auf unerklärliche Weise stellen sich immer wieder Hindernisse in den Weg, die den angestrebten Besuch vereiteln. Bisweilen gelingt es der Erzählerin sogar, dem Ziele nahezukommen, aber auf unerklärliche Weise zerschlägt sich die Möglichkeit immer wieder. So auch, wenn sie bei Freunden auf einem pommerschen Gutshof von einem Hügel über einen See in Richtung Rügen blickt: »Und jedesmal, wenn ich in Pommernland bei meinen Freunden war und auf dem Hügelhang über dem See ihres Gutes stand, der so geheimnisvoll tief und leuchtend rund war wie der Nemisee, – dann sagte ich mir: ›Diesmal muß ich aber nach Rügen!‹ – Aber immer wieder zerschlug es sich im letzten Augenblick«. Man fragt sich erstaunt, wie der unerwartete Hinweis auf den italienischen Nemisee zu erklären ist. Geht man in die Tiefenstruktur des Textes, so findet man eine Antwort. Im Nemisee wurden zwei mehr als 2.000 Jahre alte Prachtschiffe, die Kaiser Caligula zu Ehren der Göttin Diana bauen ließ, gefunden und jeweils 1929 und 1932 restauriert und in speziellen Museen ausgestellt. Auch deutsche Zeitungen besprachen diese archäologische Sensation ausführlich, insbesondere in ihren Feuilletons. 1944 wiederum wurden beide Schiffe durch ungeklärte Kriegseinwirkungen zerstört.[229] Dekodiert man die Begleitnachricht von Nemisee, so wird deutlich, daß die Aussage des Gedichtes mit der mythisch überhöhten Insel Rügen, dem Bild des Schiffes und dem Motiv der Zerstörung verknüpft wird.

Der in der Insel Rügen verkörperte Mythos von der Wechselbeziehung von Leben und Tod teilt sich nicht mit, solange man ihn lediglich von außen betrachtet. Man muß ihn in sich aufnehmen, will man seine Botschaft verstehen. Verschriftung und mündliche

Widergabe, so wie es die Eingangsszene verdeutlicht, reichen nicht. Auch die mehr als 60 Jahre des unentwegten Bemühens um vertieftes Wissen über Rügen, sogar die Beschäftigung mit der vorchristlichen Gottheit der Insel, sind nicht in der Lage, den Sinn zu erschließen. Nicht ohne Grund hebt die Erzählerin hervor, daß sie unmittelbar vor dem Verlassen der Heimat noch einmal vor der Bücherwand in ihrer Wohnung steht und beim Betrachten der Bücherreihen die Erinnerung an das Gedicht und das Märchen wach werden läßt: Ein »düsterer Wintermorgen, an dem ich zum letztenmal durch unsere Wohnung ging und beim Abschied von vertrautem Raum und Gerät noch einmal, den Rucksack schon auf dem Rücken, vor der Bücherwand stand, vor dem Fach mit den alten Märchenbüchern. Ich kannte sie Seite um Seite. Ich wußte genau, wie hold die Prinzessin Melechsala dem Gefangenen zulächelte in ihrem himmelblauen Gewand mit der Rose in den Locken, die ich später braun übermalt hatte«. Aber auch in dieser extremen Situation, dem Aufbruch zu einer schicksalhaften Flucht, bleibt das Rätsel der mythischen Insel verschriftet und in dieser Form ungelöst. Damit vermag die bloße Verschriftung des Mythos nicht die eigentliche Botschaft zu vermitteln.

Erst in dem Augenblick, in dem Leben und Tod zusammengehen, in dem Lebenswille mit Todesbedrohung ringt, ist es der Erzählerin möglich, die ungeheure Tragweite der mythischen Botschaft zu erfassen. Mit der Darstellung der Flucht, die über See erfolgt, wird das verdeckte Bild des Schiffes sichtbar gemacht und in den Mittelpunkt gerückt. Nunmehr ist die Erzählerin auf dem Schiff ein Teil des Flüchtlingstransportes. In struktureller Hinsicht wird der Zeitraum des Erlebens gegenüber der vor der Flucht geschilderten Zeit ausgedehnter und die Wahrnehmung wird empfindsamer. Doch gibt es außer einigen Hinweisen keine ausführliche Schilderung der infernalischen Ungeheuerlichkeiten des Krieges. Der Hinweis auf die »apokalyptischen Reiter«[230] in der Offenbarung des Johannes, die als Boten das nahende Jüngste Gericht ankündigen, läßt die unfaßbare Grausamkeit des Krieges erahnen: »Vor wenigen Stunden erst waren wir den apokalyptischen Reitern entronnen, deren Bomben auf den brennenden Hafen niederstürzten, auf die versinkenden Schiffe, die Prähme und Boote der Reede«. Dies ist das direkte und unmittelbare Erleben des Todes.

Die hinter dieser Schilderung liegenden Ereignisse übertreffen jegliches Vorstellungsvermögen. Am 12. März 1945 erfolgten mehrere Angriffe amerikanischer Bomber auf den Hafen von Swinemünde sowie auf die Stadt selbst. Im Hafen befanden sich nicht nur zahlreiche Schiffe mit Flüchtlingen an Bord, sondern das Stadtgebiet war auch noch vollgepfercht mit Flüchtlingen, die auf den Weitertransport warteten. Dazu kamen zahlreiche Lazarettzüge. Die Opferzahl kann man nur mit Verzweiflung am Wesen des Menschen registrieren; sie konnte nicht exakt bestimmt werden und Schätzungen belaufen sich von 4.500 bis zu 28.000.[231] Die »Jupiter«, auf der sich Agnes Miegel befand, konnte noch am frühen Morgen des 13. März in der Hafeneinfahrt beidrehen und entging damit der Vernichtung. Während des Manövers hing die Todesdrohung über dem Schiff, und die Dichterin konnte den über Swinemünde hereingebrochenen Tod wahrnehmen.

An diesem Punkt gewinnen die Zeilen des Gedichtes von Adelbert Chamisso eine vorher nicht erkannte Bedeutung und stoßen gleichsam in das Bewußtein der Erzählerin. Nach dem Erleben einer grenzenlosen Zerstörung von Leben bewegt sie sich jetzt in einer Atmosphäre der Schöpfung, sogar der Wiedergeburt: »Es war ein merkwürdig milder Märzmorgen, – etwas wie Osterstimmung, nein, wie Schöpfungsfrische lag über der sanften Dünung. [...] Alles war still. Nicht die angstvolle, wartende Stille der Nacht, nicht das Verstummen des Entsetzens, – nein, Friede war in diesem weißen Eingesponnensein, der das Herz mit Ruhe erfüllte«. In dieser psychischen Verfassung des In-sich-eingekehrt-Seins erhebt sich die Insel Rügen aus dem Nebel, ganz real, aber doch irreal; irdisch, aber doch von einer anderen Welt: »Und diese Küste [der Insel] leuchtete in unirdischem Glanz, angestrahlt von rötlich goldenem Morgenlicht auf ihren weißen Hängen [...] heilig auch für meine Augen ...«. Die Sicht der Insel Rügen wird zu einer Art mythischen Epiphanie, die außerhalb der weltlichen Gültigkeit zur Erkenntnis führt. Die Überhöhung der gegenständlichen Insel Rügen zum Mythos transportiert damit den metaphysischen Gehalt des Wechsels von Tod und Leben. Das, was in der vermeintlichen Realität nicht verständlich ist, erklärt sich im Mythos. Die Erfahrung Rügens wandelt die geistige Figur des Mythos auf diese Weise in faßbare und gegenständliche Wirklichkeit um, denn die im Mythos verkörperte Insel ist als Körper existent. Der Mythos erschließt damit das, was wir vermeintlich als Wirklichkeit setzen und ohne ihn nicht ergründen können. Er wird zum Schlüssel für die eigentliche Wirklichkeit. Die Erzählerin hat nach über 60 Jahren des Suchens, in denen sie die Gegenstände der angenommenen Wirklichkeit vergeblich befragt und die Grenzen der Verschriftlichung erfahren hat, diesen Schlüssel gefunden, der ihr Zugang zum Verständnis des Wechselspiels von Tod und Leben verschafft. Nicht ohne Grund finden sich am Ende des erzählten Sinnbildes die Zeilen des Gedichtes wie ein Schlußakkord:

> Ich trank in vollen Zügen das Leben und den Tod
> Am Königsstuhl zu Rügen im ersten Morgenrot.

Vergleicht man diese Zeilen mit dem Original, so fällt auf, daß dort »in *schnellen* Zügen« steht. Nun könnte man meinen, die Verfasserin hat ungenau zitiert oder sich infolge des großen zeitlichen Abstands geirrt. Dem steht jedoch entgegen, daß sie lange und sorgfältig an der Niederschrift dieser hochkomplexen Erzählung gearbeitet haben muß. Offensichtlich ist es auch so, daß ihr das Original »in *schnellen* Zügen« gegenwärtig gewesen sein muß, denn innerhalb des Textes nimmt sie noch einmal Bezug darauf und ersetzt »in *schnellen* Zügen« des Originals durch das fast bedeutungsgleiche »in *raschen* Zügen«: »Es schien, sie [Familie] wußten auch nicht, was der Mann da in *raschen* Zügen getrunken hatte, ›Leben und Tod!‹« Daraus läßt sich mit einiger Wahrscheinlichkeit ableiten, daß der Austausch von »*schnellen* Zügen« zu »*vollen* Zügen« eine bewußt gesetzte Akzentuierung darstellt, die die Aussage der Gesamtkomposition noch verstärkt. *Schnell* verweist auf ein sich überstürzendes Ereignis, auf eine hastige Reaktion, auf eine Überwältigung durch die Ereignisse. Die »*vollen* Züge« gehen hingegen mit bewußtem Handeln einher, sie setzen eine innere Teilnahme voraus und streben das Absolute an;

sie wollen nichts Leeres zurücklassen. Die Abweichung vom Original wird damit zu einem Funktionselement in einer Komposition von höchster Dichte.

Ein strukturbestimmendes Bauelement des Gedichtes findet sich in der Erzählung wieder. Das Gedicht schließt mit einer Wiederholung der ersten Strophe. Agnes Miegel nimmt diese Anordnung wieder auf, nutzt diese jedoch für eine grundsätzlich andere Aussage. In der 11. Strophe des Gedichtes beklagt sich die Fee:

> Hättst Du *Gott helf!* gesprochen,
> Ich wär erlöst und dein,
> Die Hoffnung ist gebrochen,
> Es muß geschieden sein! –[232]

Der hier Angesprochene erkennt also nicht, daß auch er ein Geschöpf Gottes ist. Er findet daher nicht das Lösungswort, das die Erlösung der Fee bewirkt und auf eine Erfüllung der Liebe hoffen läßt. Die in der aufkeimenden Liebe erfolgende Begegnung endet auf diese Weise in Trennung und Fortdauer des verwunschenen Zustandes der Fee, eine Situation, die sie »Ein Tuch, befleckt mit Blut« immer wieder vergeblich reinigen läßt. In der Wiederkehr der Eingangsstrophe kommt so die Wiederkehr des Leidens zum Ausdruck.

Demgegenüber bedeutet die Epiphanie am Ende der Erzählung die Erkenntnis in das Eingebundensein in die göttliche Schöpfung und damit die Überwindung des Leidens. Die Hinweise auf »Osterstimmung« und »Schöpfungsfrische« verweisen auf Leiden und Auferstehung, auf die Auferstehung Jesu Christi und den Sieg des Lebens über den Tod.

Auffällig ist das deutlich hervortretende Zeitbewußtsein. Die Zeitdarstellung beginnt mit einem Morgen, erstreckt sich über 60 Jahre mit einer »lastenden Gegenwart«, »sorglose Sommertage«, »im letzten Augenblick«, »wieder ein Morgen, zwei drei Wochen später« sowie »Vor wenigen Stunden« und endet wieder mit einem »Morgen«, dessen Rot jedoch nicht das Rot des Krieges ist, sondern entstehendes Leben verheißt. In der Bewegung von Morgen zu Morgen liegt bereits ein zyklisches Element, das den ansonsten linearen Zeitablauf überwindet. Diese Behandlung der Zeit erinnert an die Momente der Überzeitlichkeit in den anderen Erzählungen. Wiederholung bedeutet in dem Gedicht die Fortsetzung des Leides. In der Erzählung durchbricht die Wiederholung jedoch den chronologischen Ablauf des Geschehens und vermittelt durch seinen zyklischen Charakter die Botschaft, daß die Begegnung mit dem Tode kein Endstadium darstellt. Heißt es in 2. Kor. 4, 20–21: »Denn was sichtbar ist, das ist zeitlich; was aber unsichtbar ist, das ist ewig«, so erlebt das Ich der Erzählung einen Seelenzustand, in dem das Unsichtbare in Gestalt der Insel Rügen sichtbar wird. Aus den Bedingungen seines irdischen Daseins erlangt der Mensch immer wieder Erlösung durch die Erkenntnis seines Verhältnisses zur Schöpfung; es ist die Erlösung vom Tode: »– da verstand ich den Vers«.

5. Mythos und Religiosität

Wie in den vorausgegangenen Überlegungen deutlich wurde, führt die Beschäftigung mit dem Mythos folgerichtig zu der Frage des Verhältnisses von Mythos und Religion. Ein Versuch der Klärung empfiehlt sich, weil diese nicht unwesentlich zum Verständnis der Texte beiträgt. Die Frage läßt sich jedoch nur bei einem genaueren Blick auf die religiöse Haltung der Dichterin beantworten. Agnes Miegel wurde in ein geistiges Klima hineingeboren, in dem ein denkender Mensch, wollte oder konnte er die überkommenen theologischen Grundsätze nicht einfach übernehmen, seine religiöse Position erst erarbeiten mußte. Das galt auch selbst dann, wenn man von einer zweifelsfreien Glaubensgrundlage ausging.

Der harmonische Einklang von Mensch und christlicher Religion hatte empfindliche Einbußen erhalten. Gleich mehrere Kräfte durchkreuzten das religiöse Wohlbefinden des traditionellen Kirchgängers. Seit der Mitte des 19. Jahrhunderts entwickelte sich eine zunehmende Religionskritik, die zunächst ihren Ansatzpunkt im christlichen Glauben selbst fand, aber auch sehr schnell die soziale Frage einfließen ließ. Beispielhaft ist der evangelische Theologe

Christoph Friedrich Blumhardt (1842–1919), der kompromißlos eine Beteiligung der Arbeiter an der Gestaltung der Politik forderte. Seine Überzeugung vom Sieg Gottes über die Macht des Kapitals ließ keinen Zweifel daran, daß er sich immer noch in den Bahnen christlicher Sozialpolitik bewegte. Dennoch legte er auf Druck der Kirchenleitung 1894 seinen Pfarrertitel ab und trat schließlich der SPD bei.[233]

Welche Wendung die Religionskritik nahm, geht aus einer aufschlußreichen Publikation hervor: 1920, etwa zu der Zeit als Agnes Miegel ihre journalistische Arbeit aufnahm, erschien im Leipziger Verlag des *Vorwärts* die Schrift *Vom Beter zum Kämpfer* von Nikolaus Osterroth, eine Mischung aus Autobiographie und Kampfschrift. In ihrer Kernaussage postulierte sie, daß der Sozialismus durch seine Diesseitigkeit wesentlich überzeugender und erfolgreicher sei als das Christentum und daher den Erlösungsgedanken des Christentums übernehmen müsse. Das Erscheinen dieses Werkes löste naturgemäß in der Öffentlichkeit eine lebhafte und anhaltende Debatte aus. Es handelte sich dabei auch nicht etwa um eine Einzelstimme. Wie eine geistige Flankierung erschienen gleichzeitig zahlreiche philosophische oder pseudophilosophische Werke, oft auf naturwissenschaftlicher Grundlage, die das Christentum infrage stellten und eine andere, den wissenschaftlichen Erkenntnissen geschuldete Weltsicht vermitteln wollten. 1899 wirkte das fundamentale Werk *Die Welträthsel* des Philosophen Ernst Haeckel wie ein Donnerschlag. Es trug den Untertitel *Gemeinverständliche Studien über monistische Philosophie* und kam infolge des übergroßen Interesses bereits 1907 in einer beträchtlich erweiterten Auflage heraus. Kurz nach seinem Erscheinen erreichte diese Publikation einen Verkauf von mehreren hunderttausend Exemplaren. *Die Welträthsel* entwickelten sich zu einer Art Hausbuch, denn sie versprachen, auf wissenschaftlicher Grundlage schlüssige Antworten auf die Frage zu geben nach der Entstehung des Lebens und der Herkunft des Menschen. Da der Ausgangspunkt der monistischen Weltanschauung die Evolutionslehre Darwins ist, wurde das Werk, gerade weil es Zustimmung in weiten Kreisen fand, von der Kirche auf das heftigste bekämpft.

Insgesamt hatte die Lebenszeit Agnes Miegels einen Verlauf, in dem sich grundsätzliche Kontroversen im religiösen Bereich abzeichneten. Bereits 1881 war in Frankfurt a.M. der »Allgemeine Deutsche Freidenkerbund« gegründet worden, der Vernunft gegen Religion ins Feld führte und die dogmatischen Setzungen der christlichen Lehre entschieden bekämpfte. Seine Mitgliederzahl wuchs bis zum Ausbruch des Ersten Weltkriegs ständig. Dazu kam die fortschreitende Historisierung der Bibel und die wachsende Bewegung des Agnostizismus. Schließlich entwickelten sich auch zahlreiche freireligiöse Bewegungen, die eine religiöse Dogmatik entschieden ablehnten. Zu diesen zählten auch die Unitarier mit ihrer Zurückweisung jeglicher Dogmatik und der Auffassung von der Einheit von Natur und Mensch. Wie sich zeigen wird, könnte die Religiosität Agnes Miegels mit den unitarischen Vorstellungen Berührungspunkte aufweisen. Überblickt man die Situation unter religiöser Perspektive, so kann man sagen, daß sich die Kirche in der Schaffenszeit der Dichterin zahlreicher Kräfte zu erwehren hatte, die sowohl ihre Institution als auch ihre Lehre zu erschüttern drohten.

Der Dichter Johannes Bobrowski zeichnet in diesem Zusammenhang ein lebhaftes Bild von den religiösen Diskussionen Jugendlicher in den 20er Jahren in Tilsit, unweit des Lebenskreises von Agnes Miegel: »In der Handels- und Hafenstadt ließ sich die aus der dörflichen Kindheit gewohnte Abgeschlossenheit der bäuerlichen Gesellschaft mit ihrer patriarchalischen Idyllik [...] nicht aufrechterhalten [...] da gab es Streit, aber schon bald nach zwei Seiten: gegen die Atheisten und gegen die eigene Kirche. Das letztere war eine diffizile Geschichte. Da gab es die großen Krankenanstalten in der Stadt und in der Provinz, kirchliche Stiftungen mit Hingabe betreut, Sozialwerke. Das führte zu einer Befassung mit der Geschichte, mit der christlichen Urgemeinde, der Bergpredigt, in Taschen NT wurden die Worte Christi, die sich auf die Armen bezogen, grün angestrichen, Christentum stellte sich heraus als eine ›Ideologie der Armen‹. Die atheistischen Gesprächspartner freilich hatten es leicht ...«.[234]

Agnes Miegel wurde in eine eheliche Gemeinschaft hineingeboren, die im christlichen Glauben ein festes Fundament hatte.

Ihre Mutter, Helene Miegel, geborene Hofer (1858–1913), war in direkter Linie Abkömmling der Salzburger »Exulanten«. Diese Herkunft bestimmte sie zum Protestantismus. In dem Porträt »Die Mutter« (V, 154–164) berichtet Agnes Miegel über ihre Religiosität: »… sie war frei von jeder Sentimentalität«. Aber dennoch klingt bisweilen eine »gesteigerte Gefühlsseligkeit« an. So war das mystische Erbauungsbuch von Thomas von Kempen *Nachfolge Christi* (1418) bereits seit frühester Jugend der Leitfaden ihres Lebens. Möglicherweise war dieser Hang zu einer mystischen Weltsicht eine Mitgift der Mutter, die »Agnes Miegels stille Affinität zum Katholizismus und einigen besonderen Heiligengestalten« erklärt.[235] In ihrem letzten Lebensabschnitt, der ihr durch den Kauf eines Autos und anschließend Heimgart von Hingst am Steuer sogar noch Mobilität brachte, folgte sie einem seelischen Bedürfnis und besuchte voller Andacht jene Stätten wie Trier und Fulda, die sich mit den Namen bedeutender Heiliger verbinden.[236]

Der Vater Gustav Adolf Miegel (1838–1917) war ein respektiertes Mitglied der Königsberger Kaufmannschaft, an dessen Vorbild, wie die Dichterin in »Herkunft« sagt: »…ich den Begriff ›Ehrbarer Kaufmann‹ in seiner tiefsten Verpflichtung erkannte« (VI, 190). Geprägt von preußischem Geist, war er ein tiefgläubiger Protestant von kalvinistischer Prägung, die ihm sowohl Arbeitsethos als auch Pflichtbewußtsein als Grundzüge seines Lebens vermittelte. Seine Religiosität lebte er nicht etwa in Form von doktrinären Regeln, sondern ihn charakterisierte »eine ebenso tiefe aber ganz unbetonte Gläubigkeit« (»Herkunft«, VI, 190). Es war ihm daher ein Gebot, seine Tochter konsequent im religiösen Sinne zu erziehen, eine Verpflichtung, die er gewissenhaft und ohne Abstriche wahrnahm. So arbeitete Agnes Miegel gemeinsam mit ihm und unter seiner Anleitung die gesamte Bibel durch. Damit legte der Vater durch Erziehung und Beispiel bei der Tochter eine Glaubensgrundlage, die sie als tiefempfundene Religiosität durch ihr gesamtes Leben trug. Der bisweilen bei ihr aufwallende Unmut über die recht patriarchalische Haltung des Vaters konnte dessen Autorität jedoch zu keinem Zeitpunkt infragestellen. Aufopferungsvoll pflegte sie ihn elf Jahre bis zu seinem Tode mit liebevoller Hingabe. Und es wird ihr im Laufe der Zeit immer stärker bewußt, wie sehr sie die Unterweisungen ihrer Jugendzeit verinnerlichte. Am 17.01.1934 schreibt sie an Lulu Diederichs: »Immer mehr fühle ich, daß der Glaube meiner reformierten Väter auch meiner wird – alles ist von Gottes Weisheit bestimmt – auch das uns Entsetzlich erscheinende«.[237]

Am 19.03.1945 In einer Situation, in der die Welt um sie herum einstürzt und man ständig dem Tode ausgesetzt ist, teilt sie Hans von der Gabelentz, Kunsthistoriker und Mitbegründer der Deutschen Dichterakademie, mit, daß sie ihren Halt im Gottvertrauen und der daraus folgenden Schicksalsergebenheit gefunden habe: »Ich hab mich Gott u. dem Schicksal befohlen u. hoffe die Kraft zu finden in schlimmster Stunde die Angst der Kreatur zu besiegen.«[238] Ihr Fluchtgepäck besteht nur aus einem Bündel, aber es enthält das Neue Testament. In dieser Stunde der Not und der Prüfung sind es die Worte des Vaters, die ihr besonders gegenwärtig sind und aus denen sie Trost und Zuversicht zieht: »Mein Trost ist immer meines Vaters Lieblingsspruch: ›Siehe, Ich bin bei Euch alle Tage bis an der Welt Ende«.[239] Und am 21.08.1947 faßt sie rückblickend in einem Brief an eine Bekannte ihre Lebensgrundsätze mit folgenden Worten zusammen: »Doch gibt es zwei Dinge, die auch uns weiter tragen: der heute so befehdete preußische Begriff der Pflicht, der auch das Weiterleben als eine solche ansieht – und die Ergebung in Gottes Willen«.[240]

Diese tiefe Religiosität hat im Werk ihre deutlichen Spuren hinterlassen, sei es als direkter Hinweis auf die Bibel, als Anspielung oder auch als Subtext. Es macht sich jedoch bereits in der Kindheit eine geistige Eigenständigkeit bemerkbar, die angesichts der väterlichen Prägung in einem frühen Stadium höchst überraschend ist. Sie ist noch nicht den Kinderschuhen entwachsen, da läßt sie Anzeichen erkennen, die auf die Unabhängigkeit des Denkens auch in religiösen Fragen verweisen und erahnen lassen, daß sie sich über die vorgeschriebenen Bahnen hinausbewegt. Zwar bleibt die christliche Lehre ihre unangefochtene Grundlage, aber sie beschließt schon früh, ihren eigenen Weg zu gehen. Bis zu einem gewissen Grade ist sie in dieser Hinsicht ein Kind der Religionskritik ihrer Zeit. Für sie darf Religion nicht aufgesetzt sein und nichts ist schlimmer, als den Gläubigen in ein dogmatisches Regelwerk einzubinden. Nichts lehnte sie mehr ab als eine Religion, die sich in Dogmatik und Vorschriften erschöpft. Bereits während der Weimarer Pensionszeit empfand sie Unmut gegenüber »diesem gebildeten Religionsunterricht«[241] und der damalige Religionslehrer erscheint als Karikatur: »Unser alter Prediger war so groß wie ein Ofen [Kachelofen], sah aus wie ein schwarzbärtiger Pope, und zwängte sich mühselig in seinen schwarzen Korbsessel«.[242] Mag dies noch der spöttische Blick eines pubertären Mädchens sein, so wiegt ihre Entscheidung bei der Konfirmation schon schwerer. Es war höchst bezeichnend, daß sie zu ihrer Einsegnung sich damit durchsetzte, »ein *eigenes* kleines Glaubensbekenntnis sagen zu dürfen«. Geschärft durch das Schicksal der Mutter als Salzburger Exilantin, nimmt sie sehr feinfühlig die Grenze wahr, an der die Forderungen der Religion das aus dem Natürlichen erwachsende Gottesverständnis verletzen. Religiosität muß aus innen erwachsen und darf nicht von letztlich weltlichen Vertretern der Religion, so sehr diese auch darauf pochen, Vermittler zwischen Gott und den Menschen zu sein, aufoktroyiert werden. In einem Brief an ihre Biographin Anni Piorreck vom 16. Oktober 1946 macht sie ihre Position unmißverständlich deutlich: »- ich bin auf der Seelenwanderung bestimmt ein Albigenser und ein Hugenot gewesen –.«[243] Sie schlägt damit einen Bogen von ihrer persönlichen Einstellung zu ihren Werken, denn sie hat dabei die Erzählung »Die Quelle« im Sinn (III, 101–132). Kern der Erzählung ist, daß im Rahmen der Albigenser Kriege eine sich als Staatsmacht verstehende Religion tausende von »Ungläubigen« im Interesse des wahren Glaubens ermorden ließ.

Mit anderen Worten: Agnes Miegel identifiziert sich mit denen, die gläubig sind, jedoch außerhalb der kanonischen Kirche stehen und reflektiert dies literarisch. An diesem Punkt stößt der Untersuchungsgang auf das Phänomen Mythos, denn die Erzählung endet mit dem mythischen Bild der Quelle, die Wiedergeburt verheißt. Geht man nun das Gesamtwerk durch, so stößt man immer wieder auf das Plädoyer für geistige Freiheit, das sich bei der Begegnung unterschiedlicher Glaubensrichtungen abzeichnet. Besonders deutlich wird dies im Falle der prussischen Religion, seien es die »alten

Preußengötter« in »Mainacht« (I, 9), oder »... die Götter, deren Namen vergessen sind« in »Schlafende Götter« (II, 9–10), die Erfüllung der prussischen Weissagung in »Das Opfer« (I,93–97), der gegenüber den prussischen religiösen Bräuchen so nachsichtige Pfarrer Henneberger in »Die Gute Ernte« (VII, 117–163) oder schließlich die hinnehmende Haltung der »Sieben Ordensritter«, die ungewollt Zeugen eines in christlichen Augen abstoßenden prussischen Opferrituals werden.

Unter diesen Voraussetzungen erklärt sich die Verwendung des Mythos, wobei die vorliegende Darstellung sich bewußt ist, daß dessen Rolle nicht überbetont werden darf. Allerdings vollzieht Agnes Miegel einen Schritt in der Entwicklung, wie sie Karl S. Guthke in *Die Mythologie der entgötterten Welt* für die Neuzeit aufgezeigt hat, jedoch ohne dabei dem Göttlichen zu entsagen. Es lohnt sich hier, die Ausführungen Karl S. Guthkes etwas ausführlicher zu zitieren, weil er damit präzise den gestaltenden Vorgang beschreibt, dem auch Agnes Miegel unterworfen ist: »Dabei ist aber im Auge zu behalten, daß sie [mythische Chiffren] nicht als abstrakte philosophische Formeln mit präziser Aussage in Erscheinung treten, sondern als Metaphern eines Weltverständnisses, als Bilder, die die mythische Phantasie, in der Dichtung ganz besonders, noch immer wieder zu schaffen vermag. Man versteht die Mythologie, von der hier die Rede ist, deswegen besser als eine *Kunstmythologie.* An ihr ist mehr als Verstand und Vernunft beteiligt. Sie ist gestalthafter Ausdruck einer Welt- und Selbstauffassung, die der Begegnung des ganzen Menschen mit seinem Gegenüber entstammt; daher ihre Affinität zur Dichtung, oder doch zu manchen Arten der Dichtung. Wenn man auch da noch von ›erdachter‹ Mythologie sprechen will, dann ist sie jedoch erdacht aus der lebendigen Erfahrung und zugleich gestaltet durch die bildende Anschauung. Eine solche Kunstmythologie ist jedenfalls keine Mythologie der Vernunft. Sie entspringt nicht zerebraler Tätigkeit, sondern dem *experimentum medietatis* des sich selbst zu Mitte und Maßstab erhebenden Menschen, dem (nicht nur intellektuellen) menschlichen Anspruch auf Antwort gerade dort, wo sie ausbleibt«.[244]

Wenn man diese Charakterisierung der vom Künstler entworfenen Mythologie, von Karl S. Guthke als ›Kunstmythologie‹ bezeichnet, Punkt für Punkt durchgeht, so ist man erstaunt, in welchem Ausmaß sich diese auf das Werk Agnes Miegels übertragen läßt. Ihr Werk ist ein höchst kunstvoll gestaltetes Korpus, in dem konsequent eingesetzte Mythologeme als Ableitungen eines aus höherer Warte gewonnenen Mythos das literarische Schaffen wie ein feines Netz durchziehen. Sie sind nicht isoliert und einzeln zu deuten, sondern beziehen ihre Aussage aus dem Wechselspiel untereinander und dem Bezug zum Ausgangsmythos. Dieser ist zwar christlich geprägt, drängt aber voller Erkenntnisverlangen über die Grenzen der vorgegebenen religiösen Kanonik hinaus. Wie Karl S. Guthke hervorhebt, entfaltet der Künstler seine spezielle Weltsicht aus seiner eigenen mythischen Phantasie heraus. Diese Bilder sollen jedoch keine bloßen Abbilder einer vordergründigen Wirklichkeit sein, sondern ihre Wirkung aus der speziellen Aufladung beziehen. Die Landschaftsbilder von Agnes Miegel sind auf diese Weise nach innen gerichtet. Sie gerät damit in ein Spannungsverhältnis von Religion und Kunst. Dabei bezieht sie jedoch nicht die Position jenes modernen Künstlers, der sich von der traditionellen Transzendenz löst und sich selbst als Schöpfer setzt. Sie hält sich weiterhin an das Christentum, geht aber über dessen Dogmen und Gebote hinaus, ohne sich dabei selbst als Maßstab zu setzen. Das künstlerische Mittel dafür ist für sie der Mythos. Kein anderes Mittel ist besser dafür geeignet, ihre Visionen und zwischenweltlichen Erfahrungen, von denen sie mehr durchlebt als sie offiziell preisgibt, nach außen zu transportieren. Insofern sind, wie Karl S. Guthke zurecht betont, am mythischen Schaffensprozeß »mehr als Verstand und Vernunft beteiligt«. Ist die Substanz der christlichen Lehre teleologisch bestimmt, so ist diese Zielausrichtung nicht mit der Kosmologie der Dichterin in Einklang zu bringen. Für sie ist der Zeitablauf nicht linear, sondern vollzieht sich in zyklischer Form als Generationsfolge. Der Mythos gibt dem Künstler Hilfestellung bei der Aufwertung des einzelnen Moments zum Kristallisationszentrum authentischer Lebenserkenntnis. Davon ausgehend, stößt man auf die Überzeitlichkeit des Augenblicks.

Nun könnte man argumentieren, daß Religion und Mythos Geschwister sind, aber es gibt wesentliche Trennungslinien, die nicht überbrückbar sind. Die Religion hat einen Ganzheitsanspruch und bildet eine Lehre. Sie ist auf ein feststehendes Ziel gerichtet und definiert den Weg zu diesem Ziel. Demgegenüber lassen die Denkmuster der Mythen mehr Freiheit. Sie gewähren subjektiven Interpretationsspielraum und vermitteln lediglich den Weg, der zur Erkenntnis führen kann. Sie lassen dem Künstler als Gestaltendem mehr Freiheit, ebenso wie sie vom Betrachter mehr fordern auf dem Weg zur Erkenntnis. Schreibt die Religion dem Menschen Verhaltensgebote vor, so ist der Mythos frei davon. Schließlich gewinnt das künstlerische Gestaltungsvermögen auch Freiheit daraus, daß der Mythos nicht Handlungsgebote fordert, wie sie die Religion dem Gläubigen auferlegt.

Daß die Dichterin mit dieser Haltung und Darstellungstechnik kein Einzelfall ist, sondern geradezu eine literarische Richtung vertritt, vermag ein Blick auf die Literatur ihrer Zeit zu verdeutlichen. Wieder sei Johannes Bobrowski zu Verdeutlichung herangezogen. So schreibt Stefan H. Kaszyński über die Rolle der Landschaft in der Lyrik Bobrowskis: »Erst eine intensive Beleuchtung der unendlichen Ebenen [des Ostens] läßt gewisse magische Zeichen erblicken – nämlich Fische, Steine, Wölfe und Vögel. Sie verhelfen dazu, die Art der Landschaft zu entziffern, sie sind für den Dichter Wegweiser in die Welt der Kindheit, in die Vergangenheit. Alle diese Zeichen beschwören eine magische Kraft, sie verbergen Bobrowskis Weltanschauung und menschliche Haltung. Andererseits kennzeichnen sie aber neben der Transzendenz auch das historische Bewußtsein. Und weiter: sie verknüpfen den Mythos mit der Wirklichkeit, so wie sie die Vergangenheit mit der Gegenwart verbinden«.[245]

Johannes Bobrowskis Werk mag sich in wesentlichen Punkten von Agnes Miegel unterscheiden, aber sein Einsatz des Mythos, die Verknüpfung von Mythos und Wirklichkeit, weist dennoch eine grundlegende und nicht zu übersehende Gemeinsamkeit mit der Literatur der ostpreußischen Dichterin auf. Und weil der Mythos, wie schon die Literatur des 18. Jahrhunderts wußte, im Gegensatz zur Religion eine ungebundene Kraft ist, die den Menschen aus seiner industriellen Rationalität herauslöst, sind seine Mittel für manchen besser als religiöse Setzungen geeignet, ihm die Einbindung in die Natur zu veranschaulichen. Dies gilt selbst in der Situation der bittersten Not. 1946 aus dem Lager Oksböl zurückschauend, vermerkt Agnes Miegel: »Ach, wir und alle Abwandernden sind wie Bienen vorm Schwärmen!!«[246] Und selbst die auf der Flucht gestorbenen Kinder erscheinen ihr »sich verpuppend wie Bienenlarven«.[247]

XI. Rußland und sein Schatten

Wenn in einem abschließenden Kapitel das Verhältnis von Agnes Miegel zu Rußland angesprochen wird, so bezieht diese Betrachtung ihre Berechtigung auch aus dem Schicksalsweg, den sie nehmen mußte. Allerdings darf das Verhältnis zu Rußland nicht ausschließlich unter dem Aspekt der Flucht aus Königsberg gesehen werden.

1. Der große Nachbar im Osten

Bis zum Ersten Weltkrieg hatte Ostpreußen eine gemeinsame Grenze mit dem russischen Zarenreich.[248] Etwas verallgemeinernd kann man sagen, daß sich diese Grenze nicht durch besondere Spannungen auszeichnete. Die argwöhnischen Spionagetätigkeiten waren zwar bisweilen störend, aber sie waren sozusagen üblich und wurden nicht allzu hoch gehängt. Die mit den umfangreichen Weizenimporten bisweilen entstehende Aufregung der Zollbehörden legte sich schnell wieder. Mißstimmungen, die durch den umfangreichen heimlichen Transport sozialistischer Flugblätter durch litauische Grenzgänger ausgelöst wurden, legte man in der Regel durch eine russische Demarche bei. Und die russischen wie auch die deutschen Behörden erkannten, daß dem blühenden Schmuggel kaum beizukommen war und man ihn beinahe als guten Ton des Grenzlandes betrachten mußte. Insgesamt verzeichnete man einen lebhaften Grenzverkehr der regionalen Bewohner und sogar das Verhältnis zwischen den deutschen Grenzbeamten und den russischen Offizieren war völlig entkrampft. In dem Roman *Sturmzeichen* (1914) von Richard Skowronnek charakterisiert der Landrat Freiherr von

Lindemann im Rückblick das Verhältnis zwischen russischen und deutschen Offizieren hinsichtlich der wechselseitigen Besuche mit den Worten: »Das war damals nichts Ungewöhnliches, da bildete die Grenze kein Hindernis für den gesellschaftlichen Verkehr«[249]. Noch 1912 trafen sich eine deutsche und eine russische Delegation am Gedenkstein von Tauroggen, um an die vor hundert Jahren geschlossene Konvention zu erinnern. Dabei versicherten sich beide Seiten unter Berufung auf den Geist von Tauroggen Einvernehmlichkeit in der zukünftigen Politik. Aber über diesem Akt schwebte zugleich tragische Ironie. Vertreter des Zaren war der Balte Paul Edler von Rennenkampff, der nur zwei Jahre später die Njemen-Armee gegen Ostpreußen zum Siege führen wollte und sich als persönliche Beute vom Zaren das Trakehner Gestüt erbat.

Im Ersten Weltkrieg brach ein russischer Sturm über Ostpreußen herein, der das Land zu verschlingen drohte. Die Armeen des Zaren Nikolaus II. besetzten einen großen Teil Ostpreußens und konnten erst durch die Schlacht von Tannenberg zurückgeschlagen werden. Die folgende Pause des Atemholens war nur kurz, denn Ostpreußen kam nicht mehr zur Ruhe. Die nunmehr revolutionäre Rote Armee bewegte sich durch das Baltikum auf Ostpreußen zu, und es gelang den Freicorps nur unter großen Mühen, ihr Einhalt zu gebieten.[250] Ostpreußen selbst fand sich als Insel wieder, durch den polnischen Korridor vom Reich getrennt. Die 1920 unter alliierter Kontrolle durchgeführte Volksabstimmung rief ein Höchstmaß an Unruhe hervor, da man nicht sicher war, ob die Ergebnisse der Abstimmung respektiert würden. Zusätzlich weckten die wiederholt deutlich werdenden territorialen Begehrlichkeiten von Polen und Litauen das Empfinden einer fortwährenden von außen kommenden Bedrohung. Am 10. Januar 1923 besetzte Litauen widerrechtlich und mit französischer Hilfe das Memelland, das ab 1920 ohne Volksabstimmung dem Völkerbund unterstellt war. 1920 wurde auch noch der Kreis Soldau an Polen abgetreten. Infolge der abgeschnittenen Verkehrsverbindungen und des fehlenden Hinterlandes durchlief Ostpreußen eine Folge schwerster wirtschaftlicher Probleme. Schließlich war der Untergang 1945 der letzte, unfaßbare Akt der Tragödie Ostpreußen.

In diese Atmosphäre und den Auswirkungen des Geschehens ist die Dichterin mit ihrer Biographie hineingestellt. Das Land Ostpreußen und sein Geschick sind die Quelle ihrer Empfindungen und Gedanken. In ihrer Hinwendung zu diesem Land geht sie sogar so weit, daß dieses jenseits der realen Gestalt zu einer mythischen Größe wird. Das hält Agnes Miegel allerdings nicht davon ab, den aufmerksamen Blick weit über die Grenzen Ostpreußens schweifen zu lassen und das Geschehen mit realistischen Augen zu betrachten. Jedoch wird alles, was sie in ihrem Bestreben nach Verständnis wahrnimmt, mit einem durch die Geburt in Ostpreußen gewonnenen Maßstab gemessen. Hierdurch wird deutlich, daß sie kein eigentliches Interesse an vordergründigen Ereignissen hat, die auf der aktuellen Bühne stattfinden. Wenn sie sich damit beschäftigt oder diese auch nur erwähnt, so geschieht dies in der Absicht, die Oberfläche zu durchdringen und die hintergründigen Kräfte zu erkennen.

Die erste Berührung mit Rußland, wenn auch unbeabsichtigt und nur mittelbar, erfolgte in Weimar und zwar im Zusammenleben mit rußlanddeutschen und russischen Mädchen während ihrer zwei Jahre (1894–96) im Töchterpensionat Koch in der Kaiserin-Augusta-Straße. Offensichtlich war dies eine von ostpreußischen Eltern bevorzugte Bildungseinrichtung, die auch von der russischen Oberschicht geschätzt wurde.[251] Der Literaturunterricht in diesem Pensionat machte Agnes Miegel nicht nur mit der Literatur des Westens vertraut, sondern verschaffte ihr auch Zugang zu den großen literarischen Werken der Russen. In einem Gespräch, aufgenommen von Radio Bremen am 4. September 1959, führte sie dazu aus: » … und dann [kamen] später die Russen, die großen Russen. Ich habe den ganzen Tolstoi, die Märchen, die Kosaken, ich habe ›Krieg und Frieden‹ in sehr jungen Jahren gelesen, weil das einfach als selbstverständlich galt. Eine gewisse Beherrschung auch der damals modernen Literatur wurde neben der alten als selbstverständlich vorausgesetzt«.[252]

2. »Rossija« und Mütterchen Rußland

Als großer Nachbar hat auch Rußland seinen Niederschlag in ihrem Denken und ihrem Werk gefunden. Zwar ist es für Ostpreußen schicksalsbestimmend, aber es rückt nicht in das Zentrum des Werkes der Dichterin. Unverkennbar ist bei ihr allerdings die bereits früh spürbare untergründige Ahnung einer existenziellen Bedrohung oder gar des Verlustes der Heimat, jedoch findet sich keine Klage gegen die Länder weiter östlich. Wenn Schmerz bekundet wird, so ist dieser nach innen gerichtet. Dennoch ist Rußland gegenwärtig, wie verstreute Hinweise erkennen lassen. Sie können manchmal recht allgemeiner Natur sein, so wenn in einem mitgehörten Gespräch in »Noras Schicksal« gesagt wird: »Ach – jedes Jahr ist die Cholera an der russischen Grenze« (IV, 136). Oder wenn es über ein Mädchen in »Kleines Gespräch« heißt: »Nett sah sie aus. Sie hatte auch Zöpfe, nicht kurzes Haar wie eine Russin« (V, 104). Gemeint ist damit die von der Revolution geprägte Russin. In der Erzählung »Verena« (IV, 301–330) tritt ein russischer Graf im Kreis von Glückspielern auf, der »trotz aller Erlesenheit seiner modernen Kleidung« seinen Pelz »auch jetzt im Mai noch trug«. Er ist Repräsentant jener vorrevolutionären Feudalschicht, die das Geld, das die im Grunde immer noch leibeigenen Bauern erarbeitet haben, in mondänen mediterranen Orten verjubelt. Entsprechend urteilt einer der Spieler über den russischen Grafen; »Ja diese Russen! Sie haben zu viel Geld, sitzen auf ihren Gütern und werden halb irr vor Langerweile. Und kommen sie dann heraus, dann werfen sie es fort, mit vollen Händen …«.

Die Distanz zu Rußland verringert sich durch den Verlauf des Ersten Weltkriegs. Unter Rennenkampff stößt die Njemen-Armee auf Königsberg zu und kommt der Stadt bedrohlich nahe. Erst die Schlacht bei Tannenberg im August 1914 sowie die Schlacht an den Masurischen Seen im September 1914 und die Winterschlacht in Masuren im Februar 1915 waren in der Lage, die russische Bedrohung oder, wie man damals sagte, die »Russische Dampfwalze«, aufzuhalten. Agnes Miegel erlebt das Geschehen gleichsam aus der Mauerschau. Weil sie sich der Pflege ihres schwererkrankten

Vaters hingebungsvoll widmet, kann sie das Haus nur auf einen kurzen Sprung verlassen. Zudem zwingt eine Erkrankung auch sie im August und September 1914, das Bett zu hüten. Am 31. März 1915 schreibt sie an Lulu von Strauß und Torney: »Meine ganze Zeit ist mit Vaters Aufwartung ausgefüllt. Fast erblindet (dabei sehn seine Augen heute noch klar und beinah gesund aus) sehr schwerhörig, beinah nicht mehr fähig, richtig zu gehen, er geht langsam und unbeholfen wie ein Kind, braucht er mich fast zu jeder Handreichung«[253]. Jedesmal, wenn es ihr gelang, dem Krankenzimmer für kurze Zeit zu entfliehen, drangen behördliche Anschläge und aufrüttelnde Zeitungsmeldungen, Ansammlungen verängstigter Bürger und erschreckende Berichte von Flüchtlingen auf sie ein. Zwar leidet sie unter dem »Patriarchendespotismus«, aber ihre Liebe zum Vater läßt keine Einbuße in der innigen Gesprächssituation mit ihm zu. Fast war es so, als wirkte die Enge des Krankenzimmers wie ein Verstärker der Nachrichtenwirkung, zumal die Tochter das bedrohliche Geschehen mit dem geschichtskundigen Vater eingehend erörterte.

Zeugnisse dieser Zeit sind insbesondere die Gedichte »Rossija« und »Das Kriegskind«.[254] Zunächst fand sich in den unruhigen Zeiten kein Verleger, so daß beide Gedichte erst 1920 in dem Sammelband *Gedichte und Spiele* in dem Jenaer Verlag Eugen Diederichs erschienen. »Rossija« ist der Versuch, das Wesen des rätselhaften Kolosses Rußland dichterisch zu vermitteln. Wie sehr es dem Gedicht darum geht, die Eigenheiten Rußlands zu erfassen, zeigt sich bereits in der Wahl des Titels mit der Eigenbezeichnung in russischer Sprache. Wie es in einer Zeit, die dazu neigte, Länder und Nationen in symbolischen Frauengestalten darzustellen, üblich war, wählt auch Agnes Miegel eine mythische Frauengestalt. In dem Sinne wie die Figur der Germania oder Britannia durch die Darstellungsform der mythischen Überhöhung die zugeschriebenen Eigenschaften zum Ausdruck bringen soll, verleiht auch Agnes Miegel dem Phänomen Rußland eine Erscheinungsform, die Züge von Pallas Athene aufweist.[255] Der mythologische Bezug auf die griechische Göttin eignet sich besonders für das Anliegen des Gedichtes, denn sie steht für eine Vielzahl von Bedeutungen, die von der Vertreterin für Kunst und Weisheit, aber auch für Kampf und Strategie und selbst für das Handwerk reichen. So klingt bereits in diesem mythischen Bezug die vielschichtige Gegensätzlichkeit Rußlands an.

Das Gedicht besteht aus vier längeren Strophen, wobei sich die erste Strophe von den folgenden deutlich absetzt. Während sich die anderen drei Strophen um eine Wesensbeschreibung bemühen, besitzt die erste Strophe einen Appellcharakter und bezieht sich außerdem auf das aktuelle Ereignis des russischen Einmarsches in Ostpreußen. Läßt die erste Strophe Betroffenheit der Autorin und Zeitnähe zum Geschehen erkennen, so betrachten die folgenden Strophen Rußland sowohl aus einer historischen Perspektive, als auch mit großer Distanz, die Verallgemeinerungen erlaubt.

Das Gedicht hebt an mit dem Ruf des »Mütterchens Rußland«:

Das Mütterchen, die heilige Rußland rief:
Ich bin begierig nach dem fetten Lande
Am Memelstrom und nach dem Bernsteinstrande,
Ich hasse das stumme Volk, das sorglos schlief
Am Schrecken meiner Grenze.

Gleich nach Eröffnung der Feindseligkeiten hatte die Njemen-Armee am 17. August 1914 das Memelgebiet besetzt, war weit in ostpreußisches Gebiet vorgedrungen und brachte damit die deutschen Verteidiger in höchste Bedrängnis. Die hiervon bei Agnes Miegel ausgelösten Ängste waren offensichtlich der Anstoß für das Gedicht. Die erste Zeile vermittelt das russische Selbstbild: Die Mutter, die in der Stunde der Gefahr die Kinder zu sich ruft und um sich schart und dabei noch religiös überhöht wird. Aber bereits in der zweiten Zeile wird dieses Bild durchkreuzt durch einen unberechtigten Anspruch, die Inbesitznahme eines Landes, das als Ostpreußen gekennzeichnet wird und gute Beute verspricht. Da dem Expansionsdrang auch ein psychologisches Motiv unterlegt wird, steigert sich das Maß der Bedrohung. Bedeutete das russische ›Nemetskiy‹ ursprünglich ›der Stumme‹, so sind mit »das stumme Volk« die Deutschen gemeint. Es ist also der Haß auf die Deutschen, die friedvoll lebten und sich dessen nicht bewußt waren, welche Bedrohung sich an ihrer Grenze ergab, der das russische Vorgehen leitet. Die folgenden vier Zeilen der Eingangsstrophe gehen auf das russische Sendungsbewußtsein ein:

> Meine Kinder,
> Lehrt diese plumpen Deutschen wer ich bin,
> Und predigt ihnen, bärtige Überwinder,
> Die Macht des Mütterchens das euch gebar!

Aus diesen Zeilen spricht ein deutliches Überlegenheitsbewußtsein und zwar sowohl in politischer als auch in kultureller Hinsicht. In der Machtfrage soll den Deutschen eine Lektion erteilt werden. Jetzt sammelt »Mütterchen Rußland« ihre Kinder nicht mehr um sich, sondern schickt sie aus, um die Macht des Landes zu demonstrieren. Und da die Deutschen »plump« sind, muß man sie »lehren« und ihnen »predigen«, ihnen also die eigenen Vorstellungen aufzwingen. Da die »Überwinder« der »plumpen Deutschen« ausdrücklich als »bärtig« ausgewiesen werden, wird zusätzlich zur Überlegenheit auch noch die Vorstellung von Ursprünglichkeit und männlicher Kraft evoziert.

Die weiteren Strophen zeichnen auf, wie der sich herausbildende russische Staat immer neue Völkerschaften in sich aufnimmt, so daß innere Wirren, Kämpfe und Gebietserweiterungen nie aufhörten. Aber aus jedem inneren Konflikt und aus jeder Gebietserweiterung ist das Land gestärkt und mit größerer Machtfülle hervorgegangen, so daß »Mütterchen Rußland« »... immer wieder singt wie eine junge Braut«. Rußland erscheint auf diese Weise wie eine sich ewig verjüngende Macht. Zwar regiert das Zarentum auch »mit des Grauens Eisenkrallen«, aber der selbstbezogene Mythos und die tiefe Religiosität, der »frohe Osterkuß«, fügen Herrscher und Volk immer wieder zu einer Einheit zusammen. Rußland, ein Land, in dem die Gegensätze nicht immer mit den Kategorien des Verstandes erklärbar sind, oder wie »Mütterchen Rußland« von sich sagt: »O wunderseliges Herz das meines ist,/Geängstigtes Herz vom Dunklen überfallen«.

Trotz aller kritischen Anmerkungen ist die Darstellung Rußlands insgesamt nicht ohne verhaltenen Respekt. Dennoch ist eine deutliche Warnung nicht zu übersehen. Während der europäische Teil Respekt verlangt, flößt der asiatische Einfluß jenseits vom »waldigen Ural« Furcht ein, denn der »schweifende Tatar« mit seinen »lüsternen Augen spähend, schwarz und schmal« und die »Gelbgesichtigen« verkörpern, wie »Mütterchen Rußland« bekennt, jenen Einfluß, »der die Lust der Grausamkeit mich lehrte«. Mit diesen Hinweisen in der letzten Strophe nimmt das Gedicht ein ostpreußisches Trauma auf, das nach dem Zweiten Nordischen Krieg (1655–1660) von Generation zu Generation weitergereicht wurde. Dieser Krieg führte in Ostpreußen zu bis dahin nicht gekannten Ausschreitungen tatarischer Horden: Der Große Kurfürst Friedrich Wilhelm I. kämpfte an der Seite Schwedens gegen das polnische Heer von Johann II. Kasimir. In der Schlacht von Prosken 1656 wurde das brandenburgisch-schwedische Heer vernichtend geschlagen. Daraufhin überschwemmten die tatarischen Hilfstruppen des polnischen Königs brandschatzend und mordend weite Teile Ostpreußens.[256] In der Erzählung »Engelkes Buße« hat Agnes Miegel die Mordlust dieser tatarischen Horden geschildert: »Sie haben keine Gefangenen gemacht, bloß gemordet« (III, 305). Symbolisch verkörpert hier die Magd Engelke die Gegenbewegung, indem sie unter Einsatz ihres Lebens ein Kind vor der Ermordung rettet. Auch die Erzählung »Das Lösegeld« (III, 309–327) thematisiert ein Ereignis des Tatareneinfalls von 1656: Die von den Tataren verschleppten Mädchen und Frauen kehren zurück, vergewaltigt, gebrochen und gedemütigt.

Zwar spricht das Gedicht mit dem russischen Einmarsch nach Ostpreußen ein aktuelles Thema an, aber es betrachtet Rußland aus großer Distanz und sieht es in historischen Dimensionen. Durch die Chronologie der einzelnen Epochen in der Entwicklung des Landes entsteht ein umfassendes Bild, das eine gültigere Vorstellung vermittelt, als es die Darstellung jüngster Ereignisse könnte. Insgesamt behandelt das Gedicht die einzelnen Epochen in der staatlichen Entwicklung Rußlands deskriptiv und enthält sich dabei feindseliger Töne.

3. »Das Kriegskind«

Einen ganz anderen Weg geht Agnes Miegel mit dem Gedicht »Das Kriegskind«. Es ist bewußt in der einfachen Sprache des Dainos, der litauischen Volksgesänge, gehalten, die der Dichterin durch die im elterlichen Haus wirkende »alte Lina« vertraut waren.[257] Das Gedicht schildert, wie durch die Kriegsereignisse Bruder und Schwester in unterschiedlicher Weise Opfer des Geschehens werden, so daß die Umstände sie zwingen, gegensätzliche Standpunkte zu beziehen, die besonders schwerwiegend sind, da sie mit einer Entscheidung über Tod oder Leben verbunden sind: Als der Soldat Jurgis von der Front auf Urlaub kommt, findet er seinen Hof zerstört und seine Schwester Ewe durch einen russischen Vergewaltiger entehrt und geschändet. Um die Schande zu tilgen und seine Schwester von der Last des Geschehenen zu befreien, die ihr auch in Zukunft anhängen wird, ist er entschlossen, das Kind zu töten:

> Ist's so, liebe Schwester,
> Gib mir das Fremde,
> Das Russenkindchen,
> Will das Tuch verknoten
> Will zum Fluß es tragen
> Will's drin versäufen
> Wie ein blindes Hundchen!

Doch die Schwester sieht in dem Kind nicht die Frucht der Vergewaltigung, sondern das Heranreifen eines Lebens, für das der Mensch trotz allem die Verantwortung übernehmen muß. Auf die Frage von Jurgis, was denn aus dem Geschöpf, wenn man es leben läßt, in Zukunft werden soll, bekennt sich die Schwester mit folgenden Worten zum Kind:

Was daraus werden soll?
Ein guter Landmann,
Wird hinterm Pflug gehen
Dort auf dem Acker.
Mit der Peitsche knallen,
Wird lustig pfeifen,
Wird sein Pferdchen satteln
Nach Tilsit reiten
In die Kaserne:
Wird ein Dragoner
Ein junger, forscher,
Wie sein Onkel Jurgis!

Bei seinem Erscheinen hat dieses Gedicht viel Kopfschütteln hervorgerufen, da es sich mit seiner Aussage mutig über die gezogenen Grenzen hinwegsetzt. Trotz seiner auf den ersten Blick simplifizierten Form und der thematischen Begrenzung vertritt es eine Position, die sich konstant durch das Gesamtwerk zieht. Es ist die feste Überzeugung, daß der Mensch als Geschöpf Gottes eine unabänderliche Verantwortung gegenüber dem Leben hat, wie dieses sich auch gestalten mag. So individuell jeder Mensch auch in seinem Wesen geschaffen ist, er ist das Zeugnis einer Kette von Vorfahren, aus denen er hervorgeht und in dem Weiterleben dieser Kette er auch wieder eintaucht. Wesentlich für ihn ist eine harmonische Beziehung zur Schöpfungsgrundlage, im übertragenen Sinne, zur Erde. Das alles vollzieht sich am Beispiel des Geschwisterpaares. Nicht ohne Grund wendet sich das Kind der Erde zu, »wird ein guter Landmann«. Mit seinem Anspruch auf Leben folge es seinem »Onkel« Jurgis und setzt die Generationsreihe als guter Landmann fort. Hinein spielt die Zeitauffassung Agnes Miegels. Als tiefreligiöser Mensch denkt sie zwar in Bahnen christlichen Glaubens, aber sie nimmt sich die Freiheit, weitergehenden Vorstellungen zu folgen. So ist sie von der Wiedergeburt überzeugt, was zu einer völlig anderen Wertung der individuellen Lebensspanne führt. Indem das zunächst nicht gewollte Kind in das Leben eintritt, reiht es sich in die unendliche Generationsfolge ein. Es tritt in die Fußstapfen seines »Onkels« Jurgis als Landmann und wird auch wie dieser Soldat. Damit wächst auch das Kind hinein in die sich fortsetzende Generationsreihe.[258]

4. »Apotheose« und Revolution

Daß es nicht des russischen Einmarsches in Ostpreußen bedurfte, um sich mit Rußland und dem, was man allgemein ›die Seele Rußlands‹ nannte, zu beschäftigen, geht aus einigen Bemerkungen in den Briefen an ihre Freundin Lulu von Strauß und Torney hervor. So heißt es in einem Schreiben vom 19. März 1902: »Ich muß Lou Andreas in Schutz nehmen. Sie ist sicher nicht geistig schamlos. Etwas Keuscheres könnte ich mir kaum denken als ihre Behandlung weiblicher Seelenkämpfe. Was Dir so vorkommt, ist das Russische in ihr, das grüblerische Selbstzerlegen, das den Russen *nie* verläßt, und was sie mir so ungemein interessant macht. Denn trotz ihrer internationalen Abstammung, trotz ihres deutschen Schreibens ist Lou Andreas Russin«.[259] Diese Äußerung über Lou Andreas-Salomé (1861–1937), Tochter eines russischen Generals und einer deutschen Mutter, ist gleich aus zwei Gründen bemerkenswert. Zum einen geht daraus hervor, daß Agnes Miegel mit der jüngsten Literaturentwicklung vertraut war. Offensichtlich bezieht sie sich auf Lou Andreas-Salomés Buch *Im Zwischenland. Fünf Geschichten aus dem Seelenleben halbwüchsiger Mädchen*, das Anfang 1902 herauskam und bereits im März 1902 von Lulu und ihr gelesen worden war.[260] Dieses Buch machte Furore und führte in der bürgerlichen Kritik zu heftigen Angriffen, die in der unkonventionellen Lebensweise der Verfasserin noch zusätzliche Nahrung fanden. Es wirft ein bezeichnendes Licht auf die Einstellung von Agnes Miegel, daß sie Interesse an den darin enthaltenen psychologischen Überlegungen hat und das Buch gegen die grassierenden konservativen Anwürfe verteidigt. Mit der Rezeption und dem Bekenntnis zu dieser Literaturströmung weist sie sich als Teil der Moderne aus. Zum anderen wird deutlich, daß sie über Kenntnisse der russischen Kultur und Literatur verfügt. Es ist die insbesondere in den großen russischen Romanen immer wieder anzutreffende Zergliederung der seelisch-psychologischen Befindlichkeit, die sie fasziniert. Da sie sich geistesgeschichtlich in einer Phase befindet, in der sich das Denken der Psychologie zuwendet, ist die russische Literatur für sie ein besonders aufschlußreiches Studiengebiet.

Aber die geistige Beschäftigung mit Rußland wird schon früh getrübt durch die drohenden Schatten, die ein möglicher Krieg über das Land wirft. Bereits in einem Brief an Lulu vom 6. November 1907, als die Lebenslust der *belle epoque* Gedanken an einen Krieg noch überbot, schreibt Agnes Miegel: »Ich bin nur froh, daß ich diesen Sommer herumgereist bin, falls nun Krieg kommt, ists für mich doch für ewige Zeiten damit vorbei, selbst wenn ich nicht die persönliche Bekanntschaft der Kosaken machen sollte. Rußlands Nachbarschaft ist bei Krieggeschrei eine ganz fatale Nachtmahr, wir sind doch sozusagen ›die Nächsten dazu‹. Falls ich allein wäre, wäre mir alles wurscht, aber mit dem alten Papa und der kranken Mama, da sind mir Kriegsperspektiven sehr unangenehm«.[261] Als diese Zeilen in etwas nonchalanter Weise geschrieben wurden, gab es nicht wenige Friedensbemühungen, die den europäischen Staaten eine bessere Zukunft jenseits von Krieg wünschten. Noch am 4. Juli 1912 trafen sich Wilhelm II. und Nikolaus II. in Baltischport, heute Paldiski in Estland, um Einvernehmlichkeit zu demonstrieren und ihren Friedenswillen zu bekunden. Aber in einer Zeit, in der die Friedensbemühungen unterschwellig und auch offen von gegensätzlichen Kräften durchkreuzt wurden, bewahrt sich Agnes Miegel einen klaren Blick für die Wahrscheinlichkeit einer heraufziehenden Katastrophe. Was sie als beklemmende Ahnung heimsucht, das sollte kurz darauf teilweise und 38 Jahre später brutale Realität werden. Neben anderen Beispielen liefert diese fast hingeworfene Bemerkung in einem Brief einen Hinweis auf die Gabe der Dichterin, mit ihren feinfühligen Sinnen die Folgen einer sich anbahnenden Entwicklung zu empfinden.

Insbesondere aus der Novelle[262] »Apotheose« (III, 343–373) kann man die Gedanken Agnes Miegels in Bezug auf Rußland recht gut erschließen. Wie die Biographin Anni Piorreck berichtet, wurde die Novelle zwar in Bad Nenndorf 1949 niedergeschrieben, aber sie formte sich bereits im Kopf der Dichterin im Winter 1943, nachdem ein Fronturlauber sie in Königsberg besucht und über das Schloß Peterhof berichtet hatte.[263] Schon der Begriff ›Apotheose‹ als Titel, der auf eine Vergöttlichung oder Verklärung des Weltlichen hinweist, läßt eine zur Entzauberung führende Spannung vermuten, denn eine Vergöttlichung des Profanen kann keinen Bestand haben. Die Novelle zeichnet das Bild eines Landes, das in seiner Machtstruktur und Herrschaftsform zwar widersprüchlich, bisweilen sogar rätselhaft ist, jedoch zugleich auch eindrucksvolle positive Züge aufweist. Dies spiegelt sich in einigen zentralen Figuren am Zarenhof, die die Wesenszüge des Landes verkörpern. Das Geschehen schließt programmatisch mit einer »Schlußapotheose«, wobei der Begriff am Ende im Text ausdrücklich genannt wird.

Das Geschehen setzt ein mit einem traumhaften Rückblick der Zarin Katharina II. auf ihre Jugendzeit als Sophie von Anhalt-Zerbst. Aber »sie war eine Verwandelte mit dem Augenblick, wo sie die gesalbte Zarin war, die Alleinherrscherin Rußlands. Nicht mehr, nie mehr, nur noch in einem halben Morgentraum lebte die kleine schweigsame Prinzessin aus dem gelben Schloß in Zerbst«. In ihrer Stellung auf dem Zarenthron ist sie »Nur noch die Herrscherin des riesigen und unersättlichen nach größerer Ausdehnung, nach den Küsten strebenden Reiches, des größten der Welt«. In ihrer Beziehung zum Fürsten Grigorij Orlow wird die Polarität Rußlands deutlich: Leidenschaftliche Hingabe und persönliche Zuwendung schließen eine Unterströmung an Grausamkeit nicht aus.

Die Handlung läuft auf zwei konträren Ebenen ab: Die schrankenlose Prachtentfaltung am Hofe Katharinas steht im schroffen Gegensatz zum entbehrungsreichen Landleben des russischen Bauern. Fürst Orlow wird zu einer gleichnishaften Figur Rußlands, die stets kraftvoll, überströmend, ewig jung, aber kaum an Gesetze gebunden ist. Die Darstellung seiner leidenschaftlichen Beziehung zu Katharina läßt erkennen, daß Agnes Miegel als Autorin weit davon entfernt ist, prüde zu sein: Katharina »breitete die Arme rasch aus mit einer ihrer immer noch lebhaften Bewegungen, daß der rote Seidenmantel aufflatterte, ihre Brust, weiß und voll, von blauen Adern durchzogen, aus dem Nachtkleid tauchte«. Als sie nach dem Treffen *avec amour* zusammen mit Orlow in den Garten zwischen dem Pauls-Palais und der Neva den Gefühlsrausch ausklingen läßt, bemerken sie einen Soldaten, der in strammer Haltung vor einem Rosenbeet auf Posten steht. Wer an dieser Stelle den Text mit aufmerksamen Augen liest, dem eröffnet sich ein anderer Text, auf den diese Darstellung anspielt. Es handelt sich hier um einen Subtext, eine Erzählweise, die sich häufiger bei Agnes Miegel findet: Es wird ein Bezug zu einem anderen Text hergestellt ohne ausdrücklichen Hinweis auf die Integration des anderen Textes. Damit schwingt in der Aussage des eigentlichen Textes gleichzeitig der Inhalt des bezogenen Textes mit. Um Wesen und Mentalität der Russen zu charakterisieren, hatte Bismarck in seinen *Gedanken und Erinnerungen* (1898) davon berichtet, daß in dem besagten Garten seit vielen Jahren ein Posten vor einem Beet aufgezogen war und man keinen Grund kannte, weshalb dies angeordnet worden war. Erst intensives und langwieriges Nachforschen brachte zu Tage »... die Kaiserin Katharina hat an der Stelle einmal ungewöhnlich früh im Jahre ein Schneeglöckchen wahrgenommen«, so Bismarck, »und befohlen, man solle sorgen, daß es nicht abgepflückt werde. Dieser Befehl wurde durch die Aufstellung einer Schildwache zur Ausführung gebracht. Dergleichen erregt unsere Kritik und Heiterkeit, ist aber ein Ausdruck der elementaren Kraft und Beharrlichkeit, auf denen die Stärke des russischen Wesens dem übrigen Europa gegenüber beruht«[264]. In »Apotheose« hält der Posten beharrlich Wache vor einem Beet besonderer Rosen, die aus Versailles bestellt wurden und für den noch in den Kinderschuhen steckenden Großfürsten Alexander ein Herrschaftssignum darstellen. Die Novelle gibt der Situation jedoch eine andere Wendung, als es bei Bismarck der Fall ist. Katharina entdeckt voller Erstaunen, daß die Schultern des Soldaten seltsamerweise zucken und Tränen seine Wangen herunterrinnen. Nach dem Grund befragt, erklärt dieser, er kenne zwar den Grund des Befehls nicht, wolle aber seine alte Mutter, die als Witwe ein bitteres Leben führe, noch einmal vor deren Tode sehen. Beide Brüder seien auf der Krim gefallen, und die Schwester sei schlecht verheiratet. So würde die Mutter ihren Lebensabend in Einsamkeit verbringen. Der Wunsch des Soldaten spricht die empfindsame

Seite von Katharinas Herz an und sie befiehlt, die Mutter, Afanassja Iwanowa mit Namen, aus einem weitentlegenen Dorf an den Hof zu holen.

In der Mutter und ihrem mühevollen Leben zeichnet Agnes Miegel ein Bild des ländlichen Rußlands voller Sympathie und Zuneigung. Um ein Beispiel zu nennen: In ihrem Gesamtwerk steht die Biene für den Einklang von Mensch und Natur.[265] Dies gilt auch für Rußland. So findet sich auch ein entsprechender Dialog zwischen der alten Afanassja Iwanowa und ihrem Nachbarn: »Es sind die Bienen an den Strohkörben, und der Nachbar sagt: ›Wollen schwärmen. Meine Bienchen, wollen immer noch schwärmen, die lieben. Fleißigen -,‹ und sie lehnt am Zaun überm Bänkchen und sieht ihm zu und sie reden von den Bienchen und daß sie ihrem Iwan nicht mehr von dem Honig geben kann, ist solch gutes Honigjahr«. Gesprächssituation und Art des Gesprächs sind Ausdruck eines genügsamen und in sich selbst ruhenden Landlebens.

Da die alte Frau durch einen Schlaganfall bereits halbseitig gelähmt ist, gleicht die weite Reise nach St. Petersburg einer nicht enden wollenden Tortur. Anläßlich eines großen Festes am Zarenhofe soll sie schließlich der Zarin vorgestellt werden. Vor der Audienz hat sie sich jedoch in der Aufregung beschmutzt. Und so wirft man ihr in großer Hast ein zufällig bereitliegendes Festkleid über, ein »edelsteinstarrendes altes Prachtgewand«, und setzt ihr ein schweres goldenes Diadem auf. Während die Gesellschaft zur Huldigung in den angrenzenden Saal stürmt, bleibt die Greisin alleine zurück. Plötzlich sieht sie sich in den großen Scheiben des Palastes gespiegelt und verneigt sich tief vor sich selbst in der Annahme, die Zarin vor sich zu haben.

Mit diesem Bild verwendet Agnes Miegel das in der Kunst verbreitete Motiv der Betrachtung des Selbst im Spiegel: Rußland nimmt sich selbst wahr, sowohl in seiner ursprünglichen Existenz als auch in der aufgesetzten Pracht, ohne über das Erkenntnisvermögen zu verfügen, die wahren Verhältnisse zu sehen. Ein derartiges Verkennen der Realität muß zum Auseinanderbrechen einer solch gegensätzlichen Ordnung führen. Dies manifestiert sich in einem Feuerwerk, das Höhepunkt des Festes, in seiner Großartigkeit jedoch doppeldeutig und zugleich ein Vorzeichen des Untergangs ist: »Neben den hohen Hecken steigen zwei riesige Feuerpalmen aus dem roten Qualm in den Nachthimmel und zerstieben hundert-häuptig, funkenregnend, zur Seite des großen Flammenbildes, das zwischen ihnen in goldenem Glanz aufgeht: der gekrönte kaiserliche Doppeladler. Einen Herzschlag lang steht er in der tiefen Bläue. Er zittert, er verschwimmt im Feuer und versprüht. Letzte Funken taumeln wie glühende Tränen hinab in den blutroten Dunst - - ». Sieht das grandiose Feuerwerk aus der dynastischen Perspektive des Hofes wie eine Manifestation der absoluten Macht aus, so vermittelt es für den distanzierten Beobachter das Bild einer Höllenfahrt. Geht »Apotheose« mit der Vorstellung einer Vergöttlichung einher, so ist die »Schlußapotheose« deren Umkehr, der Absturz in ein Flammenmeer. Der Zarenadler versprüht im Feuer in Form von »glühenden Tränen« und zerfällt in »blutroten Dunst«. Das zaristische Imperium versprüht im Feuer der Revolution.

»Lakaien räumen dort [Festsaal] eilig die Tafel ab und ein paar Stallknechte tragen eine lange, dunkelverhüllte Last fort, der ein Pope folgt und der alte deutsche Arzt. Dann fällt die Tür zu«. Mit der während der Festlichkeiten verschiedenen Afanassja Iwanowa wird das alte Rußland zu Grabe getragen, ohne daß sich die Beteiligten dessen bewußt sind. Der Sohn der alten Frau hat seine Mutter nicht wiedergesehen. Der junge Großfürst Alexander steht verloren auf der Terrasse vor dem Palast, die Rosenblüte als Signum seines Machtanspruchs in der Hand. Ein »scharfer Zugwind« reißt die Blütenblätter von der Rose und verwirbelt sie. Die Schlußapotheose verheißt die Zukunft als Tragödie.

5. Visionen

Wiederholt wird deutlich, daß Agnes Miegel, wenn man so will, mit seelischen Augen ausgestattet war, die in die Zukunft blicken konnten und schließlich in Visionen Gestalt annahmen. Diese sich tief im Unterbewußtsein abspielenden Vorgänge bilden einen nicht unwesentlichen Teil ihrer Psyche und fließen ein in die literarische Gestaltung. In ihren Tagebüchern hat sie mehrfach derartige Visionen, mit denen sie das für uns Unsichtbare sichtbar macht, beschrieben.[266] Bereits vor dem Ersten Weltkrieg zeichnen sich derartige Traumgesichte besonders schmerzhaft ab. Oft ist die Stadt Königsberg, die in die Zukunft verlegt wird, Gegenstand einer solchen Vision. So weist die Biographin Anni Piorreck auf eine Vision hin, die sich in den Tagebüchern aufgezeichnet findet. In den Worten Agnes Miegels: »Ostpreußen ist ganz mit dem Baltikum vereinigt [...] Königsberg ist eine große riesenhaft wachsende Stadt, die mit der langen breiten Hafenstraße bis zum Haff geht [...] Die Straßen sehr breit, sehr hell (sind die gleichförmigen Häuser niedrig). Sie macht aber nicht mehr den Eindruck nur deutscher Bevölkerung, denn viele andere gehen darin herum: Letten, Litauer, sogar vereinzelte Mongolen – aber keine Polen!«[267] Im Falle eines anderen Traumes notiert Agnes Miegel: »Das sehr östliche Rußland, das bis nach Tirkestan reicht, bedrängt uns«.[268] Wiederholt scheint es so, als ob sie in ihren Visionen die Wirklichkeit vorwegnimmt. In einem Beitrag für die *Ostpreussische Zeitung* vom 4. März 1923 berichtet sie, wie sie spielende Kinder am Pregel beobachtet. Plötzlich schiebt sich eine andere Szene in das Bild: Russische Kinder in anderer Kleidung und mit Bewegungen, die für deutsche Kinder nicht üblich sind, tummeln sich am Pregel. Diese Szene traf sie derart, daß sie ihre Vision sogar in ihren Zeitungsartikel einfließen ließ.[269] Die damaligen Leser werden nicht wenig gestaunt haben, diesen Szenenwechsel in ihrem vertrauten Feuilleton zu erfahren.

Nach der Flucht verschwimmt die Grenze zwischen Leben und Tod. Mit ihrem festen Glauben an eine Wiedergeburt ist Agnes Miegel der Auffassung, in einer Generationskette zu stehen, in der die einzelnen Glieder vergehen und in anderer Form wieder erstehen. In ihren Traumvisionen, die nach 1945 mit großen seelischen Schmerzen verbunden sind, sieht sie sich immer wieder in unterschiedlicher Gestalt der Gewalt ausgesetzt, so auch als Sträfling in Sibirien, der zusammen mit vielen anderen aus dem Lager entlassen wird.[270] Ein besonderes Beispiel der Vorausschau teilt Agnes Miegel nach der Flucht der mit ihr befreundeten Hauswirtschaftslehrerin Margarete Haslinger mit. Diese Vision überkam sie 1921, als die *Ostpreussische Zeitung* sie nach Cadinen geschickt hatte, um von der Einweihung einer neuen Orgel zu berichten: »Er [Traum] dreimal, ganz deutlich, wie eine Vision, in keiner Einzelheit je vergessen, sehe den Moskowiter Saal im Königsberger Schloß in tiefer Winterabenddämmerung, er wächst ins Ungeheure, in seiner Mitte steht ein Richtblock. Hand in Hand, im Reigen, umschreiten ihn feierlich riesige Frauen, gekleidet wie [slawische] Bäuerinnen, in weiten, bunten Röcken, losen Jacken, Kopftüchern. Sie singen dazu nach einer alten, eintönigen, schwermütigen Melodie auf russisch (ich verstehe aber Wort für Wort):

Wenn der hölzerne Mond rot schäumen wird,
O zarte Jungfrau,
Zerfleischen werden wir Dein Herz,
Aus der Brust Dir gerissen,
Es verschlingen wie Wölfe,
O zarte Jungfrau!

Eine baltische Lagerkameradin [im Internierungslager Oksböl] übersetzte mir das Lied fünfundzwanzig Jahre später aus dem Russischen, so wie ich's im Traum gehört hatte – und verstanden. Ich wußte, daß diese Jungfrau Ostpreußen meinte. Nie vergaß ich das Grauen, nie die fürchterliche, abgründige Trauer dieses Traums, nie die Worte des Liedes …«.[271]

6. Heimkehr ohne Ankunft

Kurz nach der Flucht zeigte Agnes Miegel während der Internierung im Lager Oksböl eine Reaktion, die brennpunkthaft ihr Wesen und Empfinden verdeutlicht. Es waren nicht Anklage oder Verzweiflung, sondern der Entschluß, die russische Sprache zu lernen. In einem Brief vom 13. Juli 1945 teilt sie Hildegard Peschties, einer Nachbarin aus der Königsberger Hornstraße, mit: »Ich gehen noch mal in Schulchen, lerne russisch (es ist sehr schwer), und las gemeinsam den Faust II. Teil, das war auch recht anstrengend!«[272]

Daß sie diesen Entschluß nach einem energischen Anlauf abbrechen mußte, ist ihrer Erkrankung und den Umständen der Lagerexistenz geschuldet. Aber allein der Vorsatz, sich der Sprache des Anderen zuzuwenden, ist ein unverkennbarer Ausdruck ihres Willens, das Geschehen nicht nur in seinem Ablauf, sondern auch in Bezug auf dessen geistige Kräfte zu verstehen.

Das Motiv ›Heimkehr‹ zieht sich als zentrales Thema durch ihr Werk. Wie sieht dann die Welt einer Dichterin aus, der die Heimkehr verwehrt ist? Als die sich abzeichnende Kriegslage auch die Notwendigkeit einer Flucht nicht ausschließt, teilt sie ihrer Biographin Anni Piorreck am 9. Dezember 1944 in einem Brief mit: »Aber *über* die Oder [Flucht] – das hoffe ich zu Gott und meinen Ahnen, daß mir das erspart bleibt. Ich glaube auch, daß das mein Tod wäre. Wenn nicht körperlich, dann geistig«.[273] Dieses Empfinden, daß der Heimatverlust zum geistigen Tod führt, findet sich wiederholt auch in der Korrespondenz nach 1945. Aber noch in den letzten Tagen Königsbergs berichtet sie am 22. Januar 1945 in einem Brief an Hans von der Gabelentz: »Ich hab mich Gott u. dem Schicksal befohlen u. hoffe die Kraft zu finden, in schlimmster Stunde die Angst der Kreatur zu besiegen«[274]. Hierin liegt der Schlüssel für ein Verständnis ihrer Gedankenwelt und ihres literarischen Schaffens nach der Flucht. Zwei Jahre später bekennt sie, daß »die Ergebung in Gottes Willen«[275] die Voraussetzung für ein Weiterleben ist. Die aus tiefer religiöser Überzeugung kommende Schicksalsbejahung führt zur Überwindung des seelischen Absterbens und verleiht die Kraft, weiter zu schreiben. Nun erweist sich das Lager Oksböl, in dem die störenden Außeneinwirkungen wegfallen, bei allem lagerinternen Getriebe dennoch als eine Art Schutzraum, der bereits kurz nach der Ankunft zu einer fruchtbaren literarischen Tätigkeit führt.

Die Beziehung zu Rußland ist tiefgründig und umgreift eine weite Spanne, die von der tiefenpsychologischen Sphäre bis zur literarischen Gestaltung reicht. Mehrere Faktoren prägen dieses Verhältnis. Es sind zum einen das historische Interesse und die Wertschätzung der russischen Dichtung. Hinzu kommt der Blickwinkel eines Menschen, der im äußersten Nordosten Deutschlands beheimatet ist. Und schließlich ist die Erfahrung des Ersten Weltkrieges sowie die von Flucht und Vertreibung von ausschlaggebender Bedeutung. Aus der Sicht des »Ostlandes« ist ihr das Wesen des russischen Menschen nicht fremd. Gläubigkeit, Opferbereitschaft, Wärme des Gefühls und das Verhältnis des russischen Bauern zu seinem Boden finden sogar ihre Sympathie. Hingegen rufen die gewaltige Ausdehnung und die politische Macht Rußlands ein Gefühl der Vorsicht hervor, das zwar kontrolliert, aber nicht zu unterbinden ist: Daß aus dem Machtbewußtsein eine Politik erwächst, die für Anrainer Gefahren heraufbeschwören könnte, lösen bei ihr Ängste aus. Diese manifestieren sich vielfach in Träumen und Visionen. Bemerkenswert an diesen Träumen ist, daß sie weder Haß noch feindliche Gefühle aufweisen. Vielmehr nehmen sie die vorausgeschauten Zustände ohne Auflehnung hin, gleichsam wie Dokumente des Leidens. Es finden sich keine Anhaltspunkte, die auf eine feindselige Haltung gegenüber Rußland oder den Russen schließen läßt. Dies gilt auch für die Zeit nach dem Untergang des alten Ostpreußen. Agnes Miegel klagt nicht, sondern verleiht ihrem Schmerz dichterischen Ausdruck. Diese Haltung erklärt sich auch aus ihrer Religiosität und ihrem Heimatbegriff, der ein fester Bestandteil ihrer Kosmologie ist. Auf der dem Menschen geschenkten Erde ist dessen Beziehung zum Boden entscheidend. In der literarischen Darstellung wird dies zum Bewertungskriterium. Darin ist die Dichterin so konsequent, auch den russischen Menschen einzuschließen. Das reale Ostpreußen erlangt durch die Erhebung zum Mythos seine Unzerstörbarkeit und berührt sich so mit dem Ewigen. Es findet in der Formel »Und daß Du, Königsberg, nicht sterblich bist«[276] seinen bezeichnenden Ausdruck.

Ironie der Abwesenheit: 2019 erhielt die ehemalige Volksschule in Bartenstein, heute Bartoszyce, einen neuen Anstrich. Bei den Vorarbeiten trat der alte Name »Agnes Miegel Schule« wieder in Erscheinung, dem aufmerksamen Auge durchaus erkennbar. Während in der Bundesrepublik Miegel-Straßen entwidmet werden, blieb dieser Name bis heute bestehen.
(Bildrechte: U. Stange)

XII. Was bleibt

Hat man das Werk Agnes Miegels vor Augen und betrachtet es mit verständnisvollem Blick, so kommt man zu der Erkenntnis, daß die Dichterin einen Beitrag für die deutsche Literatur geleistet hat, der trotz aller Zeitläufe und Einwürfe auch in Zukunft seine künstlerische Aussagekraft nicht verlieren wird. Da die Dichterin in ihrer Zeit gelebt hat, erklärt es sich, daß das Werk auch Strömungen aufgenommen hat, die die Folgezeit einem anderen Urteil unterwirft. In seiner Gesamtheit ist das Werk in Bezug auf Form und Inhalt jedoch von solchem Format, daß es als geistiges Zeugnis die einschränkenden Bindungen der Zeit weit hinter sich läßt.

Wie sich im Rahmen der Textbetrachtung gezeigt hat, liegt der Dichtung Agnes Miegels eine in unterschiedlicher Form deutlich werdende Kosmologie zugrunde, die als Mythos das Gestaltungspotential in sich trägt. Mythisches ist bereits embryonal in der frühen Dichtung vorhanden und gewinnt mit fortschreitender Entwicklung der Dichterin an Substanz. Dieser Mythos geht von einer christlichen Überzeugung aus, kennt jedoch keine dogmatischen Setzungen. Gleichzeitig zeigt sie sich offen gegenüber anderen Religionen, die von dem Grundsatz der Ehrfurcht vor der Schöpfung ausgehen. Deutlich wird dies insbesondere an dem Verhältnis zur prussischen Religiosität, ist jedoch keineswegs auf diese beschränkt. Danach steht der Mensch wie auch jedes Lebewesen in einem unendlichen Lebensstrom. Seine individuelle Existenz wird zu einem überindividuellen Phänomen, denn er gewinnt in diesem Strom lediglich konkrete Gestalt, gibt diese mit seinem Ende wieder an den Strom zurück, aus dem wiederum eine neue Generation aufsteht. Unverkennbar ist, daß die Dichterin im Bewußtsein und als Ausdruck dieses Stromes schreibt. Hieraus erklärt sich das deutliche Interesse an der Abfolge der Generationen. Auch bestimmt dieser mythopoetische Ansatz die Darstellung von Raum und Zeit. Der unendliche Lebensstrom hebt in dem ewigen Fließen den Zeitbegriff des Einzelnen auf und setzt sich über alle räumlichen Grenzen hinweg.

Agnes Miegel ist keine Vertreterin der Literatur, die dem Leser ihre Prinzipien der Dichtung in ausführlichen theoretischen Erörterungen mitteilt. Dennoch kann man bereits in der Phase ihres poetischen Journalismus die Entstehung eines sorgfältig komponierten Literaturkonzeptes beobachten. Inwieweit die Sprachkrise der Jahrhundertwende sie direkt oder indirekt berührt hat, läßt sich bei den bisher vorliegenden Quellen nicht mit Bestimmtheit sagen. Sie selbst hat sich offensichtlich nicht explizit dazu geäußert und wenn, dann nur in sehr zurückhaltenden, kryptischen Hinweisen. Bereits mit dem Begin ihrer literarischen Tätigkeit hat sie nach Möglichkeiten gesucht, die von der Sprache gesetzten Grenzen zu überwinden. In dem Mythos fand sie den gangbaren Weg, denn dieser transportierte für sie mehr als die Sprache. Gleichzeitig mußte sie auch das eintretende Spannungsverhältnis von Sprache und Mythos überwinden. Sie erweiterte daher die Semantik der Sprache durch eine mythische Dimension, durch eine Art mythischer Überschreibung der Sprache. So wirken in ihrem Werk Begriffe, die uns alltäglich erscheinen, durch ihre mythische Überschreibung über die sprachliche Grenze hinaus.

Überblickt man die Texte, so fällt ein systematisches Gefüge von Relationen ins Auge. Es sind die vom Mythos als Gestaltungskern abgeleiteten Sinnbilder, die Mytheme. Sie verweisen nicht nur auf den mythischen Kern, sondern stehen auch untereinander in Beziehung und legen sich wie ein Netz über das erzählerische bzw. lyrische Material, ohne dabei den literarischen Duktus zu hemmen. So wird jedes Mythem zum Sinnträger der Aussage. Vergleicht man dieses Verfahren mit der zeitgenössischen Literatur, so bewegt es sich eher in Richtung der Moderne, ein Befund, der zunächst zu erstaunen vermag. Aber von hier aus wird auch die bereits in der frühen Lyrik deutliche werdende Hinwendung zur psychologischen Innensphäre verständlich.

Die enge Bindung der Dichterin an ihre ostpreußische Heimat ist immer wieder thematisiert worden, und ihr Werk ist zweifellos ein eindrucksvolles Beispiel dafür. Aber sie darf dadurch nicht eingegrenzt werden. Ihr Mythos als Ausgangspunkt ihres Denkens ist von unitarischer Religiosität und damit nicht an Ostpreußen gebunden. Ihre Kunst besteht darin, die empirischen Erfahrungen ihrer ostpreußischen Heimat überzeugend und eindringlich in authentische Mytheme zu verwandeln, die ganz offensichtlich innere Anteilnahme verraten. Jedoch bezieht sich ihr Werk nur zu einem Teil auf Ostpreußen. Aus dem beispielhaften Erfahrungsraum Ostpreußen leiten sich in Anlehnung an den zentralen Mythos Aussagen ab, die bis Japan reichen. Sie liefert ein Beispiel dafür, daß man sich mit einer festen Bindung an die Heimat der Welt zuwenden kann.

Ein besonderer Wesenszug der Dichterin ist der immer wiederkehrende Übergang zum Traum. Zwar hat sie ihre Träume nicht gerne preisgegeben, aber diese spielen als kryptische Gestaltungselemente ihrer Dichtung eine entscheidende Rolle. Sie rufen eine Bewußtseinsveränderung hervor und befreien sie von einer mühevollen Reflektion, denn Träume schaffen Momente der schöpferischen Kreativität, in denen das bewußte Ich in Unbewußtes übergeht. In dieser Weise stehen Traum und Mythos in enger Beziehung zueinander. Der Mythos wird zum Heraustreten aus dem eigenen Körper. Er erlaubt, das Unsagbare zu sagen.

Für die Einordnung der Dichtung Agnes Miegels als rückwärtsgewandt und fortschrittsfeindlich finden sich bei genauerer Betrachtung keine Anhaltspunkte. Man braucht sich nur einmal ihre Haltung zu den zivilisatorischen Artefakten der technischen Entwicklung, wie dem Flugzeug und dem Auto, zu vergegenwärtigen. Besonders anschaulich wird ihre Haltung in dieser Frage, wenn man ihre Ansicht über die Architektur betrachtet. Sie ist keine Nachzüglerin der deutschen Romantik. Es geht ihr um die Maße, um das ausgewogene Verhältnis des Menschen zur Natur. Damit spricht man das Zentrum ihrer Dichtung an. Ihr grundlegender Mythos führt dazu, daß ihre Dichtung um die binäre Opposition von Natur und Zivilisation kreist. Die der Natur entnommenen Maßstäbe in Übereinstimmung mit dem Verstand des Menschen bilden in der zivilisatorischen Umsetzung für sie das Prinzip des Organischen. Durch ihre Form der Darstellung bleibt Ostpreußen kein auf sich selbst verweisender Bezugsraum, sondern die mythisch gegründeten Beispiele ihrer heimatlichen Erfahrungen weisen in die Welt. Ihr Werk ragt damit weit über die Heimatliteratur hinaus. Es gilt daher, ihre Literatur in diesem Sinne zu entschlüsseln. Die Opposition von Natur und Zivilisation bedrückt uns heute und wird uns in Zukunft noch viel mehr beschäftigen und vielleicht sogar bedrohen. Die eindrucksvolle literarische Bearbeitung dieses Themas durch Agnes Miegel wird ihr Werk daher auch in die Zukunft tragen.

Auch eine Literaturbetrachtung muß sich dessen bewußt sein, daß sie in einem bestimmten Wertsystem urteilt, in dem sie sich nicht verfangen darf. Die bisherige Rezeption Agnes Miegels hat immer wieder Beispiele dafür geliefert, daß der Blickwinkel zu eng oder die Wertung von Anfang an zu stark festgelegt war. Das Interesse an der sich in ihrer Zeit stürmisch entwickelnden Psychologie, die Raum- und Zeitvorstellung, die aufgeklärte Religiosität und ein zwar kritisches, jedoch ausgewogenes Verhältnis zur Technik machen sie eher zu einer literarischen Vertreterin der Moderne, als zu einer rückwärtsgewandten Stimme der Vergangenheit. Besonders deutlich kommt dies in der Verwendung des Mythos als durchgehendes gestaltendes Element zum Ausdruck. Hierin zeigt sich auch, daß sie sich mit der Sprachkrise der Jahrhundertwende in ihrer eigenen Weise auseinandergesetzt hat. Eingebunden in die Bedingungen der Zeit gehört Agnes Miegel mit ihrer geistigen Eigenständigkeit, visionären Gabe des Schauens und der gestaltenden poetischen Kraft zu jenen literarischen Stimmen, die weit über ihre Zeit hinaus in die Zukunft weisende Impulse zu geben vermögen. Will man ihrer Bedeutung gerecht werden, so lohnt es, sich auf das Besondere ihrer Kunst einzulassen.

Was ist für Götter und Menschen Glück?
Das Glück, dem keines gleicht?
O das ist: den eignen Boden sehn,
soweit das Auge reicht,
Und Gruß und Rede hören, wie altvertrautes Wiegenlied,
Und Wege gehn, wo jeder uns, wie Kind und Bruder, ähnlich sieht!
Agnes Miegel

Ein Porträt der letzten Lebensphase und die entsprechenden Gedanken, entnommen aus dem mythischen Gedicht »Die Fähre« (1920).

Anmerkungen

1 Zitiert nach Jens Riederer und Marianne Kopp (Hgg.), *Als ich nach Weimar in die Pension kam … Aus Briefen und Erinnerungen von Agnes Miegel über ihre Zeit im Mädchenpensionat 1894 bis 1896.* (Bad Nenndorf: Agnes-Migel-Gesellschaft e.V, 1. Aufl. 2015), S. 111. (Jahresgabe 2013–2015 der Agnes-Miegel-Gesellschaft e.V.). Das Zitat ist entnommen einer anläßlich ihres 60. Geburtstages 1939 erfolgten Neuauflage des Bandes *Gedichte* (Stuttgart: Cotta, 1901): *Frühe Gedichte.* Neu zusammengestellt mit einer ausführlichen autobiographischen Einleitung der Dichterin (Stuttgart: Cotta, 1939).

2 Marianne Kopp und Ulf Diederichs (Hgg.), *Als wir uns fanden, Schwester, wie waren wir jung. Agnes Miegel an Lulu von Strauß und Torney. Briefe 1901 bis 1922.*(Augsburg: MaroVerlag, 1. Aufl. 2009), S. 15.

3 Jürgen Manthey, *Königsberg. Geschichte einer Weltbürgerrepublik.* (München, Wien: Carl Hanser, 2005), S. 579f. Es handelt sich hier um ein direktes Zitat aus Werner Mittenzwei, *Der Untergang einer Akademie oder Die Mentalität des Ewigen Deutschen. Der Einfluß der nationalkonservativen Dichter der Preußischen Akademie der* Künste 1918–1947 (Berlin, Weimar: Aufbau, 1992), S. 154. Der Literaturwissenschaftler Werner Mittenzwei (1927–2014) bekleidete als SED Mitglied hohe Stellungen in der DDR und vertrat in allen seinen Äußerungen eine strikte Parteilinie, er war jahrelang Direktor des Zentralinstituts für Literaturgeschichte der Akademie der Wissenschaften beim ZK der SED und Mitherausgeber von *Kunst und Literatur im antifaschistischen Exil 1933–1945.*

4 J. Manthey, *Königsberg*, S. 579. Bezeichnenderweise gibt Jürgen Manthey seinem Kapitel über Agnes Miegel den richtungsweisenden Titel »Die Sehnsucht nach dem Autoritären« (S. 576–587).

5 Henning Gans, *›Ich lass hier alles gehen und stehn …‹. Börries von Münchhausen, ein Psychopath unter drei Lobbyismokratien.* (Leinpzig: Leipziger Universitätsverlag, 2017), S. 166.

6 H. Gans, *Psychopath, S. 169.*

7 Diese Zitate finden sich an folgenden Stellen: H. Gans, *Psychopath,* S. 19, S. 121, S. 164, S. 274 und S. 336.

8 Zitiert nach Brigitte Poschmann, *Agnes Miegel und die Familie von Münchhausen.* (Bad Nenndorf:: Agnes-Miegel-Gesellschaft e.V., Nachdruck 2008), S. 8. (Jahresgabe 1992 der Agnes-Miegel-Gesellschaft e.V.)

9 M. Kopp, *Schwestern,* S. 22. Bereits in einem Brief vom 11. März 1914 an Lulu von Strauß und Torney hatte sie in Bezug auf das männliche Geschlecht wie folgt Bilanz

gezogen: »Jetzt am Ende bin ich nur über eins erstaunt – wie unbedeutend, wie nebensächlich in meiner geistigen Entwicklung das war, was man Liebe nennt, oder vielmehr das Sexuelle. Ich hätte jahrelang was drum gegeben ein Gefühl dieser Art zu empfinden – aber es scheint, daß meine Natur darin einzig auf den mir im Wesen so fremden Börries reagierte«. M. Kopp, *Schwestern*, S. 207.

10 M. Kopp, *Schwestern*, S. 266. Mit einsetzender geistiger Entfremdung schreitet auch die Entzauberung der Persönlichkeit des Edelmannes voran. So wird sein Bild für Agnes Miegel auch dadurch getrübt, daß es als jemand, der den männlichen Mut predigt, nach der Heirat vor seiner Ehefrau »Männerchen machen muß« (M. Kopp, *Schwestern*, S. 161, Brief vom 20. April 1909 an Lulu von Strauß und Torney). Auch versagt er in seiner Rolle als kühner Ritter. Als Angehöriger eines vornehmen Dresdner Regiments kommt er gleich 1914 bei Gumbinnen gegen russische Kräfte zum Einsatz. Dabei bemerkt er, daß eine russische Kugel auch den adligen Offizier eines vornehmen Regiments treffen kann. Er erfindet daraufhin ein Leiden, läßt sich von einem ihm bekannten Stabsarzt frontunfähig schreiben und verbringt den Rest des Krieges im Garnisonsdienst, sich von Einladung zu Einladung weiterreichen lassend. Ein derartiges Verhalten vermochte die Ostpreußin Agnes Miegel kaum zu beeindrucken. Bereits gleich nach Kenntnis seiner Einberufung hatte sie vermerkt: »Er ist doch so gar nicht Kriegsmann oder Soldat, dieser immer vom Augenblick hingerissene Mensch«. M. Kopp, *Schwestern,* S. 222. Zur Rolle der adeligen Eliteregimenter in Dresden: Ludwig Renn, *Adel im Untergang* (1944 geschrieben in Mexiko im Exil). Der aus altem sächsischen Adel stammende Arnold Friedrich Vieth von Großenau wandelte sich nach dem Kapp-Putsch zum Kommunisten Ludwig Renn und schildert in seinem zwar nicht von Polemik freien autobiographischen, so doch höchst authentischen Roman *Adel im Untergang. Ein Zeitalter wird besichtigt* die dekadenten Verhaltensweisen der adeligen Kaste.

11 M. Kopp, *Schwestern*, S. 159, S. 170 und S. 172.

12 M. Kopp, *Schwestern*, S. 294.

13 M. Kopp, *Schwestern*, S. 161.

14 H. Kopp, *Schwestern*, S. 219.

15 Ebd.

16 M. Kopp, *Schwestern*, S. 95.

17 M. Kopp. *Schwestern*, S. 293.

18 M. Kopp. *Schwestern*, S. 308.

19 M. Kopp, *Schwestern*, S. 291.

20 Ruth Geede, »Von der *Königsberger Allgemeinen* zur *Preußischen Allgemeinen.* In großer Tradition«, *Preußische Allgemeine Zeitung*, 02.11.2002. Wolfgang Kaufmann, »Nicht nur Wissens – sondern auch Pressemetropole. Bürgerlich-liberal und kritisch. Zeitungen aus der ostpreußischen Hauptstadt hatten vielfach überregionale Bedeutung«. *Preußische Allgemeine Zeitung*, Nr. 32, 11. August 2023, S. 18.

21 Alfred Kerr, *Berlin wird Berlin. Briefe aus der Reichshauptstadt 1897–1922. 4 Bde.,* hg. v. Deborah Vietor-Engländer. Göttingen: Wallstein Verlag, 2019.

22 Offensichtlich nutzte Agnes Miegels Vater seine Geschäftsbeziehungen, um seine Tochter bei der *Ostpreußichen Zeitung* als Praktikantin unterzubringen. Erna Siebert,

Vorsitzende des Verbandes »Ostpreußischer landwirtschaftlicher Hausfrauen-Vereine« und verheiratet mit dem Rittergutsbesitzer Georg Siebert auf Corben, berichtet: »Mein Schwiegervater saß im Aufsichtsrat der Ostpreußischen Zeitung. So konnte er in schwerer Zeit ein entscheidendes Wort für die einzige Tochter seines Freundes Gustav-Adolph Miegel einlegen: Agnes wurde das Feuilleton übertragen«. Erna Siebert, »Die Linde von Corben«, in: Ruth Maria Wagner (Hg.), *Leben was war ich dir gut. Agnes Miegel zum Gedächtnis.* (München: Gräfe und Unzer, 1965), S. 20. Die Angabe ist etwas ungenau, denn Agnes Miegel mußte sich die Stelle als Redakteurin des Feuilletons erst erarbeiten. Zum Feuilleton als Gattung des Zeitungswesens u.a.: Sabine Eickenrodt, *Der Tod und seine Presse. Nachrufe im literarischen Feuilleton der Zwischenkriegszeit.* Berlin: De Gruyter, 2023; Simone Jung, *Entgrenzte Öffentlichkeit. Debattenkulturen im politischen und medialen Wandel.* Bielefeld: transcript, *2023.*

23 Christian Buckard, *Egon Erwin Kisch: die Weltgeschichte des rasenden Reporters.* Berlin: Berlin Verlag, 2017.

24 Agnes Miegel, *Spaziergänge einer Otpreußin. Feuilletons aus den Zwanziger Jahren.* Hg. von Anni Piorreck (München: 4. Aufl. 1991), »Vorwort«, S. 7.

25 Marianne Kopp und Ulf Diederichs (Hgg.), *Als wir uns fanden, Schwester, wie waren wir jung. Agnes Miegel an Lulu von Strauß und Torney. Briefe 1901 bis 1922, (Augsburg: Maro, 1. Auf. 2009),* S. 275. Im folgenden M. Kopp/U. Diederichs, *Schwestern.* Zum Verhältnis von Journalismus und Literatur auch: Hildegard Kernmayer, *Feuilleton. Schreiben an der Schnittstelle zwischen Journalismus und Literatur.* Bielefeld: transcript, 2017.

26 M. Kopp/U. Diederichs, *Schwestern*, S. 279. Gleichzeitig gibt sie einen interessanten Einblick in die damaligen Lebensverhältnisse: »Elektr. Licht für 3 Wochen M. 150! Gas noch mehr, Heizung pro Zimmer 1000–1500 M. u.s.w.! Ha welche Lust zu leben«.

27 Zitiert nach A. Piorreck, *Agnes Miegel*, S. 133.

28 Agnes Miegel, *Aus alten Zeitungen und Schriften.. Feuilleton und ein Vortrag.* Vorwort von Hannelore Canzler. (Bad Nenndorf: Jahresgabe 1994 der Agnes-Miegel-Gesellschaft), S. 7.

29 Siehe auch Anmerkung 24.

30 Agnes Miegel, *Wie ich zu meiner Heimat stehe. Ihre Beiträge in der ›Königsberger Allgemeinen Zeitung‹ (1926–1932H).* Hg. *v.* Helga Neumann und Manfred Neumann. Schnellbach: Verlag Siegfried Bublies, 2000.

31 Im Folgenden zitiere ich aus: Helga Neumann und Manfred Neumann (Hgg.), *Agnes Miegel. Wie ich zu meiner Heimat stehe. Beiträge in der ›Königsberger Allgemeinen Zeitung‹ 1926–1932.* Schnellbach: Verlag Siegfried Bublies, 2000. Um eine zu häufige Seitenangabe zu vermeiden, verweise ich zu Beginn des jeweiligen Unterkapitels nur auf die Titel und Seiten der einzelnen Einträge.. Da diese in der Regel drei Seiten nicht überschreiten, sind die zitierten Textstellen leicht zu ermitteln.

32 Hierzu: Georg Jäger, *Empfindsamkeit und Roman. Wortgeschichte, Theorie und Kritik im 18. und frühen 19. Jahrhundert.* Stuttgart: Kohlhammer, 1969. (Studien zur Poetik und Geschichte der Literatur, Bd. 11). Nikolaus Wegmann, *Diskurse der Empfindsamkeit. Zur Geschichte eines Gefühls in der Literatur des 18. Jahrhundert.* Stuttgart: Metzler, 1988.

33 Heinrich von Kleist, *Prinz von Homburg*. Hg. v. Wolf Dieter Hellberg. Stuttgart: Reclam 2015. Regieanweisung Erster Akt, Erster Auftritt. (Reclam XI, Text und Kontext 19239)

34 H. Neumann, M. Neumann, *Heimat*, »Grenzmark-Reise«, S. 296–303.

35 Nachdem durch den Vertrag von Versailles am 10. Januar 1920 die Provinz Posen und Westpreußen vom Reich abgetrennt worden waren, wurde aus den verbliebenen westlichen Teilen zunächst der provisorische Verwaltungsbezirk »Grenzmark Westpreußen-Posen« gebildet, der dann vom 11. Januar 1921 an die Bezeichnung »Grenzmark Posen-Westpreußen« trug, im Volksmund allgemein nur »Grenzmark« genannt. Die Provinz bestand aus drei unzusammenhängenden Gebietsteilen entlang der neuen deutsch-polnischen Grenze. Sie war die kleinste und auch bevölkerungsärmste Provinz des preußischen Staates. Die Bezeichnung »Grenzmark Posen-Westpreußen« geht wahrscheinlich auf den von Mai bis August 1919 amtierenden Oberpräsidenten der Provinz Westpreußen, Bernhard Schnackenburg, zurück, der die beim preußischen Staat verbleibenden Gebiete westlich der Weichsel so benennen wollte, um an die Verluste der Provinzen zu erinnern. Die Angliederung der Grenzmark an Pommern oder Brandenburg fand keine Zustimmung. In dem demonstrativen Festhalten.an den alten Namen und der Bildung der Rumpf-Provinz wollte man die Nichtanerkennung des territorialen Status quo zum Ausdruck bringen. Letztlich wurde der Zustand in seiner Zeit allgemein als eine Art offene Wunde empfunden.

36 H. Neumann, M. Neumann (Hgg.), *Heimat*, »Fahrt durch Süddeutschland: Mancherlei Reisegesellschaft – Süddeutsche Kleinstadt«, S. 174–179.

37 Die Kombination von Zugfahrt und Bewußtseinsstrom ist für die damalige Literatur nicht ungewöhnlich. Nur ein Jahr nach dieser Reportage erscheint Thomas Wolfes epochaler Roman *Look Homeward, Angel* (*Schau Heimwärts, Engel*), in dem Zugfahrten nicht enden wollende Bewußtseinsströme des Protagonisten auslösen. Unmittelbar nach seinem Erscheinen in den USA wurde der Roman ins Deutsche übersetzt und von Rowohlt verlegt.

38 Detlef Bussat, *Hartmannsweilerkopf 1914/18 – Berg des Todes. Berichte, Fakten und Bilder zu den Geschehnissen in den Südvogesen von 1914–18.* Berlin: Epubl, 2016. Lukas Grawe, »Blutgetränkter Kriegsschauplatz im Elsass. Kampf um den Todesberg 1914–1918«, *Clausewitz*, 1 (2021), 12–25.

39 Es ist erstaunlich, wie oft das Motiv des Zuges in der Zwischenkriegszeit nicht nur in der Literatur in Erscheinung tritt. Im gleichen Jahr wie dieser Reisebericht erscheint Agatha Christies *Der Blaue Express* und nur ein Jahr später füllt der Sowjetfilm *Der blaue Express* die Kinos Europas und sogar der USA. Vgl. auch: Wolfgang Minaty (Hg.), *Die Eisenbahn. Gedichte, Prosa, Bilder.* Frankfurt/M.: Insel, 1984.

40 H. Neumann, M. Neumann, *Heimat*, »Rheinfahrt«, S. 170–173.

41 Der »Bubikopf« war eine 1920 für Frauen und Mädchen aufkommende Kurzhaarfrisur, die sich im Sinne der Geschlechterangleichung am »Knabentyp« orientierte und vorherrschende Mode wurde, die aber zugleich den weiblichen Anspruch auf Eigenständigkeit betonte. Hierzu: Michael Bienert, Elke L. Buchholz, *Die zwanziger Jahre in Berlin. Ein Wegweiser durch die Stadt.* Berlin: Berlin Story Verlag, 2005.

42 Johann Wolfgang von Goethe, *Poetische Werke*. Berliner Ausgabe, Bd. 3 (Berlin: 1960ff.), S. 583–590, S. 588f.

43 Ernst Moritz Arndt, *Der Rhein, Deutschlands Strom, aber nicht Deutschlands Grenze.* Hg. v. Otto Bauer. Bielefeld: Velhagen und Klasing, 1925.

44 H. Neumann und M. Neumann (Hgg.), *Heimat,* »Lämmerhupf«, S. 208–211.

45 H. Neumann und M. Neumann (Hgg.), *Heimat,* »Die Familie«, S. 180–184.

46 Hierzu: Renate Flagmeier (Hg.), *Die Frankfurter Küche.* Berlin: 2012.

47 H. Neumann und M. Neumann (Hgg.), *Heimat,* »Die da kommen«, S. 161–164.

48 Agnes Miegel, in *Ostpreußische Zeitung* vom 11.07.1921; abgedruckt in: dies., *Aus alten Zeitungen und Schriften. Feuilletons und ein Vortrag.* (Bad Nenndorf: Agnes -Miegel-Gesellschaft, 1994), S. 33–36, S. 34. (Jahresgabe der Agnes-Miegel-Gesellschaft, 1994)

49 H. Neumann und M. Neumann (Hgg.), Heimat, »Venetianische Reisebilder, II. Ein Grab«, S. 94–98.

50 Hierzu: Otto Keller, *Die antike Tierwelt.* (Leipzig, 1913), Bd. 2, S. 278f. und T.H. White, *The Book of Beasts.* (London, 1954), S. 217–219. Auf römischen Grabstellen und Urnen findet sich häufig eine Darstellung der Eidechse als Hinweis auf Todesschlaf und Auferstehung.

51 Marianne Kopp, *Agnes Miegel. Untersuchungen zur dichterischen Wirklichkeit in ihrem Werk.* (München: Phil. Diss., 1988), S. 140. (Bd. 18 der Publikationsreihe der Ost- und Westpreußenstiftung in Bayern)

52 Fotograf dieser Ansichtskarten war Fritz Krauskopf; er hatte ein »Atelier für Fotografie« in Königsberg/Pr., Steindamm 64, und eine Filiale im Ostseebad Cranz.

53 Fritz Terveen, *Gesamtstaat und Rétablissement. Der Wiederaufbau des nördlichen Ostpreussen unter Friedrich Wilhelm I., 1714–1740.* Göttingen: Musterschmidt, 1954. (Veröffentlichungen der Historischen Kommission für Ost- und Westpreussische Landesforschung, Bd. 7). – Der Königsberger Wasserbaudirektor J. C. Wutzke teilt 1831 über die verschütteten Ortschaften auf der Nehrung u.a. mit: »Das Kirchdorf Carwayten, einige Meilen von Niddeen belegen, bestand aus der Kirche, den Schulgebäuden und aus 18 Wirten, und war rund umher mit einem Linden- und Erlenwalde umgeben, wovon eben so wenig, wie von dem Dorfe selbst, die mindeste Spur mehr vorhanden ist. Die alten Leute zeigen nur noch die Stellen, wo sie geboren, ihre Eltern und Verwandte wohnten, und bewundern oder bedauern vielmehr den schnellen Wechsel der Dinge«. J.C. Wutzke, »Bemerkungen über die Entstehung und den gegenwärtigen Zustand des kurischen Haffs und der Nehrung, und über den Hafen von Memel«. *Preussische Provinzial-Blätter,* Band 5 (Königsberg: Bornträger, 1831), S. 303f.

54 Manfred Neumann, »Starke Empfindungen. Die Dichterin Agnes Miegel als Journalistin«, *Das Ostpreußenblatt,* 10. August 2002, Folge 32, S. 11. Ende 1926 verließ Agnes Miegel mit 47 Jahren den Kneiphof und bezog »Auf den Hufen« in der Luisenallee 88 eine Wohnung, die moderneren Anforderungen entsprach.

55 A. Piorreck, *Agnes Miegel,* S. 89. Dem widersprechen jedoch einige Angaben in den Briefen Agnes Miegels. Der Hinweis könnte allerdings auch im übertragenen Sinne gemeint sein.

56 Agnes Miegel, »Die Fahrt zur Düne«. *Westermanns Monatshefte*, September/Oktober 1952, S. 63–66. Frau Dr. Marianne Kopp hat mich auf diesen Text aufmerksam gemacht und ihn mir auch zur Verfügung gestellt.

57 Die Passivität der weiblichen Seite kommt auch dadurch zum Ausdruck, daß man seinerzeit an vielen Küsten »Witwenkreuze« aufgestellt hat. Das Bild des mutigen und mit den Gefahren des Meeres ringenden Fischers läßt sich bis in die Gegenwart verfolgen, angefangen von Pierre Lotis *Die Islandfischer* (1886) über Ernest Hemingways *Der alte Mann und das Meer* (1952) bis zu Benoite Groults *Salz auf unserer Haut* (1988).

58 In der Diskussion bestimmter feministischer Internetforen wird dieser Aspekt bisweilen voller Erstaunen entdeckt, darf aber aufgrund der vorherrschenden Einordnung der Autorin nicht weiter erörtert werden.

59 Es ist erstaunlich, daß das Gedicht den Elch als Überträger der Pest nennt. Zum einen ist der Elch in allen baltischen Mythologien positiv konnotiert. Unweit vom heutigen Narva fanden sich sogar aus Knochen geschnitzte Elchköpfe, die auf 2.400 v.Chr. datieren. (I. Šventoj und R. Rimantienė, *Settlements of the Narva Culture*. Vilnius: Mokslas Publishers, 1979). Es ist daher unwahrscheinlich, daß eine Volkserzählung das Wappentier Ostpreußens (!) zum Überträger der Pest und damit zum Unglücksboten macht. Zum anderen nisten sich Flöhe als Überträger nicht in das Fell des Elches ein. Auf Anfrage teilt der Biologe Dr. Christoph Hinkelmann, Ostpreußisches Landesmuseum in Lüneburg, in einem Schreiben vom 30.03.2021 dazu mit: »Ideal sind für Flöhe solche Wirtstiere, die regelmäßig zu gewissen Plätzen zurückkehren, wie es z.B. Nester, Rückzugsorte, Lager und im Falle von Menschen Betten sind. Dies trifft allerdings nicht auf Elche zu, weshalb bei ihnen ebenso wie auf anderen Hirschen keine Flöhe als regelmäßige Parasiten vorkommen. Es gibt allerdings ein anderes Insekt, das auch ›Elchfloh‹ genannt wird. Hier handelt es sich um eine parasentierende, flugunfähig gewordene Fliege, die ständig im Fall lebt, sich mit starken Krallen gut festhalten kann und das Wirtstier nur verlässt, um sich auf einem anderen derselben Art einzunisten. Dass das Pestbakterium von Rattenflöhen in ›Elchflöhe‹ gelangen kann, ist extrem unwahrscheinlich; auch halte ich es für recht spekulativ, dass es in diesen Fliegen überleben kann. Auch ist nicht belegt, dass Elche geeignete Wirte für Pestbakterien sein könnten«.
Wahrscheinlich wurde die Pest durch umherziehende und plündernde Soldaten im Nordischen Krieg (1700–1721) übertragen, die in reichlichem Maße von Flöhen befallen waren. Über den Grund, weshalb sich Agnes Miegel für den Elch als Überträger entschieden hat, kann man nur spekulieren. Möglicherweise wollte sie durch die Umkehrung des Positiven den Schicksalsschlag umso unerwarteter und verhängnisvoller erscheinen lassen.

60 Ernst Wiechert, »Land an der Memel«, in: Walter Engelhardt, *Ein Memel Bilderbuch*. Mit einer Einführung von Ernst Wiechert. Berlin: Verlag Grenze und Ausland, 1935, S. 3.

61 Dieser verzweifelte Aufschrei entspricht dem vorwurfsvollen Flehen der Nehrungsfischer in dem Gedicht »Das Opfer« (I, 93–97), als der Siebenjährige Krieg ihnen die Nahrungsgrundlage genommen hatte: »Wir rannten in die Kirche und sangen vor Angst verstört./ Aber Gott und sein Sohn Jesus haben uns nicht gehört«.

62 In der westlichen Ikonographie ist das weiße Leichentuch in der Darstellung der Grablegung Christi – das Gedicht spricht von »Schlage uns still ins Leichentuch« – ein ganz wesentliches Bildelement.

63 Zitiert nach M. Kopp, *Dichterische Wirklichkeit*, S. 154.

64 Agnes Miegel, »Heimgekehrt«, *Ostdeutsche Monatshefte* (Danzig), 9. Jg., Nr. 12, März 1929.

65 Diese Bedeutung der Farbe ›Gelb‹ beginnt mit Joris-Karl Huymans' Buch *A rebours* (1884), wird verstärkt durch die »Yellow Nineties« in England und erreicht auch die Literatur Skandinaviens. So trägt z.B. die Hauptgestalt in Knut Hamsuns Roman *Mysterien* (1892), Johan Nilsen Nagel, ständig einen knallgelben Anzug. Für Deutschland ist Hermann Hesses ›Gelbe Welt‹ ein sinnfälliges Beispiel, so auch in seinen Gemälden. Der »Förderverein Kunst und Kultur am Zürichsee« stellte seiner bis Ende 2021 gezeigten Ausstellung sogar den etwas provokanten Titel voran »Leuchtegrell, Zitronengelb! Hermann Hesse als malender Dichter. Tessiner Aquarelle 1919–1937«. Die spezielle Wirkung der Farbe ›Gelb‹ erstreckt sich bis heute, man denke nur an den Song der Beatles »We are all travelling in a yellow submarine«.

66 Bei dem Begriff ›Wenter‹ handelt es sich um eine in der Fischersprache der Kurischen Nehrung üblichen Bezeichnung für eine Fischreuse oder einen Fischsack. (*Preußisches Wörterbuch*, Bd. 6, Neumünster: Wachholtz, 2000), Spalte 649.
26.07.2023 und 20.08.2023/21.09.2023

67 A. Piorreck, *Agnes Miegel. Ihr Leben und ihre Dichtung* (Düsseldorf: Eugen Diederichs, 2. Aufl, 2001), S. 152–154.

68 Die Biographie Roland Walters ist bemerkenswert. Sein Urenkel, Dr. med. Uso Walter, gibt in seinem Buch mit dem Titel *Skizzen* (Duisburg: Eigenverlag u. epubli., 2019) Aufschluß über den Lebenslauf: Roland Walter wirde 1872 in Dorpat geboren, studierte an der dortigen Universität zunächst Medizin und besucht danach die Kunstakademie Berlin, wo er seine Ausbildung als Maler erfuhr. Als russischer Staatsbürger diente er 1905 als Sanitätsoffizier im russisch-japanischen Krieg. Auch im Ersten Weltkrieg war er als Sanitätsoffizier der zaristischen Armee bei den heftigen Kämpfen in Galizien eingesetzt. Als sich die Revolution in Rußland ausbreitete, trat er 1917 in die Baltische Landwehr ein und kämpfte im Baltikum gegen die Rote Revolutionsarmee. Er starb 1919 an Flecktyphus in einem Rigaer Krankenhaus, noch während die heftigen Kämpfe mit der Roten Armee um die Stadt tobten.

69 Helmut Motekat, *Ostpreussische Literaturgeschichte mit Danzig und Westpreussen* (München: Schild Verlag, 1970), S. 395.

70 Zitiert nach: A. Piorreck, *Agnes Miegel*, S. 152.

71 Hierzu: C.G. Jung, *Bewußtes und Unbewußtes*. Frankfurt/Main: Fischer, 1957. (Bücher des Wissens) und ders., *Welt der Psyche*. München: Kindler, 1973.

72 A. Piorreck, *Agnes Miegel*, S. 155. Übernommen von: Erwin Krause, »Agnes Miegels Erzählung ›Die Fahrt der sieben Ordensbrüder‹ im Unterricht«, *Deutsche Ostkunde*, 24,4 (1978), S. 92f.; Bärbel Beutner, *Die Darstellung der Prußen im Werk Agnes Miegels*. (Bad Nenndorf: Agnes-Miegel-Gesellschaft, 2000), S. 38f. (Jahresgabe 2000 der Agnes-Miegel-Gesellschaft). Vgl. auch: Inge Meidinger-Geise, *Agnes Miegel und Ostpreußen*. Würzburg: Holzner, 1955.

73 Harold Jensen, *Agnes Miegel und die Bildende Kunst*. (Leer: Gerhard Rautenberg,, 1982), S. 13. (Jahresgabe 1982/83 der Agnes-Miegel-Gesellschaft)

74 H. Jensen, *Agnes Miegel und die bildende Kunst*, S. 13f. und Tafel 4.

75 Harold Jensen sieht jedoch einen anderen Einfluß vorherrschend (*Agnes Miegel und die bildende Kunst*, S. 41): »Die Darstellung der Fürsten, die Beschreibung des Zarm und des Opfertodes der Prußenfamilie sowie Zabels Abfall werden von der Dichterin in der Art von Bilderbogen behandelt, wie sie viele Künstler schufen, deren historische Gemälde das Berliner Zeughaus so reichlich schmückten. Die Darstellung des Todes des Fürsten möge als Beispiel dieses Stiles gelten«.

76 Sebastian Bolte, *Parallele Leben: Rolle, Raum und Identität in frühen Balladen Christina Rossetis und Agnes Miegels* (Würzburg: Ergon, 2020), S. 14f. (Literatur, Kultur, Theorie, Bd. 22)

77 Ebd.

78 Agnes Miegel, *Mein Bernsteinland und meine Stadt. Mit 32 Farbtafeln* (Königsberg: Gräfe und Unzer, 1944), S. 42.

79 Agnes Miegel, *Die Schlacht von Rudau* (Königsberg: Gräfe und Unzer, 1944), S. 3.

80 Heinrich von Treitschke, *Das deutsche Ordensland Preußen.* (Leipzig: Insel, o.J.) S. 22. (Insel-Bücherei Nr. 182)

81 A. Piorreck; *Agnes Miegel*, S. 152.

82 A. Miegel, *Mein Bernsteinland*, S. 64. Es ist höchst erstaunlich, daß Agnes Miegel in dieser Zeit und unter diesen Bedingungen ein derartiges Langgedicht von 64 Seiten schreibt. Mit dem Langgedicht nimmt die ostpreußische Dichterin eine avantgardistische Literaturform auf, die sich in den 20er Jahren, vor allem jedoch in den USA, entwickelt hatte. Diese Literaturform, zu deren Hauptvertreter auch Ezra Pound gehörte, war in Deutschland keineswegs unbekannt. So veröffentlichte die in unterschiedlichen Abständen erscheinende Publikation *Querschnitte* z.B. bis Anfang der 30er Jahre Auszüge aus den Gedichten Ezra Pounds. In literarischen Kreisen nahm man diese Literaturform sehr bewußt zur Kenntnis. Dennoch überrascht es, daß Agnes Miegel in ihrer Lage diese Literaturform wählt. Das mag auch damit zusammenhängen, daß sich diese Literaturform vielfach des Mythos bedient und sich damit Agnes Miegel empfiehlt.

83 Untertitel des 1889 erschienenen Werkes *Götzen-Dämmerung.*

84 Oswald Spengler, *Der Untergang des Abendlandes. Umrisse der Morphologie der Weltgeschichte* [1923]. (München: C.H. Beck, vollständige Ausgabe in einem Band, 1963), S. 684. Ähnlich führt Spengler in diesem Zusammenhang an anderer Stelle aus: »Damit findet die Geschichte der Stadt ihren Abschluß. Aus dem ursprünglichen Markt zur Kulturstadt und endlich zur Weltstadt herangewachsen, bringt sie das Blut und die Seele ihrer Schöpfer dieser großartigen Entwicklung und deren letzter Blüte, dem Geist der Zivilisation zum Opfer und vernichtet damit zuletzt auch sich selbst«. (S. 684)

85 Axel Feuß, *Wenzel Hablik 1881–1934. Auf dem Weg in die Utopie. Architekturphantasien, Innenräume. Kunsthandwerk.* Hamburg: Phil.Diss., 1989.

86 Ernst Rudorff, »Über das Verhältnis des modernen Lebens zur Natur«, *Preußische Jahrbücher*, 45,3 (1880), S. 260–276, 274.

87 Zitiert nach: Christina Wiesenfeldt, »Ohne Naturschutz gibt s keine große Kunst«, *Frankfurter Allgemeine Zeitung*, Nr. 145, 26.06.2021, S. 11.

88 In der gegenwärtigen Literaturkritik wird diese Richtung im allgemeinen mit einem äußerst ablehnenden Verdikt belegt. So schreibt z.B. Ulrike Haß in *Militante Pastorale. Zur Literatur der antimodernen Bewegungen im frühen 20. Jahrhundert* (München: Wilhelm Fink, 1993): »Die Zerstörung dieses imaginären Raumes [durch die Moderne] wird von antimodernen Dichtern mit einer rasenden Bewegung beantwortet, die auf die Herstellung von Wirklichkeit abzielt. Tradition wird nicht mehr beschworen, sondern soll gestiftet werden« (S. 183).

89 Agnes Miegel, *Gesammelte Gedichte* (Jena: Eugen Diederichs, 6.-10. Tausend der Gesamtausgabe, 1929), »Aufschrei«, S. 104f. Ich folge der Interpunktion der Ausgabe von 1929.

90 A. Piorreck, *Agnes Miegel*, S. 81. In den Ausgaben von 1920 und 1927/29 schreibt Agnes Miegel in der zweiten Zeile der ersten Strophe: »Das wie Wasser durch meine Hände rinnt«. In den Gesammelten Werken, Bd. 1 (1952), *Gesammelte Gedichte*, heißt es dagegen: »Das wie Wasser durch meine Hände rann«. Eine kleine, aber bedeutungsvolle Änderung!

91 Dieser Anruf Gottes ist eine auffällige Parallele zu der Klage der Frauen in »Die Frauen von Nidden«: »Gott vergaß uns, er ließ uns verderben« (I, 100).

92 Die ausführlichen Stellungnahmen z.B. von Karl Marx und Rudolf Steiner zum Prometheus-Mythos in einer Zeit des Optimismus, in der Oswald Spenglers *Untergang des Abendlandes* (1923 u. 1928) noch nicht geschrieben war, lassen überdies Rückschlüsse auf den damaligen Bekanntheitsgrad dieses Mythos zu.

93 Percy Bysshe Shelley, *Der entfesselte Prometheus. Lyrisches Drama in vier Akten.* Übers. Von Albrecht Graf Wickenburg (Wien: Rosner, 1876), S. 73. Diese Übersetzung ist heute bei mehreren Verlagen in Taschenbuchform erhältlich.

94 Frank Möbus (Hg.), *Ringelnatz. Nach Berlin, nach Berlin, nach Berlin! Gedichte, Prosa und Dokumente aus der Berliner Zeit* (Berlin: Verlag für Berlin-Brandenburg, 1. Aufl. 2009), S. 35.

95 Agnes Miegel, *Gesammelte Gedichte* (Jena: Eugen Diederichs, 6.-10. Tausend der Gesamtausgabe, 1929), S. 111.

96 Agnes Miegel, *Spaziergänge einer Ostpreußin. Feuilletons aus den Zwanziger Jahren* Hg. von Anni Piorreck (München: Eugen Diederichs, 4. Aufl. 1991), »Am Zaun«, S. 18–21, 19.

97 Agnes Miegel, *Spaziergänge*, S. 24.

98 Vgl. hierzu auch Kapitel VII. »Baum und Biene«.

99 Agnes Miegel, *Spaziergänge*, S. 20.

100 Agnes Miegel, *Spaziergänge*, S. S. 110–114).

101 Agnes Miegel, *Spaziergänge*, S. 24.

102 O. Spengler, *Untergang*, S. 660.

103 O. Spengler, *Untergang*, S. 664.

104 O. Spengler, *Untergang*, S. 673.

105 O. Spengler, *Untergang*, S. 676.

106 A. Miegel, *Spaziergänge*, S. 76.

107 A. Miegel, *Spaziergänge*, S. 32.

108 A. Miegel, *Spaziergänge*, S. 95.

109 A. Miegel, *Spaziergänge*, »In Amsterdam«, S. 96.

110 A. Miegel, *Spaziergänge*, »Wie ist die Welt so stille«, S. 124

111 A. Miegel, *Spaziergänge*, »Gumbinnen«, S. 131.

112 A. Miegel, *Spaziergänge*, S. 116.

113 O. Spengler, *Untergang*, S. 666.

114 O. Spengler, *Untergang*, S. 662.

115 H. Neumann, M. Neumann (Hgg.), *Agnes Miegel*, S. 287–289.

116 Vgl. in diesem Zusammenhang damit in dem Gedicht »Aufschrei« (I, 52–53) die »staubigen Straßen« in denen »du dein heiliges Erbe uns so entzogen«.

117 H. Neumann, M. Neumann (Hgg.), *Agnes Miegel*, S. 114. In Zerbst befanden sich mehrere Zulieferbetriebe für die Autoindustrie in Halle (Auto-Union). Diese Aussage wird später dadurch bestätigt, daß Agnes Miegel im Alter mit großer Freude in ihrem schwarzen VW, der von Heimgart von Hingst gesteuert wurde, zahlreiche Touren unternahm. A. Piorreck, *Agnes Miegel*, »Das Auto«, S. 271f.

118 Agnes Miegel, *Spaziergänge*, »Im wunderschönen Monat Mai«, S. 118.

119 H. Neumann. M. Neumann, *Agnes Miegel*, »Seerosen«, S. 185.

120 Agnes Miegel, *Spaziergänge*, »Das alte Gut«, S. 51.

121 Agnes Miegel, *Spaziergänge*, »Im wunderschönen Monat Mai«, S. 120.

122 Agnes Miegel, *Spaziergänge*, »Mailiches«, S. 26.

123 Agnes Miegel, *Spaziergänge*, »Über Bäume und Sträucher«, S. 38.Über das deutsche Verhältnis zur Natur führt sie außerdem aus: »Obgleich in hundert alten Gärten, Schluchten, Kirchhöfen das Erbe unserer Vorfahren vor uns stand und uns zeigte, wie tief ihr Verhältnis zur grünen und blühenden Natur war, wie sie alle, ob Landmann, ob Ackerbürger, ob Fürst, es verstanden, sie zu formen, sie mit ihrem Geist zu füllen und doch ihre Art sprechen zu lassen«. (S. 38)

124 O. Spengler, *Untergang*, S. 677.

125 Diese Aussage findet sich mit einer ausführlichen Beschreibung des »ländlichen« Königsbergs auch in *Audhumla*: »Königsberg ist eine stille Mittelstadt, die Gegend in der wir wohnen, ist nicht verschieden von den Landstädtchen, die überall in Ostpreußen verstreut liegen. [...] Kleine Holzbrückchen führen über sein dunkles Wasser, auf dem die Lindenherzen der alten Bäume in den stillen alten Gärten dahinter schwimmen ...«. Agnes Miegel, *Audhumla*. Mit 67 Aufnahmen von Dr. Erich Krause-Skaisgirren (Königsberg/Pr.: Gräfe und Unzer, 1.-6. Aufl., 1937), S. 80.

126 Agnes Miegel, *Spaziergänge*, »Im wunderschönen Monat Mai«, S. 118.

127 Agnes Miegel, *Spaziergänge*, »Unser Plattdeutsch«, S. 87.

128 Agnes Miegel, *Spaziergänge*, »In Amsterdam«, S. 95.

129 H. Neumann, M. Neumann (Hgg.), *Agnes Miegel*, »Tulpen«, S. 147.

130 H. Neumann, M. Neumann (Hgg.), *Agnes Miegel*, »Verwandte Mark I«, S. 195.

131 O. Spengler, *Untergang*, S. 666.

132 H. Neumann, M. Neumann (Hgg.), *Agnes Miegel*, »Friedland II«, S. 107.

133 Der organische Funktionalismus strebte nach einer Harmonie von Gebäude und Landschaft, einer sich aus den Baumaterialien und der Funktion entwickelnden Form, nach dem Grundsatz vom »Bauwerk als Organ seiner Bewohner« und schließlich nach dem Prinzip der Gestaltung eines Bauwerks von innen nach außen, so daß »das Haus zum Diener seiner Bewohner« wird. Hierzu auch: Sabine Brinitzer, *Organische Architekturkonzepte zwischen 1900 und 1960 in Deutschland. Untersuchungen zur Definition des Begriffs »organische Architektur«*. Frankfurt/M., Berlin, Bern: Peter Lang, 2006.

134 Hermann Hesse, *Wanderungen. Mit farbigen Bildern vom Verfasser* (Berlin: S. Fischer, 1920), S. 61.

135 Friedrich Hölderlin, »An einen Baum«, und er fügt in dem Gedicht »Die Eichbäume« hinzu »... wie gern würd ich unter euch wohnen!« Joerg K. Sommermeyer (Hg.), *Friedrich Hölderlins Lyrik. Ausgewählte Gedichte* (Berlin u. Lahnstein: Orland Syrg, 1. Aufl. 2023), S. 23.

136 Rainer Maria Rilke, *Die schönsten Gedichte.* Ausgewählt von Luise Marohn. Mit einem Nachwort von Dietrich Bode. (Stuttgart: Reclam, o.J.), »Ich lebe mein Leben in wachsenden Ringen«, S. 10

137 Günter Eich, »Ende eines Sommers«, *Sämtliche Gedichte.* Auf der Grundlage der Ausgabe von Axel Vieregg, hrsg. von Jörg Drews. (Frankfurt/M.: Suhrkamp, 1. Aufl. 2006) S. 127.

138 Jost Hermand (Hg.), *Mit den Bäumen sterben die Menschen. Zur Kulturgeschichte der Ökologie.* Köln, Weimar, Wien: Böhlau, 1993. (Studien zur Literatur und Kulturgeschichte, Kleine Reihe, Bd. 6)

139 Walther von der Vogelweide, *Die Gedichte.* Hg. von Karl Lachmann (Berlin: G. Reimer, 1843), S. 39.

140 Jacob Grimm, *Deutsche Rechtsaltertümer*, Bd. 1 (Göttingen, 1828), S. 796ff.

141 Natangen ist eine historische, auf prussische Zeit zurückgehende Landschaft.

142 Helga Neumann, Manfred Neumann (Hgg.), *Agnes Miegel. Wie ich zu meiner Heimat sthe. Beiträge in der ›Königsberger Allgemeinen Zeitung‹ 1926–1932.* (Schnellbach: Verlag Siegfried Bublies, 2000), S. 261.

143 Agnes Miegel, *Kirchen im Ordensland* (Königsberg: Gräfe und Unzer, 1933), S. 21.

144 Agnes Miegel, *Ostland. Gedichte* (Jena: Eugen Diederichs, 1940), S. 35.

145 Zum Genre ›Langgedicht‹ siehe auch Anmerkung 82.

146 Agnes Miegel, *Mein Bernsteinland*, S. 38.

147 Agnes Miegel, *Mein Bernsteinland*, S. 47.

148 Agnes Miegel, *Gesammelte Gedichte* (Jena: Eugen Diederichs, 1929), S. 23f.

149 Erna Siebert, »Die Linde von Corben«, in: Ruth Maria Wagner, *Leben was war ich dir gut. Agnes Miegel zum Gedächtnis. Stimmen der Freundschaft und Würdigung* (München: Gräfe und Unzer, o.J.), S. 20f. Erna Siebert-Corben wurde 1883 in Breslau geboren und heiratete den ostpreußischen Rittergutsbesitzer Georg Siebert auf Corben. Nach einer Begegnung 1905 mit Elisabeth Boehm, der Begründerin der Landfrauenbewegung, widmete sie sich dieser Bewegung, so war sie u.a. Vorsitzende im Ostpreußischen Verband landwirtschaftlicher Hausfrauen-Vereine.

150 Bis in die frühe Neuzeit hinein wurden in verschiedenen Bereichen Deutschlands junge Linden mit der Krone eingepflanzt. Wenn sich daraus wieder Zweige entwickelten, so galt das als Zeichen dafür, daß Gerechtigkeit herrschte. Hierzu: Gerd und Maria Haerkötter, *Das Geheimnis der Bäume. Sagen, Geschichte, Beschreibungen* (Köln: Anaconda, 2016)), »Baumportraits: Die Linde«, S. 156–181. Ein besonders bekanntes Beispiel war die »Linde auf dem Gottesacker zu Annaberg« im östlichen Erzgebirge, die leider den letzten Krieg nicht überstanden hat.

151 H. Hesse, *Wanderung*, S. 55.

152 Wilhelm Mannhardt, *Letto-Preussische Götterlehre*. Hg. von der Lettisch-Literarischen Gesellschaft. Riga: 1936. Nachdruck: Verlag Harro von Hirscheydt. Hannover-Döhren, 1971, s.v. ›Biene‹.

153 Karl Steinmetz, »Die Abgabe der Bienenvölker an den Feindbund«, *Bienenwirtschaftliches Zentralblatt*, 16 (1921), S. 200ff. und Irmgard Jung-Hoffmann, »Bienenlieferungen nach dem Ersten Weltkrieg«, *Die neue Bienenzucht*, 6 (2005), S. 178f.

154 Mündliche Mitteilung von Frau Eva Rehs, Tochter von Reinhold Rehs, bis 1945 Vorsitzender des Ostpreußischen Imkerverbandes.

155 Hierzu: Harald Weiß, *Der Flug der Biene Maja durch die Welt der Medien. Buch, Film, Hörspiel und Zeichentrickserie*. Wiesbaden: Harrassowitz, 2012. (Buchwissenschaftliche Beiträge, Bd. 83). Das Buch geht weit über Kinder- und Jugendliteratur hinaus. Den Untertitel *Ein Roman für Kinder* ließ man daher schnell fallen. Infolge ihres kecken Aufbegehrens und schelmischen Verhaltens war *Die Biene Maja und ihre Abenteuer* bereits unter den Soldaten des Ersten Weltkriegs ein äußerst beliebtes Buch. Die deutschsprachige Ausgabe erreichte eine Auflage von über 2 Millionen Exemplaren; das Buch wurde in mehr als 40 Sprachen übersetzt. Eine große Bandbreite der unterschiedlichsten Interpretationen liegt vor, darunter auch die Ansicht, daß das Verhalten der Biene Maja zur Welt letztlich die Projektion des eigenen Ich von Waldemar Bonsels ist. Siehe auch: Lothar Müller, »Die Biene Maja von Waldemar Bonsels«, in: Marianne Weil, *Wehrwolf und Biene Maja. Der deutsche Bücherschrank zwischen den Kriegen.* (Berlin: Verlag Ästhetik und Kommunikation, 1986), S. 56–75.

156 Agnes Miegel, *Ostland*, S. 34.

157 Der Franziskustag fällt auf den 04. Oktober. Das Datum war für Agnes Miegel nicht ohne Bedeutung, denn dieser Tag erinnert an Franz von Assisi, der in seinem »Sonnengesang« seine Liebe zur gesamten Schöpfung zum Ausdruck bringt: zu Mensch und Tier, zu dem Himmelsgestirn und den Pflanzen. In den Gottesdiensten am Franziskustag wird den Tieren besondere Beachtung geschenkt.

158 Elisabeth v. Gayl, »Die Bienen«, in: *Begegnungen mit Agnes Miegel.* Zusammengestellt von Ursula Starbatty (Bad Nenndorf: Agnes-Miegel-Gesellschaft, 1989), S. 52–55. (Jahresgabe 1989/90 der Agnes-Miegel-Gesellschaft)

159 Hierzu: Rainer Eckert, »Über den Schlangenkult in altbaltischer und slavischer Tradition basierend auf Sprachmaterial aus den lettischen Volksliedern«. *Zeitschrift für Slavistik*, 43,1 (1998), 94–100. Als positives Emblem hat sich das Bild der Schlange bei uns nur bei den Apotheken und im militärischen Sanitätsbereich erhalten.

160 Ludwig Bechstein, »Der Mann und die Schlange«, in: F.A. Fahlen (Hg.), *Ludwig Richter Hausbuch.* Leipzig: Verlag George Wigand, 3. verm. Auflage, o.J., S. 60.

161 Agnes Miegel, *Gedichte aus dem Nachlaß.* Hg. von Anni Piorreck (Düsseldorf, Köln: Diederichs, 1. Aufl. 1979), S. 41.

162 Agnes Miegel, *Gedichte aus dem Nachlaß*, S. 57. Da die Schlange Eva verleitet hat, die verbotene Frucht vom Baum der Erkenntnis zu kosten, lautet die Verdammnis Gottes: »Da sprach Gott der HERR zu der Schlange: Weil du solches getan hast, seiest du verflucht vor allem Vieh und vor allen Tieren auf dem Felde. Auf deinem Bauch sollst du gehen und Erde essen dein Leben lang« (1. Mose, 3,14).

163 Die Mühlhauser Kirche ist ein typischer Kirchenbau der frühen Ordenszeit aus der ersten Hälfte des 14. Jahrhunderts. Sie gilt neben der St. Katharinenkirche in Arnau aufgrund ihrer kunsthistorischen Bedeutung als eine der schönsten Ordenskirchen. Auf Initiative der »Kreisgemeinschaft Preußisch Eylau« wurde sie ab 1993 restauriert. In ihr befand sich auch ein Porträt Margarethe Luthers von Lucas Cranach, dessen Verbleib nach 1945 ungeklärt ist. Nach unbestätigten Hinweisen befindet es sich heute in einem Sondermagazin der Eremitage in St. Petersburg.

164 Der Begriff ›Marte‹ leitet sich möglicherweise vom Mittelhochdeutschen ›maere‹ (Mär, Märchen) her und bezeichnet die Heirat mit einem Fabelwesen. Eine andere Erklärung sieht in dem niederdeutschen ›Mahr‹ oder ›Mahrt‹ (Alp, Angstdruck) den Ursprung. ›Martenehe‹ bedeutet demnach die eheliche Verbindung einer männlichen Person mit einem übernatürlichen weiblichen Geschöpf, deren Dauer an die Beachtung eines strengen Verbotes gebunden ist.

165 Janin Pisarek, »Mehr als nur die Liebe zum Wassergeist: Das Motiv der ›gestörten Martenehe‹ in europäischen Volkserzählungen«, *Märchenspiegel. Zeitschrift für internationale Märchenforschung und Märchenpflege*, 27,1 (2018), S. 3–8. Christoph Huber, »Mythisches Erzählen. Narration und Rationalisierung im Schema der ›gestörten Martenehe‹«, in: Udo Friedrich (Hg.), *Präsens und Mythos. Konfiguration einer Denkform im Mittelalter und in früher Neuzeit.* (Berlin, New York: 2004), S. 247–274. Claude Lecouteux, »Das Motiv der gestörten Martenehe als Widerspiegelung der menschlichen Psyche«, in Jürgen Janning u.a. (Hgg.), *Vom Menschenbild im Märchen* (Kassel: Röth, 1980), S. 59–71.

166 Jörg Oberste, *Der ›Kreuzzug‹ gegen die Albigenser. Ketzerei und Machtpolitik im Mittelalter.* Darmstadt: Primus Verlag, 2003.

167 Ingeborg Meyer-Sickendick, *Gottes gelehrte Vaganten. Die Iren im frühen Europa.* Düsseldorf: Droste, 1. Aufl. 1969. Régine Pernoud, *Die Heiligen im Mittelalter. Frauen und Männer, die ein Jahrtausend prägten.* Bergisch-Gladbach: Gustav Lübbe Verlag, 1988.

168 Maria Christiane Benning, *Alt-Irische Mysterien und ihre Spiegelung in der Keltischen Mythologie.* Ahrweiler: Are-Verlag, 1956. Sylvia Botheroyd, *Irland, Mythologie in der*

Landschaft. Ein Reise- und Lesebuch. Darmstadt, 1997 und Sylvia Botheroyd / Paul F. Botheroyd, *Lexikon der keltischen Mythologie*. Düsseldorf: Diederichs, 1996.

169 Thomas Cahill, *How the Irish Saved Civilization. The Untold Story of Ireland's Heroic Role from the Fall of Rome to the Rise of Medieval Europe*. (New York, London: Doubleday, 1995), S. 184f.

170 Friedrich Wilhelm Bautz, »Cuthbert von Lindisfarne«, in: *Biographisch-Bibliographisches Kirchenlexikon*, Bd. 1 (Nordhausen. Verlag Traugott Bautz/UteTimpe-Bautz: 2. Aufl. 1996), Sp. 1177–1178.

171 Agnes Miegel, *Audhumla. Mit siebenundsechzig Aufnahmen von Dr. Erich Krause-Skaisgirren*. Königsberg i. Pr.: Gräfe und Unzer, 1937. Im folgenden Seitenangaben im laufenden Text direkt nach dem Zitat.

172 Hierzu: Fritz Steinbock, *Am Anfang war die Kuh. Kurze Geschichte von Göttern und Menschen*. Meschede: Edition Roter Drache, 2011.

173 Die Fotos stammen von dem am 07.04.1895 in Skaisgirren geborenen Kunsthistoriker und Fotografen Dr. Erich Krause, der auch Rudolf G. Bindings *Das Heiligtum der Pferde* (1935) und Karl Benno von Mechows *Das Abenteuer. Ein Reiterroman aus dem großen Krieg* (1930) mit reichhaltigem Fotomaterial ausgestattet hat.

174 In »Abschied vom Kinderland« (IV, 126–131) vermerkt Agnes Miegel recht ironisch: »Du fremder blasser Rattenfänger Zivilisation, hab ich um deine lockenden Lieder etwas verraten, was kostbar war, als je dein Zauber es erkaufen kann?«

175 Hierzu: Katherine M. Rogers, *Katze: Mythos Tier*. Übersetzt von Isabelle Fuchs. Hildesheim: Gerstenberg, 2011.

176 Insbesondere im England des 18. und 19. Jahrhunderts war es durchaus üblich, daß die Frauen von begüterten Reedern oder Kapitänen einen derartigen »Mohren« in ihren Diensten hatten, der eine solche Funktion erfüllte. Auch bei den Zusammenkünften der Reeder- bzw. Kapitänsfrauen hatte man öfters einen »Mohren« als exotisches Attribut, der Schokolade ausschenkte.

177 In diesem Zusammenhang: A. Piorreck, *Agnes Miegel*, Kapitel »Religiöses Leben«, S. 164–172.

178 Lafcadio Hearn, *Glimpses of Unfamiliar Japan*. In Two Volumes (London: Kegan Paul, Trench, Trübner, 1904), Chapter 16: »In a Japanese Garden«, S. 343–384. Die Ausführungen über die Gottheit finden sich in Vol. 1, S. 312–316. Lafcadio Hearn betont immer wieder die Feinheit und Kultiviertheit der japanischen Gartenkunst; so daß die europäischen Vorstellungen im Vergleich dazu nahezu vulgär wirken. So heißt es z.B.: »… after having learned what an old Japanese garden is, I can remember our costliest gardens at home only as ignorant displays of what wealth can accomplish in the creation of incongrueties that violate nature«, Vol. 2, S. 345.

179 Lafcardio Hearn, *Kokoro*. Mit einem Vorwort von Hugo von Hofmannsthal. Übersetzt von Berta Franzos. Frankfurt/Main: Rütten und Loening, 1910; ders., *Lotos. Blicke in das unbekannte Japan*. Übersetzt von Berta Franzos. Frankfurt/Main: Rütten und Loening, 1906; ders., *Kwaidan. Seltsame Geschichten und Studien aus Japan*. Übersetzt von Berta Franzos. Frankfurt Main: Rütten und Loening, 1909.

180 A Miegel, *Als wir uns fanden*, S. 148. Agnes Miegel verfügte über eine sehr gute und umfassende Kenntnis englischsprachiger Literatur, zu der sie ihr Vater bereits in einem frühen Stadium angeregt hat. So legt sie mit ihrer eingehende Besprechung (erschienen in der *Ostpreußischen Zeitung* vom 30. März 1920) von Rudolf Kassners Literaturgeschichte *Englische Dichter* (1920) ein aufschlußreiches Zeugnis ihrer Vertrautheit mit der englischen Literatur vor. Nachgedruckt in: Agnes Miegel, *Aus alten Zeitungen und Schriften*. Bad Nenndorf. Jahresgabe der Agnes-Miegel-Gesellschaft 1994, S. 23–27.

181 Klaus Mallahn, *Der Fuchs in Glaube und Mythos* (Münster: LIT Verlag, 2006), S. 169–215; ders., *Göttin, Fuchs und Ostern*. Münster: LIT Verlag, 2007. (Religionswissenschaft, Bd. 14)

182 *Tausend und Eine Nacht. Arabische Erzählungen*. Deutsch von Max Habicht und Fr. H. von Hagen. Breslau: Verlag von Josef Max, 1. Aufl. 1840.

183 Die Erzählungen des Orients übten in der zweiten Hälfte des 19. Jahrhunderts eine große Wirkung auf Literatur, Musik und darstellende Kunst aus. So verfaßte z.B. Hugo von Hofmannsthal 1895 die Erzählung *Das Märchen von der 672. Nacht*. Hierzu auch: Karl Ulrich Sydram, »Der erfundene Orient in der europäischen Literatur vom 18. bis zum Beginn des 20. Jahrhunderts«, in: Gereon von Sievernick u. Hendrik Budde (Hgg.), *Europa und der Orient 800–1900*. (Berlin, 1989), S. 324–341. Ausstellungskatalog des 4. Festivals der Weltkulturen. Horizonte, 1989.

184 Peter Lamborn Wilson, Karl Schlamminger, *Weavers of Tales. Persian Picture Rags/Persiche Bildteppiche. Geknüpfte Mythen* (München: Callwey, 1980), »Liebesdichtung«, S. 46–77.

185 Kohlheim, Rosa/Kohlheim, Volker. *Duden. Das große Vornamenlexikon*. (Mannheim: Duden-Verlag, 3. Aufl. 2007), ›Lale‹, S. 257.

186 Siehe hierzu auch Kapitel VII, 6: »Die Biene – ein Himmelswesen«.

187 Hugo von Hofmannsthal, *Gesammelte Werke in Einzelausgaben*, Bd. 2: *Prosa*, hg. v. Herbert Steiner. Frankfurt/Main: S. Fischer, S. 7–20, S. 8f.

188 M. Kopp, *Als wir uns fanden*, S. 214.

189 Hierzu auch: Reinhart Koselleck, *Vergangene Zukunft. Zur Semantik geschichtlicher Zeiten*. Frankfurt/Main: Suhrkamp, 1988.

190 Zitiert nach: A. Piorreck, *Agnes Miegel*, S. 106. Entsprechend heißt es in der ersten Strophe des Gedichtes »Ihr«: O Ihr, aus deren Blut ich kam, / Ihr, deren Staub im Winde schwebt / Und deren Lust und deren Gram / In meinen Adern pocht und lebt,

191 A. Piorreck, *Agnes Miegel*, 128. Der ausführliche Kommentar lautet: »Dieses unerhörte und unerschrockene Gedicht hat erstmalig neue sprachliche Möglichkeiten erschlossen für Erinnerungsschemen, seelischen Dämmerzustand, Kollektiv-Unbewußtes; damals waren es noch fremde Begriffe. Auch dieses Gedicht ragt weit über seine Zeit hinaus. Erst etwa dreißig Jahre später, nach dem Zweiten Weltkrieg, wird das Thema wieder aufgenommen: Samuel Beckett z.B. versucht auf dem Theater in immer neuen Variationen die Darstellung eines früheren Lebens aus der Distanz des Todes«.

192 Die »Fensterraute« war ein im oberen Bereich des eigentlichen Fensters angebrachtes kleines, häufig in Blei eingefaßtes, aus Stabilisierungsgründen in Rautenform gehaltenes Fenster, das der Belüftung des Raumes diente, ohne daß man das ganze Fenster öffnen mußte.

193 Die Stutzuhr ist im Gegensatz zur Stand- oder Wanduhr eine Uhr mit Federwerk, die auf ein Möbelstück gestellt werden kann. Sie kann in unterschiedlichen Erscheinungsformen auftreten, wie z.B. Figurenuhr oder Portaluhr. In diesem Falle scheint es sich um eine Art Figurenuhr mit einer allegorischen Gestalt (Schnitter) zu handeln.

194 Der Teil »Der Oberhof« ist dem Band *Münchhausen. Eine Geschichte in Arabesken* (1838/39) entnommen. Er führt die Liebesgeschichte des Waisenkindes Lisbeth und des Grafen Oswald durch Heirat zu einem guten Ende. Während in den vorausgegangenen Teilen von *Münchhausen* ausgeprägte satirische Elemente vorhanden sind, treten diese im »Oberhof« gänzlich zurück. Unverkennbar ist, daß Immermann in dem glücklichen Ende der Liebenden seine späte Liebe zu Marianne Niemayer gestaltete, die er kurz vor seinem Tode heiratete. Hierzu: Peter Hasubek, *Karl Leberecht Immermann. Ein Dichter zwischen Romantik und Realismus.* Köln: Böhlau, 1996.

195 Offensichtlich handelt es sich bei diesem Gedicht um Erinnerungen an die Südtirolreise vom August 1927. Am 14.08.1927 schreibt sie bedeutungsvoll in der Sonntagsbeilage der *Königsberger Allgemeinen Zeitung* nicht ohne versteckten Hinweis auf die politischen Verhältnisse: »Aber es ist immer noch das alte Oberbozen am Rittner und der herrlichste und wuchtigste der Dolomitenberge mit seiner burgartigen Hochfläche mit den beiden spitzen Wehrtürmen davor ist der Schlern. Und die Sonne, so warm sie prasselt, ist trotz allem, was im letzten Jahrzehnt über die Berge ging, nicht die Sonne Homers, sondern die Sonne Walthers von der Vogelweide ...«. Ihr Bericht vom 29.08.1927 in der Beilage der gleichen Zeitung enthält sogar einen Hinweis auf den Klang der Kirchenglocke aus dem Tal: »Und dann ganz fern ein wirkliches Glöckchen irgendwo unter talwärts in einer der vielen weißen Waldkirchen gezogen, zur Abwehr gegen den Blitzschlag«. Agnes Miegel, *Wie ich zu meiner Heimat stehe,* S. 67.

196 Gewöhnlich bezieht sich der Begriff ›Wolm‹ auf den unteren, wulstartigen Teil des Glockenmantels, den Anschlagsbereich des Glockenklöppels. Als architektonische Bezeichnung ist der Begriff ungewöhnlich. Gemeint ist offensichtlich der untere, tragende Bereich des Hauses, in dem sich das Leben im Gegensatz zum Speicherbereich abspielt. Das Haus ist damit bis auf die Grundmauern abgebrannt.

197 Unter ›Pracher‹ verstand man in Ostpreußen einen ›zudringlichen Bettler‹. Die Betrachtung von Bettlerin und Bettler in dieser Erzählung ist allerdings liebevoll, denn bei beiden handelt es sich um »Hauspracher«, die akzeptiert sind und infolge ihres regelmäßigen Erscheinens fast schon zur Hausgemeinschaft gehören: »Unter dem Lämpchen steht der weißgescheuerte große Küchentisch, und an ihm sitzen die beiden Hauspracher, die zu jedem Sonntagsmorgen nach dem Monatsersten gehören – die christliche und der jüdische«. Bisweilen wird ›Pracher‹ aus dem Polnischen *pracharz* (= Bettler) abgeleitet. Das *Wahrig Herkunftswörterbuch* weist allerdings darauf hin, daß diese Ableitung nicht zutrifft, da ›Pracharz‹ im Polnischen ein Fremdwort ist.

198 Die Bezüge zur Biographie der Autorin sind unverkennbar.

199 Unter »Insterwiesen« versteht man das fruchtbare Land, das sich entlang des Flusses Inster nordöstlich von Insterburg entlangzieht.

200 Zur Wirkungsgeschichte u.a.: David E.R. Georg, *Henrik Ibsen in Deutschland. Rezeption und Revision.* Aus dem Englischen von Heinz Ludwig Arnold und Bernd Glasenapp. Göttingen: Vandenhoeck & Ruprecht, 1968. (Palaestra, 251); Andrea Neuhaus (Hg.),

Nora oder Ein Puppenheim. Text und Kommentar. Frankfurt/Main: Suhrkamp, 2013. (Suhrkamp BasisBiliothek).

201 Hinsichtlich der mythischen Bedeutung des Schlangenmotivs vgl. Kap. VIII, 1–4.

202 George L. Mosse, *Die Nationalisierung der Massen: Politische Symbolik und Massenbewegungen von den Befreiungskriegen bis zum Dritten Reich.* Frankfurt/Main: Campus, 1993, S. 16.

203 Walter von Molo, *Zwischen Tag und Traum. Gesammelte Reden und Äußerungen.* Berlin: Erich Schmidt, 1950, vom Dichter durchgesehene endgültige Ausgabe. »Einiges Volk. Ansprache in Königsberg in Preußen am Vortage der Verfassungsfeier 1929«, S. 69–75, S. 69; ganz ähnlich im Gedankengang: »Dichtung und Volkstum. Vortrag in der Aula der Kieler Universität, 1929«, S. 235–242.

204 Hierzu u.a.: Lothar van Laack, »›Ihr kennt die deutsche Seele nicht‹. Geschichtskonzeption und filmischer Mythos in Fritz Langs *Nibelungen*«. In: Mischa Meyer (Hg.), *Antike und Mittelalter im Film. Konstruktion, Dokumentation, Projektion.* Köln: 2007, S. 267–282. (Beiträge zur Geschichtskultur, Bd. 29)

205 Es ist bemerkenswert, daß Agnes Miegel bereits 1907 die Ballade »Die Nibelungen« (II, 29–31) geschrieben hat, die den Akzent auf den Gegensatz von Gemeinschaft und Antagonismus legt.

206 Hierzu u.a.: Fritz Stern, *Kulturpessimismus als politische Gefahr. Eine Analyse nationaler Ideologie in Deutschland.* Stuttgart: Klett-Cotta, 2005; Rolf Peter Sieferle, *Fortschrittsfeinde? Opposition gegen Technik und Industrie von der Romantik bis zur Gegenwart.* München: Beck, 1984; Arthur Hermann, *Propheten des Untergangs. Der Endzeitmythos im westlichen Denken.* Berlin: Propyläen, 1998; Jerzy Jedlicki, *Die entartete Welt. Die Kritiker der Moderne, ihre Ängste und Urteile.* Frankfurt/Main: Suhrkamp, 2007.

207 Werner Hoffmann, *Das irdische Paradies. Motive und Ideen des 19. Jahrhunderts.* München: Prestel, 1974, S. 19.

208 Helmut Kaiser, *Mythos, Rausch und Reaktion. Der Weg Gottfried Benns und Ernst Jüngers.* Berlin: Aufbau-Verlag, 1962, S. 34–49. Benjamin Freitag, *Mythos, Totem und Tabu. Eine quellenorientierte Studie zu den Spielarten des Primitivismus und zur Bedeutung der Mythenforschung im Werk Gottfried Benns.* Aachen: Phil.Diss., 2012.

209 Das Gesamtwerk erschien 1915 in 12 Bänden. Der erste Teil des Titels *The Golden Bough/ Der goldene Zweig* bezieht sich auf Vergils *Aeneis.*

210 Peter Sprengel, *Die Wirklichkeit der Mythen. Untersuchungen zum Werk Gerhart Hauptmanns aufgrund des handschriftlichen Nachlasses.* Berlin: Erich Schmidt, 1982. Veröffentlichungen der Gerhart-Hauptmann-Gesellschaft e.V., Bd. 2, Kap. 3: »Mythos und Mysterium«, S. 139–219.

211 Hierzu u.a.: Jochen Jung, *Mythos und Utopie. Darstellungen zur Poetologie und Dichtung Wilhelm Lehmanns.* Reihe Hermea, NF Bd. 34, Tübingen: Max Niemeyer, 1975; Wolfgang Menzel (Hg.), *Wilhelm Lehmann zwischen Mythos und Nature Writing.* Husum: Husum Verlag, 2023. (Reihe Sichtbare Zeit, Bd. 10)

212 Hierzu: Marianne Kopp (Hg.), *Abschied von Königsberg. Zerstörung Königsbergs, Flucht, Flüchtlingsleben und Neubeginn. Agnes Miegels Lebensweg 1944–1953 dokumentiert in*

privaten Briefen. Bad Nenndorf: Agnes-Miegel-Gesellschaft, 1. Aufl. 2018. (Jahresgabe 2017/2018 der Agnes-Miegel-Gesellschaft)

213 Hierzu: Anni Piorreck, *Agnes Miegel*, Kap. »Drei griechische Gedichte«, S. 172–178. Es handelt sich dabei um »Demeter«, »Arachne« und »Leda«. Persönlich ist Agnes Miegel nie in Griechenland gewesen, aber allein die auf griechische Mythologie verweisenden Überschriften mehrerer ihrer Gedichte lassen ihr Interesse an diesem Sujet erkennen.

214 In einem Schreiben im Februar 1951 an Frau Dr. Elisabeth Römer-Schirrrmann. Zitiert nach M. Kopp (Hg.), *Abschied von Königsberg*, S. 47.

215 Brief vom 3. Februar 1947 an Christel Porgarn, ehemals Studienrätin in Königsberg. Zitiert nach M. Kopp (Hg.), *Abschied von Königsberg*, S. 81.

216 Ossian ist die mythische Gestalt eines keltischen Barden, dessen angeblichen Gesänge von dem schottischen Dichter James Macpherson (1736–1796) aus dem Gälischen übersetzt wurden und europaweite Beachtung fanden. – Melusine ist eine mythische Sagengestalt des Mittelalters. Als überirdisches Wesen geht sie eine Verbindung mit einem Sterblichen ein, die an eine besondere Bedingung geknüpft ist. Verstößt der Sterbliche gegen die Abmachung, verwandelt sich die Gestalt der Melusine in eine Wasserfrau mit Schlangenleib.

217 Wie Marianne Kopp anhand von Briefauszügen und Textstellen in einem Artikel anschaulich dargelegt hat, ist »Der Ruf« die Erzählung, deren Entstehungsgeschichte sich am besten rekonstruieren läßt. Marianne Kopp, »Agnes Miegels Odysseus-Erzählung ›Der Ruf‹ und ihre Entstehung«, in: dies (Hg.), *Abschied von Königsberg*, Anhang C, S. 135–144.

218 Agnes Miegel, *Balladen und Lieder.*(Jena: Eugen Diederichs, 1907), S. 75.

219 M. Kopp, *Als wir uns fanden*, S. 169.

220 Zitiert nach M. Kopp (Hg.), *Abschied von Königsberg*, S. 136.

221 Zitiert nach M. Kopp (Hg.), *Abschied von Königsberg*, S. 140.

222 Zitiert nach M. Kopp (Hg.), *Abschied von Königsberg*, S. 137.

223 Richard Hamann, Jost Hermand, *Deutsche Kunst und Kultur von der Gründerzeit bis zum Expressionismus*, Bd. 1 (Berlin: Akademie-Verlag, 1965), Kap.: »Kämpfertum und konstruktive Gesinnung«, S. 128–169.

224 Sowohl in »Ys« als auch in »Die Braut« ist der Einfluß der englischen Präraphaeliten unverkennbar. Eine psychologische Interpretation könnte in diesen beiden Fällen in dem Wirken des Wassers auch die Verkörperung des männlichen Prinzipes sehen wie auch der weiblichen Furcht, sich durch den Einfluß des Männlichen zu verlieren.

225 Hierzu u.a.: Sibylle Selbmann, *Mythos Wasser: Symbolik und Kulturgeschichte*. (Karlsruhe: Badenia Verlag, 1995), S. 58–64: »Symbol von Tod und Wiederreinigung und Heilung«; S. 74–81: »Symbol des Kreislaufes«.

226 Zwei Schreiben an Hans von der Gabelentz vom 15.10.1944 und vom 02.01.1945. M. Kopp (Hg.), *Abschied von Königsberg*, S. 139.

227 M. Kopp (Hg.), *Abschied von Königsberg*, S. 55; Brief vom 1. März 1953 an Frau Elisabeth Römer.

228 Auch das ›Gewitter‹ ist ein typisches Mythem im Werk von Agnes Miegel, das einen außermenschlichen Eingriff in das Geschehen anzeigt.

229 Sarah Wolfmayr, *Die Schiffe vom Lago di Nemi*. Graz: Institut für Archäologie, Diplomarbeit, 2010.

230 M. Kopp (Hg.), *Abschied von Königsberg*, S. 55, weist darauf hin, daß Agnes Miegel in einer anderen Beschreibung des Fluchtgeschehens auf dem Flüchtlingsschiff »Jupiter« durch den Vergleich eines Marinesoldaten mit Christopherus ebenfalls eine biblische Figur einführt. (Agnes Miegel, »Christoffer auf dem Flüchtlingsschiff«, *Niedersachsen – Zeitschrift für Heimat und Kultur*, Nr. 50 (März/April, 1950), S. 191–193.

231 Helmut Schnatz, *Der Luftangriff auf Swinemünde – Dokumentation einer Tragödie*. München: Herbig, 2005. *Der große Wendig*, hrsg. von Rolf Kosiek u. Olaf Rose (Tübingen: Grabert-Verlag, 2. Aufl. 2012), Bd, 4, S. 509f. macht folgende Angaben: »Zu den Bombern kamen die Tiefflieger, die in die Menschenmassen hineinmähten. Die abgeworfenen 1.609 Tonnen Bomben forderten nach offiziellen örtlichen Angaben 23.000 Todesopfer, andere Quellen nennen diese Zahl allein für die anschließend auf dem Golm auf Usedom Bestatteten und geben 28.000 als Gesamtopferzahl an, von denen nur 1.667 identifiziert werden konnten«. Siehe auch: Alfred M. de Zayas, *Die Anglo-Amerikaner und die Vertreibung der Deutschen. Vorgeschichte, Verlauf, Folgen*. München: C.H. Beck, 1977.

232 Adelbert von Chamisso, *Sämtliche Werke in zwei Bänden*, Bd. 1 (München: Winkler, 1975), S. 233.

233 Jörg Hübner, *Christoph Blumhardt. Prediger, Politiker, Pazifist. Eine Biographie*. Leipzig: Evangelische Verlagsanstalt, 2019.

234 Johannes Bobrowski, *Selbstzeugnisse und neue Beiträge über sein Werk* (Stuttgart:. Deutsche Verlagsanstalt, 1975), S. 46f.

235 M. Kopp (Hg.), *Mosaiksteine zu Agnes Miegel. Ein biografisches Lesebuch* (Bad Nenndorf: Agnes-Miegel-Gesellschaft, 1. Aufl. 2020), »Erinnerung an Heimgart von Hingst« (1922–1978), S. 153f.

236 A. Piorreck, *Agnes Miegel*, Kap. »Das Auto«, S. 270f.

237 M. Kopp (Hg.), *Abschied von Königsberg*, S. 112.

238 M. Kopp (Hg.), *Abschied von Königsberg*, S. 45. Interpunktion im Original.

239 Zitiert nach M. Kopp (Hg.), *Abschied von Königsberg*, S. 72. Am 11.03.1946 in einem Brief an eine Bekannte; es handelt sich um Matthäus 28,19.

240 M. Kopp (Hg.), *Abschied von Königsberg*. S. 95. Der Hinweis »der heute so befehdete preußische Begriff der Pflicht« könnte in Zusammenhang stehen mit der Auflösung Preußens am 25. Februar 1947 durch Kontrollratsgesetz Nr. 46 der Alliierten; in den von den Alliierten kontrollierten Medien setzte daraufhin eine maßlose Polemik gegen Preußen ein.

241 M. Kopp u. Jens Riederer (Hgg.), *Als ich nach Weimar in die Pension kam …* (Bad Nenndorf: Agnes-Miegel-Gesellschaft, Jahresgabe 2013–2015), S. 138.

242 Zitiert nach M. Kopp (Hg.), *Weimar*, S. 147. In einem Brief an die Biographin Anni Piorreck vom 01. Juli 1959; Kursivierung im Original.

243 M. Kopp (Hg.), *Abschied von Königsberg*, S. 78.

244 Karl S. Guthke, *Die Mythologie der entgötterten Welt. Ein literarisches Thema von der Aufklärung bis zur Gegenwart* (Göttingen: Vandenhoeck & Ruprecht, 1971), S. 20.

245 Stefan H. Kaszynski, »Das Erlebnis der Landschaft bei Bobrowski. Zur Ontologie und Rolle der Landschaft in seiner Lyrik«, in: *Johannes Bobrowski. Selbstzeugnisse und neue Beiträge über sein Werk* (Stuttgart: Deutsche Verlagsanstalt, 1975), S. 138–150, 142.

246 Zitiert nach M. Kopp (Hg.), *Abschied von Königsberg*, S. 89; in einem Brief vom 06. Oktober 1946 an Hans Georg Fhr. v. Münchhausen und Maria v. Münchhausen.

247 Zitiert nach M. Kopp, *Abschied von Königsberg*, S. 60; in einem Brief vom 5. Februar 1962 an die Biographin Anni Piorreck.

248 Die Grenze wurde am 17. September 1422 im Friedensvertrag von Melnosee (auch Meldensee) festgelegt zwischen dem Königreich Polen, dem Großfürstentum Litauen und dem Deutschen Orden. Sie hatte bis 1945 Bestand und war die älteste Grenze Europas.

249 Richard Skowronnek, *Sturmzeichen* (Berlin: Ullstein, 1928), S. 180. Der Roman schildert die ersten Vorboten eines »großen Weltbrandes«. Er wurde 1913 geschrieben und ab Mai 1914 – also noch vor Ausbruch des Ersten Weltkrieges – als Serie in der *Berliner Illustrirten Zeitung* veröffentlicht. Damit ist er ein Beispiel dafür, daß die Literatur den Zeitereignissen vorauseilt. Das Verhältnis zwischen Deutschland und Rußland in der zweiten Hälfte des 19. Jahrhunderts war zwar nicht frei von Irritationen und Vorbehalten, so jedoch überwiegend positiv. Die Ausstellung *Unsere Russen – unsere Deutschen. Bilder vom Anderen 1800 bis 2000* (Berlin, Schloß Charlottenburg, Neuer Flügel, 2007/2008) gibt eine treffende Charakterisierung der Zeit 1848–1914: »Zwei politische Ereignisse, die russische Niederlage im Krimkrieg 1853 bis 1856 und die deutsche Reichseinigung, verminderten in Deutschland die Furcht vor einer russischen Übermacht. Doch seit den 1880er Jahren verschärften sich die Gegensätze zwischen Deutschland und Russland wieder. Nach dem Ende der Ära Bismarck suchte das deutsche Kaiserreich keine Annäherung mehr an den russischen Nachbarn. Zudem stellte sich Russland gegen Deutschland auf die Seite Frankreichs. In Deutschland wuchs die Feindseligkeit gegenüber Russland weiter heran. Zu den bestehenden Stereotypen über Russland kamen neuartige Bewertungen hinzu. [...] Die Unruhen in Russland nach dem Scheitern der liberalen Reformbewegungen Alexanders II. lösten erneut Verunsicherung in der deutschen Öffentlichkeit gegenüber dem östlichen Nachbarn aus. Russland erschien als gefährlich und unberechenbar. Die Wesenszüge der revolutionären Opposition in Russland galten nicht nur den Konservativen als Bedrohung. Die deutschen Liberalen und Sozialdemokraten sahen in Russland ein Reich der Despotie mit einer versklavten Bevölkerung. Gleichzeitig blieben in Deutschland die Vorstellungen von der russischen Volkskultur weiterhin Bestandteil des offiziellen Russlandbildes«. Deutsch-Russisches Museum Berlin-Karlshorst e.V. (Hg.), *Unsere Russen – unsere Deutschen. Katalog. Bilder vom Anderen 1800 bis 2000.* (Berlin: Ch. Links Verlag, 2007), S. 100. Hier auch: Hans Hecker, »Zwiespältige Projektionen. Varianten in der deutschen Sicht auf Russland 1917–2007«, S. 30–45.
Zu den für Ostpreußen wichtigsten Ereignissen vor dem Ersten Weltkrieg zählte der sogenannte »Königsberger Geheimbundrozeß« von November 1903 bis Juli 1904. Der spätere Ministerpräsident von Preußen, Otto Baun, sowie acht weitere Mitglieder der SPD waren angeklagt wegen »Geheimbündelei« und »Hochverrat am russischen Zaren«. Sie wurden verteidigt durch Hugo Haase und Karl Liebknecht. Das Gericht stellte fest, daß überhaupt keine rechtliche Handhabe bestand, um deutsche Staatsangehörige wegen

Beleidigung des Zaren anzuklagen. Otto Braun wurde mit drei der neun Angeklagten freigesprochen; alle anderen erhielten geringe Haftstrafen. Der preußsche Justizminister Karl Schönstedt mußte zurücktreten.

250 Der Baltendeutsche Herbert von Blanckenhagen, der aktiv an den Kämpfen 1918–21 teilgenommen hat, berichtet über die prekäre Lage: »Ende Februar [1919] verfügte Generalmajor Graf von der Goltz im Abschnitt von Telschi bis Windau auf einer Frontlänge von 200 km über 8 500 Mann. Davon gehörten 3 500 der 1. Gardedivision an, 2 500 der ›Eisernen Division‹ und 2 500 der Baltischen Landeswehr einschließlich der Letten unter Kolpak. Die Rote Armee an der Kurlandfront war zur gleichen Zeit auf 15 000 Mann, 50 Geschütze, 7 Panzerautos und 2 Panzerzüge angewachsen.
Um dieselbe Zeit verfügte in Deutschland der Reichskommissar für Ost- und Westpreußen, August Winnig über 500 Mann zuverlässige Truppen, während die spartakistische Volksmarine-Division in Königsberg mit 1 500 Mann praktisch die Macht in der Hand hatte. Nachgewiesenermaßen unterhielt sie Kurierverbindung mit der roten Armee an der Windau, die zwei knappe Tagesmärsche von der ostpreußischen Grenze stand«.
Herbert von Blanckenhagen, *Am Rande der Weltgeschichte. Erinnerungen aus Alt-Livland 1913–1923* (Göttingen: Vandenhoeck & Ruprecht, 1966), S. 241. Siehe auch: August Winnig, *Am Ausgang der deutschen Ostpolitik. Persönliche Erlebnisse und Erinnerungen* (Berlin: Staatspolitischer Verlag, 1921).

251 Marianne Kopp, Jens Riederer (Hgg.), *›Als ich nach Weimar in die Pension kam …‹. Aus Briefen und Erinnerungen von Agnes Miegel über ihre Zeit im Mädchenpensionat 1894–*1896 (Bad Nenndorf: Agnes-Miegel-Gesellschaft. e.V.: 1. Aufl. 2015), S. 132. (Jahresgabe 2013–2015 der Agnes Miegel-Gesellschaft)

252 Ebd., S. 154.

253 M. Kopp, U. Diederichs (Hgg.), *Als wir uns fanden*, S. 219.

254 »Rossija« blieb Fragment; über die Gründe läßt sich nur spekulieren. Beide Gedichte wurden nicht in die *Gesammelten Werke in sieben Bänden* ([GW], München: Eugen Diederichs, 1952–65) aufgenommen. Ich zitiere aus: Agnes Miegel, *Gesammelte Gedichte*, Jena: Eugen Diederichs, 1929, 6.-10. Tausend der Gesamtausgabe, S. 147–151.

255 In dem Band *Gesammelte Gedichte* findet sich das Gedicht »England« (S. 166–168), in dem das Land ebenfalls als Pallas Athene dargestellt wird. Ein direkt Pallas Athene gewidmetes Gedicht mit dem Titel »Athene im Park« findet sich in *Gesammelte Gedichte*, Bd. I der GW, S. 49–50.

256 Hierzu Mieste Hotopp-Riecke, »Tatarisch-preußische Interferenzen im 17. und 18. Jahrhundert. Eine Beziehungsgeschichte«, *Österreichische Zeitschrift für Geschichtswissenschaften*, 28 (2017), 65–90. Hierin wird zum negativ besetzten Tatarenbild u.a. eine Stimme angeführt: »… die Tataren, ein wüstes rohes Volk, das den Polen lehnspflichtig war und aus den Steppen des südlichen Rußland und der Krim heranzog, bewaffnet mit krummen Säbeln, Bogen, Pfeil und Lanzen; ein Schwarm der zwar mit einer gewissen wilden Tapferkeit angriff, jedoch die Feuerwaffen, besonders das Geschützfeuer des Gegners sehr scheute« (S. 75) Siehe auch: Wolfgang Kaufmann, »Plünderung statt Sold. Die Ursachen und Auswirkungen der gewaltigen Streitmacht des polnischen Königs Johann II. Kasimir«, *Preußische Allgemeine Zeitung*, Nr. 17, 30. April 2001, S. 17. Nach diesem Artikel hatte Ostpreußen mehr als 100.000 Tote zu beklagen und ein Teil der verbliebenen Bevölkerung wurde verschleppt. Anni Piorreck (*Agnes Miegel*, S. 206) führt

in Zusammenhang mit der Erzählung »Das Lösegeld« aus: »Die Erzählung geht auf alte Geschichten zurück, die der Vater Agnes Miegels auf seinen frühen Dienstfahrten in der Provinz zwischen 1860 und 1870 mit nach Hause gebracht hatte. Erlebnisse bei den Tatareneinfällen waren über zwei Jahrhunderte in mündlicher Überlieferung weitergereicht worden und kamen auf diese Weise zu Agnes Miegel. Sie verbanden sich mit Berichten von Heimkehrerinnen aus Rußland nach dem Ersten Weltkrieg; auch damals waren Verschleppungen vorgekommen«. In einem Brief vom 31. Januar 1907 an Lulu von Strauß und Torney charakterisiert Agnes Miegel Ostpreußen mit folgenden Worten: »Es ist ein sehr verschlossenes herbes Land, über das alles Unglück der Welt hingegangen ist – Pest, Tataren, Hungersnöte und Krieg, lange nachdem im Mutterland alles ruhig und erholt war ...«. M. Kopp, U. Diederichs (Hgg.), *Als wir uns fanden*, S. 137. In der 6. Szene der *Schlacht von Rudau* (Königsberg: Gräfe und Unzer, 3. Aufl. 1944, S. 31) stürzen die Kinder beim Herannahen des Feindes angstvoll zur Großmutter mit dem Ruf »Großmutter, die Litauer! Großmutter, die Russen! Großmutter, die Tataren!!« (A. Miegel, *Die Schlacht von Rudau* (Königsberg: Gräfe und Unzer, 3. Aufl. 1944), S. 31.

257 Porträt von Lina in der Erzählung »Meine Alte Lina« (V, 183–196)

258 Hierzu auch Kapitel IX: »Überzeitlichkeit des Augenblicks«.

259 M. Kopp, U. Diederichs (Hgg.), *Als wir uns fanden*, S. 59.

260 Lou Andreas-Salomé, *Im Zwischenland. Fünf Geschichten aus dem Seelenleben halbwüchsiger Mädchen*. Stuttgart; J.G. Cotta, 1902. Dieser Publikation waren zwei weitere Bücher von Lou Andreas-Salomé vorausgegangen, die ebenfalls in intellektuellen Kreisen starke Beachtung fanden (*Der heimliche Weg. Drei Scenen aus einem Ehedrama*, Stuttgart: Cotta, 1896 und *Aus fremder Seele. Eine Spätherbstgeschichte*, Stuttgart: Cotta, 1896). Offensichtlich sprachen die in diesen Werken enthaltenen Ausführungen über das »weibliche Seelenleben« Agnes Miegel an. So schreibt sie in einem Brief vom 6. Februar 1902 an Lulu von Strauß und Torney: »Die Moral hat ja mit der innersten Seele jedes Menschen wenig zu thun, ich finde sogar, daß ein Übermaß davon für zum Gegenteil geneigte Menschen geistig schädlich wirkt. Ich weiß das aus eigener Erfahrung. Man kriegt davon geistige Herzverfettung« (M. Kopp, U. Diederichs (Hgg.), *Als wir uns fanden*, S. 50).

261 M. Kopp, U. Diederichs (Hgg.), *Als wir uns fanden*, S. 143.

262 »Apotheose« gleicht durch Umfang, Rahmen- und Binnenhandlung, Fehlen von Nebenhandlung, Reduktion der handelnden Personen sowie Darstellung des Wendepunktes als Schicksalsschlag genremäßig mehr einer Novelle.

263 A. Piorreck, *Agnes Miegel*, S. 240.

264 Bismarck, Otto von, *Gedanken und Erinnerungen*, Bd. I (Suttgarrt: J.G. Cotta, 1898), S. 22. Und Bismarck fügt etwas hintersinnig hinzu: »Man erinnert sich dabei der Schildwachen, die während der Ueberschwemmung in Petersburg 1825, im Schipka-Passe 1817 nicht abgelöst wurden; und von denen die Einen ertranken, die Anderen auf ihrem Posten erfrohren«.

265 Siehe auch Kapitel VII »Baum und Biene«, 6. »Die Biene – ein Himmelswesen«.

266 Agnes Miegel gab diese Traumgesichte nur ungern preis und behielt sie meisten für sich oder teilte sie erst nach langem Zögern mit.

267 Zitiert nach A. Piorreck, *Agnes Miegel,* S. 107.

268 Zitiert nach A. Piorreck, *Agnes Miegel,* S. 108.

269 A. Piorreck, *Agnes Miegel,* S. 138.

270 A. Piorreck, *Agnes Miegel,* S. 277.

271 Margarete Haslinger, »Geschwisterlich teilen ihr Brot«, in: R. Wagner, *Leben,* S. 32.

272 Marianne Kopp (Hg.), *Agnes Miegel. Abschied von Königsberg. Zerstörung Königsbergs, Flucht und Neubeginn. Agnes Miegels Lebensweg 1944–1953 dokumentiert in privaten Briefen* (Bad Nenndorf: Agnes-Miegel-Gesellschaft, 1. Aufl. 2018), S. 68. (Jahresgabe 2017/2018 der Agnes-Miegel-Gesellschaft). Zwei Jahre später berichtet sie in einem Brief vom 26. Juli 1948 ihrer Biographin Anni Piorreck: »Ich begann im Lager [Russisch zu lernen], hakte durch Krankheit aus, als ich gesund war, kam ich bei andrer Lehrkraft in vorgeschrittenem Kurs nicht mit und mußte es leider aufgeben«. Ebd., S. 68.

273 M. Kopp (Hg.), *Abschied von Königsberg,* S. 36.

274 M. Kopp (Hg.), *Abschied von Königsberg,* S. 45. Der Kunsthistoriker und Schriftsteller Hans v.d. Gabelentz war der Vetter von Börries Freiherr von Münchhausen. Beide gründeten 1932 die »Deutsche Dichterakademie«, deren Mitglieder sich von 1932–1938 auf der Wartburg trafen. Hierzu: Ursula Seibt, »Die silberne Wartburgrose. Agnes Miegel wird 1933 in den ›Orden deutscher Dichter und Dichterinnen‹ aufgenommen«, in: Marianne Kopp (Hg.), *Agnes Miegel. Ihr Leben, Denken und Dichten von der Kaiserzeit bis zur NS-Zeit. Mosaiksteine zu ihrer Persönlichkeit«* (Münster: Ardey, 2011), S. 47–70. (Jahresgabe 2011/2012 der Agnes-Miegel-Gesellschaft)

275 Am 21. August 1947 in einem Brief an Christel Porgan. M. Kopp (Hg.), *Abschied von Königsberg,* S. 95.

276 Letzte Strophe des Gedichtes »Abschied von Königsberg« (I, 172f.).

Im Jahr 1979 gab die Deutsche Bundespost eine Gedenkmarke zum 100. Geburtstag von Agnes Miegel heraus. In dieser Zeit war ihr Name noch ein Begriff. Das sollte sich jedoch schnell ändern.

Literaturverzeichnis

1. Literatur von Agnes Miegel

Neue Gesamtausgabe:

Bd. I: *Gesammelte Gedichte.* Düsseldorf, Köln: Diederichs, 1952;
Bd. II: *Gesammelte Balladen.* Düsseldorf, Köln: Diederichs, 1953;
Bd. III: *Mein Weihnachtsbuch. Truso. Heimkehr*, (Ergänzungsband). Düsseldorf: Diederichs, 1954;
Bd. IV: *Seltsame Geschichten.* Düsseldorf, Köln: Diederichs, 1955, 2. Aufl. 1965;
Bd. V: *Aus der Heimat. Geschichten und Bilder.* Düsseldorf, Köln: Diederichs, 1954;
Bd. VI: *Märchen und Spiele.* Düsseldorf, Köln: Diederichs, 1955;
Bd. VII: *Mein Weihnachtsbuch. Truso. Heimkehr.* Düsseldorf, Köln: Diederichs, 1965.

*

Gesammelte Gedichte. Jena: Diederichs, 1917 u. 1929.

Gedichte und Spiele. Jena: Diederichs, 1923.

Die Auferstehung des Cyriakus. Die Maar. Hg. und eingel. von Karl Plenzat. Leipzig: Eichblatt, 1928. Eichblatts Deutsche Heimatbücher, Bd. 19.

Kinderland. Heimat und Jugenderinnerungen. Hg. und eingel. von Karl Plenzat. Leipzig: Eichblatt, o.J. (?1931). Eichblatts Deutsche Heimatbücher, Bd. 47/48.

Kirchen im Ordensland. Königsberg/Pr.: Gräfe und Unzer, 1933.

Herbstgesang. Neue Gedichte. Jena: Diederichs, 1933 u. 1943.

Gang in die Dämmerung. Erzählungen. Jena: Diederichs, 1934.

Geschichten aus Alt-Preußen. Jena: Diederichs, 1934 u. 1941.

Audhumla. Fotos von Erich Krause-Skaisgirren. Königsberg/Pr.: Gräfe und Unzer, 1937.

Frühe Gesichte. Stuttgart: Cotta, 1939 u. 1944.

Gesammelte Gedichte. Jena: Diederichs, o.J. (?1943).

Mein Bernsteinland und meine Stadt. Königsberg/Pr.: Gräfe und Unzer, 1944.

Die Blume der Götter. Düsseldorf: Diederichs, 1949.

»Mein Dom«, in: *Merian*, 155, 8. Jg., Heft 12, S. 11–16.

Gedichte aus dem Nachlaß. Hg. v. Anni Piorreck. Düsseldorf, Köln: Diederichs, Aufl. 1979.

Alt-Königsberger Geschichten. Eingeleitet von Anni Piorreck. Düsseldorf, Köln: Diederichs, 1981.

Ostpreußische Städtebilder, kommentiert von Agnes Miegel und Clementine v. Münchhausen. Bad Nenndorf: Agnes-Miegel-Gesellschaft, 1981.

Spaziergänge einer Ostpreußin. Hg. v. Anni Piorreck. München: Diederichs, 4. Aufl. 1991.

Aus alten Zeitungen und Schriften. Feuilletons und ein Vortrag. Bad Nenndorf: Agnes-Miegel-Gesellschaft, 1994.

Wie ich zu meiner Heimat stehe. Beiträge in der ›Königsberger Allgemeinen Zeitung‹ 1926–1932. Hgg. v. Helga Neumann u. Manfred Neumann. Schnellbach: Siegfried Bublis, 2000.

Als wir uns fanden, Schwester, wie waren wir jung. Agnes Miegel an Lulu von Strauß und Torney. Briefe 1901 bis 1922. Hgg. von Marianne Kopp u. Ulf Diederichs. Augsburg: Maro, 1. Aufl. 2009.

2. Literatur über Agnes Miegel

Bolte. Sebastian. *Parallele Leben: Rolle, Raum und Identität in frühen Balladen Christina Rossettis und Agnes Miegels*. Würzburg: Ergon. 2017. Literatur, Kultur, Theorie, Bd. 22.

Diederichs, Ulf. *Agnes Miegel, Lulu von Strauß und Torney und das Haus Diederichs. Die Geschichte einer lebenslangen Freundschaft*. Bad Nenndorf: Agnes-Miegel-Gesellschaft, 2005.

Fuhrig, Anne Marie. *Die Sprachgestaltung in der erzählenden Prosa Agnes Miegels: eine Strukturanalyse*. Michigan State University: Department of German and Russian, Phil. Diss., 1972.

Gehler, Eva-Maria. *Weibliche NS-Affinitäten. Grade der Systemaffinität von Schriftstellerinnen im ›Dritten Reich‹*. Würzburg: Königshausen & Neumann, 2010. Epistemata, Bd. 711. Kap. II,2: »Agnes Miegel«, S. 108–147.

Gilmanov, Wladimir. *Agnes Miegel in der dichterischen Phänomenologie des ostpreußischen Geistes.* Hg. v. Marianne Kopp. Bad Nenndorf: Agnes-Miegel-Gesellschaft, 1. Aufl. 2017.

Heimann, Bodo. *Weltbürgerin der Poesie. Agnes Miegels Gedichte neu gelesen.* Bad Nenndorf: Agnes-Miegel-Gesellschaft, 2008.

Jensen, Harold. *Agnes Miegel und die bildende Kunst.* Leer: Rautenberg, 1982.

Kopp, Marianne. *Agnes Miegel. Untersuchungen zur dichterischen Wirklichkeit in ihrem Werk.* München: Phil. Diss., 1986 und Geisteswissenschaftliche Dissertationsreihe der Ost- und Westpreußenstiftung in Bayern, Bd. 4, 1988.

Kopp, Marianne. *Kindheit und Alter im Werk Agnes Miegels.* Bad Nenndorf: Agnes-Miegel-Gesellschaft, 1993.

Kopp, Marianne. *Agnes Miegel. Leben und Werk.* Husum: Husum Druck und Verlag, 2004.

Kopp, Marianne. *Agnes Miegel. Ihr Leben, Denken und Dichten von der Kaiserzeit bis zur NS-Zeit. Mosaiksteine zu ihrer Persönlichkeit.* Münster: Ardey-Verlag, 2011.

Kopp, Marianne u. Riederer, Jens (Hgg.), *›Als ich nach Weimar in die Pension kam …‹. Aus Briefen und Erinnerungen von Agnes Miegel über ihre Zeit im Mädchenpensionat 1894–1896.* Bad Nenndorf: Agnes-Miegel-Gesellschaft, 1. Aufl. 2015.

Kopp, Marianne (Hg.), *Agnes Miegel. Abschied von Königsberg. Zerstörung Königsbergs, Flucht, Flüchtlingsleben und Neubeginn. Agnes Miegels Lebensweg 1949–1953 dokumentiert in privaten Briefen.* Bad Nenndorf: Agnes-Miegel-Gesellschaft, 1. Aufl. 2018.

Kopp, Marianne (Hg.), *Mosaiksteine zu Agnes Miegel. Ein biografisches Lesebuch. 1969–2019. Fünfzig Jahre Agnes-Miegel-Gesellschaft.* Bad Nenndorf: Agnes-Miegel-Gesellschaft, 1. Aufl. 2020.

Krause, Erwin. »Agnes Miegels Erzählung ›Die Fahrt der sieben Ordensbrüder‹ im Unterricht«, in: *Deutsche Ostkunde. Vierteljahresschrift für Erziehung und Unterricht*, 24. Jg., Nr. 4, 1878, S. 87–96.

Kyritz, Heinz-Georg. »Das Unbewußte im Dichtungserlebnis Agnes Miegels«, in: The German Quarterly, I, 44, 1971, S. 58–68, auch: *Das Unbewußte im Dichtungserlebnis Agnes Miegels.* Bad Nenndorf: Agnes-Miegel-Gesellschaft, 1972.

Manthey, Jürgen. »Die Sehnsucht nach den Autoritäten. Agnes Miegel« in: *Königsberg. Geschichte einer Weltbürgerrepublik*, München, Wien: Carl Hanser, 2005, S. 576–586.

Neumann, Helga u. Neumann Manfred. *Agnes Miegel. Die Ehrendoktorwürde und ihre Vorgeschichte im Spiegel zeitgenössischer Literaturkritik.* Würzburg: Königshausen & Neumann, 2000.

Piorreck, Anni. *Agnes Miegel. Ihr Leben und ihre Dichtung.* München: Diederichs, korr. Neuauflage, 1990.

Poschmann, Brigitte. *Agnes Miegel und die Familie von Münchhausen.* Bad Nenndorf: Agnes-Miegel-Gesellschaft, 1992, erweiteter Nachdruck 2008.

Raub, Annelise. *Nahezu wie Schwestern. Agnes Miegel und Annette von Droste-Hülshoff. Grundzüge eines Vergleichs.* Bad Nenndorf: Agnes-Miegel-Gesellschaft, 1991.

Regnier, Anatol. *Jeder schreibt für sich allein. Schriftsteller im Nationalsozialismus.* München: C.H. Beck, 2020, »Agnes Miegel«, S. 285–289.

Starbatty, Ursula (Hg.). *Begegnungen mit Agnes Miegel.* Bad Nenndorf: Agnes-Miegel-Gesellschaft, 1989/90.

Wagner, Ruth Maria (Hg.). *Leben was war ich dir gut. Agnes Miegel zum Gedächtnis. Stimmen der Freundschaft und Würdigung.* München: Gräfe und Unzer, 1965.

Wangerin, Hanna. *Agnes Miegel. Stimmen der Freunde zum 60. Geburtstag der Dichterin. 9. März 1939.* Bad Nenndorf: Agnes-Miegel-Gesellschaft, 1984.

Wolf, Uwe. *Agnes Miegel und das Leben in Quarantäne. Mit einem Beitrag von Archimandrit Irenäus Totzke.* Neustadt/Orla: Arnshaugh, 2020.

3. Benutzte/Eingesehene Literatur

Appelt, Hedwig. *Die sagenhafte Welt von Tausendundeine Nacht.* Stuttgart: Theiss, 2010.

Baumgartner, Marianne. *Der Verein der Schriftstellerinnen und Künstlerinnen in Wien (1885–1938).* Wien, Köln, Weimar: Böhlau, 2015.

Bautz, Friedrich Wilhelm. »Cuthbert von Lindisfarne«, in: *Biographisch-Bibliographisches Kirchenlexikon*, Bd. 1. Hamm: 2. Unveränderte Aufl., Sp. 1177–1178.

Benning, Maria Christiane. *Alt-Irische Mysterien und ihre Spiegelung in der keltischen Mythologie (Celtica).* Ahrweiler: Are-Verlag, 1956 und Stuttgart: Mellinger, 1978.

Blankenhagen, Herbert von. *Am Rande der Weltgeschichte. Erinnerungen aus Alt-Livland (1913–1923).* Göttingen: Vandenhoeck & Ruprecht, 1966.

Botheroyd, Sylvia. *Irland, Mythologie in der Landschaft. Ein Reise und Lesebuch.* Darmstadt: Häusser, 1977.

Botheroyd, Sylvia u. Botheroyd, Paul F. *Lexikon der keltischen Mythologie.* Düsseldorf: Diederichs, 1996.

Brinitzer, Sabine. *Organische Architekturkonzepte zwischen 1900 und 1960 in Deutschland. Untersuchungen zur Definition des Begriffs ›Organische Architektur‹.* Frankfurt/M., Berlin, Bern: Peter Lang, 2006.

Cahill, Thomas. *How the Irish Saved Cicilization. The Untold Story of Ireland's Heroic Role from the Fall of Rome to the Rise of Medieval Europe.* New York, London: Doubleday, 1995.

Delvaux, Peter. *Antiker Mythos und Zeitgeschehen. Sinnstruktur und Zeitbezüge in Gerhart Hauptmanns Astriden-Tetralogie.* Amsterdam, Atlanta: Rodopi, 1992. Amsterdamer Publikationen zur Sprache und Literatur, Bd. 100.

Eckert, Rainer. »Über den Schlangenkult in altbaltischer und slavischer Tradition basierend auf Sprachmaterial aus den lettischen Volksliedern«, *Zeitschrift für Slawistik*, 43,1, 1998, S. 94–100.

Eich, Günter. *Sämtliche Gedichte.* Hg. v. Jörg Drews. Frankfurt/M.: Suhrkamp, 2006.

Engelhardt, Walter. *Ein Memelbilderbuch. Mit einer Einführung von Ernst Wiechert.* Berlin: Verlag Grenze und Ausland, 1935.

Fahlen, F.A. *Ludwig Richter Hausbuch.* Leipzig: Verlag Georg Wiegand, 3., vermehrte Aufl., o.J.

Feuß, Axel. *Wenzel Hablik 1881–1934. Auf dem Weg in die Utopie. Architekturphantasien, Innenräume, Kunsthandwerk.* Hamburg: Phil. Diss, 1989.

Freitag, Benjamin. *Mythos, Totem und Tabu. Eine quellenorientierte Studie zu den Spielarten des Primitivismus und zur Bedeutung der Mythenforschung im Werk Gottfried Benns.* Aachen: Phil. Diss., 2012.

Friese, Wilhelm. *Ibsen auf der deutschen Bühne: Texte zur Rezeption.* Ausgewählt und eingeleitet von Wilhelm Friese. Tübingen: Max Niemeyer, 1976. Deutsche Texte, Bd. 38.

Geede, Ruth. »In großer Tradition. Von der ›Königsberger Allgemeinen‹ zur ›Preußischen Allgemeinen Zeitung‹«. *Das Ostpreußenblatt*, Folge 44, 2. November 2002, S. 11.

George, David E. R. *Henrik Ibsen in Deutschland. Rezeption und Revision.* Aus dem Englischen von Heinz Ludwig Arnold und Bernd Glasenapp. Göttingen: Vandenhoeck und Ruprecht, 1968. Palestra, Bd. 251.

Graves, Robert. *The White Goddess.* New York: Noonday Press, amended and enlarged edition, 1966.

Graves, Robert. *The White Goddess.* Aus dem Englischen von Helen von Bauer. Reinbek: Rowohlt, 1989. Rowohlts Enzyklopädie – Kulturen und Ideen.

Haacke, Wilmont u. Bauer, Alexander von (Hgg.). *Der Querschnitt. Facsimile Querschnitt durch den Querschnitt 1921–1936.* Frankfurt/M.: Ullstein, 1. Aufl. 1977. Ullstein-Buch Nr. 4716.

Haerkötter, Marlene u. Haerkötter, Gerd. *Das Geheimnis der Bäume. Sagen, Geschichte, Beschreibungen.* Köln: Anaconda, 2016.

Hamann, Richard u. Hermand, Jost. *Gründerzeit. Deutsche Kunst und Kultur von der Gründerzeit bis zum Expressionismus,* Bd. I, mit 76 Abbildungen. Berlin: Akademie-Verlag, 1965.

Haussig, Hans Wilhelm (Hg.). *Götter und Mythen im Alten Europa. Wörterbuch der Mythologie.* Abteilung 1: *Die alten Kulturvölker,* Abteilung 2: Balys Jonas u. Biezais, Harald: *Baltische Mythologie.* Stuttgart; Klett-Cotta, 1973.

Hermand, Jost (Hg.). *Mit den Bäumen sterben die Menschen. Zur Kulturgeschichte der Ökologie.* Köln, Weimar, Wien: Böhlau, 1993. Studien zur Literatur und Kulturgeschichte, Bd. 6.

Hinze, Christa u. Diederichs, Ulf (Hgg.). *Ostpreußische Sagen. Vom Samland und der Kurischen Nehrung bis zur Rominter Heide und den Masurischen Seen.* Düsseldorf: Diederichs, 1983.

Huber, Christoph. »Mythisches Erzählen. Narration und Rationalisierung im Schema der ›gestörten Martenehe‹«, in: Friedrich, Udo, *Präsenz des Mythos. Konfiguration einer Denkform im Mittelalter und Früher Neuzeit.* Berlin, New York: 2004, S. 247–274.

Hübner, Kurt. *Die Wahrheit des Mythos.* München: C.H. Beck, 1985.

Hülsewig-Johnen, Jutta. *O Mensch! Das Bildnis des Expressionismus.* Bielefeld: Kerber Verlag, 1992.

Ibarth, Helga. *›Bilddenken‹ im dramatischen Frühwerk Gerhart Hauptmanns.* Frankfurt/M. u.a.: Peter Lang, 1998. Europäische Hochschulschriften, Reihe I, Deutsche Sprache und Literatur, Bd. 1696.

Johach, Eva. »Der Bienenstaat – Geschichte eines politisch-moralischen Exempels«, in: Heiden, Anne von der u. Vogl, Joseph (Hgg.), *Politische Zoologie.* Zürich, Bern: 2007, S. 219–233.

Jung-Hoffmann, Irmgard. »Bienenlieferungen nach dem Ersten Weltkrieg«, in: *Die neue Bienenzucht,* 6, 2005, S. 178f.

Kaiser, Helmut. *Mythos, Rausch und Reaktion. Der Weg Gottfried Benns und Ernst Jüngers.* Berlin: Aufbau-Verlag, 1962.

Kaluza, Miriam. *Zwischen Geist und Macht. Orientierungssuche und Standortbestimmungen konservativ-bildungsbürgerlicher Autoren in Deutschland (1930–1950).* Baden-Baden: Ergon, 2020. Literatur, Kultur, Theorie, Bd. 30.

Klages, Ludwig. *Mensch und Erde. Sieben Abhandlungen.* Jena: Diederichs, 3., erweiterte Auflage, 1929.

Koselleck, Reinhart. *Vergangene Zukunft. Zur Semantik geschichtlicher Zeiten.* Frankfurt/M.: Suhrkamp, 1988.

Kossert, Andreas. *Ostpreußen. Geschichte und Mythos.* München: Pantheon, 2005.

Laak, Lothar van. »›Ihr kennt die deutsche Seele nicht‹. Geschichtskonzeption und filmischer Mythos in Fritz Langs ›Nibelungen‹«, in: Meier, Mischa (Hg.), *Antike und Mittelalter im Film. Konstruktion, Dokumentation, Projektion.* Köln: 2007, S. 267–282. Beiträge zur Geschichtskultur, Bd. 29.

Lecouteux, Claude. »Das Motiv der gestörten Mahrtenehe als Widerspiegelung der menschlichen Psyche«, in: Janning, Jürgen u.a. (Hgg.), *Vom Menschenbild im Märchen.* Kassel: Röth, 1980, S. 59–71.

Lehmann, Wilhelm. *Bukolisches Tagebuch und weitere Schriften zur Natur. Mit einem Nachwort von Hanns Zischler.* Berlin: Matthes & Seitz, 2017.

Luven, Yvonne. *Der Kult der Hausschlange. Eine Studie zur Religionsgeschichte der Letten und Litauer.* Köln: Böhlau, 2001.

Maibaum, Frank. *Das Gottesdienstbuch. Ein Buch zum Verstehen und Gestalten christlicher Gottesdienste.* Kiel: J.F. Steinkopf, 2. Aufl. 1999.

Meyer-Sickendiek, Ingeborg. *Gottes gelehrte Vaganten. Die Iren im frühen Europa.* Düsseldorf: Droste, 1. Aufl. 1969.

Molo, Walter von. »›Einiges Volk‹. Ansprache in Königsberg in Preußen am Vortage der Verfassungsfeier 1929«, in: ders., *Zwischen Tag und Traum. Gesammelte Reden und Äusserungen.* Berlin: Erich Schmidt, 1950, S. 69–75.

Mosse, George L. *Die Nationalisierung der Massen: Politische Symbolik und Massenbewegungen von den Befreiungskriegen bis zum Dritten Reich.* Frankfurt/M.: Campus, 1993.

Mühlher, Robert. *Dichtung der Krise. Mythos und Psychologie des 19.und 20. Jahrhunderts.* Wien: Herold, 1951.

Müller, Lothar. »Die Biene Maja von Waldemar Bonsels«, in: Weil, Marianne (Hg.), *Wehrwolf und Biene Maja. Der deutsche Bücherschrank zwischen den Kriegen.* Berlin: Edition Mythos, Ästhetik und Kommunikation, 1986, S. 56–75.

Münchhausen, Börries Fhr. von. *Das Balladenbuch. Ausgabe letzter Hand.* Stuttgart: Deutsche Verlags-Anstalt, 1924 u. 1950.

Münchhausen, Börries Fhr. von. *Freude war mein Amt. Balladen und Lieder.* Ausgewählt von Moritz Jahn. Hildesheim: August Lax, 2. Aufl. 1972.

Neuhaus, Andrea (Hg.). *Nora oder Ein Puppenheim. Text und Kommentar.* Frankfurt/M.; Suhrkamp, 2013. Suhrkamp BasisBibliothek, 133.

Oberembt, Gert. »Kunst aus dem Geist des Mythos. Bemerkungen zu ›Hanneles Himmelfahrt‹«, in: Sprengel, Peter u. Mellen, Philip (Hgg.), *Hauptmann-Forschung. Neue Beiträge/Hauptmann Research/New Directions.* Frankfurt/Main: Peter Lang, 1986, S. 43–92 auch in: ders., »Kunst aus dem Geist des Mythos. Bemerkungen zu ›Hanneles Himmelfahrt‹«, in: *Grossstadt, Landschaft, Augenblick. Über die Tradition von Motiven im Werk Gerhart Hauptmanns.* Berlin: Erich Schmidt, 1999, S. 105–135. Veröffentlichungen der Gerhart-Hauptmann-Gesellschaft e,V., Bd. 10.

Oberste, Jörg. *Der ›Kreuzzug‹ gegen die Albigenser, Ketzerei und Machtpolitik im Mittelalter.* Darmstadt: Primus Verlag, 2003.

Osterhammel, Jürgen. *Die Verwandlung der Welt. Eine Geschichte des 19. Jahrhunderts.* München: C.H. Beck, 2020.

Pernoud, Régine. *Die Heiligen im Mittelalter. Frauen und Männer, die ein Jahrhundert prägten.* Bergisch-Gladbach: Gustav Lübbe Verlag, 1988.

Peters, Günter. *Prometheus. Modelle eines Mythos in der europäischen Literatur.* Weilerswist: Velbrück Wissenschaft, 2016.

Pisarek, Janin. »Mehr als nur die Liebe zum Wassergeist: Das Motiv der ›gestörten Mahrtenehe‹ in europäischen Volkserzählungen«, in: *Märchenspiegel – Zeitschrift für internationale Märchenforschung und Märchenpflege*, Jg. 27, Heft 1, 2016, S. 3–8.

Podehl, Markus. *Architektura Kalingrada: Wie aus Königsberg Kaliningrad wurde.* Marburg: Herder-Institut, 2021. Materialien zur Kunst, Kultur und Geschichte Ostmitteleuropas, Bd. 1.

Rahn, Otto. *Kreuzzug gegen den Gral: Die Geschichte der Albigenser.* Engerda: Arun-Verlag, 2006.

Rogers, Katherine M. *Katze: Mythos Tier.* Übersetzt von Isabelle Fuchs. Hildesheim: Gerstenberg, 2011.

Rudorff, Ernst. »Über das Verhältnis des modernen Lebens zur Natur«, in: *Preußische Jahrbücher*, Bd. 45, Heft 3, 1880, S. 2660276.

Sahm, Wilhelm. *Geschichte der Pest in Ostpreußen.* Leipzig: Duncker & Humblot, 1905.

Santini, Daria. *Gerhart Hauptmann zwischen Modernität und Tradition. Neue Perspektiven zur Atriden-Tetralogie.* Kap. 1: »Gerhart Hauptmann und der griechische Mythos«, S. 17–32. Berlin: Erich Schmidt, 1998.

Schäfer, Bernhard. *Mystisches Erleben im Werk Günter Eichs. Ein Beitrag zur Erforschung der Beziehung zwischen Mystik und Literatur.* Frankfurt/M.: Peter Lang, 1990. Saarbrücker Theologische Forschungen, Bd. 4.

Scheuermann, Julia Virginia (Hg.). *Frauenlyrik unserer Zeit.* Berlin und Leipzig: Schuster und Loeffler, 2. Auf. 1907.

Scheufele, Claudia u. Kiesel, Helmuth (Hgg.). *Verwischte Grenzen. Schriftstellerkorrespondenzen zwischen Literatur und Politik in der Weimarer Republik und im ›Dritten Reich‹.* Heidelberg: Universitätsverlag Winter, 2014. Beihefte zum Euphorion, Bd. 75.

Schmidt, Arnim. *Die Kurische Nehrung. Ostpreußische Dichter erzählen.* Husum: Husum Druck- und Verlagsgesellschaft, 1994.

Schultze-Naumburg, Paul. *Das Glück der Landschaft. Von ihrem Verstehen und Genießen.* Berlin: C.V. Engelhard, 1942.

Seidel, Ina. *Gedichte. Eine Auswahl.* Stuttgart: Deutsche Verlags-Anstalt, 1949.

Selbmann, Sybille. *Der Baum, Symbol und Schicksal des Menschen.* Karlsruhe: Badenia Verlag, 1993.

Selbmann, Sibylle. *Mythos Wasser: Symbolik und Kulturgeschichte.* Karlsruhe: Badenia Verlag, 1995.

Skowronnek, Richard. *Sturmzeichen.* Berlin: Ullstein, 1928.

Sommer, Joerg. *Hölderlins Lyrik: ausgewählte Gedichte.* Berlin: Lahnstein, 2023.

Spengler, Oswald. *Der Untergang des Abendlandes. Umrisse einer Morphologie der Weltgeschichte.* München: C.H. Beck, Sonderausgabe 1963.

Spranger, Eduard. *Der Bildungswert der Heimatkunde.* Stuttgart: Reclam, 3. Auflage, 1952. Reclam 7562.

Stadtplan von Königsberg, Stand 1931. Nachdruck. Verlag Gerhard Rautenberg, o.J.

Stange, Jörg Ulrich. *Ostpreußen unter der Zarenherrschaft 1757–1762. Russlands preußische Provinz im Siebenjährigen Krieg.* Reinbek: Lau-Verlag, 2023.

Steinbock, Fritz. *Am Anfang war die Kuh. Kurze Geschichte von Göttern und Menschen.* Meschede: Edition Roter Drachen, 2011.

Stripf, Rainer. *Die Bienenzucht in der völkisch-nationalistischen Bewegung.* Heidelberg: Phil. Diss, 2018. Kap. 11,2: »Bienensymbolik in der Weimarer Republik anhand von Bienenzeitschriften und Bienenbüchern«, S. 196–199.

Sydram, Karl Ulrich. »Der erfundene Orient in der europäischen Literatur vom 18. bis zum Beginn des 20. Jahrhunderts«, in: Sievernick, Gereon u. Budde, Hendrik (Hgg.), *Europa und der Orient 800–1900*. Berlin: Horizonte, 1989. Ausstellungskatalog des 4. Festivals der Weltkulturen, S. 324–341.

Terveen, Fritz. *Gesamtstaat und Rétablissement. Der Wiederaufbau des nördlichen Ostpreussens unter Friedrich Wilhelm I. 1714–1740*. Göttingen: Musterschmidt, 1954. Veröffentlichungen der Historischen Kommission für Ost- und Westpreußische Landesforschung, Bd. 7.

Theobald, Werner. *Mythos Natur. Die geistigen Grundlagen der Umweltbewegung*. Darmstadt: Wissenschaftliche Buchgesellschaft, 2003.

Treitschke, Heinrich von. *Das deutsche Ordensland Preußen*. Leipzig: Insel, o.J. Insel-Bücherei Nr.182.

Voigt-Diederichs, Helene. *Auf Marienhoff. Vom Leben und der Wärme einer Mutter*. Jena: Diederichs, 1926.

Wilson, Peter Lamborn u. Schlamminger, Karl. *Weavers of Tales. Persian Picture Rags/Persische Bildteppiche. Geknüpfte Mythen*. München: Callwey, 1980.

Wohlleben, Peter. *Der lange Atem der Bäume. Wie Bäume lernen, mit dem Klimawandel umzugehen – und warum der Wald uns retten wird, wenn wir es zulassen*. München: Ludwig, 2021.

Bibliografische Information der Deutschen Nationalbibliothek

Die Deutsche Nationalbibliothek verzeichnet diese Publikation in der Deutschen Nationalbibliografie; detaillierte bibliografische Daten sind im Internet über https://portal.dnb.de abrufbar.

Holtenauer Straße 141
24118 Kiel
Tel.: 0431-85464
Fax: 0431-8058305
info@verlag-ludwig.de
www.verlag-ludwig.de

Gedruckt auf säurefreiem und alterungsbeständigem Papier
Printed in Germany

ISBN 978-3-86935-474-3